Sammlung Metzler
Band 256

Hugo Aust

Novelle

Vierte, aktualisierte und erweiterte Auflage

Verlag J.B. Metzler Stuttgart · Weimar

Der Autor

Hugo Aust, geb. 1947; seit 1987 Professor für Deutsche Sprache und Literatur sowie deren Didaktik an der Universität zu Köln; bei J.B. Metzler ist erschienen: »Realismus – Lehrbuch Germanistik«, 2006; »Der historische Roman«. SM 278. 1994; »Literatur des Realismus«. SM 157. 3. Aufl. 2000.

Bibliografische Information Der Deutschen Bibliothek
Die Deutsche Bibliothek verzeichnet diese Publikation in der Deutschen Nationalbibliografie; detaillierte bibliografische Daten sind im Internet über <http://dnb.ddb.de> abrufbar.

Gedruckt auf chlorfrei gebleichtem, säurefreiem und alterungsbeständigem Papier

ISBN-13: 978-3-476-14256-6
ISBN-10: 3-476-14256-6

Dieses Werk einschließlich aller seiner Teile ist urheberrechtlich geschützt. Jede Verwertung außerhalb der engen Grenzen des Urheberrechtsgesetzes ist ohne Zustimmung des Verlages unzulässig und strafbar. Das gilt insbesondere für Vervielfältigungen, Übersetzungen, Mikroverfilmungen und die Einspeicherung und Verarbeitung in elektronischen Systemen.

© 2006 J.B. Metzlersche Verlagsbuchhandlung
und Carl Ernst Poeschel Verlag GmbH in Stuttgart
www.metzlerverlag.de
info@metzlerverlag.de

Einbandgestaltung: Willy Löffelhardt
Satz: Boy, Brennberg
Druck und Bindung: C.H.Beck, Nördlingen
Printed in Germany
März / 2006

Verlag J.B. Metzler Stuttgart · Weimar

Inhalt

Abkürzungen VIII

Grundlegende, wiederholt zitierte Literatur IX

Vorwort X

1. **Zugänge** 1
   1.1 Gattungstheoretische Voraussetzungen 1
   1.2 Situative Bedingungen der Novelle 2
      1.2.1 Gespräch 2
      1.2.2 Absicht 4
      1.2.3 Erzählen 5
      1.2.4 Redegüte 5

2. **Wortschatz der Novellenlehre** 7
   2.1 Länge 8
   2.2 Begebenheit 9
      2.2.1 ›Unerhört‹ 10
      2.2.2 ›Neu‹ 10
      2.2.3 ›Wahr‹ 11
      2.2.4 ›Eine‹ 12
   2.3 Konzentration 12
      2.3.1 Punkt 12
      2.3.2 Symbol 13
   2.4 Rahmen 14
   2.5 Erzählen nach Mustern 16
   2.6 Sammelbarkeit 16

3. **Reflexionsgeschichtliche Wegemarken des Novellenbegriffs** 19
   3.1 Wortgeschichtliches 19
   3.2 Stationen der Novellenprogrammatik 21
      3.2.1 Die Novelle im Bann der romantischen Ironie:
            F. Schlegel 26
      3.2.2 Novelle als Signatur der Zeit: A. W. Schlegel 26
      3.2.3 Die Vielstimmigkeit der Novelle: L. Tieck 27

3.2.4 Zwischen bedeutendem Thema und leichtsinnigem
Geschwätz: W. Alexis und C. F. v. Rumohr 29
3.2.5 G. Reinbecks Situationsnovelle 31
3.2.6 Die Novelle im Zeichen der poetischen
Integration: H. Hettner und F. Th. Vischer 32
3.2.7 Das Novellen-Experiment: P. Heyse 33
3.2.8 Arabesken einer strengen Novellenform: P. Ernst 35
3.2.9 Novellenreflexionen im 20. Jahrhundert 37
3.3 Tendenzen der jüngeren Forschungsgeschichte 39

4. Geschichte der deutschen Novelle 56
4.1 Romanische Novellenmuster: Boccaccio,
Margarete von Navarra, Cervantes 57
4.2 Im Bann der ›moralischen Erzählung‹ 59
    4.2.1 Mittelalter – frühe Neuzeit – Barock 59
    4.2.2 Aufklärung 63
    4.2.3 Schiller 64
    4.2.4 Das Aufkommen der Novellenbezeichnung 67
    4.2.5 Wieland 69
4.3 Novellen-›Klassiker‹ ohne Novellenbegriff 70
    4.3.1 Goethe 71
    4.3.2 Kleist 78
4.4 Romantik 84
    4.4.1 Brentano 86
    4.4.2 Arnim 87
    4.4.3 Fouqué 90
    4.4.4 Hoffmann 91
    4.4.5 Eichendorff 93
    4.4.6 Hauff 97
4.5 Biedermeierzeit 98
    4.5.1 Tieck 102
    4.5.2 Immermann 106
    4.5.3 Gaudy 107
    4.5.4 Mörike 108
    4.5.5 Gutzkow 110
    4.5.6 Stifter 111
4.6 Realismus 113
    4.6.1 Keller 118
    4.6.2 Storm 123
    4.6.3 Meyer 128

4.7	Moderne	133
	4.7.1 G. Hauptmann	139
	4.7.2 Schnitzler	141
	4.7.3 H. Mann	144
	4.7.4 Th. Mann	146
	4.7.5 Novellen des ersten Jahrzehnts	151
	4.7.6 Expressionistische Novellen	153
	4.7.7 Zum Problem der klassizistischen Novelle	162
	4.7.8 Broch und Musil	164
	4.7.9 Novellen zwischen den Weltkriegen	168
	4.7.10 Novellen zur Zeit des Nationalsozialismus	174
4.8	Spät- und Nachmoderne	183
	4.8.1 Dürrenmatt	189
	4.8.2 Grass	190
	4.8.3 M. Walser	193
	4.8.4 Hein	194
	4.8.5 Beyse	195
	4.8.6 Zeller	196
	4.8.7 Wellershoff	197
	4.8.8 Lange	199
	4.8.9 Hürlimann	202
4.9	Gegenwart	203

Register 210

Abkürzungen

DD	Dichter über ihre Dichtungen. Hrsg. v. Rudolf Hirsch u. Werner Vordtriede, München
DU	Der Deutschunterricht
DVjs	Deutsche Vierteljahrsschrift für Literaturwissenschaft und Geistesgeschichte
ED	Erläuterungen und Dokumente. Stuttgart: Reclam
EG	Études Germaniques
GLL	German Life and Letters
GR	The Germanic Review
GRM	Germanisch-Romanische Monatsschrift
IASL	Internationales Archiv für Sozialgeschichte der deutschen Literatur
JDS	Jahrbuch der Deutschen Schillergesellschaft
LfL	Literatur für Leser
LiLi	Zeitschrift für Literaturwissenschaft und Linguistik
MAL	Modern Austrian Literature
MLN	Modern Language Notes
PMLA	Publications of the Modern Language Association
RL	Reallexikon der deutschen Literaturgeschichte bzw. Literaturwissenschaft
SM	Sammlung Metzler
WB	Weimarer Beiträge
WW	Wirkendes Wort
ZfdA	Zeitschrift für deutsches Altertum
ZfDB	Zeitschrift für Deutsche Bildung
ZfDk	Zeitschrift für Deutschkunde
ZfdPh	Zeitschrift für deutsche Philologie

Grundlegende, wiederholt zitierte Literatur

Bennett, E. K.: A History of the German Novelle. Revised and continued 2nd edition by H. M.-Waidson, Cambridge 1961 (zuerst 1934) u.ö.
Freund, Winfried: Novelle. Stuttgart 1998.
Handbuch der deutschen Erzählung. Hrsg. v. Karl Konrad Polheim, Düsseldorf 1981.
Himmel, Hellmuth: Geschichte der deutschen Novelle. Bern 1963.
Hirsch, Arnold: Der Gattungsbegriff »Novelle«. Berlin 1928.
Karthaus, Ulrich: Novelle. Bamberg 1990, [4]1996.
Klein, Johannes: Geschichte der deutschen Novelle von Goethe bis zur Gegenwart. [[1]1954] 4. verb. u. erw. Aufl. Wiesbaden 1960.
Kunz, Josef: Die deutsche Novelle zwischen Klassik und Romantik. [urspr. zus. mit den beiden folgenden Titeln 1954/60] Berlin 1966, [2]1971, [3]1992.
Kunz, Josef: Die deutsche Novelle im 19. Jahrhundert. Berlin 1970, [2]1978.
Kunz, Josef: Die deutsche Novelle im 20. Jahrhundert. Berlin 1977.
Neues zu Altem: Novellen der Vergangenheit und der Gegenwart. Hrsg. von Sabine Cramer, München 1996.
Novelle. Hrsg. v. Josef Kunz. [[1]1968] 2. wesentl. veränderte u. verb. Aufl., Darmstadt 1973 (= Wege der Forschung, Bd. 55).
Deutsche Novellen von Goethe bis Walser. Interpretationen für den Deutschunterricht. Hrsg.v. Jakob Lehmann, 2 Bde., Königstein/Ts. 1980.
Deutsche Novellen. Von der Klassik bis zur Gegenwart. Hrsg.v. Winfried Freund, München 1993, [2]1998.
Lockemann, Fritz: Gestalt und Wandlungen der deutschen Novelle. Geschichte einer literarischen Gattung im neunzehnten und zwanzigsten Jahrhundert. München 1957.
Paulin, Roger: The Brief Compass. The Nineteenth-Century German Novelle. Oxford 1985.
Rath, Wolfgang: Die Novelle. Konzept und Geschichte. Göttingen 2000.
Polheim, Karl Konrad: Novellentheorie und Novellenforschung. Stuttgart 1965.
Remak, Henry H.H.: Structural Elements of the German Novella from Goethe to Thomas Mann. New York 1996.
Schlaffer, Hannelore: Poetik der Novelle. Stuttgart 1993.
Swales, Martin: The German *Novelle.* Princeton 1977.
Theorie und Kritik der deutschen Novelle von Wieland bis Musil. Hrsg. v. Karl Konrad Polheim, Tübingen 1970 (= Deutsche Texte, 13).
Thieberger, Richard: Le genre de la nouvelle dans la littérature allemande. 1968 (= Publications de la faculté des lettres et sciences humaines de Nice – 2).

Weing, Siegfried: The German Novella: Two Centuries of Criticism. Columbia SC 1994.

Wiese, Benno von: Die deutsche Novelle von Goethe bis Kafka. Interpretationen. 2 Bde., Düsseldorf 1956/62 u. ö.

Wiese, Benno von: Novelle. [¹1963] Stuttgart ⁸1982 (= SM 27).

Vorwort

Der folgende Bericht möchte Auskunft geben über Umfang, Eigenart und Vielfalt der Novellenliteratur vor allem im 19. und 20. Jahrhundert. Im Vordergrund steht dabei nicht etwa die Entscheidung, ob ein Werk nach bestimmtem Maßstab eine Novelle ist, sondern die Neugier, welche Werke sich ›Novelle‹ nennen, welche Absichten sich in der Benennung äußern und welche Schlußfolgerungen solche Bezeichnungsgepflogenheiten für die Begründung einer Werkreihe oder gar Literaturgattung ermöglichen. Hauptsächlich unter diesem Blickwinkel wird der Verlauf der Spezialforschung, ihre Interessen, Erträge und Probleme, betrachtet. Wenn dabei sichtbar werden sollte, daß die Novelle im 19. Jahrhundert nicht unbedingt jenes einheitliche, bewußt gewollte Formgebilde ist, als das man es ›theoriebeseelt‹ hingestellt hat, und daß sich auch im 20. Jahrhundert eine Novellentradition selbständig, vielgestaltig und aktuell ausbreitet, dann wäre ein Hauptziel dieses Überblicks erreicht.

Die bibliographischen Angaben beanspruchen in keinem Fall Vollständigkeit; zu weit hat sich die Spezialforschung (Kleist, Keller, Th. Mann, Grass) ausgedehnt, als daß ein gattungsgeschichtlicher Realienband diese Erkenntnisfülle umgreifen könnte. Doch selbst eine Auswahl des Wichtigen steht immer wieder vor dem merkwürdigen Dilemma, daß entscheidende Beiträge der Einzelphilologien kaum das Novellenthema berühren, während novellenbewußte Abhandlungen nicht mehr den Forschungsverlauf bestimmen.

Vorwort zur 2. Auflage

Die zweite Auflage wurde nochmals durchgesehen und ergänzt. Das historisch-deskriptive Konzept blieb erhalten, auch wenn neueste Studien wieder dazu neigen, den Novellen-Begriff eher normativ zu fassen.

Ganz besonders danke ich Herrn Professor C.A. Bernd (University of California) für viele förderliche Brief-Gespräche mit ›novellistischem Inhalt‹. Novellengeschichtliche Hinweise ›aus nächster Nähe‹ verdanke ich Dr. Nino Erné. Kein geringerer Dank gebührt schließlich Professor W.E. Yates (University of Exeter) für klugen Rat.

Die 2. Auflage sei Professor Peter Branscombe (St. Andrews University) mit den allerherzlichsten Glückwünschen zum 65. Geburtstag gewidmet.

Vorwort zur 3. Auflage

Für die dritte Auflage wurde der Text nochmals durchgesehen und stellenweise auch verändert. Hinzu kam ein Kapitel, das die Informationen über die Novelle der nationalsozialistischen Zeit bündelt und beträchtlich erweitert, weil hier formengeschichtliche Bewegungen, ja geradezu Strategien, spürbar werden, die gattungsgeschichtlich noch kaum erkundet sind. Natürlich verlockt der Abschnitt über die Novelle der Gegenwart am meisten zu Erweiterungen, weil jetzt wirklich viel Neues und Eigenartiges geschieht; doch bleibt hier wie überall Kürze geboten. Sowohl die Primär- als auch die Sekundärliteratur wurde nach Möglichkeit aktualisiert; doch konnten grundsätzlich nur gattungsgeschichtlich relevante Arbeiten referiert werden. Spürbar ist das anhaltende, wenn nicht gar zunehmende Interesse an einer Kunstform, die trotz oder wegen mancher ›Brechungen‹ in der Vergangenheit nun wieder aktuell ist. Daß sie sich deshalb keinem starren Schematismus verschreibt, sondern durchaus »im Fluß« bleibt (Gottfried Keller), scheint – und das von je her – ihr besonderes Profil auszumachen und sollte einer Gattungsforschung, die ihre Aufmerksamkeit gern den polyphonen Gebilden schenkt, nicht unwillkommen sein.

Vorwort zur 4. Auflage

Die vierte Auflage enthält ein neues Kapitel zur Novelle der Gegenwart ab der Millenniumswende, während das in den vorigen Auflagen so genannte Kapitel – dem Fluß der Zeit entsprechend – nunmehr schon einen Abschnitt der, wenn auch jüngeren, so doch immer tiefer zurückfallenden Vergangenheit darstellt. Der Text wurde nochmals durchgesehen und die Literaturangaben nach Möglichkeit ergänzt bzw. aktualisiert.

1. Zugänge

1.1 Gattungstheoretische Voraussetzungen

Was eine Novelle ist und wie genau sie sich bestimmen läßt, hängt nicht zuletzt davon ab, was man unter ›Gattung‹ versteht: Gibt es Gattungen überhaupt? Wie scharf lassen sich verwandte Gattungen voneinander trennen? Welchen Sinn kann es haben, die Kontinuität einer Gattung im geschichtlichen Wandel vorauszusetzen? Darf im Fall der Novelle überhaupt von Gattung die Rede sein oder liegt nur eine literarische Form vor? Gibt es so etwas wie eine institutionelle Regelung, die produktiv wie rezeptiv den Umgang mit dem Novellenbegriff und den von ihm erfaßten Texten regelt? Ohne die komplizierte Problemlage der Gattungsforschung hier entwickeln zu können (vgl. Hempfer, Willems; s. a. Polheim in *Handbuch*), mag es genügen, festzuhalten, daß auch in der Novellenforschung unterschiedliche Interessen und strittige Entscheidungen aus der allgemeinen Gattungsdiskussion fortwirken. Sechs Ausrichtungen lassen sich unterscheiden:

1. Der klassifikatorische Zugang unterstellt die Möglichkeit bzw. den Sinn eines typologischen Ordnungsgefüges, das die Bedingungen allgemeiner Begriffsbildung (genus proximum und differentia specifica) erfüllt.
2. Die biologisch zu nennende Perspektive konzentriert sich auf Entwicklungs- und Wachstumsprozesse der Formen (Wurzel, Entfaltung, Blüte, Tod).
3. Das poetologische Interesse arbeitet an Regelsystemen, die es erlauben, Werke hervorzubringen (einschließlich der reihenbildenden Stufen: Formkonstitution, -erfüllung, -abwandlung und -bruch) und zu beurteilen (Güte- und Echtheitskriterien).
4. ›Detektivisch‹ mutet das Verfahren an, Grund- und Urformen herauszufinden, deren Benennung zugleich als Wesenserkenntnis gilt.
5. Rezeptionsgeschichtlich inspiriert ist die Verwertung der Formenbezeichnung als Signal für den Erwartungshorizont, den ein Werk je aufruft, um sich mit ihm auseinanderzusetzen.
6. Funktionsgeschichtliche Gesichtspunkte machen sich geltend in der Suche nach den individuellen Zwecken der (im Unter-

titel) gewählten Verallgemeinerung oder im Fragewert der als pauschale Antwort verstandenen Kennzeichnung.

Wie jede Gattungsforschung steht auch die Novellengeschichte im Bann polarer Gegensätze, die es zu vermitteln gilt (Individualität des Werkes als seine Einmaligkeit und Allgemeinheit als seine Repräsentanzfunktion auf Grund schematisierbarer Formkomponenten).

Das funktionsgeschichtliche Interesse, das den folgenden Ausführungen zugrunde liegt, läßt sich zur Frage erweitern: Wer spezifiziert unter welchen Voraussetzungen und in welchen Situationen sein Erzählen mit welcher Absicht, mit welchen Mitteln, mit welchen Resultaten und mit welchen Folgen als Novelle?

Hempfer, Klaus W.: Gattungstheorie. München 1973.
Willems, G.: Das Konzept der literarischen Gattung. Untersuchungen zur klassischen deutschen Gattungstheorie, insbesondere zur Ästhetik F.Th. Vischers. Tübingen 1981.

1.2 Situative Bedingungen der Novelle

Die typologisch orientierte Novellenforschung hat eine Reihe von vermeintlich spezifischen Eigenschaften ihres Gegenstandes herausgearbeitet, die sich bei genauerer Prüfung als allgemeinere Bedingungen des Erzählens überhaupt erweisen. Da aber solche Grundlagen in der Geschichte der Novelle auch als prototypische Kennzeichen auftreten können und sie bei jeder Novellenbetrachtung ohnehin zur Sprache kommen, seien sie hier im Umriß – fast im Sinn einer Propädeutik der Novelleninterpretation – vorangestellt.

1.2.1 Gespräch

Das Verhältnis von Novelle und Gespräch wurde in der Novellenforschung immer wieder diskutiert, insbesondere anläßlich des Themas ›Rahmen‹ oder der Werke Harsdörffers, Goethes und Tiecks (vgl. Humm 1945, 8: »das kleine Drama der Mitteilung«). Grundsätzlich, auf der Ebene der Sprachverwendung, geht jede Novellenproduktion, insofern sie Erzählen ist, aus dem Gespräch hervor, so daß die situativen Bedingungen des Gesprächs zu ihren elementaren Voraussetzungen gehören. Daraus folgt jedoch nicht, daß jeder Novelle ein ›Gesprächsrahmen‹ unterstellt werden könnte; analog zu dem, was man ›Alterität‹ der Sprache genannt hat (Coseriu), geht es hier lediglich um eine Art ›Gesprächsorigo‹ des Erzählens im allgemeinen. Ob und wie sie sich ausdrückt, müssen jeweils Einzelanalysen der Erzählhaltung zeigen.

Trotz solcher typologischen Unspezifik lieferte das Muster der ›Unterhaltung‹ seit je den Horizont der Situationen, in denen das Erzählen zu Novellen gerinnt (Bennett 1934/61, 50 et passim). Mehr noch: Der diskursive Untergrund verleitet zu einer Reihe von Folgerungen, die immer wieder als Merkmale der Novellenform ausgewiesen werden.

1. *Geselligkeit:* Die Herkunft der Novelle aus dem Gespräch besiegelt ihre Sozialität, so daß ihre Form – rückwirkend – den normativen Bestand einer Gemeinschaft anzeigt bzw. konstituiert (von hier aus baut sich dann der Gegensatz zur deutschen Novellenform auf, die eben außerhalb einer solchen normabbildenden bzw. normsetzenden Wechselbeziehung liegen soll). Indem das Erzählen dem Gespräch entspringt, bewahrt es selbst in seiner ausschließlichen Monologhaftigkeit Spuren der Wechselrede; d. h. die Frage nach dem produktiven Anteil des Publikums ist grundsätzlich berechtigt, und zwar unabhängig von der Konturenschärfe der jeweiligen (Erzähl-)Gesellschaftsdarstellung.

2. *Mündlichkeit:* Die dialogische Motivierung des Erzählens überblendet die literarischen Verfahren der Textfassung, so daß die Novelle ›Mündlichkeit‹ als ursprüngliche Bedeutung erwirbt (vgl. Reinbeck 1841, *Theorie und Kritik*, 37; Walzel 1915; Rasch über Arnim, 1955, 40 f.; dagegen Petsch in *Novelle*, 193, Pabst [2]1967, 109 und in *Novelle*, 254). Daraus lassen sich weitere Eigenschaften ableiten, zum einen der Realismus-Effekt spontanen Erzählens im Alltag (Tieck 1834 in: Kritische Schriften, Bd. II, 378: »ohne Vorbereitung«), zum anderen der Prozeß-Charakter des Erzählens selbst, das somit nicht nur etwas in der Vergangenheit Geschehenes und Abgeschlossenes wiederholt, sondern als ein erst in der Gegenwart sich verwirklichender, zum Abschluß kommender Erzähl-Vollzug thematisch bedeutsam wird (vgl. Hofmanns ›Die Denunziation‹ 1979). Das Erzählen formiert sich zum Ereignis, das – im dialektischen Umschlag – dem Erzähler selbst widerfährt.

Wer der Erzähler ist und was ihm sein Erzählen situativ und psychisch bedeutet, sind elementare Fragen der Narrativik. Dabei wird man berücksichtigen müssen, daß innerhalb der Novellenliteratur der Anteil der Erzählerinnen auffallend hoch ist; die Novellentheorie folgerte mancherlei daraus (vgl. z. B. Humm 1945, 12, 22 f.).

1.2.2 Absicht

Wer im Gespräch etwas erzählt, tut dies nicht eigentlich ›spontan‹ oder als ›Reaktion‹ auf etwas, sondern er hat dabei Absichten, er bezweckt etwas und verfolgt Ziele. Ob er sie nennt oder verschweigt, sich verbindlich zu ihnen bekennt oder sie bloß als Vorwände gebraucht, sind bereits geschichtlich variierende Antwortmöglichkeiten auf die gleichbleibende Frage nach der erzählerischen Intention. Strukturell gesehen, ergibt sich somit ein Gebilde in der Art eines ›Funktionsausdrucks‹, das den reinen Erzählvollzug immer auch in diskursive Redehaltungen einbindet. Der Begriff der exemplarischen Novelle zeugt davon, auch wenn Cervantes' Werk ihn so nicht einlöst (Pabst). Von hier aus ergeben sich geschichtliche Zusammenhänge zwischen ›öffentlicher Rede‹ und ›Erzählung mittlerer Länge‹. Predigt, Essay und Abhandlung bilden – z. B. im Sinn der Einteilungen der Rhetorik (dazu schon F. Schlegel, *Theorie und Kritik*, 4) – die argumentatio-Teile einer Rede, die sich im begrenzten Ausmaß der narratio bedienen (vgl. a. die Emblem-Tradition; Krebs: Barocknovellen 1988, 497). Der moderne Autonomie-Gedanke schaltet nicht einfach diesen Funktionszusammenhang aus (so daß die Frage grundsätzlich bestehen bleibt, welchem ›Argument‹ das Erzählen (als Erzählen) dient), sondern transportiert ihn auf andere Ebenen (vgl. den Umgang mit Begriffen wie »moralische Erzählung« oder »Märchen« in Goethes ›Unterhaltungen‹). Es gehört zum Bild der gegenwärtigen Novelle, daß sie sich abermals zu jener »Didaktik« bekennt, die der »Novellenspezialist« als »ästhetisches Unvermögen« verurteilt hat (Neutsch: Zwei leere Stühle, 1979, 113).

Anders gewendet läßt sich festhalten, daß das Erzählen immer auch von etwas zeugt, daß es in der Art performativer Verben einen Teil von dem auch zeigt und vollzieht, den es meint. F. Schlegel erfaßte diese spannungsvolle Einheit von Sagen und Meinen, Zeigen bzw. Tun mit dem Begriff der Ironie und übermittelte der Nachwelt mit der Erkenntnis, daß der Erzähler noch in der ›objektivsten‹ Erzählung sich selbst verwirklichen könne, eine der fruchtbarsten Leitideen der Novellengeschichte.

Die Absichten des Erzählens sind vielfältig; einige aber kehren wieder: das Belehren und Unterhalten ohnehin; dann auch das Retten und Heilen, die Beichte und das Geständnis.

1.2.3 Erzählen

Die Gebrauchsgeschichte des Erzählens (Erzählen im Alltag, vor Gericht, als Kunst) macht bewußt, daß zwischen der allgemeinen Erzählfunktion und der Einheit des Epischen viele Zwischenstufen liegen. Inwiefern die Novelle als ›Erzählung‹ die Reduktion auf das poetologisch Vereinheitlichte des Epischen mitvollzieht oder rückgängig macht (›Mündlichkeit‹; Lizenz der ungebundenen Prosa), wäre von Fall zu Fall zu prüfen. Nicht jede Novelle ›erzählt‹ im kommunikativen Sinn. Das ›Erinnern‹ (Storm, Hein) z. B. begründet eine ganz andere (fast inszenatorische) Redehandlung, auch wenn sie als ›Erzählung‹ fixiert ist; für das ›Schreiben‹ gilt dies im abgewandelten Sinn ebenfalls.

Erzählen heißt für gewöhnlich, Ereignisse – vergangene und erlebte – mitzuteilen, und zwar nicht direkt durch Spiel und Aufführung, sondern vermittelt durch Sprache, die ihrerseits nicht etwa bloß ›dokumentiert‹, sondern ausdrücklich ›gestaltet‹. Das Zuständliche, Mögliche, Phantastische und Gegenwärtige passen eigentlich nicht in die Welt der Erzählung, auch wenn ihre Kunstform ständig damit spielt (doch handelt es sich hierbei oft auch um Funktionen des Erzählens, nicht um seinen Inhalt; vgl. die Extremform einer die mögliche Zukunft erzählenden Redehaltung in Beyses ›Der Aufklärungsmacher‹, 1985, 119 ff.). Selbst der Alltag beharrt ja nicht auf dem ›strengen‹ Stil des Erzählens; ›erlebt‹ bedeutet auch hier nicht nur ›selbsterlebt‹, sondern ›beobachtet‹, ja sogar ›aus zuverlässiger Quelle‹; immerhin aber scheint selbst trotz solcher Lizenzen das Lügen ausgeschlossen (bzw. nicht möglich) zu sein (doch vgl. hierzu den ›rahmensetzenden‹ Vorbehalt, den Sabine beim al capo-Erzählen Helmuts ausspricht; M. Walser: ›Ein fliehendes Pferd‹, 151).

Die gestalterische Kraft des Erzählens als sprachlicher (aber noch vorkünstlerischer) Leistung unterstellt die Möglichkeit, Geschehenes zu erfassen, zu ordnen, der Reihe nach und folgerichtig wiederzugeben. Sachliche und situative Bedingungen befördern oder stören diese notwendige ›Überlegenheit‹ des Erzählers.

1.2.4 Redegüte

Die herkömmliche Gattungsgeschichte der Novelle folgte nicht ausschließlich einem Zug der Zeit, wenn sie als Novelle nur bedeutende Leistungen der Erzählliteratur berücksichtigte. Seit Boccaccio verbindet sich mit dem Novellenerzählen das »bel parlare«, das auch bei Goethe noch – hier freilich schon reduziert auf eine Mindestforderung – als formales Kriterium der ›guten Gesellschaft‹ erkennbar ist (vgl. a. F. Schlegel). Boccaccio hat gezeigt, was es heißt, eine Novelle schlecht zu erzählen (VI/1): immer wieder dasselbe Wort, ewig sich wiederholen, ständige Selbstkorrektur, die Eigenschaften der Personen und den Verlauf der Begebenheiten falsch erzählen, in den Namen sich irren, so erzählen, daß der Zuhörer in Angstschweiß gerät und sich so elend fühlt, als ob er krank wäre. In Goethes ›Unterhaltungen‹ geht es um Geschichten, die gut erfunden und gedacht sind und die die Menschen nicht vollkommen, aber gut, interessant, liebenswürdig zeigen; überraschend für die Novellengeschichte entwickelt sich hieraus der Ehrentitel ›moralische Erzählung‹ (und eben – noch – nicht ›Novelle‹). Seitdem verbindet sich das eminente Erzählvermögen mit dem Bild der Novelle. Besonders deutlich zeigt sich dieser Zusammenhang dort, wo allgemeine Krisen des Erzählens beobachtet werden (Schnitzler, Musil), die dann, oft vermittlungslos, als spezifische Krise der Novelle ausgewiesen werden. Daß ›Novelle‹ zu verschiedenen Zeiten eine durchaus pejorative Bedeutung besaß (vgl. 3.1.) und daß auch die Trivialliteratur den Ausdruck nicht scheut (Retcliffe, Samarow, Courths-Mahler), wird dabei wenig bedacht.

Im einzelnen lassen sich aus der Novellenreflexion folgende Gütekriterien des guten Erzählens nennen: Aufwertung der Schmucklosigkeit (Simplizität), insbesondere seine Idealisierung zum Volkstümlichen (Riehl, *Theorie und Kritik*, 133), Rechtfertigung der ›wahren Geschichte‹ als ›Natur‹, Gewichtung des eingeflochtenen Kunstraisonements (Eichendorff, ebd., 117), Knappheit als Funktion des Bedürfnisses, »nur das wirklich Poetische darzustellen« (Storm, ebd., 119), statt ›Unterhaltung‹ nunmehr ›künstlerische Erhebung‹ (Riehl, ebd., 130), geeignete Stoffe (z. B. Schubarts Stoffempfehlung der ›feindlichen Brüder‹; s. a. P. Ernst), Veredelung des Schwankhaften (Fürst: Vorläufer 1897, 192), Repräsentanz des Ausschnitthaften, künstlerische Form (Bennett 1934/61, 21 f., 145; Lockemann, 24), Auswahl und Anordnung des Stoffs, Erzählweise, Struktur, Distanz und Perspektive (Kurth: Rahmenerzählung 1969, 139). – Für die romanische Novelle nannte Pabst (^{2}1967, 112) folgende Werte: »imitatio, gepflegter Stil, Vermeidung der Eintönigkeit und Schwerfälligkeit, der Wiederholungen, der verwirrenden Tatsachenfülle, der Überanstrengung des Gedächtnisses, der Unverständlichkeit, der Namenhäufung.«

Das Wertbewußtsein gepflegter Rede und der Wahrheitsanspruch widersprechen sich nicht, meinen aber Verschiedenes, so daß es durchaus geschehen kann, daß eine Novelle um der Wahrheit willen ihren Namen bestreitet (Neutsch: Zwei leere Stühle, 1979, 6 f.).

2. Wortschatz der Novellenlehre

Die Novellenforschung hat, gestützt auf ein Jahrhundert ausgiebiger Novellenreflexion, eine Art Grund- und Fachwortschatz der Novellenlehre entwickelt, der bis in die Gegenwart gebräuchlich ist und eine ebenso rasche wie treffsichere Verständigung über den Gegenstand Novelle zu erlauben scheint.

Autoren, Herausgeber, Lektoren, Verlage, Kritiker und Wissenschaftler verwenden solche Ausdrücke mit unterschiedlicher Gewichtung und terminologischer Verbindlichkeit. Da diese Schlüsselwörter nun aber schon zweihundert Jahre lang wiederkehren und deshalb charakteristisch geworden sind, entsteht der Eindruck eines begrifflichen Zusammenhalts, der es erlaubt, den Gegenstandsbereich Novelle in einer Art Merkmalsliste zu fixieren. Was so aufgezählt wird, abstrahiert bewußt vom geschichtlichen Wandel und den Bedingungen des jeweiligen Schreibens, erreicht aber nicht Strenge und Schärfe hierarchisch organisierter Begriffe; zustande kommt so ein ›Repertoire‹ prototypischer Bedeutungen, das sich zu verschiedenen Zwecken (1.1) verwenden läßt.

Es wurde in neuerer Zeit immer wieder betont, daß die vermeintlichen Novellenmerkmale weder einzeln noch zusammen eine brauchbare Novellendefinition begründen könnten; entweder fallen sie zu unspezifisch gegenüber anderen Erzählformen oder zu eng angesichts der vielgestaltigen Novellenliteratur aus; oft gibt es Anwendungskonflikte im Fall desselben Merkmals, und selten werden die Bedingungen für eine Definition bzw. Theorie erfüllt (vgl. z. B. Steinhauer 1970, Ellis 1974, 5, 12).

Aber vielleicht tut man diesen ›Merkmalen‹ auch Unrecht, indem man sie für etwas verantwortlich macht, was sie nicht zu bewirken beanspruchen. Denn eigentlich entscheidet sich ihre Güte nicht am isolierten Zustand begrifflicher Struktur, sondern an ihrem Gebrauch; und sie bloß bei der Entscheidung zu verwenden, ob eine Erzählung eine Novelle ist oder nicht, bezeichnet die am wenigsten interessante Seite der Gattungsgeschichte.

2.1 Länge

Am gebräuchlichsten ist heute die Umfangbestimmung (Sengle 1957): eine Erzählung mittlerer Länge. Sie geht auf E. Staiger zurück (von Arx: »salomonische Lösung«; Steinhauer 1970) und zeugt eigentlich von einer Resignation, die es nicht mehr für möglich hält ›Novelle‹ genauer bzw. inhaltlich angemessener (›unanfechtbar‹) zu bestimmen. Der positive Beitrag dieser Kennzeichnung liegt im Ausdruck ›mittlerer‹. Er gehört zu den sogenannten Norm-Komparativen und sollte in ihrer Art behandelt werden (Weinrich 1987); d. h. eine Novellenbestimmung kann immer nur im Verhältnis zu ihren epischen Nachbargattungen (Roman, Anekdote; vgl. schon Wieland 1780: zwischen größerem Werk und Kleinstform; La Roche-Briefe, 229) oder zur Gesprächssituation (s. Kap. 1.2.1) bestimmt werden; ihre fließenden Grenzen ergeben das ›genaue‹ Bild ihres begrifflichen Umfangs, der Novellen wie Mörikes ›Maler Nolten‹ und Grabbes ›Konrad‹ oder gar R. P. Grubers ›Vom Dach der Welt‹ zu umfassen beansprucht. Dennoch hat man auch versucht, den Umfang der Novelle absolut zu formulieren: etwa 75 bis 150 Taschenbuchseiten bzw. 20 000 bis 40 000 Wörter (Klussmann in *Handbuch*, 138; Johansen 1970, 190 ff.; vgl. Wieland 1780: 2–4, höchstens 5–6 gedruckte Bogen, d. h. 32–96 Seiten, La Roche-Briefe, 228 f.; weitere Zahlen bei Schröder: Biedermeierzeit 1970, 130 f.). Lesepsychologisch bedeutet dies die Möglichkeit, das Werk »in einem Zug zu lesen« (Reinbeck in *Theorie und Kritik*, 37) bzw. eine Lesezeit zwischen 5 Minuten und einer Stunde (Mackensen in *Novelle;* nach F. Mauthner: ›Sonntage der Baronin‹, 30, 1–2 Stunden).

Solche Messungen liefern ihren Gegenstand nicht nur einem »Zollstab« (Vischer in *Theorie und Kritik*, 124) aus, sondern sind auch sachlich begründbar, insofern die Novelle jenen Verwendungszusammenhängen entspringt, die hauptsächlich durch den Umfang motiviert sind (Zeitungen, Taschenbuch; zyklische Verbindbarkeit, Sammelbarkeit; Lesehunger nach den ›vielen kleinen Sachen‹ vgl. Meyer 1987).

Die ›Kürze‹-Bedeutung des Novellenbegriffs ist damit noch nicht erschöpft. Insofern sie als äußere Folge innerer Komposition angesehen wird (Himmel, 13), erhält sie Zeichenwert für den Grad der Konzentration, den die Novelle erreicht. Auswahl, Ausschnitt, Akzent, Mittelpunkt und Achse weisen dann den ›mittleren‹ Umfang als notwendigen Ausdruck gestalterischen Willens und Könnens aus.

Ganz charakteristisch wäre hier das Beispiel Tiecks, von dessen langen Novellen auch heute noch gilt, daß sie »kürzer« wären, »hätte er nur Zeit, ihnen den letzten Schliff zu geben« (Paulin 1988, 205). – Doch kann von der umfänglichen Begrenzung auch das Gegenteil gelten: die Entscheidung zur Novellen-Kürze als Ausdruck einer Scheu vor der ehrwürdigen Großform (Mörike).

Sengle, Friedrich: Der Umfang als ein Problem der Dichtungswissenschaft. In: Gestaltprobleme der Dichtung, Bonn 1957, S. 299–306.

Meyer, Reinhart: Novelle und Journal. Band 1: Titel und Normen. Untersuchungen zur Terminologie der Journalprosa, zu ihren Tendenzen, Verhältnissen und Bedingungen. Stuttgart 1987.

Weinrich, Harald: Ein kürzerer Beitrag zu den Norm-Komparativen der deutschen Sprache. In: Wörter. Schätze, Fugen und Fächer des Wissens, Tübingen 1987, S. 115-124.

2.2 Begebenheit

Der Grundstein jedes Novellenbegriffs ist das auf Goethe zurückgehende, von Eckermann fixierte Moment der Begebenheit. Es erweist sich in der Novellengeschichte als überaus fruchtbare Kennzeichnung. Im Begebenheitlichen liegt bereits der Anspruch auf Tatsächlichkeit geborgen; ihr implizierter Realismus wurde z. B. von Tieck so stark empfunden, daß er die Begebenheit als kunstloses Ereignis aus der Sphäre der Novelle wieder ausschloß. ›Begebenheit‹ stellt die nominalisierte Form dessen dar, was einem widerfährt und sich so erzählen läßt. Als Erlebnis in diesem ›passiven‹ Sinn steht es im Gegensatz zur Aktivität des Handelns und begründet das Bild der Novelle als einer sogar weltanschaulich bestimmbaren Form. Denn gerade Geschehnisse, die nicht als selbstverantwortet erscheinen, sondern ›begegnen‹, stellen das Substrat eines Lebenssinns dar, in dem Zufall und Schicksal, Einbruch und Wende, Bestimmung und Notwendigkeit ihren charakteristischen Ort einnehmen (vgl. z. B. Stern: Jagdnovelle, 1989). Der in der Novellenforschung oft diskutierte Konflikt zwischen Ordnung und Chaos (Lockemann, Kunz), Sinn und Irrationalität (von Wiese) konnte sich über mancherlei Vermittlungsstufen auf die durch das Begebenheitliche erwirkte Struktur plötzlicher Erfahrung berufen.

Schönhaar (1969) schlägt vor, den Begebenheitscharakter als ›Kriminalschema‹ zu präzisieren; dieses umschließe dann auch die Frage nach dem verborgenen Geschehen, die lösende Schlußpointe, die Technik aufbauender und auflösender Rückwendungen (impliziert sind hier Begriffe wie

Wendepunkt, Leitmotiv und geschlossene Form) und die Zweideutigkeit (im Sinn eines inneren Formbegriffs). Noch vor der Trivialisierung eines solchen Kriminalschemas (»im Gefolge Edgar Allan Poes«, 190 et passim) zeige sich in der Vollstufe detektorischen Erzählens (E. Bloch) der historische und typologische Kern dessen, was als Novellenform in der Romantik entsteht; zwischen Roman und Kurzgeschichte behaupte sich eine mittlere Gattung, deren Name bald zum Wertbegriff aufrücke.

Perels, Christoph: Der Begriff der Begebenheit in Goethes Bemerkungen zur Erzählkunst [1980]. In: ders., Goethe in seiner Epoche. Zwölf Versuche. Tübingen 1998, S. 177–189.

2.2.1 ›Unerhört‹

Es gehört zur stehenden Redewendung der Novellenreflexion, die Begebenheit zu qualifizieren, entweder im Sinne Goethes mit ›unerhört‹ (F. Schlegel: »überraschend«) oder gemäß der Wortbedeutung von Novelle mit ›neu‹. Beide Attribute sind nicht nur inhaltlich verwandt, sondern gleichen sich auch hinsichtlich ihrer Mehrdeutigkeit. ›Unerhört‹ kann sowohl bedeuten, daß dem Publikum die erzählte Geschichte noch nicht bekannt ist, als auch daß die Geschichte von etwas Außerordentlichem berichtet, sei es ein Normenbruch, sei es die Außerkraftsetzung einer Norm (das Wunderbare), sei es auch nur die Einmaligkeit, die dem Ganzen den charakteristischen Zug verleiht bzw. dem Verlauf die entscheidende Wendung gibt (vgl. Thieberger, 25–46). Vor Goethe begegnet die Formel von der ›unerhörten Begebenheit‹ schon bei Cervantes im ›Hunde-Gespräch‹ der *Moralischen Erzählungen*; noch früher kennzeichnete Erhart Grosz die Ereignisse in der *Griseldis*-Geschichte (1436) als »sulch fremmde und ungehorte ding« (ed. Strauch 1931, 52). Bis in die Gegenwart stellt die Kategorie des Unerhörten und seine Abwandlungen als »Merkwürdiges« (Bärfuss: ›Die toten Männer‹) oder »Ungeheuerlichkeit« (Zielke: ›Arraia‹) ihre orientierende Funktion unter Beweis; das gilt selbst dort, wo der Sachverhalt des Unerhörten zunächst bestritten wird wie in Schertenleibs Novelle ›Der Glückliche‹: »so gewöhnlich beginnt unsere Geschichte«.

2.2.2 ›Neu‹

Mit der ›Neuheit‹ (vgl. 3.1) verhält es sich ähnlich wie mit dem Schlagwort unserer Werbesprache (Malmedes, 1966, 154, ›apriorischer‹ Begriff der »zum Aufmerken veranlassenden Begebenheit« zeigt diese Nähe). Von Anfang an steht das Neue der Novelle im Zwielicht ihrer alten Stoffe (Mittelalter-Renaissance). Was sich plakativ als Novität ankündigt, läßt sich im besten Fall (Boccaccio) – oft aber überhaupt nicht – nur durch ziselierte Analyse entdecken (Neuschäfer 1969). F. Schlegel fand für diese Eigenart die Formulierung: »Novellen dürfen im Buchstaben alt sein, wenn nur der Geist neu ist« *(Theorie und Kritik*, 3). Gelegentlich meint die Neuheit der Novelle aber auch den »guten alten Sinn« (Humm 1945, 5).

Auch an der Neuheit hängt eine ganze Traube von Bedeutungen, die in der Novellenreflexion wiederkehren: Stofflich gesehen, bezeichnet sie die zeitgenössische Aktualität, den überraschenden Geschehniszusammenhang oder den ›Stadtklatsch‹ (vgl. in den ›Unterhaltungen‹ H VI, 512, ›neu‹ im Sinn von ›jemanden verleumden‹; zum älteren lehrhaft-unterhaltenden Sinn der Antwort auf die »quid novi«-Frage s. von Grolman in *Novelle*, 155); formal zielt sie auf die eigenartige Erfindung (vgl. ›Ueber novellistische Beiträge‹ in Didaskalia 1857), die Erzähltechnik und Sprache, wobei zu berücksichtigen ist, daß gerade der Novellenbeginn auch formelhaft ausfallen kann (vgl. Miller 1968, 362 ff.); funktional charakterisiert sie die Erregung der Aufmerksamkeit (vgl. Wieland: ›Hexameron‹, 3).

Miller, Norbert: Der empfindsame Erzähler. Untersuchungen an Romananfängen des 18. Jahrhunderts. München 1968.

2.2.3 ›Wahr‹

Zum Unerhörten und Neuen gesellt sich als dritte Eigenart der Begebenheit das Wahre (die »sich ereignete […] Begebenheit«; Goethe). Die ›Realismus‹-Bedeutung der Novelle (Silz 1959, 86) hat hier ihre Grundlage und bewirkt, daß selbst romantische Werke, wenn sie ›Novelle‹ genannt werden (vgl. Th. Manns Urteil über Chamissos ›Schlemihl‹), als realistisch erscheinen (vgl a. Kellers Gegenüberstellung von Novellistik als »profane[r] Erzählungslust« und Legendentradition; Vorwort zu den ›Sieben Legenden‹).

Die Wahrheit der Begebenheit kann sich schon bei der Benennung der Figuren ausdrücken (einschließlich der Fiktion von Decknamen zur Vermeidung »wahrer Namen«, Wieland: ›Hexameron‹, 4, Abkürzungen und Sternchen; noch Hein: ›Drachenblut‹ verwendet nebeneinander »Magdeburg« und »G.«, das er dann aber doch durch »Luisenstein und das Schillerzimmer« kenntlich macht); auch Kennzeichnungen (›wahre Geschichte‹), Quellenvermerke und Erzählerreflexionen (Ebner: ›Aktäon‹ 1983, 76) dienen solcher Wahrheitsbeteuerungen. Hinzu kommen Merkmale der dargestellten Welt (hier, jetzt, der Erzählrunde bekannt; vgl. den bei Eichendorff implizierten soziologischen Sinn des Hinabgreifens in das Bettler- und Vagabundenleben *Theorie und Kritik*, 117; dazu grundsätzlich Kern 1968). Neuerdings verknüpft Pilgrim im Begriff der »Forschungsnovelle« (›Der Vampirmann‹ 1989) das ›unerhörte Erlebnis‹ mit dem ›wissenschaftlichen Experiment‹ und dem ›unanfechtbaren Beweis‹.

2.2.4 ›Eine‹

Mit der ›kürzeren‹ Erzählform hängt die Einzahl der Begebenheit zusammen. Besonders die Abgrenzung vom Roman (Totalität) veranlaßte diese numerische Kennzeichnungsart. Doch bedeutet ›Singularität‹ mehr als die bloße Zahl (die ja ohnehin bei der Zählung von Begebenheiten oft genug versagt), indem sie nicht Ereignissplitter meint, sondern ein Ganzes, das, in sich gegliedert, an hervorragender Stelle ebenfalls im Dienst einer übergreifenden Totalität steht (vgl. Wendepunkt, Symbolik; schon bei Wieland stehen die Begriffe der Einheit und Ganzheit; ›Hexameron‹, 215). R. Kayser hat im Geleitwort zu Zinckes Heyse-Buch (8) besonders deutlich eine solche Einheit hervorgehoben (eine Situation, ein Geschehnis, eine Begegnung oder eine Gestalt); Malmede 1966, 155, setzte in neuerer Zeit die Singularität in enge Beziehung zum Mittelpunktsereignis.

2.3 Konzentration

Zum Bild der Novelle gehört landläufig die konzentrierende Leistung. Sie hängt mit dem Ausmaß- und Singularitätskriterium zusammen, besitzt aber auch eine selbständige, differenzierte Begründungsgeschichte. Sie reicht bis in die Höhe metaphysischer Fragen (soziale Ebene vs. Ballung und Einbruch des Schicksalhaften, von Wiese 1956, 22), zielt aber auch auf elementare Bauformen des Erzählens ab.

2.3.1 Punkt

Die tektonische Auslegung solcher Konzentration und Verdichtung bedient sich geometrischer Vorstellungen: Punkt, Punktualität, Achse, Mittel-, Wende- und Drehpunkt (auch Spitze) ergeben eine ›pyramidale‹ Struktur, die der geschlossenen Form im Drama entspricht (vgl. a. das Moment des Krisenhaften, Silz 1959). Erné (1956) spürte das Dramatische schon im »vollen Akkord« der Eröffnung auf, s. a. 58 f.). Doch auch im Roman (vgl. Hauff WI, 382; Keller GH I, 480) und in nichtfiktionalen Formen begegnen solche Gelenkstellen (z. B. Biographie; vgl. Timms 1983; Gerlach: ›Abschied von Arkadien‹ 1988, Nachbemerkung, 107). Tieck rief mit seinem (insbesondere dramaturgisch verstandenen) Wendepunkt eine Art lächelnde Sphinx für die Novellendiskussion ins Leben, Himmel (in seiner Arnim-Analyse) setzte ihr eine wissenschaftlich strenge Maske auf.

Wortig, Ilse: Der »Wendepunkt« in der neuen deutschen Novelle und seine Gestaltung. Diss. Frankfurt/M. 1931.
Remak, Henry H. H.: Wendepunkt und Pointe in der deutschen Novelle von Keller bis Bergengruen. In: Wert und Wort. Festschrift für Else M. Fleissner, Aurora 1965, S. 45–56 (= Remak 1996, S. 165–182).
Wolff, Roland A.: ›Der *Falke* am *Wendepunkt*‹ revisited: some thoughts on Schunicht's theory and on the German *Novelle* in general. In: New German Studies 5 (1977), S. 157–168.

2.3.2 Symbol

Der Zusammenhang von Novelle und Symbol steht seit geraumer Zeit im Vordergrund germanistischer Novellenforschung (Pongs, von Wiese, Remak, Leibowitz). Gerade das Symbol bekundet jene verdichtende Leistung, die von innen her kommt und das Wesen der Novelle ausmachen soll (Silz 1959, 88, spricht von einer »angeborenen Neigung zur Symbolik«); es bedeutet somit nicht nur Gehalt und Form, sondern auch Wert. Einheit und Fülle, die das Symbol – nach Goethes Auffassung – nicht nur anzeigt, sondern auch unmittelbar ist, geben der kürzeren Erzählform den nicht auslotbaren Sinn-Raum, verleihen ihrer ausschnitthaften Begrenzung die unendliche Ausdehnung, ihrer Fixierung ans Einzelne und Einmalige die allgemeine Geltung. In zahllosen Variationen (vgl. die Begriffe der anwesenden Ferne, des Unterscheidens im Untrennbaren und des Verstehens im Abschlußlosen) lassen sich so dem Novellenmuster wesentliche Gestaltungsabsichten unterstellen bzw. ablesen.

Die Novelle als Symbol (d. h. durchaus im Gegensatz zur Allegorie und Metapher) trägt nach Remak (1965) ihren eigenen Maßstab mit sich und zeigt an ihrem Anspruch, Novelle zu sein, den Wert ihres ästhetischen Vermögens unmittelbar an. Hiernach entscheidet sich alles am Gegensatz zwischen Allegorischem und Symbolischem, Eindeutigem und Ambivalentem, Äußerlichem und Innerlichem, Absichtlichem und Organischem, Zentrifugalem und Zentripetalem (ebd., 47, 59). »The best *Novelle* is the one that does justice to the polarities and ironies of human existence without sacrificing the functional concreteness, the ›truthfulness‹ and the limpidity of storytelling inherent in the genre.« (ebd., 53 f.)

2.4 Rahmen

Aus der Erzählsituation leitet sich nahezu automatisch der Rahmen ab. In der Novellenforschung gilt er nicht nur als kompositorisches Gebilde, das Einheit, Echtheit und Abstand bewirkt, sondern als sinntragende und wertgebende Instanz (Wetzel: Romanische Novelle 1977, 127), die dem Erzählten ›von außen her‹ eine Bedeutungsklammer gibt, die ›nach innen‹ wirkt. So gesehen, gibt es nie die reine elementare Geschichte, vielmehr richtet sich durchgehend ein spannungsvolles Verhältnis zwischen ›Erzählrändern‹ und ›Erzählkern‹ ein und macht bewußt, daß, wo immer jemand etwas erzählt, er sich selbst in seinen Geschehnisbericht einbringt (Bennett 1934/61, 54; Swales 1977, 46) und daß jede Erzählung zugleich ›besprochen‹ wird (Weinrich in *Novelle)* und ihrerseits ›reflektiert‹. (Segebrecht 1975, 307: »Der Rahmen ist diejenige Stelle im literarischen Werk, an der sich die Poesie die Legitimation dafür verschafft, daß sie in der Form des Geschichtenerzählens auftritt, und an der sie ihren Sinn erläutert.«)

Die Ausgestaltung des Rahmens (Rahmenzyklus, Einzelrahmen, Rahmen-Erzählung, Gesprächsrahmen; geschlossene, offene Form) hängt von Bedingungen, Motiven, Zwecken und Erfolgen des Erzählens ab (Kanzog 1968). Inwiefern der Ausdruck ›Rahmen‹ hier glücklich gewählt ist, bleibe dahingestellt, sind doch Unterbrechungen in der Erzählliteratur hinlänglich bekannt und ergeben eigentlich ein sonderbares Bild von ›Rahmung‹.

Die ältere Novellenforschung überanstrengte das Rahmenkonzept, indem sie es zum »Prototyp der Novellenform« erhob und eine »Ordnungsfunktion« des Erzählens auf dem Untergrund chaotischer Gefährdung pauschal unterstellte (Lockemann, 13). Für die Geschichte des Erzählens allgemein bleibt jedoch wichtig, daß der Rahmen oft eine »existentielle Notsituation« (Segebrecht 1975, 308) vergegenwärtigt (vielleicht sollte man allgemeiner von einer historischen Notsituation sprechen), die den Erzählakt motiviert bzw. durch ihn ›behandelt‹ wird.

Selbstverständlich schwinden nicht die Rahmenfunktionen mit dem Wegfall der ausgeführten Rahmenerzählung, sondern setzen sich in analogen Wirkungen der Perspektivierung, Standortwahl und Reliefgebung (Weinrich 1964) fort.

Goldstein, Moritz: Die Technik der zyklischen Rahmenerzählungen Deutschlands. Von Goethe bis Hoffmann. Diss. Berlin 1906.

Bracher, Hans: Rahmenerzählung und Verwandtes bei G. Keller, C. F. Meyer und Th. Storm. Ein Beitrag zur Technik der Novelle. Leipzig ²1924.

Hinckley, Henry Barrett: The Framing-Tale. In: MLN 49 (1934), S. 69–80.

Lockemann, Fritz: Die Bedeutung des Rahmens in der deutschen Novellendichtung. [zuerst 1955/56] In: Novelle ²1973, S. 335–350; Nachtrag 1965, S. 350 f.

Stephan, Dieter: Das Problem des novellistischen Rahmenzyklus. Untersuchungen zur Geschichte einer Darbietungsform von Goethe bis Keller. Diss. Göttingen 1960.

Weinrich, Harald: Tempus. Besprochene und erzählte Welt. Stuttgart 1964; Auszug in: Novelle ²1973, S. 483–498.

Meyer, Hansjörg: Das Halslösungsrätsel. Diss. masch. Würzburg 1967.

Kanzog, Klaus: Rahmenerzählung. In: RL ²1968, Bd. 3, S. 321–343.

Kurth, Lieselotte E.: Rahmenerzählung und Rahmenroman im achtzehnten Jahrhundert. In: JDS 13 (1969), S. 137–154.

Remak, Henry H. H.: Der Rahmen in der deutschen Novelle: Dauer im Wechsel. In: Traditions and Transitions. Studies in Honor of Harold Jantz, München 1972, S. 246–262 (= Remak 1996, S. 218–246).

Segebrecht, Wulf: Geselligkeit und Gesellschaft. Überlegungen zur Situation des Erzählens im geselligen Rahmen. In: GRM NF 25 (1975), S. 306–322.

Düsing, Wolfgang: Der Novellenroman. Versuch einer Gattungsbestimmung. In: JDS 20 (1976), S. 539–556.

Klotz, Volker: Erzählen als Enttöten. Vorläufige Notizen zu zyklischem, instrumentalem und praktischem Erzählen. In: Erzählforschung. Hrsg. v. Eberhard Lämmert, Stuttgart 1982, S. 319–334.

Wetzel, Hermann H.: Zur narrativen und ideologischen Funktion des Novellenrahmens bei Boccaccio und seinen Nachfolgern. In: Romanistische Zeitschrift für Literaturgeschichte 5 (1982), S. 393–414.

Jäggi, Andreas: Die Rahmenerzählung im 19. Jahrhundert. Untersuchungen zur Technik und Funktion einer Sonderform der fingierten Wirklichkeitsaussage. Bern 1994.

Obermaier, Sabine: Das Fabelbuch als Rahmenerzählung. Intertextualität und Intratextualität als Wege zur Interpretation des *Buchs der Beispiele der alten Weisen* Antons von Pforr. Heidelberg 2005 (= Beiheft zum Euphorion, Heft 48).

2.5 Erzählen nach Mustern

So anfechtbar die Orientierung an Vorbildern in der Novellengeschichte als ›Merkmal‹ sein mag (Schunicht in *Novelle*, 456: »Der Hinweis auf eine berühmte Novelle wird zum begrifflichen Surrogat«), so typisch ist doch gerade hier die Berufung auf Modelle, Klassiker, Vorgänger und Wegbereiter. Boccaccio (vgl. Wieland: ›Hexameron‹, 4: »den alten, so oft schon nachgeahmten Boccazischen Einfall«) und Cervantes, Goethe, Tieck, Kleist und Keller werden zu Begriffen, die eine Werkreihe zur Gattung organisieren. Unabhängig von der geschichtlichen Situation begrifflicher Prägungen konsolidiert sich die Einheit einer Werkfolge durch die Berufung auf Individuen. Die Novellenproduktion und die geschichtliche Kontinuität der Form erscheinen im Lichte dessen, was die alte Poetik ›imitatio‹ nannte. Gerade auch Nationen (bzw. charakteristische Regionen) rücken so zu namentlichen Leitbegriffen auf, so daß die Novelle als eine Erzählform ›in der Art der Italiener oder Spanier‹ durchaus sinnvoll bestimmt wird. Es bleibt noch zu erproben, ob das Verfahren, bei der Gattungsidentifizierung auf individuelle Muster zurückzugreifen, nicht ein geschichtlich angemesseneres Bild der Gattungsbewegung (im Sinn von ›Familienähnlichkeiten‹) ergibt als die gängigen Wachstumsinterpretationen oder Typenfixierungen (vgl. Schlaffer 1993); nicht zufällig begegnet in der Novellengeschichte immer wieder das Projekt der Muster- und Meistersammlungen.

2.6 Sammelbarkeit

Die oben angesprochenen ›novellenstellerischen‹ Initiativen leiten bereits zum Kriterium der Sammelbarkeit über. Schon das Kürze-Merkmal deutete auf den Zusammenhang der Novellenform mit verlegerischen Verwendungsabsichten. Wie die Geschichte der Lyrik ist auch die Geschichte der Novelle – fast möchte man sagen in erster Linie – durch ihren anthologischen oder chrestomathischen (Wieder-)Gebrauchszweck gekennzeichnet (vgl. Petsch in *Novelle*, 193: die »Neigung, Novellen in einen Kranz zu binden, wo die eine Blume der andern von ihrem Dufte und von ihrer Farbe leiht und wo die Wirkungen einander steigern.«) Hier wird ein literarisches Forum greifbar, ein ästhetischer Marktplatz narrativer ›beweglicher‹ Güter und Kleinwaren, der tiefe Einblicke in die Bereiche der Literaturorganisation gewährt. – Selbstverständlich kennt die

Sammelbarkeit 17

Novellenforschung Heyses und Kurz' Novellenschatz-Projekt, aber das Thema ist noch lange nicht erschöpft und könnte eine zentrale Aufgabe der modernen Anthologieforschung bilden. Folgende Gesichtspunkte gälte es nach einer Bestandsaufnahme vorhandener Novellensammlungen zu berücksichtigen: Welcher Augenblick erscheint als rechter Zeitpunkt des Sammelns? Was sammelt man (Eigenes, Fremdes, Originale, bereits Veröffentlichtes, Gegenwärtiges, Vergangenes, Heimisches, Ausländisches)? Wer tritt als Sammler auf (Verfasser, Herausgeber, Verlag; Kenner, Prominente; s. a. den »Führer«-Anspruch in dem von Keller kritisierten Sinn, Brief an Storm v. 11.4.1881)? Wozu dient die Sammlung (Ernte, Muster, Kanon, Avantgarde-Revue, Sprungbrett für Neulinge)? In welcher Reihenfolge stehen die Novellen (Gruppenbildung, Kontiguität, Symmetrie, Steigerung)? Wie drückt sich der jeweilige Akzent des Sammelns aus (in Vorwort, Nachwort, Zwischentext, Sammeltitel, Titelnovelle)? In welcher Ausstattung erscheint das Buch (Buchformat, Buchschmuck, Prunk, Illustration)?

Novellensammlungen

Novellen, fremd und eigen. Hrsg. v. Johanna Schopenhauer. 1. Bd., Rudolstadt 1816.
Novellenschatz des deutschen Volkes. Hrsg. v. Ludwig Pustkuchen. 3 Bde., Quedlinburg 1822/23.
Novellen-Kranz deutscher Dichterinnen. Hrsg. v. Christian Friedrich Niedmann. Wolfenbüttel 1828.
Novellenkranz. Hrsg. v. Ludwig Tieck. 5 Bde., Berlin 1831–35.
Jahrbuch schwäbischer Dichter und Novellisten. Hrsg. v. Eduard Mörike und Wilhelm Zimmermann. Stuttgart 1836.
Erinnerungen an merkwürdige Gegenstände und Begebenheiten, verbunden mit Novellen, Sagen und Geschichten wie auch beigefügtem Tableaux, Steinstichen, Karten, Plänen und Musikalien. Hrsg. v. Carl Wilhelm Medau. Neue Folge, 1. Bd., Wien 1837.
Novellenkranz. Sammlung der vorzüglichsten deutschen Erzählungen und Novellen. Choix des meilleurs Contes et Nouvelles de Kruse, C. Pichler, F. Kind, Weingarten, et autres. Paris 1840.
Moosrosen. Ein Kranz von Novellen, Erzählungen, Märchen und Gedichten. Wien 1846.
Katholische Novellen-Bibliothek. Hrsg. v. Wilhelm Nikolaus Stehling. Bd. 1 ff., Düsseldorf 1847 ff.
Novellen-Zeitung. Ausgewählte Romane, Novellen, Dramen und Gedichte. Neue Folge, 1. Bd., Leipzig 1847.
Deutscher Novellenschatz. Hrsg. v. Paul Heyse und Hermann Kurz. 24 Bde., München 1871–76.
Neuer Deutscher Novellenschatz. Hrsg. v. Paul Heyse und Ludwig Laistner. 24 Bde., München 1884–88.

Novellenbuch. Hausbücherei der Deutschen Dichter-Gedächtnis-Stiftung. 7 Bde., Hamburg-Großborstel 1904–09.
Frauennovellen. Hamburg-Großborstel 1907 (= Novellenbuch, 5. Bd.).
Meister-Novellen neuerer Erzähler. Hrsg. v. Richard Wenz-Enzio. Leipzig [1908]; dazu 3 weitere Bde.: Meister-Novellen neuerer Erzähler. Leipzig: Max Hesses Verlag, o. J.
Sammlung illustrierter Novellen. 11 Bde., Stuttgart o. J. (ca. 1910).
Kriegsnovellen. 7 Bde., Leipzig 1915–16 (= Universal-Bibliothek).
Die Entfaltung. Novellen an die Zeit. Hrsg. v. Max Krell. Berlin 1921.
Die deutsche Novelle. Eine Bücherei zeitgenössischer Dichtung. Hrsg. v. Max Tau. Bd . 1 ff., Trier 1922 ff.
Der Falke. Bücherei zeitgenössischer Novellen. Bd. 1 ff., Stuttgart 1923 ff.
Die deutsche Novelle der Gegenwart. Hrsg. v. Hanns Martin Elster. Berlin o. J. (1927).
Die 7 Jungen aus Oesterreich. Eine Novellen-Sammlung. Hrsg. v. Leopold Steiner. Leipzig 1930.
Deutsche Novellen des 19. und 20. Jahrhunderts. Leipzig: Quelle & Meyer [1930] (mindestens 66 Nummern).
Novellen deutscher Dichter der Gegenwart Hrsg. v. Hermann Kesten. Amsterdam 1933.
Bibliophile Novellen. Weimar: Gesellschaft der Bibliophilen, 1934.
Die deutsche Novelle 1880–1933. Hrsg. von H. Steinhauer. New York 1936.
Liebe, Lust und Leid. Altdeutsche Novellen. Übertr. v. Alois Bernt. München 1939.
Deutsche Novellen des 19. Jahrhunderts. Moskau 1955.
Deutsche Novellen von der Romantik bis zum Expressionismus. 2 Bde. Hrsg. von Jan Chodera. Warszawa 1969.
Das große deutsche Novellenbuch. Hrsg. v. Effi Biedrzynsky. München 1995.
An Anthology of German Novellas. Hrsg. von Siegfried Weing, Columbia SC 1996.

Felheim, Marvin: Recent Anthologies of the Novella. In: Genre 2 (1969), S. 21–27.

3. Reflexionsgeschichtliche Wegemarken des Novellenbegriffs

3.1 Wortgeschichtliches

Das Wort ›Novelle‹ gehört ursprünglich dem juristisch-politischen Fachwortschatz an und bedeutet ein Nachtragsgesetz (ein »Gesetz, das in einem ergänzenden oder abändernden Nachtrag zu einem bereits geltenden Gesetz besteht«, Duden-Wörterbuch 1978). Ob diese Spezialbedeutung tatsächlich nichts mit der literarischen Verwendung des Wortes zu tun hat (von Wiese [8]1982, 1), sollte gebrauchsgeschichtlich genauer untersucht werden (vgl. die strukturelle Ähnlichkeit zwischen ›Novelle‹ und ›Rechtsfall‹; dazu Heinrich Bosse in: Literaturwissenschaft. Einführung in ein Sprachspiel. Freiburg 1999, S. 311 ff.). Als Bestandteil des literarischen Bildungswortschatzes bedeutet ›Novelle‹ eine »Erzählung kürzeren oder mittleren Umfangs, die von einem einzelnen Ereignis bzw. Geschehen handelt und deren gradliniger Handlungsablauf auf ein Ziel hinführt« (Duden-Wörterbuch 1978). Inwiefern diese ziemlich literaturwissenschaftlich klingende Wortverwendung tatsächlich den gegenwärtigen Sprachgebrauch deskriptiv wiedergibt, wäre einer Besinnung wert. – Das Wort ›Novelle‹ hat im europäischen Raum eine wandlungsreiche Bedeutungsgeschichte (Gillespie 1967), die von lat. ›novus‹ (= neu) ausgeht und im Laufe einer siebenhundertjährigen Verwendungsgeschichte mannigfaltige Erweiterungen bzw. Verengungen, Übertragungen sowie Auf- und Abwertungen erfährt. Nach Enzensberger gehört ›Novelle‹ in die »eurozentrische Liste« jener Wörter, die sich »über alle Kulturgrenzen hinweg« verbreitet haben (vgl. FAZ vom 6.1.2001).

Boccaccios »cento novelle« wurde bis ins 17. Jahrhundert hinein als ›Historie‹ bzw. ›neue Fabel‹, ›neue Mär‹ und auch ›neue Zeitung‹ übersetzt (Hirsch, 13). Im 17. Jahrhundert bedeutet »nouvelle« ›Neuigkeit‹ (ebd., 15). In dieser Sinntradition übersetzt noch Lessing 1751 Cervantes' ›Novelas ejemplares‹ als »Neue Beispiele« (ebd., 18); Nathan nennt seine Boccaccio-Adaption »Märchen«. Erst nach 1760 finden sich Spuren einer Bedeutungsverengung als Gattungsbezeichnung (ebd., 21); doch noch im frühen 19. Jahrhundert erhält sich die weite Bedeutung ›Wirklichkeit‹ (Schröder 1970). – Im Gegensatz zur älteren Novellenforschung, die ›Novelle‹ immer mit hohen ästhetischen Werten assoziierte, bietet die Gebrauchsgeschichte (s. *Theorie und Kritik)* ein buntes Bild, in dem ›Novelle‹

auch als Schimpfwort seinen festen Platz hat (s. Krauss 1940; s. Kellers Wort von der »Novelliererei« als »Nivelliererei«, Brief an Heyse, 7.9.1884, und Fontanes »Novellen-Schacher«, Brief an Mete, 8.8.1880). Interessanterweise findet sich (auch) heute für die Ableitungsform ›novellistisch‹ die Bedeutung ›unterhaltend‹ (Duden, Bd. 1, [21]1996). Darüber hinaus stellt sie – wissenschaftsgeschichtlich gesehen – eine Kompromißlösung im Streit um die genaue Novellendefinition dar. Mit der Verbindung ›novellistischer Spielraum‹ (von Arx 1953, von Wiese 1962, Schröder 1970, 121) glaubte man sowohl die rigide Festlegung als auch das allzu Unverbindliche des Begriffs vermieden zu haben. Wo freilich die Grenzen eines solchen Spielraums liegen, der als ›Raum‹ zwar Bewegungsfreiheit, aber zugleich scharfe Ränder bedeutet, hat man nicht angeben können; die Geschichte der Wortbedeutung jedenfalls enthält sogar den »alles«-Sinn. So verlangte schon ein früher Theoretiker (Der Begriff der Novelle, 1857, 18) bei aller Anerkennung des »Spielraums«, den das »Talent« benötige, dennoch »feste Grenzlinien« der Novellen-»Idee«. Zur Geschichte des Novellenwortes gehört auch die Ableitung ›Novellette‹. Ob sich in ihr eine Sonderentwicklung (mit Bezügen zur Musik) abzeichne, wäre noch zu prüfen; Eichendorff sah sie dort entstehen, »wo der Atem ganz ausgegangen« ist (Der deutsche Roman, Werke IV, 831).

Novelletten

Alexis, Willibald u.a.: Babiolen. Novellen und Novelletten. Nebst polemischen Papierstreifen. 2 Bde., Leipzig 1837.
Löhn, Anna: Novelletten. Leipzig 1862.
Mann, Heinrich: Irrthum. Novellette. In: Moderne Kunst, Berlin Dez. 1894.
Schnitzler, Arthur: Die Frau des Weisen. Novelletten. Berlin 1898.
Scheerbart, Paul: Astrale Novelletten. München 1912.

Innerhalb der Literaturgeschichte übt das Wort ›Novelle‹ verschiedene semantisch-pragmatische Funktionen aus: Als Fremdwort hat es eine Bedeutung (z. B. Wirklichkeit), als Rubrik des Büchersortiments umfaßt es den Stapel der Erzählliteratur mittlerer Länge (wahrscheinlich ohne Unterhaltungsliteratur, Science-fiction u.ä.) und als Begriff der Literaturwissenschaft verweist es z. B. auf eine ›innere Form‹ bzw. zugrundeliegende Geistesbeschäftigung (Jolles in *Novelle)* oder Gattung. Welche Bedeutung es im Untertitel des einzelnen Werkes erfüllt, ist nicht festgelegt; doch verdiente dieser Aspekt der Gebrauchsgeschichte eine nähere Betrachtung (vgl. Schröder 1970, 74–92; Meyer 1987, 105 ff.). Überblickt man die zwei Jahrhunderte währende Gepflogenheit, Werke als Novellen zu bezeichnen, so fällt eine gegliederte Formenvielfalt auf. Drei Möglichkeiten lassen sich unterscheiden: Novelle als Gattungskennzeichen des einzelnen Texts, als Sammeltitel und »ganz einfach« (Goethe) als Titel (doch nicht jedes Werk, das so heißt, muß deshalb eine Novelle sein, s. Weidenheim ›Pannonische Novelle‹ 1991). Die drei Gruppen lassen sich hinsichtlich ihrer jeweiligen Ergänzungen noch weiter untergliedern: die erste und dritte auf Grund ihrer attributiven (Englische, Mexikanische Novelle), präpositionalen (Die Novelle ohne Titel) und wortbildungsmäßigen Erweiterung (Novellistische Studie), die zweite darüber hinaus auf Grund der Unterscheidung in »simpler Titel« und »Einkleidung« (Hoffmann, DD, 193). Drei Eigenarten fallen bei einer solchen Titelrevue auf: zum einen der Zusammenhang von Novelle und Zahl (die hundert), zum anderen von Novelle und Nationalität und zum dritten der Zeitbezug (Neue Novellen). So schlicht ein solcher Gesichtspunkt sein mag, verdient er doch bis in die Feinheiten der Artikelwahl einige Aufmerksamkeit: Bekanntlich nannte Goethe sein Werk mit Absicht weder »die« noch »eine«, sondern eben nur »Novelle«.

Hirsch, Arnold: Der Gattungsbegriff »Novelle«. Berlin 1928, S. 13–22.
Krauss, Werner: Novela – Novelle – Roman. In: Zeitschrift für romanische Philologie 60 (1940), S. 16–28.
Kern, Edith: The Romance of Novel/Novella. In: The Disciplines of Criticism. Essays in Literary Theory, Interpretation, and History. Hrsg. v. Peter Demetz u.a., New Haven 1968, S. 511–530.
Gillespie, Gerald: Novella, Nouvelle, Novella[!], Short Novel? – A Review of Terms. In: Neophilologus 51 (1967), S. 117–127, 225–230.

3.2 Stationen der Novellen-Programmatik

Für eine breitere Orientierung über Theorie und Kritik der Novelle bleibt Polheims (1970) Quellensammlung noch immer das unentbehrliche Grundlagenwerk. In älterer Zeit haben Walzel (1915) und insbesondere Hirsch (1928) die Reflexionsgeschichte dokumentiert und kommentiert, zwei Jahre vor Polheim stellte Kunz (1968, ²1973) das Material als »Vorstufen« für die ›Wege der Forschung‹ zusammen, und in jüngster Zeit machte Krämer (1976) die wichtigsten Zeugnisse mit dienlichen Arbeitsanweisungen für den Schulunterricht zugänglich (vgl. auch Karthaus 1990). Quantitativ gesehen, fällt an Polheims Textsammlung auf, daß die Mehrzahl der Zeugnisse aus der ersten Hälfte des 19. Jahrhunderts stammt, daß die biographische ›Epoche‹, in der solche Reflexionen stattfinden, sich nicht unbedingt synchron zur Epoche der eigenen Werkproduktion verhält, die Praxis also nicht automatisch zur Theorie paßt und daß die ›Klassiker‹ der Novellentheorie (Goethe, Tieck, Heyse) in der Vielzahl ausgearbeiteter Novellenkonzepte nur bedingt ihren literaturgeschichtlich verbürgten Vorrang behaupten. Erstaunlich ist die Konstanz zentraler Merkmale der Novellenform auf abstrakterer Ebene. Historische Eigenarten der Begriffsprägung lassen sich eher im Bereich genetischer und struktureller Herleitung der einzelnen – oberflächlich betrachtet – gleichbleibenden

Kennzeichen entdecken; was ein solches Merkmal besagt, gibt sein Stellenwert im je individuellen Gedankenweg preis.

Die Novellen-›Theorien‹ des 19. Jahrhunderts – um diese handelt es sich im wesentlichen trotz Wielands treffenden Bemerkungen und Musils oder auch von Unruhs für die Moderne wichtigen Ausführungen – entstehen zu einem Zeitpunkt, da regelbewußtes Schreiben nicht mehr selbstverständlich ist. Es kennzeichnet deshalb um so mehr die Novellen-Forschung des frühen 20. Jahrhunderts, daß gerade sie sich mit wissenschaftlichem Anspruch (exakte Definition) oder didaktischer Absicht (Novellentechnik, novellistische Handwerkslehre; vgl. Zincke: Heyse, 11) um jene Strenge und Verbindlichkeit bemüht, die eigentlich Sache der literaturtheoretisch längst überwundenen Regel-Poetik war. Daß es zu dieser erneuten Reglementierung des künstlerischen Schaffens und des akademischen Urteilens kommt, liegt zum einen begründet in der zeitgenössischen Abwehr formaler Neuerungen, die als Formzerfall abgewertet werden, zum anderen in dem wissenschaftsgeschichtlich aktuellen Interesse an der ästhetischen Gesetzmäßigkeit, die im Sinn eines Systems der literarischen Gattungen gegen alle überfremdenden Aspekte der Literaturgeschichte ausgespielt wird (Zincke). Gerade also die ›Prager Schule‹, der sich Zincke verpflichtet weiß, hat mit der wissenschaftlichen Spezifizierung ihres ästhetischen Gegenstandes (Literarizität) das Bedürfnis nach einer entsprechenden Identifizierung der Werkbezeichnung ›Novelle‹ (Novellizität) erweckt und erhalten.

Ob eine Theorie der Novelle das Novellen-Schreiben befördert oder erst nachträglich dem Werk hinzugefügt wird, ob sie dem Verständnis der Novellen-Dichtung den Weg bereitet oder verstellt, sind Fragen, so alt und umstritten wie der Konflikt zwischen Theorie und Praxis. In der Novellen-Forschung wurden die unterschiedlichsten Standpunkte bezogen: Theorie als Vorschrift, Selbstauslegung, Tarnung und selbständiges, literarisches Werk. Zum Teil sind damit historische Positionen bezeichnet: Theorien im Umkreis regulären Schaffens gelten als Rezepte zum Befolgen und Anwenden; Selbstauslegungen dienen gemäß der interpretationswissenschaftlichen Maxime vom intendierten Sinn als Eckdaten der Deutung; Masken zeigen das Verhältnis von öffentlicher Erwartung und privatem Abweichen an; Reflexionen konstituieren innerhalb eines erweiterten Literaturbegriffs ein Werk, das wie jedes andere der Analyse und Interpretation bedarf.

In neuerer Zeit hat man solche Dokumente der Reflexion, Selbstvergewisserung und kollegialen Beurteilung zuweilen auch schlichtweg als falsch bezeichnet (Leibowitz 1974). Ob dieser

Stationen der Novellen-Programmatik

Kahlschlag wirklich eine bessere Sicht auf den zu definierenden Gegenstand freilegt, bleibt mehr als zweifelhaft, erreicht doch das statt dessen Gebotene selten den Bruchteil von dem, was mit großspuriger Gebärde verbannt wurde. Gegenüber solchen Abrechnungen mag es nützlich sein, daran zu erinnern, daß die Verlautbarungen der geschichtlich gewordenen Novellen-›Theorie‹ gar nicht ausschließlich zum Typus jener Aussagen gehören, die gänzlich der Falsifizierungsprobe auszuliefern sind; ihre Verflechtung in der Heuristik des Denkens und der Pragmatik des Schreibens unterwirft ihre Geltung verschiedenen Logiken. Solche Zugeständnisse an den Sonderstatus der Novellen-Theorie bedeuten keinen Verzicht auf Wahrheit und Geltung, sondern Hinwendung zu den verschiedenen Zügen des literarischen Arbeitens, das zum geschichtlichen ›Faktum‹ wird. Die Theoriegeschichte der Novelle erschöpft sich nicht im Hin und Her zwischen Normativität und deskriptiver Historik; praktisch ebenso entscheidend sind die Impuls- und Orientierungsfunktionen.

Martin Swales (1977) hat versucht, Orientierungszentren der Novellen-Reflexion zweier Jahrhunderte herauszuarbeiten, um Kontexte für jeweils historisch spezifische Untersuchungen abzustecken. Ausgehend von der Grunderkenntnis, daß es in allen Novellen-Theorien um ein hermeneutisches Spiel bzw. Wagnis gehe, entdeckt er fünf thematische und zwei strukturelle Komponenten:

1. Das Mittelpunktereignis erhält seine zentrale Bedeutung dadurch, daß es hermeneutische Zweifel über Status und Wert dieser Ereignisse auslöst.
2. Der Realismus äußert sich in der Motivierung des Außerordentlichen, das hier noch unverzichtbar ist.
3. Zufall und Schicksal stehen für Ordnungskrisen bzw. -konflikte.
4. Die Spannung zwischen Poesie und Prosa gestaltet sich als ein Ringen um die kompromißartige Poetisierung des Alltäglichen.
5. Die Polarität zwischen Subjektivem und Objektivem hebt sich auf in der Synthese der zum Objektiven verarbeiteten Subjektivität.
6. Die Symbolik verweist auf eine intakte Welt und beansprucht Allgemeingültigkeit.
7. Der Rahmen zeigt die Stellung der jeweiligen Geschichte in ihrer Gesellschaft an.

Quellen

Novelle. Hrsg. v. Josef Kunz, Darmstadt 1968, ²1973, S. 27–89.

Theorie und Kritik der deutschen Novelle von Wieland bis Musil. Hrsg. v. Karl Konrad Polheim, Tübingen 1970.

Realismus und Gründerzeit. Bd. 2, Stuttgart 1975, S. 363–378, 397–400.

Theorie der Novelle. Hrsg. v. Herbert Krämer. Stuttgart 1976 u. ö.

Paulin, Roger: The Brief Compass. Oxford 1985, S. 129–151.

Thorn, Paul: Einige Worte über die Novelle. In: Wiener Zeitschrift für Kunst, Literatur, Theater und Mode, Nr. 103 v. 28. 8. 1827, S. 848–850 u. Nr. 104 v. 30. 8. 1827, S. 855–857.

Die Novellen in der Poesie und die Poesie in den Novellen. In: Berliner Conversations-Blatt für Poesie, Literatur und Kritik, 1829, S. 913 f., 918–920.

Tieck, Ludwig: Zur Geschichte der Novelle. [zuerst 1834] In: Kritische Schriften, Leipzig 1848, Bd. 2, S. 377–388.

Die Novelle. In: Blätter für Belletristik. Theoretisch-kritisches Organ zur Förderung der schönen Wissenschaften 1 (1855), Nr. 2, S. 12–14.

Gottschall, Rudolf: Novellenliteratur. In: Blätter für literarische Unterhaltung, 1856, S. 727–735.

W.: Ueber novellistische Beiträge. In: Didaskalia. Blätter für Geist, Gemüt und Publicität, 35 (1857), Nr. 2.

D.: Der Begriff der Novelle. Weimarer Sonntagsblatt, 1857, S. 18–20, 26–31.

Sonnenburg, Rudolf: Zur neuern Novellistik. In: Blätter für literarische Unterhaltung, 1862, S. 591–595.

Lorm, Hieronymus: Novellistik. In: Oesterreichische Wochenschrift für Wissenschaft, Kunst und öffentliches Leben, 4 (1864), S. 1615–1620.

Meyr, Melchior: Vorwort. In: M. M., Erzählungen. Hannover 1867, S. V-XII.

Avé-Lallemant, F. Ch. B.: Die Criminalnovelle. In: Der literarische Verkehr, 7 (1876), S. 57 f., 65 f.

Goldbaum, Wilhelm: Was ist eine Culturnovelle? In: Literaturblatt, 1 (1877), S. 69–71.

Hille, Peter: Zur Geschichte der Novelle. Essay. In: Deutsche Monatsblätter, 1 (1878), S. 581–611.

Keiter, Heinrich: Die Novelle. In: Literaturblatt, 2 (1878), S. 481–483.

Eckstein, Ernst: Roman und Novelle. Eine Betrachtung. In: Der Salon für Literatur, Kunst und Gesellschaft, 1 (1879), S. 572–575.

Beyer, C.: Deutsche Poetik. Theoretisch-praktisches Handbuch der deutschen Dichtkunst. 3 Bde., 3. Aufl., Berlin 1900, Bd. 2, S. 388–402.

Moeller-Bruck, Arthur: Von der modernen Novelle. In: Nord und Süd, 110 (1904), S. 79–85.

Arnold, Paul Joh.: Zur Ästhetik der Novelle. [Kurzfassung]. In: Das literarische Echo, 13 (1910/11), Sp. 1752–1754.

Herrigel, Hermann: Novelle und Roman. In: Das literarische Echo, 16 (1913/14), Sp. 81–86.

Mierendorff, Carlo: Von der Novelle zum Roman. In: Die weißen Blätter 7, 2 (1920), S. 278–282; wiederabgedr. in: Expressionismus. Manifeste und Dokumente zur deutschen Literatur 1910–1920, hrsg. v. Thomas Anz u. Michael Stark, Stuttgart 1982, S. 667–671.

Franck, Hans: Deutsche Erzählkunst. Trier 1922 (= Die deutsche Novelle, hrsg. v. Max Tau, Bd. 1).

Stationen der Novellen-Programmatik 25

Ernst, Paul: Der Weg zur Form. Abhandlungen über die Technik vornehmlich der Tragödie und Novelle. 3. Aufl., München 1928.

Jenker, Hans: Plädoyer für die Novelle. In: Die Literatur. Monatsschrift für Literaturfreunde, 36 (1933/34), S. 330–332.

Taube, Otto von: Die Novelle und andere Erzählungsformen. In: Das Innere Reich. Zeitschrift für Dichtung, Kunst und deutsches Leben 2 (1935), S. 643–647.

Brennecke, Bert: Kurzgeschichte oder Novelle. In: Der deutsche Schriftsteller, 3 (1938), S. 75–77.

Michels, Josef: Die neue Novellenform. In: Deutsches Volkstum. Monatsschrift für das deutsche Geistesleben, 20 (1938), S. 534–538.

Schmidt, Ernst: Die Novelle als Kunstform. In: Der deutsche Schriftsteller, 3 (1938), S. 54–57.

Über Roman und Novelle. Aus dem Nachlaß von Josef Ponten. In: Rhythmus, 20 (1942), S. 60 f.

Schäfer, Wilhelm: Die Novelle. In: Die Neue Literatur, 43 (1942), S. 25–27.

Humm, R. J.: Brief über die Novelle. Herrliberg-Zürich 1945.

Glaeser, Ernst: Die Kunst der Novelle. In: Dreiklang, 2 (1947), S. 195–197.

Engelhardt, Rudolf: Die Novelle und ihre Leser. In: Welt und Wort 3 (1948), S. 99 f.

Hammer, Franz: Die Kunst der Novelle. In: Aufbau 4 (1948), S. 330–333.

Gross, Edgar: Wo bleibt die Novelle? In: Welt und Wort, 8 (1953), S. 300.

Braem, Helmut M.: Die Novelle im 20. Jahrhundert – ein Paradoxon. In: Deutsche Rundschau, 80 (1954), S. 574–576.

Erné, Nino: Kunst der Novelle. Wiesbaden 1956, [2]1961. Nachdr. Paderborn 1995.

Hermanowski, Georg: Stiefkind Novelle. In: Begegnung. Zeitschrift für Kultur und Geistesleben, 12 (1957), S. 54 f.

Unruh, Friedrich Franz von: Wo aber Gefahr ist – Lebensdaten eines Novellisten. Bodman 1965.

Schwarz, Georg: Als es noch Novellisten gab. In: Welt und Wort, 22 (1967), S. 224 f.

Unruh, Friedrich Franz von: Die unerhörte Begebenheit. Lob der Novelle. Bodman 1976.

Fachliteratur

Mitchell, Robert McBurney: Heyse and His Predecessors in the Theory of the Novelle. Frankfurt/M. 1915.

Alexander, Marta: Die Novellentheorien der Jungdeutschen. Diss masch. München 1923.

Schunicht, Manfred: Der »Falke« am »Wendepunkt«. Zu den Novellentheorien Tiecks und Heyses. [zuerst 1960]. In: Novelle [2]1973, S. 439–468.

LoCicero, Donald: Novellentheorie. The Practicality of the Theoretical. The Hague 1970.

3.2.1 Die Novelle im Bann der romantischen Ironie: Friedrich Schlegel

Wenn es richtig ist, daß Friedrich Schlegel bereits den gesamten Umfang der Novellenproblematik gattungstheoretisch bedacht hat (von Wiese, Swales; alle Hinweise des Kapitels 1.2. ließen sich mit Schlegel-Zitaten belegen), so folgt daraus nicht ohne weiteres, daß alle nachfolgenden Zeugnisse als bloße Wiederholungen oder gar Vereinfachungen gelten müssen. Einer historischen Untersuchung stellt sich vielmehr die Aufgabe, die konkreten Hintergründe der Schlegelschen Auffassung nachzuzeichnen und die Konsequenzen herauszuarbeiten, die sich aus der Kontinuität einer spezifisch romantischen Auffassung in nach- und gegenromantischer Zeit ergeben. Anders gewendet: Was besagt eine reflexionsgeschichtliche Stagnation auf dem Boden gesellschaftlichen Wandels und ›moderner‹ Novellenproduktion? Hängt sie mit der allgemeinen Wirkungsgeschichte Schlegels zusammen (Polheim 1965, 62)?

Zentral und für die neuere Novellen-Forschung richtungsweisend ist Schlegels Funktionsbestimmung der Novelle innerhalb der Spannung zwischen Subjektivität und Objektivität; ihrzufolge kann ein (Novellen-)Erzähler auch im Bericht fremder Stoffe, nicht selbsterlebter Erfahrungen, höchst Eigenes indirekt zum Ausdruck bringen. Gemeint ist das in der Zeichentheorie vertraute Miteinander darstellender und expressiver Sprechfunktionen, das dann in der Novellen-Forschung (von Wiese, Schunicht) auch zur Polarität von realistischer Widerspiegelung und ästhetischem Formwillen verschoben wurde. Polheim (1965, 63f.) hat Schlegels Begriffspaar auf dessen Programm über die romantische Poesie überhaupt bezogen und somit die novellenspezifische Geltung solcher Ausführungen erheblich eingeschränkt. Was Schlegel an Boccaccio und der Novellenform entdecke, gehöre zur grundlegenden Diskussion über den »Kontrast zwischen Form und Materie«, dessen Synthese im Ironie-Begriff läge und sich stilistisch »grotesk oder arabesk« ausdrücke. Es lohnt sich aber schon, den Anregungen Schlegels zu folgen und konkret auszumessen, welche Ausweitung die Geschichte der Novelle erfähre, wenn ›Novelle‹ als »analytischer Roman ohne Psychologie« (*Theorie und Kritik*, 3) definiert wird.

3.2.2 Novelle als Signatur der Zeit: August Wilhelm Schlegel

Auch von August Wilhelm Schlegel (und somit erstmals und für die Zukunft richtungsweisend von einem Universitätslehrer) gehen entscheidende Impulse für ein Verständnis der Novellenform aus. Schlegel behandelt sein Thema nicht nur literaturgeschichtlich. Ihm dient die Erinnerung an die romanische Form als Instrument der Kritik an den »Kleinlichkeiten« »in unsern Zeiten«, und der Aufruf zur »ächten« Nachfolge meint die Kampfansage gegen das »moderne Romanwesen«. Das von ihm entwickelte ›Charakteristische‹ der Novelle erweitert sich zu einem Welt- und Geschichtsbild, das sowohl den Erzähler als auch den Zeitgenossen herausfordert; ob also eine Zeit als ›novellistisch‹ gelten darf oder nicht, hängt nicht nur vom literarischen, sondern gesellschaftlichen Zustand ab. Wie bei Schiller geht es auch bei Schlegel um weiße Flecke der Geschichtsschreibung; doch rücken jetzt nicht die außerordentlichen Normverstöße in den Blick, sondern im Gegenteil das Alltägliche, Normgemäße. Dennoch meinen solche üblichen Lebensumstände nicht etwas geschichtlich Unspezifisches, vielmehr repräsentieren sie das Unverwechselbare eines bestimmten Kulturkreises zu einer bestimmten Zeit. Hier hat der geradezu dokumentarische Realismus der Novelle und das ihm entsprechende Bewußtsein des Novellen-Publikums seine Grundlage. Die Novelle bildet ›Sitten‹ ab, sie zeugt durch ihr bloßes Vorhandensein von der Geltung solcher Sitten bzw. deutet für den Fall, daß sie sich in der Gegenwart nicht erneuert, auf das ›zerbröckelnde‹ Gesellschaftsleben hin. So wird die Novelle zur Signatur der Zeit.

Schlegel weiß, daß Mitteilungen über den Alltag einen Reiz brauchen, um wahrgenommen zu werden. Dieses ›Verpackungsargument‹ ist das Tor für eine merkwürdige Gegenbewegung, die gerade dem Außerordentlichen in der Novelle des Alltags Raum verschafft. Was den Genuß des Gewöhnlichen eigentlich nur schmackhaft, »interessant« machen sollte, verselbständigt sich, so daß Schlegel schließlich empfiehlt, das Normale »so kurz als möglich« abzufertigen und sich statt dessen dem »Außerordentlichen und Einzigen« zu widmen. Unter der Hand gerät die Novellentheorie zur Volksmärchentheorie, indem Schlegel das Wunderbare vor der zergliedernden Motivierung bewahren und es statt dessen »eben positiv hinstellen, und Glauben dafür fodern« möchte.

3.2.3 Die Vielstimmigkeit der Novelle: Ludwig Tieck

Tiecks Novellen-Theorie, weithin unter dem Stichwort ›Wendepunkt‹ bekannt, versteht sich in erster Linie als Rechtfertigungsbericht (Heinichen 1963, 42); nicht was eine Novelle ist bzw. sein soll, wird hier entschieden, sondern warum der Autor seine späteren Erzählungen gerade Novelle genannt hat. Tiecks Erklärung umfaßt drei Komponenten: die eine betrifft den zeitgenössischen Sprachgebrauch, demzufolge alle kleineren Erzählungen heute so heißen; die andere setzt historisch-geographisch an, indem sie auf Italien verweist, hier die Bedeutungsmerkmale ›neu‹, ›anstößig‹ und ›lüstern‹ hervorhebt und schließlich mit Blick auf die spanische Zensur die gegenitalienische Moralisierungstendenz vermerkt. Der Kern der Rechtfertigung besteht – drittens – aus einer Normformulierung (nicht aber als Produktionsregel oder Urteilskriterium gemeint, sondern als Bezugspunkt für die Verteidigung der eigenen, vorläufig noch abweichenden Schreibart): Als Autoritäten gelten Boccaccio, Cervantes und Goethe (also nicht Muster der Einheitlichkeit, sondern des Vielstimmigen); als Orientierungsmarken dienen stoffliche, strukturelle, thematische, stilistische und wirkungspsychologische Kriterien: Akzentuierung (»in's hellste Licht stellen«, z. B. Heinrichs in »grelles Licht« gestellter Traum in ›Des Lebens Überfluß‹), Verknüpfung (Familiarität mit dem Wunderbaren und das Wunderbare des Alltäglichen; vgl. Novellen VIII, 107, 131; Perspektivismus, wechselnde Optik), ›Dramaturgie‹ der Überraschung, Umkehr und Umwertung (Wendepunkt), Wirkungspsychologie (leicht einprägsam), rhetorisch-stilistische Pluralität, Handlungstheorie (nicht Handlungen aus festen Charakteren, sondern Entwicklung von Gesinnungen in Konflikten und Gesinnungsentwicklung als Handlung), Wirkungsästhetik (Sonderbeitrag der Novelle zum allgemeinen Schicksalsproblem: eigenartige Lösung von Widersprüchen, Erklärung der Launen des Schicksals, Verspottung des Leidenschaftswahnsinns; Erkenntnisfunktion von Lachen und Wehmut).

Angesichts einer solchen Bestimmungsvielfalt der Novelle muß Tiecks ›Theorie-Ruf‹, der ausschließlich den Wendepunkt-Begriff zum Inhalt hat, als ungerechtfertigte Vereinfachung gelten. Dementsprechend relativiert sich auch die Kritik an Tiecks konzeptueller Leistung. Was aber den Wendepunkt-Begriff unmittelbar betrifft, so bleibt trotz neuerer Entdeckungen das begrifflich Mehrdeutige bezeichnender für Tieck als das Eindeutige. Gewiß war es nützlich zu erfahren, daß dieser ›Wendepunkt‹ »nur« im Zusammenhang mit der Solgerschen »Punktualität« und der hier entwickelten ›Aufhebung‹ des Wunderbaren zu verstehen ist (Schunicht), aber diese Herleitung muß andere Bedeutungen des Konzepts (man denke auch einfach an den wendepunktartigen Eingang von ›Des Lebens Überfluß‹) nicht außer Kraft setzen. Der philosophisch metaphysische Inhalt steht im Kontext einer ›offenen Form‹, die ihm den konkreten Sinn gibt. Tiecks ›Novelle‹ bezeichnet so den Raum einer geradezu experimentellen Erkundung, bei der herkömmliche Regeln nicht gelten; die Wendepunkt-Novelle gerät zur Rechtfertigung heikler Themen und kanonwidriger Darstellungsweisen.

Bewahrt man jedoch den Solgerschen Hintergrund, so ergeben sich zwei Auslegungshorizonte: der Wendepunkt als Aufhebung der Trennung zwischen Wunder und Alltag und als Lösung weltlicher Widersprüche; die funktionale Eigenart des Wunderbaren bzw. Absoluten liegt darin, daß es in diesen beiden Möglichkeiten sowohl als Relatum (Aussöhnung zwischen dem Wunderbaren und Gewöhnlichen) wie als Agent (Eingriff des Absoluten in das Böse bzw. Nichts) und schließlich auch als Instrument (Lösung mit Hilfe des Absoluten) erscheint (vgl. Paulin 1987, 74 u. 87). Wendepunkt in diesem schillernden Sinn ist z. B. der Frage-Antwort-Abtausch zwischen Wilhelm und dem Domine in ›Der funfzehnte November‹: »- abreisen, – wiederkommen, – finden, – was ist das? Das nennt man Instinkt, mein guter Sohn, belehrte der Geistliche. Das ist Gott! rief Wilhelm.« (Novellen III, 149) Es gehört zur schwebenden Form der Vermittlung im Wendepunkt, daß diese Feststellung von einem Kranken kommt, der aus einem unerklärlichen Grund im Jugendalter den Verstand verloren hat und nun mit seiner philosophischen ›Lokalisierung‹ des »Du« den Eindruck eines Weisen macht. Im Grund bedarf es hier fast nicht mehr einer endgültigen Besiegelung durch die »wunderbar[e] aber nicht unbegreiflich[e]« (ebd, 188) Genesung (vgl. auch die Bedeutung der Eisblumen in ›Des Lebens Überfluß‹).

3.2.4 Zwischen bedeutendem Thema und leichtsinnigem Geschwätz: Willibald Alexis und Carl Friedrich von Rumohr

In dreifacher Hinsicht weicht Willibald Alexis (1821/25) von seinen Vorgängern ab und gibt somit dem Novellenbegriff einen neuen Inhalt: An die Stelle der Orientierung an der Begebenheit setzt er das Gewicht des ›bedeutenden Themas‹; das hat zur Folge, daß das Singularitätskriterium gegenüber dem Gesichtspunkt der gedanklichen Tiefe in den Hintergrund tritt. Daraus folgt weiterhin, daß der Anteil der Reflexion gegenüber der Ereigniserzählung beträchtlich ansteigt, und dies wiederum begünstigt die dialogische Form, bei der die dramenähnlichen Redeeinführungen das Erzählen ablösen. – Alexis argumentiert unter der Voraussetzung, daß es noch keine Novellentheorie gebe, die den Begriff ›festgestellt‹ habe, und daß somit ein weiterer Spielraum für verschiedene Ausbildungen gerade auch denjenigen offen stehe, die ihr individuelles Talent im enger gezogenen Bereich kanonisierter Literaturformen nicht entfalten könnten.

Alexis' Interesse gilt der hochwertigen Leistung; er kennt also schon die Novellen-Flut der Taschenbücher mit ihrer notorischen Jagd nach ›Begebenheiten‹. Gegenüber solchen Moden hält er am Grundsatz organischen Zusammenhalts fest; Kriterien sind Kürze, wenig Handlung, Vollendung, Rundung und leichter, aber gediegener Stil. Cervantes (also weniger die Italiener), Goethe und insbesondere Tieck gelten ihm als nachahmenswerte Muster einer Form, die Klarheit und Einfachheit, harmonischen Wohllaut und Dialog umgreifen soll. Als grundlegend erweist sich dabei immer die gedankliche Entfaltung, das bedeutende Thema, nach dessen Maßgabe die Charaktere handelnd vorgeführt und die Begebenheiten in ihrem zwingenden und doch auch überraschenden Verlauf erzählt werden.

Carl Friedrich von Rumohrs (1835) Beitrag zur Novellenreflexion ist deshalb bemerkenswert, weil er bereits im Umkreis einer die ästhetisch-philosophische Höchstleistung voraussetzenden Gattungserwartung den Typus einer schlichten Zweck- und Gebrauchsform umreißt. Ihm bedeutet der Novellen-Name ein ›leichtsinniges Geschwätz‹ *(Theorie und Kritik*, 50), »Stadtklätschereyen« (47), die keinen poetischen Wert beanspruchen wollen, vielmehr als historisches Erzählen in all seiner »Unbefangenheit« den strengen Bericht des Geschichtsschreibers ergänzen. Er sieht hierin das ursprüngliche Muster, das die Italiener Jahrhunderte lang angewendet haben und das erst durch Cervantes' lehrhafte und somit anspruchsvolle Novellen und alsdann durch die in Mode gekommene erzählerische Entfaltung tiefsinniger Ideen verdrängt worden ist. Rumohrs episch inszenierte Novellenkontroverse entfaltet die Spektralfarben des Novellenverständnisses: die Ausdehnung des Begriffs zum »unbegrenzbare[n] Mancherley« (48) und seine Verengung zur Tautologie, die Spezialisierung auf Stoffliches (städtische Neuigkeiten, Ideen, Wunderbares), Darstellungsformen (erzählen, dramatisieren, abhandeln) und Wirkungsabsichten (unterhalten, belehren, erheben). – Novellen, so scheint es, sind Gebilde, über die sich trefflich streiten läßt und die sich als Gesprächsobjekte selber spiegeln.

Dilk, Enrica: Carl Friedrich von Rumohr e la novellistica italiana. In: Rapporti fra letteratura tedesca e italiana nella prima metà dell' Ottocento. Milano 1990, S. 107–159.

Dilk, Enrica Yvonne: Bayards *Rittersinn*: eine ›historisch-romantische‹ Musternovelle im Kontext des Rumohrschen Gattungsbegriffs. In: Beiträge zur Komparatistik und Sozialgeschichte der Literatur. Festschrift für Alberto Martino. Hrsg. von Norbert *Bachleitner* u.a., Amsterdam 1997, S. 79–97.

3.2.5 Georg Reinbecks Situationsnovelle

Georg Reinbeck (1817/41) ist eine Art Linné der Novellen-Lehre. Verärgert über die grassierenden Mißstände seiner Zeit (Begriffsgebrauch, Schreibgewohnheit, Leistung), rechtfertigt er die Novelle als anspruchsvolle dichterische Form, die »ein von der Phantasie nach einer Idee mit Absicht und Zweck zu dichterischer Wirkung freigeschaffenes Bild darbietet« *(Theorie und Kritik*, 35). Dieses Bild enthält eine mögliche, kleinere Tatsache aus dem »Culturleben«, es bietet eine einzelne »Situation«, die ungewöhnlich und entscheidend ist. Reinbecks dramatischer Situationsbegriff bedingt – unter Berufung auf die reine Erzählfunktion (Geschehen vs. Gedanken/Gefühle) – die Abkehr von der Tieckschen Reflexionsform; selbst die ›moralische Erzählung‹ gehört jetzt nicht mehr der gemeinten Poesie an (zum Situationsbegriff vgl. Solger in *Theorie und Kritik*, 38 f.; s. a. die Erörterung in Hoffmanns Serapion-Klub, Winkler-Ausg., 471).

Es ist in der Novellenforschung noch weithin unbekannt geblieben, was dieser Situationsbegriff eigentlich bedeutet. Erst Wierlacher (1971) hat in einer grundlegenden Analyse gezeigt, wie genau Reinbeck seine ›Situationsnovelle‹ in Analogie zum bürgerlichen Drama entwickelt hat; wo in Zukunft der Situationsbegriff den dramatischen Sinn der Novelle vermitteln wird (vgl. Storm), sollte man diesen Zusammenhang mitbedenken. Wierlacher erinnert an den Situationskult im 18. Jahrhundert, an die Pflege jener Ereignis-›Bilder‹, die das Gefühl (Lessing: Mitleid; s. Hamburgische Dramaturgie, 51. Stück) am stärksten erregen, und stellt grundsätzlich fest: »Die Wertschätzung, die der Dramentheoretiker Reinbeck dem Bürgerlichen Drama entgegenbringt, konstituiert die ästhetischen Grundbegriffe des Novellentheoretikers Reinbeck in so erheblichem Maße, daß vom Modellcharakter des bürgerlichen Dramas für seine Situationsnovelle gesprochen werden muß.« (439 f.) Im einzelnen arbeitet Wierlacher folgende, die Novelle prägende ›Entlehnungen‹ heraus: Zeitgemäßheit, Tatsächlichkeit (vollendete Tatsache = ›Begebenheit‹), interessante Begebenheit (entscheidender Augenblick, emotional ansprechend), dramatisch (Theaterwirksamkeit der ›singulären Sache‹), ›Bild‹-Charakter des kritischen Zeitpunkts, Einheit des Gefühls (statt klassizistischer Einheitenlehre).

Reinbecks Situationsbegriff wird über Gervinus' Vermittlung (1842/74; s. *Theorie und Kritik*, S. 113 ff.) noch bis Storm wirksam bleiben (s. a. Broch, der vom novellistischen Kunstwerk die »Totalität« der »Situation« erwartet; Werke, Bd. 6, 241); er taucht in der philosophischen Ästhetik (F. Th. Vischer, s. *Theorie und*

Kritik, 122) ebenso selbstverständlich auf wie in den redaktionellen Verlautbarungen der Zeitschriften. So betont der Verfasser des Artikels ›Ueber novellistische Beiträge‹ (Didaskalia 35 (1857), Nr. 42) die Bedeutung der *»Scenen* und *Situationen,* welche sich an dem Conflict der erzählten Ereignisse und der dabei beteiligten Personen herausstellen. Sie werden unsern Geist beschäftigen, wie unsere Mitempfindung anregen, uns erheitern und rühren; sie werden uns nahe stehen und ihre Leiden und Freuden werden die unsrigen seyn.«

Wierlacher, Alois: Reinbecks Novellentheorie. Zur Situationsnovelle des 19. Jahrhunderts. In: Jahrbuch des Freien Deutschen Hochstifts, 1971, S. 430–447.

3.2.6 Die Novelle im Zeichen der poetischen Integration: Hermann Hettner und Friedrich Theodor Vischer

In strikter Wendung gegen die idealistische Tradition (sowohl klassizistischer als auch romantischer Ausprägung) entwirft Hermann Hettner (1850) – an Tieck orientiert – die Aufgaben der modernen, realistischen Novelle, die im durchaus nichtnaturalistischen Sinn Wirklichkeit und Gegenwart behandeln soll (Shakespeare-Ideal). Tiecks Wendepunkt erscheint hier eindeutig dramaturgisch als Peripetie interpretiert. Wie Theodor Mundt verlangt auch Hettner nunmehr (gegen Tieck) Tiefe des Inhalts und der Form; das sich verselbständigende Raisonnement wird dem programmatischen Grundsatz der Integration unterworfen. Die Macht des Zufalls, die gemäß der alten Gattungslehre im Kräftefeld der Komödie wirkte, erscheint gerade in der neuen Prosaform als Bedingung tragischer Vorfälle.

Indem Friedrich Theodor Vischer (1857) Betrachtungen über die Novelle in seine Ästhetik aufnimmt, scheint endlich auch philosophisch die Würde der episch-prosaischen Kurzform besiegelt. Der neue Begriff des Poetischen schließt alles Didaktisch-Diskursive aus und verlangt für ein gehaltvolles Thema eine straffe, final gerichtete Form. Reinbecks Situationsbegriff aufnehmend, charakterisiert Vischer die Novelle im Sinn des bürgerlichen Dramas als spezifisch menschliche Literaturform.

3.2.7 Das Novellen-Experiment: Paul Heyse

Jenseits von Lob und Tadel, deren Berechtigung jeweils noch zu prüfen wäre, verdient Paul Heyse (1871/90) in dreierlei Hinsicht einen festen Platz in der Novellengeschichte: Sein umfängliches Novellenwerk repräsentiert eine Epoche wirkungsvoller Gattungsgeschichte. Seiner organisatorischen Initiative verdankt die Novelle ihre nachhaltige Kanonisierung. Ausgezeichnet mit dem Nobelpreis, erreichte Heyses Beredsamkeit eine Hörerschaft, die sich bis in die akademischen Hörsäle erstreckt.

Heyse stand nicht allein, sondern wußte sich mit vielen Persönlichkeiten des literarischen und öffentlichen Lebens zu verknüpfen. Das gibt seiner Arbeit einen zentralen Stellenwert. Wenn es so etwas wie Novellen-›Promotion‹ gibt, so bezeugt sie der Name Heyse sehr früh und mustergültig.

Falls zutreffen sollte, was Martini (in *Handbuch*, 252) über die Novellenform Heyses bemerkt – sie führe »zur Radikalisierung des individuellen Einzelfalls, der zu sich selbst isoliert wird, seine Bedingungen und Resultate nur in sich selbst findet und das gesellschaftlich-politische Leben als Movens ausklammert« –, so ist damit zugleich der Krebsschaden eines halben Jahrhunderts intensiver Novellenforschung bezeichnet. Denn gerade Heyse (und ihm ähnlich Spielhagen) entwickelt sein Formbild in engster Anlehnung an naturwissenschaftliches Denken und bereitet so das positivistisch eingefärbte Bedürfnis nach terminologisch scharfer Gattungsdefinition vor, dessen höchstes Ziel im exakten Rubrizieren liegt. Indem Heyse das Verfahrensmodell der experimentellen Isolation zur Richtschnur für sein komprimierendes und konzentrierendes Schreiben wählt, zeigt sich an seiner Novellenform die szientistische Signatur der Zeit. Jenseits der augenfälligen Aktualitätsthematik und vor aller ästhetischen Symbolisierung zeugt eine solche Novelle direkt von der repräsentativen Verdichtung des modernen Lebens, drückt sie dessen typische ›Geistesbeschäftigung‹ (Jolles), das Denken in und die Sehnsucht nach (Gattungs-) Gesetzen unmittelbar aus. Die Identifizierbarkeit der Novelle im experimentum crucis einer Kurzfassung (des ›Abstracts‹) kündigt vom ›Operationalismus‹ des neuen Zeitgeistes. (Gegen ihn richtet sich jene Erzählschule des ›Sinngedichts‹, in die Keller seinen Physiker schickt, um ihn das ›Verstehen des Lichts‹ zu lehren, vgl. Irmscher im *Handbuch*, 279). Daß gerade der Klassizist Heyse so modern gedacht hat, kann vielleicht als ein Zeichen heimlicher Verwandtschaft zwischen normativer Regelpoetik und wissenschaftlicher Scholastik gelten; auf Heyse dürfen sich sowohl Lehrbücher berufen, die dem Schüler zeigen, wie man eine gute Novelle schreibt (Zincke), als auch Gattungsgeschichten, die ›klipp und klar‹ sagen, was eine Novelle ist und wie sie sich entwickeln darf.

Auf diesem paradigmasetzenden Hintergrund spielt Heyses »Falke« eher eine austauschbare Rolle; schon in Heyses eigener Charakterisierung schwankend zwischen figuraler, gedächtnispsychologischer und kunstästhetischer Bedeutung (Silhouette, Grundmotiv), erhält er in seiner Folgegeschichte wechselnde ›Besetzungen‹ (Pongs: Dingsymbol; Klein: Leitmotiv; und in der gegenwärtigen Literaturkritik: Schlußpointe, vgl. Die Zeit v. 25. 2. 1999). Die Wirkungsgeschichte dieses Falken zeigt, wie sehr Begriffe nicht nur inhaltlich, sondern auch formal das Denken steuern, indem sie wie ›Leerstellen‹ das Bedürfnis nach der einen, spezifischen und unanfechtbaren Novellendefinition erwecken, erhalten und tradieren.

Mitchell, Robert McBurney: Heyse and His Predecessors in the Theory of the Novelle. Frankfurt/M. 1915.

Quadt, Max: Die Entwicklung von Paul Heyses Novellentechnik. Diss. Tübingen 1924.

Zincke, Paul: Paul Heyses Novellen-Technik. Dargestellt auf Grund einer Untersuchung der Novelle ›Zwei Gefangene‹. Karlsruhe [1928].

Meyer, Kurt: Die Novellen Paul Heyses und Thomas Manns. Eine vergleichende Stiluntersuchung. Diss. Leipzig 1933.

Weiss, Hermine: Der »Deutsche Novellenschatz« (»Neue deutsche Novellenschatz«) herausgegeben von Paul Heyse und Hermann Kurz (Ludwig Laistner). Diss. Wien 1950.

Negus, Kenneth: Paul Heyse's *Novellentheorie:* A Revaluation. In: GR 40 (1965), S. 173–191.

Walkhoff, Monika: Der Briefwechsel zwischen Paul Heyse und Hermann Kurz in den Jahren 1869–1873 aus Anlaß der Herausgabe des ›Deutschen Novellenschatzes‹. Diss. München 1967.

Ullmann, Christiane: Form and Content of Paul Heyse's Novelle *Andrea Delfin*. In: Seminar 12 (1976), S. 109–120.

Spies, Bernhard: Der Luxus der Moral. Eine Studie zu Paul Heyses Novellenwerk. In: LfL 15 (1982), S. 146–163.

Bernd, Clifford Albrecht: Paul Heyse. In The Nobel Prize Winners. Literature. Hrsg. v. Frank N. Magill, Pasadena 1987, Bd. 1, S. 145–155.

Kroes-Tillmann, Gabriele: Paul Heyse – Italianissimo. Über seine Dichtungen und Nachdichtungen. Würzburg 1993.

Hillenbrand, Rainer: In die Poesie verbannt: Poetologisches in Paul Heyses Novellen. In: Michigan Germanic Studies 20 (1994), S. 94–137.

Boehme, Julia: Bürger zweier Welten. Deutschland und Italien in Paul Heyses ›Italienischen Novellen‹. Essen 1995.

Mullan, Boyd: Death in Venice: The Tragedy of a Man and a City in Paul Heyse's *Andrea Delfin*. In: Colloquia Germanica 29 (1996), S. 97–114.

Hillenbrand, Rainer: Heyses Novellen. Ein literarischer Führer. Frankfurt/M. 1998.

Nelhiebel, Nicole: Epik im Realismus: Studien zu den Versnovellen von Paul Heyse. Paderborn 2000.

Riekenberg, Miriam: »Ihre Novelle übrigens hat mich sehr angemutet.« Zu Theorie und Praxis in Paul Heyses *Einer von Hunderten*. In: WW 53 (2003), S. 417–428.

3.2.8 Arabesken einer strengen Novellenform: Paul Ernst

Wer Paul Ernst einen ›Erneuerer der Novelle‹ nennt, sollte bedenken, inwiefern die Form zu dieser Zeit überhaupt einer Regeneration bedarf. Weder kann sie in Ernsts Gegenwart als veraltet gelten (Th. Mann), noch stand sie in der jüngeren Vergangenheit als Gestaltideal öffentlich in Blüte (Raabe, Fontane); Meyers Novellenform, auf die sich Ernst beruft, wurde von den Zeitgenossen kontroverser diskutiert, als es eine solche Paradigmenbildung widerspiegelt. Ernsts Rückgriff auf die »Italiener« hingegen stellt nicht »Klarheit« her (Der Weg zur Form, 70), sondern bietet perspektivierte Färbung. Wenn nämlich die »heutige Auflösung der Novelle« (75) ihre »tiefliegenden Ursachen« in der »relativistische[n] Richtung des modernen Geistes« haben soll, so steht diese Diagnose in krassem Gegensatz zu den (gegenüber dem Mittelalter) durchaus ›relativistischen‹ Bedingungen der Novellenform bei Boccaccio (Neuschäfer). ›Entwicklung‹ (108), ›Auflösung‹, ›Zerstörung‹ und ›Erneuerung‹ scheinen gattungsgeschichtliche Vorgänge zu beschreiben, suggerieren aber in Wirklichkeit Bilder einer »alten Form« (76), die der Text selber nicht so klar erkennen läßt. Was schließlich die Zukunftsperspektive der Ernstschen Novelle betrifft, so ähnelt sein Hinweis auf »[u]nsere heutigen naturwissenschaftlichen Gedanken« (119) als moderne »dichterische(n) Stoffe« eher einem Rückfall auf die Heysesche Form einer positivistisch-experimentellen Novelle. Eine »durch die Notwendigkeit des Verstandes« erzeugte Novelle gleicht einem Algorithmus (einem »gesetzlichen Kalkül«, nach Hölderlin von Ernst zitiert, 380) für die regelmäßige Herstellung bzw. schulische Interpretation eines Textes. Ernsts ›strenge‹ Novellen-Auffassung zeugt allenthalben vom Bedürfnis nach Normativem im skeptisch-relativistischen Umfeld (Kunz 1977, 102 ff.; vgl. auch das Ideal einer Novellen-Form in Hofmannsthals Brief an Hermann Bahr, 13. Juli 1896).

Für Ernst liegt das Wesentliche, ›Ewige‹ der Novelle (vgl. 21) darin, daß sie ein »ganzes Menschenschicksal« »in einem einzigen Punkt« entscheidet, der seinerseits aus einem »außergewöhnliche[n] Vorfall« besteht. Dieses Außerordentliche vermag sich sogar bis zum Unvernünftigen (96) und Unmöglichen zu steigern und rechtfertigt dann durchaus das Wort von der Novelle als der

»Schwester des Märchens« (288). Eine solche nicht gerade originelle Fassung des Novellen-»Aufbaus« (K. K. Polheim 1984) erhält ihren historischen Ort aus Ernsts Aversion gegen den Naturalismus. Während dieser nämlich die Faktorenvielfalt des Lebens durchaus wirklichkeitsangemessen schildere, besteht nach Ernst der besondere Kunstanspruch in der Erzeugung eines künstlichen Gebildes (als »abziehender und zusammenziehender Form« um der Wirkung willen; 73). Neben dieser Vollstufe der Novelle kennt Ernst noch zwei abgeschwächte Formen: die Erzählung einer »Eigentümlichkeit« um ihrer Besonderheit willen (Lustspiel-Nähe) und den Bericht über eine geistreiche Antwort.

Ernsts Novellenbegriff steht im Zusammenhang mit seinem Anspruch auf ein »höheres Weltbild« (9); dieses jedoch isoliert nicht etwa die Form in einem klassizistischen Elfenbeinturm, sondern verleiht ihr nach der Erfahrung des Ersten Weltkrieges eine höchst aktuelle gesellschaftliche Funktion, indem sie dem nationalen Erziehungsauftrag der Dichtung unterstellt wird: »Daß das deutsche Volk besiegt wurde, hatte seinen Grund darin, daß es nicht mehr durch die Dichtung erzogen ist. [...] hätten unsere Führer eine Ahnung vom Geist des deutschen Volkes, das heißt vom Geist der deutschen Dichtung gehabt, hätten sie den der großen Masse gezeigt, dann hätten Hunger und Übermacht uns nicht brechen können.« (383) Nicht bei Boccaccio oder Goethe, sondern erst hier erreicht die Novelle als ›strenge‹ – männliche (432) – Form ihren Wirkungshöhepunkt. – Ernst hat auch Rechenschaft abgelegt über den ›religiösen‹ Sinn seiner Novellistik: Die »allseitige Verbundenheit des Menschen und seine Freiheit« (395 f.) bilden den eigentlichen Gehalt und lassen erkennen, »daß ›die Welt‹ heute wie immer dem Gottesreich gegenübersteht.« (396)

Eine an Ernst orientierte Gattungsgeschichte sollte nicht bei einer solchen Spitzenstellung der Novellenform stehenbleiben, sondern zugleich verständlich machen, weshalb derselbe Autor später den Begriff »radikal« ausmerzt (K. K. Polheim 1984, 529 f., 538). Nach Polheim handelt es sich um die Überwindung der (als unmöglich erkannten) strengen Novellenform und die Einführung der Arabeske als neuer zeitgemäßer Kunstform. Solche frappierenden Widersprüche unterhöhlen jedoch nicht etwa die Substanz der Novellen-Geschichte, sondern gehören dialektisch zu ihr.

Polheim, Karl: Paul Ernsts Straßenraub-Novelle als Kunstwerk und in ihrer Entwicklung. Graz 1962.
Polheim, Karl Konrad: Paul Ernst und die Novelle. In: ZfdPh 103 (1984), S. 520–538.
Aust, Hugo: Novellenform und Sprachlogik. Überlegungen zu einigen Novellen von Paul Ernst. In: Paul Ernst. Außenseiter und Zeitgenosse. Hrsg. von Horst Thomé. Würzburg 2002, S. 25–36.

3.2.9 Novellenreflexionen im 20. Jahrhundert

Noch herrscht kein klares Bild über Anteil und Ausmaß der Novellenreflexion im 20. Jahrhundert. Daß die Quellensammlungen bei Musil, und das heißt mit dem Jahr 1914, enden, besagt noch nichts über Abhängigkeit oder Originalität des Begriffsgebrauchs in der Folgezeit. Gewiß tritt die wissenschaftliche Reflexionsform in den Vordergrund, aber sie verdrängt keineswegs die informelleren Stile der literarischen Programmatik, individuellen Selbstvergewisserung und offiziösen Reglementierung; auch ist die Geschichte vom Nutzen der wissenschaftlichen Novellenforschung für die Novellenpraxis noch nicht geschrieben worden. Wenn die Vielzahl einschlägiger Äußerungen immer wieder in die Vergangenheit weist, so ist damit noch nicht automatisch über die Zeitgemäßheit solcher Äußerungen entschieden; es gehört offensichtlich zur Bedeutung des Wortes ›Novelle‹, sich auf die Vergangenheit zu beziehen, ohne den Anspruch auf Neuheit aufzugeben. Im Umkreis antifaschistischer Literatur wird gerade dieser Sinn sehr wichtig werden (vgl. Ritchie 1986, 258 f.). Kontinuität, Wandel und Stellenwert der jeweiligen Novellenreflexion sind als historisch motivierte Entscheidungen zu interpretieren und erhalten von hier aus ihre besondere Gestalt.

Verlautbarungen, die z. B. Hitler, Beethoven und Goethe in einem Satz nennen (Schmidt 1938, 55), setzen das »Wesen der Novelle« etwa so fest:

1. Die Novelle soll eine in sich ruhende, aus dem Fluß der Wirklichkeit ausgeschiedene Kraftanspannung zu sinnlicher Gegebenheit bringen;
2. (daraus folgernd) der umwelt- und kulturbedingte *Inhalt* der Novelle ist verhältnismäßig gleichgültig;
3. der Gegenstand muß vorbildliche Gestaltungskraft und -möglichkeit (oder mit anderen Worten gesagt: stellvertretenden Charakter) haben (56).

Im weiteren werden dann drei Arten unterschieden, wobei der dritten der Vorrang gebührt:

1. Die eigentümliche (»unerhört« im Sinne Goethes) Novelle;
2. die geistreiche Novelle (im Anschluß an ein hingeworfenes Wort – Situation – auf die sie ungewöhnliches Licht wirft und Aufschluß gibt);
3. die Schicksalsnovelle (56 f.)

Quellengeschichtliche Analysen müßten den hier sich abzeichnenden ›Klassizismus‹ mit dem aktuellen Stellenwert der Dichtung im Nationalsozialismus vermitteln (vgl. H. D. Schäfer 1981).

Auch in der Zeit nach dem zweiten Weltkrieg macht man sich – wie im 19. Jahrhundert – Gedanken über die echte Novelle. Eine besondere Erwähnung verdient Nino Ernés ›Kunst der Novelle‹ (1956), eine Art »Novelle über die Novelle« (Klappentext), die in glücklicher Mischung von Erzählung, Gespräch, Essay, Vortrag und Brief typische Kennzeichen der Novelle an Beispielen der Weltliteratur erörtert: vollakkordige Eröffnung, Rahmen, Kristallisationspunkt, doppelter Boden, Pointierung. Hier findet sich auch das schöne »Gleichnis« Oskar Jellineks übermittelt, demzufolge das Geschehen »Ein Blitz fährt in den Stamm: Novelle« (16) bedeutet. Es gehört zum systematischen Stellenwert dieser Definition, daß sie in einer Art Typenkreis als vierte Möglichkeit nach Lyrik, Roman und Drama mit Achtergewicht erscheint.

Nicht minder kennzeichnend für die Situation der Novelle in der Gegenwart ist Friedrich Franz von Unruhs autobiographischer Rechenschaftsbericht (1965). Demnach entstand die eigene Novelle als Ersatz für die fehlende »Tragödie« (112) von der tragischen Verschuldung des deutschen Volkes im Nationalsozialismus; daraus resultiert der ›unbedingte‹ (118, 120) dramatische Novellentypus, (vgl. ›Trescko‹), der »den Weg von der Schuld bis zur höchsten Katharsis zeigte« (114f.). Zugleich aber versuchte von Unruh, sich mit Liebesgeschichten »von der Zeit und ihrem furchtbaren Druck« (113) abzusetzen und hinter jedem Geschehen menschliche Urwerte und Urprobleme (116) zu entdecken. Die novellentheoretische Brisanz solcher herkömmlichen (sich auf Kleist berufenden) Auffassungen ergibt sich aus ihrem Funktionswert innerhalb der Rechtfertigung des deutschen Volkes, insofern es in der Hitlerzeit »als Ganzes bona fide gehandelt, großes und im Kriege ein Höchstes geleistet hat« (112). Wie bei Paul Ernst erweist sich auch hier der zeitgeschichtlich höchst aktuelle Sinn der Novellenreflexion. Er erhält sogar eine wissenschaftsgeschichtliche Komponente, indem herausragende Novellenforscher (Klein, Pongs) gerade angesichts so gemeinter Werke »Wandlung und Erneuerung der Novelle« (130) zu erkennen glaubten. Theorie und Praxis der Novelle geraten zur Aussprache über die »Grundwerte der Dichtung«, die es erlauben, die Gegenwart zu beurteilen und die Zukunft vorauszusagen:

»Angesichts der chaotisch gewordenen Literatur, die selbstgefällig das Ambivalente, die Ironisierung und Parodierung der Werte pflegt, die nicht die charakterbildenden, sondern die auflösenden und zerstörenden Kräfte fördert, die alles, was einst ihr Ruhm war, preisgibt um des Manirierten, Absurden und Schizophrenen willen, hat Pongs das in der Kunst Schwerste, das in Goethes Sinn ›Einfache‹ postuliert. [...] Erst später wird man diese richtungsweisende Tat ganz ermessen können und ihm einen Rang zuerkennen, der dem Herders und Lessings gleicht« (130 f.).

Vier Jahre vor diesen Aufzeichnungen und zugleich mit Hermann Pongs' hier gemeinter Schrift ›Ist die Novelle heute tot?‹ erschien Günter Grass' ›Katz und Maus‹. Diese Gleichzeitigkeit der Gegensätze ist eines der aufregendsten Ereignisse in der Novellengeschichte überhaupt (s. a. von Unruh 1976). – Das Klassische der Novellenform bzw. ihres Rufs muß einer modernen Novelle nicht immer nur im Wege stehen; oder anders gewendet: sobald das Moderne seinerseits ins Zwielicht gerät, vermag das Starre der konventionellen Form eine Art Hilfestellung zu leisten beim Widerstand gegen Modernisierungszwänge, die hauptsächlich vom kulturellen Markt ausgehen. In diesem Sinne verteidigt Michael Schneider die Wahl der Novellenform für sein ›Spiegelkabinett‹: »Der Rückgriff auf traditionelle, ja klassische Formen [...] entspringt [...] dem Bedürfnis, dem rapiden Verfall der literarischen Tradition sowie der modernistischen Verramschung des Kulturerbes einen ästhetischen Widerstand entgegenzusetzen.« (Nur tote Fische schwimmen mit dem Strom. Essays 1984, 313) Auch Schneider erkennt in der Novellenform den Vorteil der Objektivierung: »Ich habe u.a. deshalb eine klassische Form gewählt, weil diese es mir ermöglichte, aus der Privatheit meiner eigenen Biographie herauszukommen und eine parabolische Form anzusteuern, die mehrere Bedeutungsebenen zuläßt.« (Ebd.)

3.3 Tendenzen der jüngeren Forschungsgeschichte

Die bisherige Forschungsgeschichte verlief in zwei verschiedene Richtungen: Entweder man interpretierte historische Phänomene (Begriffe, Reflexionen, Werke), oder man maß sie an einer Richtschnur. Der erste Weg ergibt eine ›Daten‹-Fülle, die das wissenschaftliche Bedürfnis nach Vereinheitlichung weckt, der zweite eine ›System‹-Dichte, deren Filter-Funktion (welche Phänomene dürfen ›passieren‹?) das Interesse an dem weckt, was kategorial ausgeschlossen wird und vielleicht doch zur Sache gehört. Der ›sensationelle‹ Ausweg aus diesem Dilemma scheint darin zu liegen, die Geschichte der Novelle als wissenschaftlichen Gegenstand und im Sinn eines Sonderproblems fallenzulassen und statt dessen allgemeiner die Geschichte der Erzählung zu erforschen *(Handbuch);* es bleibt zu prüfen, welche geschichtlichen Ereignisse durch dieses neue Raster unbemerkt durchfallen und was so verloren geht.

Eine Bibliographie der Novellenliteratur gibt es bislang noch nicht. So wünschenswert ein solches Hilfsmittel wäre, so gering scheint das Interesse an einer solchen Erhebung gewesen zu sein; statt dessen muß man sich vorerst mit Auswahllisten begnügen, die nur das bieten, was der jeweilige Wissenschaftler für eine Novelle hält und als solche kanonisiert (Klein, von Wiese, Lockemann, Himmel, Kunz, Lehmann, Freund). Auch Maacks Lexikon (1896) bietet nicht, was der Titel verspricht (s. a. Burns 1970 und den ›Katalog zur Volkserzählung‹ 1987). Als vorläufig nächster Zugang zur Befriedigung der Neugier, welche so genannten Novellen es in deutscher Sprache gibt, empfiehlt sich ein Blick in die ›Erstausgaben deutscher Dichter‹ von Wilpert und Gühring. Eine gute Bibliographie der Fachliteratur (von 1915 bis 1973) hat R. Schönhaar ausgearbeitet (in *Novelle* [2]1973, 501–516; s. a. seine bibliographischen Anhänge in Kunz 1977; vgl. von Wiese [8]1982). Auch die Auswahlbibliographien von Helmut G. Hermann in den drei Interpretationsbänden (Romane u. Erzählungen von der Romantik bis zum Realismus, 1981, 1983, 1980) sind heranzuziehen.

Büchting, Adolph: Catalog der in den Jahren 1850–1869 in deutscher Sprache erschienenen belletristischen Gesammt- und Sammelwerke Romane, Novellen, Erzählungen, Taschenbücher und Theaterstücke in Original und Uebersetzung. 3 Theile, Nordhausen 1860/65/70.

Burns, Landon C.: A Cross-Referenced Index of Short Story Anthologies and Author-Title Listing. In: Studies in Short Fiction 7(1970), S. 1–218.

Gotzkowsky, Bodo: »Volksbücher«. Prosaromane, Renaissancenovellen, Versdichtungen und Schwankbücher. Bibliographie der deutschen Drucke. Bd. 1: Drukke des 15. und 16. Jahrhunderts. Baden-Baden 1991.

Maack, Martin: Die Novelle. Ein kritisches Lexikon über die bekanntesten deutschen Dichter der Gegenwart mit besonderer Berücksichtigung der Novellisten. Lübeck: Verlag der Novellenbibliothek 1896.

Katalog zur Volkserzählung. Spezialbestände des Seminars für Volkskunde und der Enzyklopädie des Märchens, Göttingen, des Instituts für europäische Ethnologie, Marburg, und des Instituts für Volkskunde, Freiburg im Breisgau. Zusammengestellt v. Hans-Jörg *Uther* 2 Bde., München 1987.

Short Fiction Criticism. A Checklist of Interpretation since 1925 of Stories and Novelettes (American, British, Continental) 1800–1958. Hrsg. v. Jarvis *Thurston* u.a., Denver 1960.

Novellen-Sammlungen hingegen liegen in reicher Zahl vor (vgl. 2.5). Sie stellen nicht nur den editorischen Anteil der Novellenpflege und -forschung dar, sondern müssen als deren zentraler Arbeitsbereich betrachtet werden.

Insbesondere zwei Forschungsberichte haben der Wissenschaft von der Novelle entscheidende Impulse vermittelt, indem sie den üblichen Fragehorizont (was ist das Eine, das die Novelle von allem Übrigen unterscheidet) radikal kritisierten. Die erste ›problematische‹ Herausforderung geht von Walter Pabsts Forschungsbericht (1949) aus: Pabst motiviert das lebhafte Interesse der frühen Novellenforschung an einer bestimmbaren ästhetischen Form wissenschaftsgeschichtlich aus dem Unbehagen an der positivistisch begrenzten Stoff- und Motivforschung der Vergangenheit, gibt aber zugleich die recht bald absehbaren Schwächen und Irrungen einer Fixierung am vieldeutigen Formkonzept zu erkennen. Trotz des novellengeschichtlichen ›Vorsprungs‹ der romanischen Literaturgeschichte scheint ihm die germanistische Novellentheorie den Ton in der Begriffsbildung anzugeben. Gerade deshalb aber fragt er kritisch nach der Berechtigung dieses Führungsanspruchs und kommt ›komparatistisch‹ eher zu einer negativen Lösung. Den gebärdenreichen Theorieanspruch wertet er nüchterner als ein bloßes In-Umlauf-Setzen von Lehrmeinungen und unterscheidet hier zwischen radikalen und gemäßigten Vertretern. Dem scholastischen Realismus einer (d. h. der) Novellenidee stellt er die nominalistisch gefärbte Erfahrung des einzelnen Novellenexemplars entgegen, die oft nicht einmal in derselben Epoche eine einheitliche Begriffsbildung hinter dem kurrenten Etikett zuläßt.

Burgers Forschungsbericht (1951) verwertet nicht die kritischen Reflexionen von Pabst, sondern fällt deutlich in das ältere Denkmuster zurück. Die Fachliteratur wird ohne nennenswerte kritische Perspektive referiert, der Überblick über die Reflexionsgeschichte erfolgt ohne Problembewußtsein, und die eigene Auffassung vom »Urphänomen der Novelle«, das auf der »Ursituation« des Erzählens gründen soll (Erzählthema: einmaliges Ereignis, Erzählpartner: vorgestellte Gesellschaft), entbehrt jeglicher wissenschaftlicher Grundlage.

Der erfolgreichste, bis in die Gegenwart prägende Forschungsbericht stammt von Benno von Wiese (1963, [8]1982). In einer überaus glücklichen Mischung von Dokumentation, Darstellung, Kritik und Interpretation wird ein Bild der Novelle entworfen, das die Dogmatik rigoroser Festlegungen ebenso vermeidet wie den Verzicht auf jedwede Bestimmbarkeit. Ein geschichtliches Kapitel umreißt den Verlauf der Form, wobei eine Inkonsequenz dieses Überblicks freilich darin liegt, daß er die Entwicklung der Novelle im 20. Jahrhundert ausblendet.

Den besten Forschungsbericht legte Karl Konrad Polheim (1964/65) vor. Wer ausführlich über Umfang, Verlauf und Bewertung der Forschungsgeschichte informiert sein will, kann auch heute nicht an diesem kritischen Bericht vorbeisehen, zumal entscheidende Impulse und Folgerungen dieser Bilanz noch immer nicht eingelöst bzw. bedacht, allenfalls abgewehrt (Freund 1998) worden sind. Mit bewundernswerter Geduld, Klarheit, Umsicht und Genauigkeit werden alle Verfahren der Gegenstandsbildung und historischen Verlaufsbeschreibung bis in die äußersten Nischen der Gedankenformung und Argumentationsweise verfolgt und abgewogen. Es ergibt sich ein ›beunruhigendes‹ Bild des vermeintlich kanonisch gewissen Sachbereichs Novelle, das zu weiteren Untersuchungen herausfordert. Es wird klar, daß nur historische Arbeiten das Novellenphänomen erfassen können.

Polheims Einwände gegen die herkömmlich verbreitete Art der Novellenbetrachtung lassen sich etwa so zusammenfassen:

1. Die Novellenforschung kann in doppelter Hinsicht keine Gattungstheorie ausarbeiten; denn weder dürfe ›Novelle‹ als Gattung im vertrauten Sinn gelten, noch könne ihre Reflexionsgeschichte Ansprüche auf eine Theorie in wissenschaftstheoretisch genügender Form erheben.
2. Eine Orientierung der Gattungsgeschichte an sogenannten Urformen ist heute nicht mehr möglich, da alle auf sie gerichteten Versuche gescheitert sind.
3. Das Interesse an der Klassifizierbarkeit muß angesichts der ›offenen Reihe‹ zukünftiger Literaturproduktion grundsätzlich zu wirklichkeitsfremden Festlegungen führen.
4. Wo sich ›Merkmale‹ eines Novellenbegriffs ohne historische Bindung abzeichnen, liegt eine einseitige Textauswahl vor, die nur bestätigt, was das Kriterium der Auswahl bereits vorgegeben hat.
5. Selbst wenn man sich auf einen charakteristischen Begriff einigen könnte (z. B. Wendepunkt), zeigt die Praxis der Analyse, daß es keine eindeutigen Verfahren der Identifikation des kritischen Merkmals gibt.

Dicht auf Polheims Forschungsbericht folgt die Novellen-Abhandlung von Malmede (1966), der ausgewählte Positionen der Novellenforschung (Pabst, von Grolman, von Arx, Lockemann, Bruch, Kunz, Hirsch, Walzel, Klein, Petsch, Pongs, von Wiese) radikal kritisiert, um endlich zuverlässige Grundlagen für einen seiner Meinung nach durchaus möglichen Gattungsbegriff zu erarbeiten. Der Forschungsbericht zieht eine negative Bilanz, die trotz des forschungsgeschichtlich erheblich reduzierten Materials viel zu denken gibt; manche kluge Einsicht steht allerdings neben Fehlerhaftem und wird unnötig jargonhaft verdunkelt. So wichtig es ist, den Ertrag der Novellenforschung betont wissenschaftskritisch – also unter Ausschluß der Autorenreflexion und der Werke – zu messen, so enttäuschend fällt dann Malmedes sogenannter eigener Beitrag aus, der beansprucht, die ›Gattung‹ Novelle zu ›definieren‹ (eine »zum Aufmerken veranlassende Begebenheit«, 154).

Der bislang umfangreichste Forschungsbericht stammt von Siegfried Weing (1994). Dem Muster der Reihe ›Literary Criticism in Perspective‹ folgend, referiert Weing in chronologischer Reihenfolge die wichtigsten poetologischen Aussagen des 19. und alle bekannten wissenschaftlichen Beiträge des 20. Jahrhunderts (bis Pötters 1991). Die besondere Aufmerksamkeit gilt der britischen und nordamerikanischen Forschung, weil sie nicht immer genügend berücksichtigt werde. Der Vorzug des Forschungsberichts liegt in seiner übersichtlichen und gründlichen Darstellung, die durch knappe, aber oft treffende Urteile pointiert wird; daß sich inhaltlich einiges wiederholt, muß wohl infolge der reihenbedingten Anlage hingenommen werden. Weings eigene Stellungnahme zum strittigen Definitionsproblem findet sich komprimiert am Ende: Der Begriff der Novelle lasse sich als ein Bündel von formalen wie inhaltlichen Merkmalen kennzeichnen, die recht zuverlässig eine Erzählung als Novelle qualifizieren können, auch wenn sie nicht alle zugleich bzw. bestimmte einzelne immer aufträten; es genügt, wenn sie ›mehrheitlich‹ gegeben sind. Weing denkt hier an folgende Eigenschaften: »medium length, a verisimilar but extraordinary event, a small cast of characters (usually fixed), a frame, a turning point, a central symbol, and an intrusion of chaos or the irrational into an otherwise stable, rational world.« (160)

Forschungsberichte

Pabst, Walter. Die Theorie der Novelle in Deutschland (1920–1940). [zuerst 1949] In: Novelle ²1973, S. 249–293.
Burger, Heinz Otto: Theorie und Wissenschaft von der deutschen Novelle. [zuerst 1951] In: Novelle ²1973, S. 294–318.
Thieberger, Richard: La Theorie de la Nouvelle en Allemagne. In: Critique. Revue générale des publications françaises et etrangères 13 (1957), S. 579–592; Les langues modernes 52 (1958), S. 471; EG 17 (1962), S. 505 f.
Fink, Gonthier-Louis: Prolégomènes à une histoire de la *nouvelle* allemande. In: EG 19 (1964), S. 63–69.
Polheim, Karl Konrad: Novellentheorie und Novellenforschung. 1945 bis 1964. [zuerst 1964] Erw. Buchausg. Stuttgart 1965.
Malmede, Hans Hermann: Wege zur Novelle. Theorie und Interpretation der Gattung Novelle in der deutschen Literaturwissenschaft. Stuttgart 1966.
Johansen, Jørgen Dines: Novelle teori efter 1945. En studie i litteraer taxonomi, København 1970.
Weing, Siegfried: The German Novella: Two Centuries of Criticism. Columbia SC 1994.

Die ›Wege der Novellenforschung‹ dokumentiert der Sammelband *Novelle* (1968, ²1973), den Josef Kunz herausgab. Damit liegt ein überaus dienliches Hilfsmittel vor, das nicht nur den Forschungsverlauf von Oskar Walzel (1915) bis Harald Weinrich (1964) auf einen Blick vergegenwärtigt, sondern auch – in einem Vorspann – die Reflexionsgeschichte von Wieland (1772) bis Lukács (1916) bietet. Dem ›bergenden‹ Auftrag der Reihe entsprechend, weisen viele Beiträge eher in die Vergangenheit und können keine Impulse mehr für die Zukunft geben (Bruch, von Grolman, Pongs, Klein, Lockemann); auch war es dem Herausgeber offensichtlich nicht möglich, weitere wichtige Arbeiten (Bennett, Silz, Thieberger, von Wiese, Prang, Himmel, Polheim) aufzunehmen.

Josef Kunz hat seine für den ›Aufriß‹ verfaßte ›Geschichte der deutschen Novelle‹ (1954, ²1960) neugeschrieben und auf drei Bände der ›Grundlagen der Germanistik‹ verteilt (1966, ³1992; 1970, ²1978; 1977). Teils zusammenfassend und überblickartig, teils exemplarisch interpretierend, wird das bewährte Muster einer Gattungsgeschichte ausgeschrieben, das nur jene Werke berücksichtigt, die »das Gesetz der Gattung thematisch und formal in besonderer Reinheit erfüllen« (1977, 12). Kunz denkt dabei nicht an einen »Katalog äußerer Merkmale« (1966, 8), sondern an die »Grundspannung« zwischen dem »Gesetzlichen« und dem »Ungebändigten« im Sinne Goethes (1966, 9), die als Gestaltungsantrieb historisch je verschieden zum Ausdruck gelange. Angesichts solcher Einschränkungen bleibt Himmels (1963) Novellengeschichte hinsichtlich ihrer Textfülle unentbehrlich.

Einen für die deutsche Novelle des 19. Jahrhunderts ›maßgebenden‹ Gattungsbegriff glaubt Himmel (1967) in einer forciert strukturanalytischen Beschreibung exakt lokalisierter Beziehungen und Verkettungen zwischen Episoden in Arnims ›Der tolle Invalide auf dem Fort Ratonneau‹ entwickelt zu haben. Er setzt am Kreisgedanken Th. Mundts an und interpretiert ihn im Sinn des Tieckschen Wendepunktes (verstanden als Peripetie), der dem Kreisganzen jene »Zweiteiligkeit« leiht, die nach Himmel »das primäre Strukturprinzip der deutschen Novelle« (15) ausmacht. Nach ziselierter Modellierung minutiös aufgespürter Korrespondenzen, die Himmel allerdings selbst als »Umweg« für die »Gattungserkenntnis« (46) preisgibt, schlägt er eine »Arbeitsformel« vor, »nach welcher der Novellist dann – vermutlich meist unbewußt – seinen Stoff organisiert bzw. dessen Teile zueinander in Beziehung setzt« (51). Was in dieser Rolle geboten wird, ist der Schematismus der Reihenfolge und Wiederholung von Episoden, projiziert auf die beiden durch den Wendepunkt gebildeten Kreisperipherien. So sehr sich Himmels Vorschlag durch peinliche Sorgfalt im analytischen Teil empfiehlt, so wenig dient er der gattungsgeschichtlichen Fragestellung; gerade indem er eklektisch historische Momente des Novellen-Selbstverständnisses aufgreift und typologisch uminterpretiert, erhält er den Schein eines distinkten Novellenbegriffs, den die vorausgehende Novellenforschung (seit Pabst) bereits als illusionäre Konstruktion durchschaut hat.

Richard Thieberger (1968) verfolgt den Verlauf der Gattungsgeschichte unter dem Gesichtspunkt der triadischen Beziehung zwischen dem ›Ich‹ des Autors, seines Helden und Lesers. Das entscheidende, schockartige Ereignis der Moderne liegt im Bruch der Solidarität zwischen dem Autor, der sich unkenntlich in seinen Helden zurückzieht, und dem Leser, der infolgedessen vor dem Text wie vor einer ›Mauer‹ steht und sich entgegen der erwarteten Kommunikationsmöglichkeit vereinsamt findet. Im Mittelpunkt der Abhandlung steht das Erzählwerk Kafkas. Unter der Voraussetzung, daß dessen Erzählwelt nichts mehr mit dem Ordnungsgefüge des 19. Jahrhunderts, dem die deutsche Novelle wesentlich entspringt, zu tun hat, daß aber ihre ›Gegen‹- oder ›Nicht‹-Realität nur eine andere, gänzlich fremde Wirklichkeit verdeckt, glaubt Thieberger die Geschichte der Novelle als einen bündigen Entwicklungsprozeß erfassen zu können: »De Kleist à Jellinek, le genre évolue en ligne droite, sans rupture ni déviation. Chez Thomas Mann, il épuise ses dernières possibilités. Avec Kafka, il transforme sa structure.« (22 f.) Thiebergers Arbeit hat in der Novellenforschung kein Echo gefunden; Ellis, Swales und Paulin erwähnen sie nicht einmal; von Wiese verzeichnet nur den Titel. Trotz der diskutierbaren Fokussierung auf Kafka und der dadurch perspektivierten gattungsgeschichtlichen Darstellung liegt hier ein umfassender moderner Bericht über Novellen des 19. *und* 20. Jahrhunderts vor, mit dem man sich auch heute noch gewinnbringend auseinandersetzen kann.

Extreme Reaktionen auf definitorische Festschreibungen wie die Himmels konnten nicht ausbleiben. Nach Steinhauer (1970) gibt es wichtigere Aufgaben, als einem bloßen Phantom der idealen Novelle nachzujagen; die Gelehrsamkeit der Novellenforschung habe nur eine ›Maus‹ zustande gebracht. Das beste sei noch, sich an das Kriterium der mittleren Länge (173) zu halten und von hier aus den Unterschied zum Roman abzumessen (»the novel does in great detail what the shorter form must do through abstraction or suggestion or fragmentarily« 169). Es bleibt eigenartig, daß die ›wildesten‹ Kritiker der Novellenforschung zugleich deren ›schlichtes Fußvolk‹ darstellen.

Mit definitionstheoretischem Bewußtsein ausgerüstet, schlägt Eckert (1973) vor, die linguistische Feldtheorie von Trier und Porzig für eine Novellendefinition nutzbar zu machen. Er hält es für möglich, einen universal geltenden Merkmalskern (hier das zentrale Ereignis) zu formulieren, von dem dann die sekundären Eigenarten (Kürze, Personenzahl) ableitbar seien. Auch Ellis (1974) sieht in den vergangenen Begriffsbestimmungen keinen Erkenntnisgewinn und versichert,

»that definition is a matter of the immediate and even emotional responses of speaker of a language as to whether a word [z. B. ›Novelle‹] is appropriate or not in a given situation, to whether its prescriptive power is being properly applied, and to whether they have any *immediate* impression that its norms are violated.« (17 f.)

Doch statt diesen fruchtbaren Gedanken auszuführen, beschäftigt sich Ellis dann in seinem Interpretationsteil mit anderem. So sollten wirklich einmal die Gebrauchsregeln von ›Novelle‹ erkundet werden (wie erworben, wodurch gestützt, wozu verwendet).

Mit schon beeindruckender Naivität stellt Leibowitz (1974) »ihre« Theorie der Novelle vor, die sich natürlich von allem vorausgehenden Falschen unterscheiden soll und nun für jede Novelle ein für alle Male gelten wird. Sie geht von der Frage nach dem spezifischen ›Gestaltungsziel‹ (»narrative purpose«, 12) aus, das dem Erzählen seinen unverkennbaren Grundriß gibt und somit eine eindeutige Definition erlaube: Bei der Novelle ziele alles auf den doppelten, gleichzeitig wirkenden Effekt von Intensität und Expansion (16) ab, d. h. eine gründliche Erkundung auf begrenztem Raum verbindet sich mit suggestiv wirkenden Verweisen auf Außenliegendes. (Leibowitz ist sich im klaren, daß ihre Theorie eigentlich nur das wiederholt, was sie in Henry James' Novellenauffassung als »rich summary« vorformuliert fand, 51.) Als Mittel dieser Verdichtung nennt Leibowitz die Fokussierung (unerhörte Begebenheit, Zentralereignis, Wendepunkt: »theme-complex«, 12) und die repetitive Struktur (17). Abermals verflüchtigen sich die ›neue Theorie‹ und ›scharfe Definition‹ in der Wiederholung des Althergebrachten und in der ungefähren Meinungskundgabe.

Mit betont historischen Problemen der Novellen im 19. Jahrhundert befaßt sich Martin Swales (1977). Er fragt, warum sich die Novellentheoretiker angesichts eines geschichtlich überaus wandelbaren Gebildes so emsig um eine normative Bestimmung bemüht haben (11). Antworten findet er nur in der jeweiligen Quellenanalyse und Werkinterpretation (von Goethes ›Novelle‹ bis Meyers ›Das Leiden eines Knaben‹). Selbst für das 19. Jahrhundert ergibt sich kein einheitliches bzw. spezifisches Bild (202). Dennoch zeichnen sich charakteristische Umrisse ab, so der Individualismus im Sinn einer sozialen Erfahrung (Lukács, Martini, Brockmeier), die gerade bei Paul Heyse (dem Swales allerdings kein eigenes Kapitel widmet, da dieser kein ›interpretatives Problem‹ darstelle) besonders typisch zum Ausdruck kommt. Für Swales konzentriert sich alles um das schockartige Erlebnis des Gegensatzes zwischen einer vorausgesetzten gesellschaftlichen Ordnung und der bedingungslosen Singularität eines Ereignisses oder Charakters (213); hier eine Vermittlung herzustellen, sei das spezifische Wagnis der Novelle im 19. Jahrhundert.

Das Problem, welche Novellen man für eine zeitgenössische Interpretationssammlung auswählen soll, löst der Herausgeber Jakob Lehmann ausdrücklich »nicht programmatisch« durch eine »Erhebung des Verlags [Sciptor] über ›klassische‹ Novellen im Deutschunterricht« (1980 I, 7) Trotz einer solchen (unfreiwilligen?) Parodie des empirischen Denkens empfiehlt sich diese »erste repräsentative Sammlung [...] seit über zwanzig Jahren« (Werbetext) dadurch, daß sie nicht bei Kafka stehenbleibt, sondern über Brecht, Andres, Böll, Grass und Walser tatsächlich die Gegenwart erreicht.

Ein Standardwerk der Novellenforschung ist wohl noch immer das *Handbuch*. Sein Titel wird vom Herausgeber Karl Konrad Polheim so gerechtfertigt:

»mit dem Wort ›Erzählung‹ verwendet der Titel des vorliegenden Werkes die im allgemeinen Sprachgebrauch übliche und wertfreie Bezeichnung für die prosaepische Untergattung mittleren Umfangs. Er ersetzt damit bewußt den in der Fachwelt bevorzugten und herrschenden Terminus ›Novelle‹, da dieser, nur scheinbar festgelegt, in Wahrheit weder eine einheitliche noch einsinnige Bedeutung besitzt und, jeweils gemäß bestimmten Auffassungen eingeschränkt, weder auf die historische Realität zutrifft noch einen Zugang zum einzelnen Kunstwerk vermittelt. Auch einem freien, veränderlichen und wandelbaren Novellenbegriff, gegen den an sich nichts einzuwenden wäre, möchte noch immer die Last der unterschiedlichen Novellentheorien anhaften, so daß von vornherein der Begriff ›Erzählung‹ als der glücklichere erscheint; denn er kann nicht nur die Literaturwissenschaft von manchen Inkonsequenzen und Verengungen befreien, sondern auch wesentliche Epochen und Autoren erfassen, die in den bisherigen Darstellungen der deutschen Novelle zu kurz gekommen sind.« (7) – Es bleibt die Aufgabe, dieses Programm auszusöhnen mit der Bedeutungseintragung im Duden-Wörterbuch (vgl. 3.1).

Das Handbuch umfaßt Berichte über die deutsche Erzählung vom Mittelalter bis zur Gegenwart und wird von einem gattungstheoretischen Problemaufriß eingeleitet. Wer sich nach wie vor für die Novelle interessiert, muß suchen lernen und stößt dann auf die Gewißheit einer »echte[n] Novelle« (265) ebenso wie auf das gleichgültige Abwinken, die Sache »auf sich beruhen« (533) zu lassen. Überraschen wird ihn die ›Kehrtwendung‹ eines herausragenden Novellenforschers, der nunmehr ausdrücklich von den »Erzählungen im bürgerlichen Realismus« handelt (Martini); um so auffallender ist dagegen der singuläre Wortgebrauch im Abschnitt über das Junge Deutschland (Koopmann).

Mit seinem Hinweis auf die »komplexe Logik« des Novellenbegriffs glaubt Strube (1982) erwiesen zu haben, daß alle »Definitionsformen« gleichberechtigt sind und ihr jeweiliger Vorzug davon abhängt, »was man will« (384; Klein: Gattungsgeschichte, Pabst: Empirie der Bezeichnungsfunktion bzw. der Kritikermünze, J. Müller: ästhetisches Werturteil, Schunicht: Reihenbildung auf Grund von Familienähnlichkeiten im Wittgensteinschen Sinn).

Den scharfen Konturen einer »novellistischen Struktur« spürt Remak (1982) erneut nach und kommt zu verblüffendem Ergebnis. Am Beispiel der Bassompierreschen Krämerin-Geschichte und ihrer Nachwirkung bei Goethe und Hofmannsthal bestätigt er die normative Geltung nahezu aller bisher bekannten novellistischen »Grundmuster«: »die sich ereignete unerhörte Begebenheit, das Hochpotenzierte, Ironisch Paradoxe, Spannung: Dilemma > Krise > Katastrophe > Pointe > stiller Reiz zum Nachdenken, Wendepunkt, metaphysische Spannung: Schicksal <-> Persönlichkeit, epische Bewältigung des Dramatischen, Bildhaftigkeit, Leitmotive«. (68) Bassompierres Bericht erscheint im kritischen Vergleich als »Urtext«, der schon alle diese novellistischen Strukturmerkmale birgt; ihn zu erneuern kann nach Remak nur heißen, ihn unverändert zu übernehmen (wie es Goethe tat), nicht aber ihn mit Neuem und Eigenem zu überladen und zu überfremden (wie Remak es der Hofmannsthalschen Version vorwirft). – So rücken abermals die Banden der Gattung in den Mittelpunkt; daß ihre geschichtliche Funktion aber darin liegt, der Novellen-Kugel ihre kunstreichen Richtungswechsel mitzuteilen, bleibt unbedacht.

Roger Paulin (1985) setzt sich das Ziel, die deutsche Novelle des 19. Jahrhunderts im betont europäischen Kontext zu sehen, um das vermeintlich ›deutsche Haustier‹ als Zeitgenossen Poes, Puschkins, Mérimées und Melvilles zu erweisen. Er will ergründen, weshalb Autoren gerade jetzt ausdrücklich Novellen schreiben und wie es dazu kam, daß Theorie und Praxis einmal übereinstimmten und dann auch wieder auseinanderklafften. ›Novelle‹ erscheint so als Gipfel eines Eisberges, der keineswegs durch das Wunschbild eines Idealtypus, sondern allein durch ein Netz vielfältiger Verstrebungen und ›Seitenblicke‹ abschätzbar wird. – Paulins und Swales' Arbeiten stellen in der Gegenwart vorbildlich den positiven Beitrag einer Novellenforschung mit Zukunft dar; wieder einmal (s.

Bennett, Silz) regt die Auslandsgermanistik zu weiterem Arbeiten an.

Eine nützliche Zusammenfassung der Gattungsgeschichte in Theorie und Praxis (nach dem Reihenmuster »Themen – Texte – Interpretationen«) legt Ulrich Karthaus (1990) vor. Karthaus schließt sich der Auffassung von einer Sonderentwicklung der deutschsprachigen Novelle an. Seine teilweise kommentierte Darbietung der Quellen, Werke und methodisch bewußt vorgehenden Einzelinterpretationen (von Th. Mann über E. Staiger bis zu H. Politzer) will repräsentativ sein, geht aber auch eigene Wege und zögert nicht, den Verlauf der Novelle in der Gegenwart (Böll: ›Die Waage der Baleks‹, Wolf: ›Moskauer Novelle‹, Zeller: ›Heidelberger Novelle‹) und am Rande zur Kurzgeschichte (Plenzdorf: ›kein runter kein fern‹) zu erkunden.

Vierzig Jahre nach Pabsts Begriffskritik treffen abermals aus der Romanistik Nachrichten ein, die auf eine novellentheoretische Kehrtwende in der Germanistik hindeuten. Unter linguistisch-syntaktischen Gesichtspunkten entwickelt Pötters (1991) ein strikt einheitliches Modell der Gattung, das die intuitive Falkentheorie (hier im historisch falschen Sinn des »›Falken‹ als Sinnbild des novellistischen ›Wendepunktes‹«, 8) bestätigt. Ziselierte satzanalytische Untersuchungen an Boccaccios Falkennovelle (V, 9 in der Originalversion des Codex Hamilton 90) führen zu dem Ergebnis: »Die Struktur der Novelle ist eine aus zwei Propositionen bestehende Relation, die *in abstracto* mit der syntaktischen Struktur des Konzessivsatzes übereinstimmt.« (49) Diese Definition gilt als unanfechtbar, insofern selbst augenfällige Gegenbeispiele immer schon das zugrundeliegende Paradigma der »durchkreuzten Erwartung« (ebd., Fußn. 46) bestätigen. Nach Pötters baut sich der Novellentext auf der elementaren Struktureinheit des Satzes auf und konstituiert in numerischen und geometrischen Verhältnissen (axialsymmetrische Anordnung) seine prägnante novellenästhetische Gestalt. – Es bleibt kommenden Einzelanalysen aufgetragen, die konzessive Syntax der Konjunktionen ›obwohl‹, ›trotzdem‹ und ›weil‹ in unterschiedlichen Erzählungen zu erkunden und die gattungsästhetisch markante Figur der Satzverhältnisse (bei Boccaccio eine Art »Zwiebelprinzip«) herauszuschälen.

Etwas beliebig, da ohne forschungsgeschichtliche Auseinandersetzung, fällt die Charakterisierung des novellistischen Erzählens durch Freund (1993) aus. Im Stil der späten 50er Jahre wird verkündet, was die »Novelle duldet« (9), was für sie »entscheidend« (8) ist und worin die »spezifisch novellistische Funktion« liegt. Da heißt es: »Die Novelle ist mit dem Geschehen selbst befaßt.« Und:

»Beherrschend ist der anonyme Prozeß, von den Betroffenen erlitten, unparteiisch und objektiv wiedergegeben durch den novellistischen Berichterstatter.« Hinzu kommen Versatzstücke, deren Gebrauchswert längst umstritten ist und von den Einzelinterpretationen, die Freunds Sammelband umschließt, widerlegt werden. Auch Schunichts »Überblick« am Bandende enttäuscht, weil er mit unhistorischen Kriterien die Geschichte der Novelle um die vorromantischen Formen verkürzt und die nachnaturalistische Entwicklung wortlos übergeht. Statt dessen kann auch er es sich nicht versagen, »Konstanten festzumachen« (334) – gemeint sind »die Konzentration auf ein im Mittelpunkt stehendes Ereignis«, der »Zufall«, die »Verrätselung« und die »Isolation der Novellengestalten« (334 f.); abermals dient der wissenschaftliche Scharfsinn nur dazu, eine Gattungsgeschichte nach herkömmlichem Muster abzuschließen statt sie zu eröffnen.

Hannelore Schlaffers ›Poetik der Novelle‹ (1993) sucht die Einheit der Gattung in Boccaccios ›Dekameron‹, das für die folgenden Jahrhunderte das Muster für mannigfaltig abgewandelte Nachahmungen darstellt. Boccaccios alteuropäisches Novellen-Fach, seinerseits höchst vielfältig und dennoch einheitlich angelegt (der besondere Status des 10. Buches z. B. wird durch seinen parodistischen Stellenwert erklärt), gibt bis in die Moderne hinein und trotz der vielen hier vorgenommenen Verschiebungen, Ersetzungen und Verschleierungen den Ton an. Das äußert sich in Strukturentscheidungen und Motivwahl: Die strukturbezogene Begrifflichkeit bezieht Schlaffer aus den vertrauten novellentheoretischen Ansätzen (A.W. Schlegel, Goethe, Tieck, Heyse, Spielhagen); Boccaccios Elemente der Novelle heißen demnach Apokalypse und Blasphemie (= Rahmen), Vergehen und List (= Handlungsstruktur), sexuelles Faktum (= unerhörtes Ereignis), das Haus (= Punktualisierung), serielle Opposition (= Zyklus), Argumentum (= Falke). Das dominante Motiv liegt in der erotisch verführenden, souveränen Frau im konfigurativen Dreieck, darüberhinaus auch in der Männerfreundschaft. Aufschlußreich ist Schlaffers nicht gänzlich neuer Zugriff insofern, als er die gattungsgeschichtlich relevante Präsenz des variablen Boccaccio-Musters auch in dem deutschen Novellen-Jahrhundert sinnfällig macht und damit zugleich den (vermeintlichen) Sonderweg wieder in gemeineuropäische Bahnen zurücklenkt. Erkauft wird diese poetologische Zusammenschau mit einer minimalen forschungsgeschichtlichen Auseinandersetzung und mit interpretatorischen Verkürzungen (etwa im Fall der ›Unterhaltungen‹). Auch für Schlaffer scheint die Novelle im 19. Jahrhundert ans Ende gelangt zu sein.

Auch in der neueren Sammlung seiner Beiträge zur Novellenforschung beharrt Henry H.H. Remak (1996) im Namen einer flexiblen Humanwissenschaft auf dem starren Unterschied zwischen »novellesque structure and non-structure« (S. XVI). Erneut wird die Liste der strukturellen Merkmale vorgestellt und als zwar ›offene‹, aber doch verbindliche Richtschnur für eine ausdrücklich literaturkritische Novellenlektüre empfohlen. Remak hält dies für ein induktives Verfahren, ohne wahrhaben zu wollen, daß sein Rückgriff auf ›kanonische‹ Texte die Reichweite dieses induktiven Ansatzes beeinträchtigt. Forsch beklagt er das gewundene Kauderwelsch (»convoluted lingo«, S. XV) einiger Novellendarstellungen der neueren Zeit, ohne freilich zu berücksichtigen, daß auch die ›einfache Diktion‹ der Sache nicht immer gedient hat.

Als »eher zufällig und einseitig« charakterisiert Jürgen Schwann (1996) die bekannten »Deskriptions- und Systematisierungskonzepte« (163) und stellt ihnen einen vermeintlich eindeutigen und verläßlichen »Merkmalskatalog« (169) entgegen, der sich »vom rhetorischen Potential der Texte her begründet« (166). Was so als gewiß in Erscheinung tritt und die Gattung der Novelle »immer« ausmacht, ist das ›Neue‹; alle anderen Merkmale (Kürze, einsträngiges Erzählen, Exemplarik, überraschende Wende, Zufall »usw.«, 169) lassen sich auf das Neuigkeitskriterium beziehen. Das Besondere am entdeckten »zentrale[n] Strukturierungsprinzip« (171) des ›Neuen‹ liegt darin, daß es »Interesse an einem Dahinterliegenden« (170) weckt und mit »Strategien der *indirekten* Argumentation« (170) darauf hindeutet. Ohne auch nur ein einziges Wort über die gründliche Studie von Eisenbeiß (1973) zu verlieren, wird hier in einem betont didaktischen Beitrag die Rhetorik des Neuen auf dem Boden des »immer« schon Bekannten praktiziert.

Von einem »konstruktiven Bemühen um Konsens und Kompromiß« (20) innerhalb eines diffusen, aber auch kontroversen Forschungsverlaufs will sich Winfried Freunds Überblick (1998) leiten lassen. Ausgehandelt wird mit diesem Vorsatz eine Novellenform »als Prozeßprotokoll menschlichen Scheiterns« (30). Im Rahmen dieser Bestimmung bleibe der zukünftigen Forschung aufgetragen, »strukturelle Konstanz mit historischer Variation zu verbinden.« Die weiteren distinktiven Merkmale, die Freund als genuinen »Perspektivismus der Novelle« herausarbeiten möchte, nennen allerdings weitgehend elementare Aspekte der modernen Erzählkunst, insofern sie sich nicht den Traditionen des Abenteuer- oder Bildungsromans verschreibt (vgl. 58 f.). Das Schwergewicht des Überblicks liegt in der ausführlichen Darstellung der Geschichte des novellistischen Erzählens, die anhand von Inhaltsangaben und

Deutungshilfen vertieft wird. Leider fehlen hier detaillierte Hinweise auf die Fachliteratur, so daß die Ausführungen den Charakter subjektiver Setzungen behalten; alles ist unter dieser Perspektive klar, und Diskussionsbedarf oder gar Probleme scheint es nicht zu geben. Im Ansatz durchaus mit der nach wie vor unentbehrlichen Gattungsgeschichte Himmels vergleichbar, erhält Freunds Darstellung ihren besonderen Wert durch die intensive Erkundung des 20. Jahrhunderts (besonders verdienstvoll z. B. die Erinnerung an die Novellen Gertrud von le Forts) und der Gegenwart.

Den Zusammenhang zwischen Novelle und Drama unterstreicht Wolfgang Rath (2000). Die Aristotelische Lehre von der dramatischen Peripetie (Mitte, Krise, Umschwung) und Anagnorisis (Wiedererkennen) bildet die Grundlage für ein Novellen-Konzept, das durch seine triadische Struktur bestimmt ist: Immer geht es um einen Höhe- und Wendepunkt zwischen zwei Gegensätzen bzw. entgegengesetzten Verläufen, um den ›Augenblick‹ im Sinne Platons, der Entscheidendes in einer Lebenswende schicksalhaft vermittelt. Rath gewinnt unter Berufung auf Autoren, die bislang in der Novellen-›Theorie‹ keine Rolle gespielt haben (Aristoteles, Pseudo-Longinus, Jacob Boehme, Edmund Burke, Johann Jakob Engel, Georg Simmel und Edmund Husserl) ein »archetypisches Schema« für ›heilsgeschichtliche‹ Zusammenhänge in profanen Lebensverhältnissen. Unter diesem Gesichtspunkt exemplarisch interpretierend, rückt die deutsche Novellenliteratur vom Mittelalter (Hartmanns von Aue ›Der arme Heinrich‹) bis fast an das letzte Jahrhundertende (Ch. Heins ›Der fremde Freund‹) in den Blick.

Hartung: Die deutsche Novelle und der deutsche Roman. In: Archiv für das Studium der neueren Sprachen und Literaturen 48 (1871), S. 391–434.

Bastier, Paul: La Nouvelle individualiste en Allemagne de Goethe à Gottfried Keller. Essai de Technique psychologique. Paris 1910.

Walzel, Oskar: Die Kunstform der Novelle. In: Zeitschrift für den deutschen Unterricht 29 (1915), S. 161–184, gek. Fass. in: Novelle ²1973, S. 95–113.

Wundt, Wilhelm: Völkerpsychologie. Eine Untersuchung der Entwicklungsgesetze von Sprache, Mythen und Sitte. Bd. 3: Die Kunst. Leipzig ²1923, S. 466–470.

Emonts, Maria: Zur Technik der Psychologie in der Novelle. In: GRM 12 (1924), S. 328–340.

Shears, Lambert A.: German Genius in the *Novelle*. In: GR 2 (1927), S. 137–147.

Grolman, Adolf von: Novelle. In: RL 1926/28, Bd. 2, S. 510–515.

Bruch, Bernhard: Novelle und Tragödie: Zwei Kunstformen und Weltanschauungen. Ein Problem aus der Geistesgeschichte des 19. und 20. Jahrhunderts. In: Zeitschrift für Ästhetik und allgemeine Kunstwissenschaft 22 (1928), S. 292–330; gek. Fass. in: Novelle ²1973, S. 118–135, Nachtrag 1966, S. 137 f.

Grolman, Adolf von: Die strenge »Novellen«form und die Problematik ihrer Zerrüttung. In: ZfDk 1929, S. 609–627; gek. Fass. in: Novelle ²1973, S. 154–166.

Petsch, Robert: Die Kunstform der Novelle. In: Pädagogische Warte 36 (1929), S. 577–584.
Petsch, Robert: Novelle und Drama. (Bei Gelegenheit von L. Franks ›Karl und Anna‹) In: Der Kreis. Zeitschrift für künstlerische Kultur 6 (1929), S. 572–581.
Pongs, Hermann: Über die Novelle. [zuerst 1929] In: Novelle ²1973, S. 139–153.
Sprengel, Johann Georg: Die deutsche Novelle als Kunstform und Bildungsaufgabe. In: ZfDB 5 (1929), S. 645–660.
Vark, Walther: Die Form in der Novelle. Diss. Jena 1930.
Pongs, Hermann: Möglichkeiten des Tragischen in der Novelle. In: Jahrbuch der Kleist-Gesellschaft, 1931/32, S. 38–104; Auszug in Novelle ²1973, S. 174–182; Nachtrag 1967, S. 182.
Petsch, Robert: Die Novelle. [zuerst 1934] In: Novelle ²1973, S. 245–255.
Klein, Johannes: Wesen und Erscheinungsformen der deutschen Novelle. [zuerst 1936] In: Novelle ²1973, S. 195–220; Nachtrag 1965, S. 221.
Ackerknecht, Erwin: Die Novelle. In: E. A., Kunst des Lesens. Heidelberg 1949, S. 15–120.
Mulot, Arno: Die Novelle und ihre Interpretation. In: DU 3, 2 (1951), S. 3–17.
Haberler, Brigitte: Die deutsche Schicksalsnovelle des 19. Jahrhunderts. Diss. Wien 1956.
Mackensen, Lutz: Die Novelle. [zuerst 1958] In: Novelle ²1973, S. 391–410.
Koskimies, Rafael: Die Theorie der Novelle. [zuerst 1959] In: Novelle ²1973, S. 411–438.
Prang, Helmut: Formprobleme der Novelleninterpretation. In: Hüter der Sprache. Perspektiven der deutschen Literatur. Hrsg. v. Karl Rüdiger, München 1959, S. 19–38.
Silz, Walter: Geschichte, Theorie und Kunst der deutschen Novelle. In: DU 11, 5 (1959), S. 82–100.
Müller, Joachim: Novelle und Erzählung. [zuerst 1961] In: Novelle ²1973, S. 469–482.
Höllerer, Walter: Die kurze Form der Prosa. In: Akzente 9 (1962), S. 226–245, bes. 226–233.
Klein, Johannes: Novelle. In: RL ²1965, Bd. 2, S. 685–701.
Remak, Henry H. H.: Vinegar and Water: Allegory and Symbolism in the German *Novelle* between Keller and Bergengruen. In: Literary Symbolism. A Symposium. Hrsg. v. Helmut Rehder, Austin 1965, S. 31–62 (= Remak 1996, S. 83–217).
Deutsche Erzählungen von Wieland bis Kafka. Hrsg. v. Jost *Schillemeit*, Frankfurt/M. 1966 (= Interpretationen, Bd. 4).
Psaar, Werner: Novellistische Erzählformen im Unterricht. Probleme und Aufgaben. Wuppertal 1969.
Remak, Henry H. H.: Novella. In: Encyclopedia of World Literature in the 20th Century, New York 1969, Bd. 2, S. 466–469 (= Remak 1996, S. 276–282).
Steinhauer, Harry: Towards a Definition of the Novella. In: Seminar 6 (1970), S. 154–174.
Clements, Robert J.: Anatomy of the Novella. In: Comparative Literature Studies 9 (1972), S. 3–16.
Eckert, Hartwig R.: Towards a Definition of the Novelle. In: New German Studies 1 (1973), S. 163–172.
Ellis, John M.: Narration in the German Novelle. Theory and Interpretation. Cambridge 1974.

Good, Graham: Notes on the Novella. In: Novel. A Forum on Fiction 10 (1976), S. 197–211.
Leibowitz, Judith. Narrative Purpose in the Novella. The Hague 1974.
Köhn, Lothar: Dialektik der Aufklärung in der deutschen Novelle. In: DVjs 51 (1977), S. 436–458.
Rowley, Brian A.: To Define True Novellen …: A taxonomic enquiry. In: Publications of the English Goethe Society N. S. 47 (1977), S. 4–27.
Schober, Otto: Roman-Novelle-Erzählung. In: Deutschunterricht in der Diskussion. Forschungsberichte. Hrsg. v. Dietrich Boueke, 2. erw. u. bearb. Aufl., Paderborn 1979, Bd. 2, S. 268–304.
Freund, Winfried: Die deutsche Kriminalnovelle von Schiller bis Hauptmann. Einzelanalysen unter sozialgeschichtlichen und didaktischen Perspektiven. Paderborn ²1980.
Deutsche Novellen von Goethe bis Walser. Interpretationen für den Deutschunterricht. Bd. 1: Von Goethe bis C. F. Meyer, Bd. 2: Von Fontane bis Walser. Hrsg. v. Jakob *Lehmann*, Königstein/Ts. 1980.
Kunz, Josef: Die Novelle. In: Formen der Literatur in Einzeldarstellungen, hrsg. v. Otto *Knörrich*, Stuttgart 1981, S. 260–270, ²1991.
Strube, Werner: Die komplexe Logik des Begriffs »Novelle«. Zur Problematik der Definition literarischer Gattungsbegriffe. In: GRM NF 32 (1982), S. 379–386.
Remak, Henry H.H.: Novellistische Struktur: Der Marschall von Bassompierre und die schöne Krämerin (Bassompierre, Goethe, Hofmannsthal). Essai und kritischer Forschungsbericht. Bern 1982 (c 1983).
Henel, Heinrich: Anfänge der deutschen Novelle. In: Monatshefte 77 (1985), S. 433–448.
Harvey, A.D.: Why the ›Novelle‹? In: New German Studies 16(1990), S. 159–172.
Hoffmeister, Werner: Die deutsche Novelle und die amerikanische »Tale«: Ansätze zu einem gattungstypologischen Vergleich. In: The German Quarterly 63(1990), S. 32–49.
Karthaus, Ulrich: Novelle. Bamberg 1990, ⁴1996.
Kilian, Ursula: Baupläne deutscher Novellen und Romane von der Klassik bis zur Moderne. Frankfurt/M. 1990.
Pötters, Wilhelm: Begriff und Struktur der Novelle. Linguistische Betrachtungen zu Boccaccios »Falken«. Tübingen 1991.
Aust, Hugo: Novelle. In: Literatur Lexikon, hrsg.v. Walther Killy, Bd. 14, Gütersloh 1993, S. 170–175.
Deutsche Novellen. Von der Klassik bis zur Gegenwart. Hrsg.v. Winfried *Freund*, München 1993.
Schlaffer, Hannelore: Poetik der Novelle. Stuttgart 1993.
Degering, Thomas: Kurze Geschichte der Novelle. Von Boccaccio bis zur Gegenwart. Dichter – Texte – Analysen – Daten. München 1994.
Hackert, Fritz: Die Novelle, die Presse, »Der Schimmelreiter«. In: WB 41 (1995), S. 89–103.
Merkle, Susanne, Seyler, Karl-Hans: Novelle. Puchheim 1995 (= Studienbilder für die Sekundarstufe: Literaturformen im Unterricht).
Remak, Henry H.H.: Structural Elements of the German Novella from Goethe to Thomas Mann. New York 1996.
Schwann, Jürgen: Die Gattung »Novelle«. Erschließungsverfahren, Konstituierungskriterien und Möglichkeiten der Didaktisierung. In: Studia theodisca. Hrsg. von Fausto *Cercignani*, Milano 1996, S. 163–179.

Freund, Winfried: Novelle. Stuttgart. 1998.
Schmidt-Knaebel, Susanne: Textlinguistik der Einfachen Form. Die Abgrenzung von Märchen, Sage und Legende zur literarischen Kunstform der Novelle. Frankfurt/M. 1999.
Rath, Wolfgang: Die Novelle. Konzept und Geschichte. Göttingen 2000.
Thomé, Horst/Wehle, Winfried: Novelle. In: Reallexikon der deutschen Literaturwissenschaft. 3. Aufl. Berlin 2000, Bd. 2, S. 725–731.
Becker, Sabina: Die Novellenliteratur des Bürgerlichen Realismus. In: dies.: Bürgerlicher Realismus. Literatur und Kultur im bürgerlichen Zeitalter 1848–1900. Tübingen 2003, S. 271–326.

4. Geschichte der deutschen Novelle

Um die Geschichte der Novelle möglichst wirklichkeitsnah kennenzulernen, ist es ratsam, unvoreingenommen vom gesamten Umfang der vorhandenen Novellenliteratur auszugehen; d.h. in erster Linie solche Werke zu berücksichtigen, die vom Autor als Novelle bezeichnet wurden oder entstehungs- bzw. wirkungsgeschichtlich in einen solchen Begriffszusammenhang rücken. Das besagt nicht, daß nur die so genannten Werke tatsächlich Novellen sind (bzw. diesbezügliche Gemeinsamkeiten aufweisen), und ebensowenig, daß solche Texte, die nicht so heißen, keine Novellen sein können (zu erinnern ist an die novellengeschichtlich herausragenden Titel: ›Geschichte vom braven Kasperl und dem schönen Annerl‹, ›Die Judenbuche‹, ›Die schwarze Spinne‹, ›Romeo und Julia auf dem Dorfe‹, ›Reitergeschichte‹; vgl. hier das Kleist- und Stifter-Kapitel), sondern es geht zunächst darum, das Bedeutungsfeld von ›Novelle‹ auf Grund der mit diesem Wort gemeinten Erzählungen zu umreißen. Deshalb stehen im folgenden auch keine allgemeinen Äußerungen über Gemeinsamkeiten einer Werkreihe, Autorengruppe oder Epoche im Vordergrund; vielmehr sollen je einzelne Novellenbetrachtungen die ›materiale‹ Grundlage herstellen, auf der dann abstraktere Begriffsbildungen nach wissenschaftsgeschichtlichem oder literaturdidaktischem Bedarf möglich werden.

Im Vordergrund steht also die Orientierungsfunktion der Novellenbezeichnung, der Anteil des Wortes an der Werkbildung und die Motive des Wortgebrauchs und des Bedeutungswechsels. Im einzelnen gilt es zu fragen: Wo bzw. wie lernt ein Autor, sein Werk als ›Novelle‹ zu kennzeichnen? Aus welchem Grund bzw. zu welchem Zweck nennt er es so? Wie glaubt er die Benennung werkintern gerechtfertigt zu haben? Was bedeutet es für ein Werk, so zu heißen, und was bedeutet es für diesen Namen, auf solch ein Werk bezogen zu werden? Welche Folgen hat die mehr oder minder eigensinnige Benennung für die Zukunft?

Die Novellenforschung der Vergangenheit zeigt eine Reihe von Erwartungen, die ihren Gegenstand als geschichtlich wandelbare Formabsicht bzw. verlegerischen Schachzug überfordern:

Romanische Novellenmuster

1. die Hoffnung, ein einziges Konzept für Werke aller Zeiten zu finden;
2. die Unterstellung, daß echte Gattungsmerkmale zugleich ästhetische Wertkriterien implizieren;
3. die Schlußfolgerung, daß die Formulierung eines Gattungsbegriffs oder Idealtypus eo ipso eine Existenzaussage enthalte;
4. die Annahme, daß solche Merkmale, die allen Novellen gemeinsam sind, das ›Wesen‹ der Novelle ausmachen;
5. das Ziel, den gattungsgeschichtlichen Novellenverlauf auf dem Wege umfassender Interpretationen einzelner Werke darzustellen.

Die Frage nach dem Beginn der Novelle im Sinn einer Urgestalt oder Knospe hat heute an Interesse verloren. Wo immer ›Novelle‹ als erzählerisches Phänomen (ohne Rücksicht auf das je historische Bewußtsein) auffällt, überschneiden sich spätzeitliche Begriffserwartungen mit grundlegenden Faktoren der literarischen Tätigkeit und führen nur zum Schein eines gattungsgeschichtlichen Zusammenhangs zwischen ›Novellen‹ des Orients, der Antike, des Mittelalters und der Neuzeit.

4.1 Romanische Novellenmuster: Boccaccio, Margarete von Navarra, Cervantes

Die Geschichte der Novelle in Deutschland entfaltet sich im Wirkungsspielraum bestimmter Muster: Boccaccios ›Dekameron‹, Königin Margaretes posthum so genanntes ›Heptameron‹ und Cervantes' ›Novelas ejemplares‹ kennzeichnen prototypisch und bis in die Gegenwart den Inbegriff der Novelle (später werden Maupassant, Tschechow und Pirandello hinzukommen). Mit solchen Mustern ist jedoch keineswegs etwas Eindeutiges, Einförmiges und scharf Umrissenes gegeben: Boccaccios Novellen, Fabeln, Parabeln und Geschichten bieten ein Vielerlei, dessen Einheit nicht etwa durch die eher vagen und durch Dioneo auch grundsätzlich durchbrochenen Regelungen der Tage zustande kommt; vielmehr liegt in dieser Pluralität der positive Ausdruck des neuzeitlichen republikanischen Willens zur selbstverantworteten Ordnung auf dem Hintergrund einer äußerlich wie innerlich in Krise geratenen Gesellschaft (Neuschäfer, Wetzel). Königin Margarete hingegen vermag diese Spannung nicht mehr aufrecht zu erhalten und fällt hinter die errungene Renaissance-Lösung zurück in einen Neuplatonismus, der das Kontroverse und Zwiespältige der Gesellschaft nur noch im idealistischen Postulat der einseitigen Überwindung (Geistigkeit vs. Sinnlichkeit) auszuschalten vermag. Cervantes wiederum gewinnt eine Art erzählerischer Autonomie zurück, indem er nicht etwa durch (moralisch-auktoriale) Rahmung einen republikanischen Zusammenhang begründet, sondern indem er seine Novellen sich graduell wechselseitig bestimmen läßt: Gegen die triste Welt des aufkommenden pikaresken Romans setzt er das Märchenhafte seiner wunderbaren Abenteuer, die er aber sogleich im Kontrast mit seinen realistischen ›niederländischen‹ Szenen ›ernüchtert‹ (Pabst) und im Hunde-Gespräch sogar entlarvt; doch nicht genug damit, gibt er auch dieser Bloßstellung einen Funktionssinn, der die säkulare Möglichkeit solcher Erkenntnis höchst skeptisch beleuchtet, indem er sie nur durch das Wunderbarste auf der Welt, die redenden Hunde, verwirklichen kann.

Die Wirkungsgeschichte dieser großen Drei mißt solche novellistischen Möglichkeiten nicht aus, sondern zeigt allenthalben Reduktionszüge: Mit Vorliebe geht die Kleinepik der Folgezeit von Prolog-Reflexionen aus (Wahrheit, moralische Nützlichkeit, erotische Stoffe), ohne deren mögliche Maskenfunktion zu berücksichtigen.
Erwähnt seien noch der ›Novellino‹ (2. Hälfte des 13. Jhs.), der später von Eichendorff übersetzte ›Conde Lucanor‹ (1335) des Infanten Don Juan Manuel (Ratschläge in Form erzählter Beispiele, verdichtet in Vers bzw. Sprichwort), die ›Cent Nouvelles Nouvelles‹ (1486) und Geoffrey Chaucers ›Canterbury Tales‹ (ca. 1478).

Anschütz, Rudolf: Boccaccios Novelle vom Falken und ihre Verbreitung in der Literatur. Nebst Lope de Vegas Komödie ›El Halcon de Federico‹. Erlangen 1892, Nachdr. Amsterdam 1970.
Besthorn, Rudolf: Ursprung und Eigenart der älteren italienischen Novelle. Halle/S. 1935.
Pabst, Walter: Novellentheorie und Novellendichtung. Zur Geschichte ihrer Antinomie in den romanischen Literaturen. [zuerst 1953] 2., verb. u. erw. Aufl., Heidelberg 1967.
Rodax, Yvonne: The Real and the Ideal in the Novella of Italy, France and England. Four Centuries of Change in the Boccaccian Tale. Chapel Hill N.C. 1968.
Neuschäfer, Hans-Jörg: Boccaccio und der Beginn der Novelle. Strukturen der Kurzerzählung auf der Schwelle zwischen Mittelalter und Neuzeit. München 1969.
Brockmeier, Peter: Lust und Herrschaft. Studien über gesellschaftliche Aspekte der Novellistik: Boccaccio, Sacchetti, Margarete von Navarra, Cervantes. Stuttgart 1972.
Die französische Novelle. Hrsg. v. Wolfram Krömer, Düsseldorf 1976.
Die romanische Novelle. Hrsg. v. Wolfgang Eitel, Darmstadt 1977.
Sckommodau, Hans: Die spätfeudale Novelle bei Margarete von Navarra. Wiesbaden 1977.

Wetzel, Hermann H.: Die romanische Novelle bis Cervantes. Stuttgart 1977 (= SM 162).
Paine, J.H.E.: Theory and criticism of the novella. Bonn 1979.
Wehle, Winfried: Novellenerzählen. Französische Renaissancenovellistik als Diskurs. München 1981.
Die russische Novelle. Hrsg. v. Bodo Zelinsky, Düsseldorf 1982.
Blüher, Karl Alfred: Die französische Novelle. Tübingen 1985.
Pötters, Wilhelm: Begriff und Struktur der Novelle. Linguistische Betrachtungen zu Boccaccios »Falken«. Tübingen 1991.
Ackermann, Kathrin: Von der philosophisch-moralischen Erzählung zur modernen Novelle. *Contes* und *nouvells* 1760–1830. 2004.
Presno, Araceli Marín: Zur Rezeption der Novelle *Rinconete y Cortadillo* von Miguel de Cervantes im deutschen Raum. Frankfurt/M. 2005.

4.2 Im Bann der ›moralischen Erzählung‹

4.2.1 Mittelalter – frühe Neuzeit – Barock

Vor und nach Boccaccio machen sich in der deutschsprachigen Kleinepik andere Erzählabsichten geltend als im ›Dekameron‹. Vom Mittelalter bis weit ins 18. Jahrhundert hinein (und wohl auch später noch immer wieder) prägt der didaktisch-exemplarische Zug die Erzählliteratur; von hieraus ergeben sich Motivation, Form, Zweck und Stellenwert des Erzählens. Statt zu fragen, ob es im Mittelalter ›echte Novellen‹ gibt, wäre es interessanter zu erkunden, welches Bild des Mittelalters entsteht, wenn neuzeitlich gedachte Gattungskriterien schon hier erfüllt werden, und umgekehrt, was es für die moderne (begriffliche und phänomenale) Erwartung bedeutet, wenn sie sich schon so früh befriedigen läßt.

Textlich gesehen ergibt sich ein buntes Bild der vormittelalterlichen und mittelalterlichen Erzählungen, die bis ins 20. Jh. (Losungswort: Volksbücher) wirken. Sammlungen unterschiedlicher Zeiten und Kulturräume (Vetalapantschavinsati, Bibel, Pantschatantra, Die Geschichte von den Sieben Weisen, Tausendundeine Nacht, Das Papageienbuch, Gesta Romanorum) verschmelzen zu Inbegriffen situativ bestimmten Erzählens und überleben als »Fundgrube« (von Wiese [8]1982, 34) der Literatur aller Formen. Schon die Geschichte der Witwe von Ephesus, die Petronius überliefert, enthält alle novellistischen Merkmale (Albertsen im Nachwort zu Goethes ›Unterhaltungen‹; Reclam-Ausgabe, 130 f.). Das ›Predigtmärlein‹ bezeugt den Zusammenhang von Lehre und Beispiel im kirchlichen Alltag. Nach Fischer ist das ›Märe‹ der beste

Gattungsname für die »bedeutende selbständige Kleinepik« (zum Märe als mittelalterliches Analogon, nicht ›Urform‹ zur neuzeitlichen Novelle vgl. Schirmer 1969, X).

Als »echte Novelle« (Himmel, 12) gilt Herrands von Wildonie ›Diu getriu kone‹; regelmäßig erwähnt werden ›Moriz von Craon‹ und das ›Herzmaere‹; am ›Meier Helmbrecht‹ hingegen scheinen sich die Novellenexperten bereits zu scheiden (von Wiese [8]1982, 39).

Borcherdt, Hans Heinrich: Geschichte des Romans und der Novelle in Deutschland. Teil 1: vom frühen Mittelalter bis zu Wieland. Leipzig 1926.
Stutz, Elfriede: Frühe deutsche Novellenkunst. Diss. masch. Heidelberg 1950; neu hrsg. v. Clifford Albrecht Bernd, Ute Schwab, Göppingen 1991.
Fischer, Hanns: Novellistik, mittelalterliche. In: RL [2]1965, Bd. 2, S. 701–705.
Schirmer, Karl-Heinz: Stil- und Motivuntersuchungen zur mittelhochdeutschen Versnovelle. Tübingen 1969.
Heinzle, Joachim: Märenbegriff und Novellentheorie. Überlegungen zur Gattungsbestimmung der mittelhochdeutschen Kleinepik. In ZfdA 107 (1978), S. 121–138.
Heinzle, Joachim: Vom Mittelalter zum Humanismus. In: Handbuch, 1981, S. 17–27, 558f.
Die Vorauer Novelle und Die Reuner Relationen. Hrsg. v. Hans Gröchenig, Göppingen 1981.
The best novellas of medieval Germany. Transl. with an introduction by J. W. Thomas, Columbia, S. C. 1984.
Deutsche Novellen des Mittelalters. Bd. 1: Nachdichtungen. Bd. 2: Sexuelle Derbheiten. Bd. 3: Von Frauentum und wahrer Liebe. Hrsg. von Wolfgang Spiewok, Greifswald 1994.
Jacobs, H./Klugmann, M.: Mittelalterliche Novellistik und Jurisprudenz. In: Mediaevistik 16 (2003).

Hat man sich einmal von der Zwangsvorstellung befreit, daß es nur darauf ankäme, zu entscheiden, ob ein Werk als Novelle anzusprechen ist, und daß allein »echte« Exemplare die Gattungsgeschichte begründen könnten, so entdeckt man in den vier Jahrhunderten zwischen Boccaccio und Goethe einen reichen und vielfältigen Geschichten-Schatz mit epochentypischen Höhepunkten und individuellen Eigenarten. Daß die literarische Produktivität sich vorzüglich in Formen der Übersetzung, Bearbeitung, Ausgestaltung und Umfunktionierung äußert, tut der Selbständigkeit dieser Werke keinen Abbruch.

Mit Arigos (d.i. vermutlich Heinrich Schlüsselfelders) ›Dekameron‹-Übersetzung (1472) leitet sich ein »Durchbruch der italienischen Renaissance-Novelle« in Deutschland ein:

Im Bann der ›moralischen Erzählung‹ 61

»Das Vertrautwerden mit der Novelle der Renaissance und damit mit einem Inhalt und einer Form, die den höchsten Stand derzeitiger Weltliteratur bezeichnete, führte in der Entwicklung einer deutschen Prosadichtung zu einer entscheidenden Wende.« (Geschichte der deutschen Literatur, Bd. IV, Berlin/Ost 1960, ³1983, 101). Schon Borcherdt (107 f.) unterstrich, »daß im Zeitalter der Bürgerkultur des 15. und 16. Jahrhunderts alle erzählende Dichtung ausschließlich der Form der Novelle zustrebte«.

Niklas von Wyles vorlagengetreu latinisierte Verdeutschung (ab 1461; z. B. ›Euriolus und Lucretia‹ von Enea Silvio Piccolomini und Boccaccios ›Guiscard und Sigismunda‹), Heinrich Steinhöwels sinngemäße und volkstümliche Übertragung der ›Griseldis‹ (1472) und Albrecht von Eybs ›Ehebüchlein‹ (1472) mit der auslösenden Frage »Ob einem Manne sei zu nehmen ein eheliches Weib oder nicht« stellen die herausragenden Leistungen der Zeit dar. Wirkungsgeschichtlich gesehen, überleben diese Erzählungen, seit ihrer allgemeinen Titulierung als ›Volksbücher‹ im späten 18. Jahrhundert (dazu grundlegend Kreutzer 1977), infolge der programmatischen ›Hebung‹ durch die Romantiker (Arnim, Görres, Schwab), Altphilologen (Hagen, Büsching, Simrock), Erfolgsschriftsteller (Marbach), Verleger (Diederichs im Verein mit Benz) und Pädagogen (Rüttgers) bis in die jüngste Zeit (z. B. ›Deutsche Volksbücher‹, Leipzig 1986); im Verein mit Roman, Fabel und Reisebericht nehmen diese ›Novellen‹ teil an einem vielleicht schon vier Jahrhunderte währenden Bestseller-Glück.

Hess, Ursula: Heinrich Steinhöwels ›Griseldis‹. Studien zur Text- und Überlieferungsgeschichte einer frühhumanistischen Prosanovelle. München 1975.
Kreutzer, Hans Joachim: Der Mythos vom Volksbuch. Studien zur Wirkungsgeschichte des frühen deutschen Romans seit der Romantik. Stuttgart 1977.
Heinzle, Joachim: Boccaccio und die Tradition der Novelle. Zur Strukturanalyse und Gattungsbestimmung kleinepischer Formen zwischen Mittelalter und Neuzeit. In: Wolfram-Studien 5 (1979), S. 41–62.
Hirdt, Willi: Boccaccio und die deutsche Kurzprosa des 16. Jahrhunderts. In: Handbuch, 1981, S. 28–36, 559 f.
Bertelsmeier-Kierst, Christa: ›Griseldis‹ in Deutschland. Studien zu Steinhöwel und Arigo. Heidelberg 1988.
Ertzdorff, Xenja von: Romane und Novellen des 15. und 16. Jahrhunderts. Darmstadt 1989.

Das Phänomen der ›Barocknovelle‹ ist der Spezialforschung seit geraumer Zeit vertraut. Die allenthalben beliebten »geschichtspiele« scheinen sogar ›strengsten‹ Forderungen an die Novelle zu genügen (Adel 1959). Insbesondere Georg Friedrich Harsdörffers etwa »1000 Novellen« (Krebs 1988, 491) aus den beiden ›Schauplätzen‹ (›Jämmerliche Mord-Geschichten‹ 1649–50, ›Lust- und Lehrreiche

Geschichten‹ 1650–51) und dem ›Geschichtspiegel‹ (1654) zeigen die Erzählfunktion eingespannt zwischen »Morallehre« und »Information« (Krebs), deren Ausgleich über das Schicksal der Novellenform entscheidet (Einheitlichkeit, Geschlossenheit, Selbständigkeit, überzeitliche Distanz; Krebs, 493 f., 496, 502). Harsdörffer kennt den Novellenbegriff (Hirsch, 14 f.), bevorzugt aber wohl wegen seiner Ablehnung der unmoralischen italienischen Novellen (Meid, 73; zur Auseinandersetzung mit Cervantes, ebd., 74) andere Bezeichnungen (»Lehrgeschichte«, »Gedichte« und »Mähren (Novelas)«, ebd., 76). Im Zeichen eines neuen ›honnêteté‹-Konversationsideals (nach Théophraste Renaudots Vorbild) entstehen situativ (durch Fragen, Zwischenbemerkungen und Reflexionen) motivierte Erzählungen über merkwürdige, aber wahre Ereignisse, die insbesondere ›gemeinen Leuten‹ widerfahren (ebd., 72 f.), mit differenzierten Funktionen (moralische Bildung durch Vorbild und Warnung, Sachunterricht, Verstandesübung, geselliges Vergnügen, urbaner Lebensstil). Die Integration von Rahmen und Geschichte läßt eine ›kombinatorische Kunst‹ (Krebs 1988, 489) erkennen, die in ihren gelungensten Momenten dem geselligen Kreis nicht bloß eine »steife Lehre« zumutet, sondern ihn »lebendig« mit der erzählten Geschichte »beschäftigt« (ebd., 500).

Kappes, Evamarie: Novellistische Struktur bei Harsdoerffer und Grimmelshausen unter besonderer Berücksichtigung des ›Grossen Schauplatzes Lust- und Lehrreicher Geschichte‹ und des ›Wunderbarlichen Vogelnestes‹ I und II. Diss. masch. Bonn 1954.
Adel, Kurt: Novellen des Herzogs Anton Ulrich von Braunschweig-Wolfenbüttel. In: ZfdPh 78 (1959), S. 349–369.
Reichert, Karl: Das Gastmahl der Crispina in Anton Ulrichs *Römischer Octavia* – der erste deutsche novellistische Rahmenzyklus. In: Euphorion 59 (1965), S. 135–149.
Meid, Volker: Barocknovellen? Zu Harsdörffers moralischen Geschichten. In: Euphorion 62 (1968), S. 72–76.
Haslinger, Adolf: Vom Humanismus zum Barock. In: Handbuch, 1981, S. 37–55, 560–564.
Krebs, Jean-Daniel: Deutsche Barocknovelle zwischen Morallehre und Information: Georg Philipp Harsdörffer und Théophraste Renaudot. In: MLN 103 (1988), S. 478–503.
Rötzer, Hans-Gerd: Die Rezeption der Novelas Ejemplares bei Harsdörffer. In: Chloë. Beiheft zum ›Daphnis‹ 9 (1990), S. 365–383.
Gemert, Guillaume van: Geschichte und Geschichten – Zum didaktischen Moment in Harsdörffers ›Schauplätzen‹. In: Georg Philipp Harsdörffer: Ein deutscher Dichter und europäischer Gelehrter. Hrsg. v. Halo Michele Battafarceno, Bern 1991, S. 313–331.
Strohschneider, Peter: Zeit, Tod, Erzählen. Ansichten der *Teutschen Winter-Nächte* Johann Beers vor der Tradition des Novellare. In: Mittelalterliche Denk- und

Schreibmodelle in der deutschen Literatur der frühen Neuzeit. Hrsg.v. Wolfgang Harms, Jean-Marie Valentin. Amsterdam 1993, S. 269–300.

Solbach, Andreas: Die Forschungsliteratur zu Johann Beer 1932–1992. Ein Literaturbericht. In: IASL Sonderheft 6 (1994), S. 27–91.

4.2.2 Aufklärung

Das Interesse an der Erzählung mittlerer Länge im 18. Jahrhundert (vgl. Fürst 1897) ist älter als die wissenschaftliche Neugier auf die Novelle. Dennoch hat sich die Erkundung dieser Erzählformen bis heute nicht aus der Bevormundung durch die Novellen-Doktrin befreien können; noch immer spricht man lieber von Vorformen, Wegbereitern oder frühen Formen der Novelle (Herbst 1985); und selbst die Klage über die scheiternden Rubrizierungsversuche angesichts der überraschenden Formenvielfalt (Jacobs 1981) verrät etwas vom (neidischen?) Seitenblick auf die vermeintlich so konsistente Novellenform.

Die nachbarocke Entwicklung der Erzählkunst ist typologisch gekennzeichnet durch die Abkehr von der romanhaften Großform. Sozial- und ideologiegeschichtlich vollzieht sich mit ihr der Austausch höfisch-galanter Lebensformen durch bürgerlich-moralische. Zugleich zeichnet sich in der schroffen Wendung gegen französische Erzählstoffe – trotz der Universalität des moralischen Rationalismus und trotz der britischen Einfuhr des neuen Mediums ›Moralische Wochenschrift‹ – eine Bevorzugung nationaler, heimischer Erzählungen ab. Mit der funktionalen Besinnung auf die eigene Sache wächst das Bedürfnis nach ähnlicher bzw. maßgeblicher Literatur.

Das Stichwort ›moralische Erzählung‹ weist auf den Kontext der ›Moralischen Wochenschriften‹ zurück. Indem hier die Personifizierung der Tugend- und Laster-Dichotomie, die Dramaturgie der Lohn-Strafe-Automatik sowie die karikierende Typisierung bestimmter Zeittypen das englische Muster der ›characters‹ fortschrieben und es mit Episodischem umgaben (Borchmeyer 1955), entstanden Charakterskizzen, kurzgefaßte Lebensbeschreibungen und Geschichten, die nach Entlassung aus der moralisch-didaktischen Dienerrolle die Voraussetzungen für eine selbständige Erzählliteratur darstellten. Daß in den ›Moralischen Wochenschriften‹ die Erzählfunktion relativ zurücktritt, mag an der programmatischen Abneigung gegen alles Romanhafte liegen (Martens 1971, 492 f.). Es wäre aber noch zu prüfen, inwieweit die heftigen Anschuldigungen gegen den Roman (Wollust, verrückte Lügen,

Eitelkeit, Müßiggang, Geschmacksverderbnis; ebd., 494) positiv die spezifische Form der moralischen Erzählung bedingen. Die Verabscheuung des Romans stellt jedenfalls schon in sich (noch vor dem Aufkommen des empfindsamen Romans) die Bereitschaft für Nüchternheit, Wahrheit (›moralischen Realismus‹, ebd., 519), Innerlichkeit, Bündigkeit (»kernhafte Kürze«, zit. n. Martens, 505) und Nützlichkeit dar und öffnet damit bereits im eigenen Medium den Weg zur ›Historie‹ (ebd., 505), die mit Schiller ihren Höhepunkt erreicht und bei F. Schlegel zur zentralen Komponente der Novellentheorie aufsteigt.

Fürst, Rudolf: Die Vorläufer der Modernen Novelle im achtzehnten Jahrhundert. Ein Beitrag zur vergleichenden Literaturgeschichte. Halle/S. 1897.
Schmid, Gotthold Otto: Marmontel. Seine moralischen Erzählungen und die deutsche Literatur. Diss. Freiburg/Schweiz, Straßburg 1935.
Beyer, Hugo: Die moralische Erzählung in Deutschland bis zu Heinrich von Kleist. Frankfurt/M. 1941.
Borchmeyer, Ursula: Die deutschen Prosaerzählungen des achtzehnten Jahrhunderts unter besonderer Berücksichtigung der Zeitschriften »Der Deutsche Merkur« und »Das Deutsche Museum«. Diss. masch. Münster 1955.
Martens, Wolfgang: Die Botschaft der Tugend. Die Aufklärung im Spiegel der deutschen Moralischen Wochenschriften Stuttgart 1971 (= Studienausgabe).
Jacobs, Jürgen: Die deutsche Erzählung im Zeitalter der Aufklärung. In: Handbuch, 1981, S. 56–71, 564–566.
Dietrich, Wolfgang: Die erotische Novelle in Stanzen. Ihre Entwicklung in Italien (1340–1789) und Deutschland (1773–1810). Frankfurt/M. 1985.
Herbst, Hildburg: Frühe Formen der deutschen Novelle im 18. Jahrhundert. Berlin 1985.
Dainat, Holger: Der unglückliche Mörder. Zur Kriminalgeschichte der deutschen Spätaufklärung. In: ZfdPh 107 (1988), S. 517–541.
Dedert, Hartmut: Die Erzählung im Sturm und Drang. Studien zur Prosa des 18. Jahrhunderts. Stuttgart 1990.
Dedert, Hartmut: Vor einer Theorie der Novelle. Die Erzählung im Spiegel der aufklärerischen Gattungsdiskussion. In: ZfdPh 112 (1993), S. 481–508.

4.2.3 Schiller

›Wahre Geschichte‹, ›moralische Erzählung‹ und ›historische Relation‹ umreißen signalartig den formengeschichtlichen Horizont, in dem Schillers ›Verbrecher aus verlorener Ehre‹ (1786) seine individuelle und zugleich vorbildliche Gestalt gewinnt; nicht um Einlösung und Verschmelzung verbreiteter Muster geht es, sondern um deren Veränderung, Umkehrung oder gar Widerlegung. Im Zeichen der Geschichtsschreibung, die sich als Gebrauchsform versteht und dennoch den poetischen Ausdruck sucht (vgl. NA

XVI, 412; von Wiese 1956, McCarthey 1979), entfaltet sich an einem bürgerlich-volkstümlichen (»ähnlichen«) Stoff (fernab von der Domäne üblicher Staatsaktionen) eine Studie mit sozialpolitischer und wirkungspsychologischer Brisanz: ›Geschichte‹ rückt näher als Auskunft über die drohende Katastrophe der eigenen »Begehrungskraft«, als genetisch erklärbarer Mißstand der reformbedürftigen alltäglichen Gegenwart. ›Moral‹ läßt sich entdecken (und heilen) in »Gefängnissen, Gerichtshöfen und Kriminalakten« (NA XVI, 405), mithin nicht in den Schaustücken bewährter Tugend oder bestraften Lasters, überhaupt nicht in der Sicherheitszone unanfechtbarer Normenkonformität, sondern vor allem im Ausnahmezustand individueller Tat und utopischer Forderung an die Gesellschaft (Kaiser 1978). Schillers »Schule der Bildung« entwertet die schauerlich-schrecklichen ›Relationen‹ über Schandtat, Verfolgung, Folter, Reue und Hinrichtung des Verbrechers (Oettinger 1972), indem sie im Geist des aufgeklärten Präventivdenkens eine erzählerische Anatomie jener Faktoren gibt, die zur Tat führen, und somit das vermeintlich unverrückbare Verhältnis von Täter, Opfer und Jäger neu interpretiert.

Mißt man Schillers »wahre Geschichte« an der zeitgenössischen Bedeutung von ›Novelle‹ (s. Wieland 1772), so fällt die Diskrepanz zwischen dem erwarteten Einfachheitskriterium und Schillers ›dialektischer‹ (Kaiser 1978) Handlungsführung auf. Gegenüber den nationalen Typik (Spanier und Italiener) sticht die heimische »Geschichte aus dem Wirtembergischen« (NA XVI, 402) um so stärker ab. Ihre formengeschichtlich bewußt erwirkte Modernität droht in betont novellengeschichtlichem Zusammenhang (»der Vorentwurf zu einer Novelle«, von Wiese 1956, 46) verlorenzugehen; oder anders gewendet: inwiefern liegt im Novellenbegriff nur ein ›Vorentwurf‹ zu jenen ›wahren Geschichten‹, die Schiller zu erzählen empfahl? In Wolfs Umkehr sieht Jacobsen (1993, 20) das »Gattungsmerkmal ›unerhörte Begebenheit‹«, der »eigentliche Mittelpunkt« läge in der »freiwillig vollzogene[n] sittliche[n] Entscheidung«.

Schillers Werke. Nationalausgabe. Bd. 16: Erzählungen. Hrsg. v. Hans Heinrich Borcherdt, Weimar 1954.

Oettinger, Klaus: Schillers Erzählung ›Der Verbrecher aus Infamie‹. Ein Beitrag zur Rechtsaufklärung der Zeit. In: JDS 16 (1972). S. 266–276.
Kaiser, Gerhard: Der Held in den Novellen ›Eine großmütige Handlung, aus der neuesten Geschichte‹ und ›Der Verbrecher aus verlorener Eh[r]e‹. In: G. K., Von Arkadien nach Elysium. Schiller-Studien. Göttingen 1978, S. 45–58.
Köpf, Gerhard: Friedrich Schiller: Der Verbrecher aus verlorener Ehre. Geschichtlichkeit, Erzählstrategie und »republikanische Freiheit« des Lesers. München 1978.
McCarthy, John A.: Die republikanische Freiheit des Lesers. Zum Lesepublikum von Schillers ›Der Verbrecher aus verlorener Ehre‹. In: WW 29 (1979), S. 28–43.

Neumann, Gerhard: Die Anfänge deutscher Novellistik. Schillers ›Verbrecher aus verlorener Ehre‹ – Goethes ›Unterhaltungen deutscher Ausgewanderten‹. In: Unser Commercium. Goethes und Schillers Literaturpolitik. Hrsg. v. Wilfried Barner u.a., Stuttgart 1984, S. 433–460.

Bürger, Christa: Schiller als Erzähler? Von der Kunst des Erzählens zum Erzählen als Kunst. In: Friedrich Schiller, Angebot und Diskurs. Zugänge, Dichtung, Zeitgenossenschaft. Hrsg. v. Helmut Brandt, Berlin (Ost) 1987, S. 33–48.

Martinson, Steven D.: Friedrich Schiller's ›Der Verbrecher aus verlorener Ehre‹, or the triumph of the moral will. In: Sprachkunst 18 (1987), S. 1–9.

Por, Peter: *Spiel des Schicksals* – oder Spiel der Vernunft. In: Antipodische Aufklärungen. Antipodean enlightments. Festschrift für Leslie Bodi. Hrsg. v. Walter Veit, Frankfurt/M. 1987, S. 377–388.

Dainat, Holger: Der unglückliche Mörder. Zur Kriminalgeschichte der deutschen Spätaufklärung. In: ZfdPh 107 (1988), S. 517–541.

Rainer, Ulrike: Schillers Prosa. Poetologie und Praxis. Berlin 1988.

Aurnhammer, Achim: Engagiertes Erzählen: ›Der Verbrecher aus verlorener Ehre‹. In: Schiller und die höfische Welt, hrsg. v. A. Aurnhammer, Tübingen 1990, S. 254–270.

Jacobsen, Roswitha: Die Entscheidung zur Sittlichkeit. Friedrich Schiller: *Der Verbrecher aus verlorener Ehre* (1786). In: Deutsche Novellen, 1993, S. 15–25.

Rosen, David: Die Annalen seiner Verirrungen: The Divided Narrative of *Der Verbrecher aus verlorener Ehre*. In: New German Review 10 (1994), S. 11–27.

Greiner, Bernhard: Die Geburt der *Ästhetischen Erziehung* aus dem Geist der Resozialisation. Schillers *Verbrecher aus verlorener Ehre*. In: Etho-Poietik. Ethik und Ästhetik im Dialog: Erwartungen, Forderungen, Abgrenzungen. Hrsg. von B.G. u.a. Bonn 1998, S. 31–50.

Koopmann, Helmut: Schillers Erzählungen. In: Schiller-Handbuch. Hrsg. von H.K. Stuttgart 1998, bes. S. 702–704.

Nutz, Thomas: Vergeltung oder Versöhnung? Strafvollzug und Ehre in Schillers *Verbrecher aus Infamie*. In: JDS 42 (1998), S. 146–164.

Lau, Viktor: »Hier muß die ganze Gegend aufgeboten werden, als wenn ein Wolf sich hätte blicken lassen.« Zur Interaktion von Jurisprudenz und Literatur in der Spätaufklärung am Beispiel von Friedrich Schillers »Der Verbrecher aus verlorener Ehre«. In: Scientia Poetica (2000), S. 83–114.

Ostermann, Eberhard: Christian Wolfs Kampf um Anerkennung. Eine anerkennungstheoretische Deutung von Schillers Erzählung »Der Verbrecher aus verlorener Ehre«. In: Literatur in Unterricht und Wissenschaft 34 (2001), S. 211–224.

Liebrand, Claudia: »Ich bin der Sonnenwirt.« Subjektkonstitution in Schillers *Der Verbrecher aus verlorener Ehre*. In: Diskrete Gebote. Geschichten der Macht um 1800. Hrsg. von Roland Borgards u.a. Würzburg 2002, S. 117–129.

Luserke-Jaqui, Matthias: Friedrich Schillers Erzählung *Der Verbrecher aus verlorener Ehre*. In: DU 56,6 (2004), S. 43–48.

Luserke-Jaqui, Matthias: Friedrich Schiller. Tübingen 2005.

4.2.4 Das Aufkommen der Novellenbezeichnung

Ob Herr M., der philosophische Erzähler in Wielands ›Rosenhain‹, aus Unkenntnis der Literaturszene seine ›Novelle ohne Titel‹ als »das erste [Ding] in seiner Art« (Wieland, 174) bezeichnet oder damit abermals den Topos der Originalität gebraucht, der die romanische Novellengeschichte mitbegründet, oder nur die eigene Erzählart meint, mag unentschieden bleiben. Gewiß ist, daß vor 1804 bereits heimische Novellen auf dem Buchmarkt erscheinen. Die ersten Novellen in Deutschland führen das Markenzeichen ausländischer Literatur mit sich, sei es, daß sie dies bereits im Titel ankündigen (›Spanische Novellen‹ von Grosse), sei es, daß ihre Welt und Figuren ausländische Herkunft suggerieren. Die Grenzen zwischen Übersetzung, Nachempfindung und Fiktion des Fremdländischen (Patina der Ferne bzw. Internationalität) sind nicht fest gezogen; das Eingeständnis, bloß »Straußfedern« (Tieck) zu bieten, gehört zur literarischen Tagesordnung. Bis weit in die dreißiger Jahre des 19. Jahrhunderts bleibt das ›Italienische‹ (Erotik, Ausschweifung) und ›Spanische‹ (Satire) auf einer höchst staatlichen Bewußtseinsebene gegenwärtig (Löffler: Ueber die Gesetzgebung der Presse, 1837, 530 f.).

Zum Zeitpunkt, da die Novellenbezeichnung aufkommt, steht sie im Umfeld weit gängigerer Etikettierungen (Erzählung, Gemälde, Skizze). Wie, warum und seit wann sie sich durchsetzt, ist Gegenstand der Biedermeierforschung (Schröder 1970).

Die frühen deutschen Novellen präsentieren sich als eine Art Multinationalitäten-Show. Meißners Übersetzung der Novellen Florians vergegenwärtigt unterschiedliche Register nationaler Gattungsbildung: Die »deutsche Novelle« ›Peter‹ z. B. imitiert Geßners Schäferdichtung. Interessant sind auch die Notenbeigaben, die der Novelle als Buchgattung einen charakteristischen Zug verleihen. Die Novellen erzählen weithin internationale Stoffe der Unterhaltungsliteratur wieder. Zuweilen schwellen sie sogar zu biographischem Ausmaß an (›Graf Liderich‹), so daß schon hier das Kürzekriterium nicht absolut gelten kann.

Trotz mangelhafter wissenschaftlicher Aufarbeitung der Novellenliteratur dieser Zeit kann man damit rechnen, daß die um 1800 sich so nennenden Werke keine Grundlage für einen anspruchsvollen Begriff der epischen Kleinform bereitstellen. Vielleicht trifft Hoffmanns Einschätzung der »seltsamen tollen Mären jener verjährten Bücher [der Chroniken]« als »Fundgrube« für »schreiblustige Novellisten« (Serapions-Brüder, 518) am besten den Kurswert des Stofflichen in der Novellenpraxis (vgl. Seidels Erdbeben-Novelle mit Titelkupfer und die mögliche Wirkung auf Kleist). Die Hochschätzung der deutschsprachigen Erzählungen als Novellen blendet weite Teile der tatsächlichen Novellenliteratur aus und ist jüngeren Datums.

Es wird sich lohnen, die Novellen des abenteuerlichen, ominösen Karl Grosse – heute durch den Neudruck seines ›Genius‹ wieder gegenwärtig – näher kennenzulernen, stellt er doch, beglaubigt durch Tiecks Zeugnis (DD I, 30, 130) einen wichtigen Faktor der entstehenden Novellenform dar. Auch der in der Kinderliteratur wichtige Seidel verdient Aufmerksamkeit.

Die Frage, was Wieland und die Romantiker riskierten, in welche Nachbarschaft sie sich wagten, als sie im neuen Jahrhundert ihre Erzählungen ›Novellen‹ nannten, ist wohl nicht nur mit dem Blick auf die romanischen Novellenklassiker und die akademische Lehre A. W. Schlegels, sondern auch auf dem Hintergrund der populären Novellenliteratur zu beantworten.

Novellen

Novellen des Ritters von St. Florian. Verteutscht von A. G. Meißner. Mit Musik von Herrn Capellmeister Schuster. Leipzig 1786.
Kotzebue, August von: Ildegerte, Königin von Norwegen. Historische Novelle. Reval u. Leipzig 1788.
Seidel, C. A.: Novellen. 4 Bändchen, Bayreuth 1789/90/91.
Novellen aus dem Archiv der Wahrheit und Aufklärung, für Menschen in allen Ständen und Verhältnissen von einem Kosmopoliten. 3 Lieferungen, Germanien 1789–90.
Scarrons tragisch-komische Novellen. 2 Theile, Wien 1790.
[Grosse, Karl:] Novellen von E. R. Grafen von Vargas 2 Theile, Berlin 1792.
[Mursinna, Friedrich Samuel:] Liderich, Graf von Flandern. Eine historische Novelle aus dem siebenten Jahrhundert. Wien 1793.
Grosse, [Karl]: Spanische Novellen. 4 Theile, Berlin 1794/95.
[Benzel-Sternau, Carl Christian Ernst Graf:] Novellen fürs Herz. 2 Sammlungen. [zuerst 1796] Hamburg und Altona (1806).
Lucius, Karl Friedrich: Neueste Novellenlese, belehrend und vergnügend. Frankfurt und Leipzig 1796.
Laukhard, Friedrich Christian: Erzählungen und Novellen. 2 Bde., Leipzig 1800.
[Kajetan (d.i. Ignaz Ferdinand Arnold):] Die Einsamen im Chiusato. Eine piemontesische Novelle. 2 Theile Arnstadt und Rudolstadt. 1802.
Fischer, Christian August: Spanische Novellen. 2. Aufl., Reutlingen 1802.
Wieland, Christoph Martin: Die Novelle ohne Titel. [zuerst 1804] In: Das Hexameron von Rosenhain. Hrsg. v. C. M. Wieland, Leipzig 1805 = C. M. Wielands Sämmtliche Werke, Bd. 38.
Goethe, Johann Wolfgang von: Die wunderlichen Nachbarskinder. Novelle. In: Die Wahlverwandtschaften. Ein Roman, 2 Theile, Tübingen 1809.
Contessa, Christian Jacob: Almanzor. Novelle. Leipzig 1808.
Paulus, Caroline: Natalie Percy oder Eitelkeit und Liebe. Eine Novelle. Frey bearbeitet nach den Confessions des Herrn von Pr. Nürnberg 1811.

4.2.5 Wieland

Im Gegensatz zu Goethes ›Unterhaltungen‹ geht Wieland in ›Das Hexameron von Rosenhain‹ (1805) vom Märchen aus, um bei der Gegenwartsgeschichte anzulangen; auch hier vollzieht sich also eine Art Steigerung; die eigentliche ›Novelle‹ liegt eher in der Mitte (ihrem Erzähler wird, wenn auch nicht der Dichterkranz, so doch die »Bürgerkrone« zuerkannt), flankiert vom Märchen einerseits und der Anekdote andererseits. Schon (d. h. hinsichtlich der französischen Tradition) oder noch (nämlich im Blick auf die Romantik) gilt das ›Märchen‹ (die Feen- und Geistergeschichten sowie die Schauererzählungen) den Vertretern des Natürlichkeitsdenkens als anstößig, und wenn es dennoch halbwegs als Schutzgeister-Märchen zugelassen wird, so geschieht dies nur unter gewissen ausgehandelten Bedingungen, wobei der ironische Stil die Zauberwelt nicht selten nach Art von Kippfiguren mit der Vernünftigkeit der natürlichen Welt vermittelt. Läßt sich so über die Bewahrung des Wunderbaren noch diskutieren, so wird über eine andere, weit prägnantere Erzählmode – das sentimentale Familiengemälde und die moralischen Erzählungen – hier endgültig der Stab gebrochen. Gerade deren ›Realismus‹, der den moralischen Idealismus und seine trennscharfe Polarisation zwischen Tugend und Laster in der Alltagswelt ansiedeln wollte, erscheint jetzt als vernunftwidriger Trug angesichts einer ganz anderen Regeln unterworfenen Lebenswelt.

Das Triptychon der ›natürlichen Erzählungen‹ erfüllt den Grundsatz, »in unserer wirklichen Welt« (173) zu spielen, mit sichtbarer Steigerung: ›Die Novelle ohne Titel‹ stammt noch aus »einem alten wenig bekannten *Spanischen* Buche« (172), die nachfolgende »Anekdote« (219) legitimiert sich schon als Erinnerung an das Schicksal der »vertrautesten Freundinnen« der Erzählerin, und die letzte »wahre Geschichte« (285) erweist sich schließlich sogar als Ich-Erzählung, bei der die glückliche Vereinigung des standesmäßig ungleichen Paars tatsächlich erst in der Erzählerrunde stattfindet. Die Gesellschaft des ›Hexameron‹ erinnert – motivgeschichtlich gesehen – an keine Notsituation mehr; nackte Langeweile bringt die Teilnehmer – und das erst ganz zuletzt – auf den Gedanken, sich mit Geschichten in der Art des ›Dekameron‹ oder ›Heptameron‹ die Zeit zu vertreiben. Dennoch zeugt das ›Hexameron‹ als Werk von einer Notsituation des Dichters Wieland, der mit dieser Arbeit existentielle, politische und finanzielle Krisen zu bewältigen sucht, sich von einem ›Traum‹ löst, um ihn als schriftstellerisch verwirklichtes Traum-Werk auch für sich zu bestätigen und zu erhalten (Schelle 1976).

Die ›Novelle ohne Titel‹ verdient vielleicht deshalb noch besondere Aufmerksamkeit, weil sie die Konfliktlösung im Rahmen zur Diskussion stellt. Gewiß ergibt sich der versöhnliche Schluß allzu plötzlich, dennoch erweist sich die tragische Alternative als ziemlich rhetorisch-registerhaft (Parodie auf F. Schlegels ›Alarcos‹); die Kritik an der psychologischen Folgerichtigkeit hingegen wird mit dem Hinweis auf ›Einheit und Ganzheit‹ der Geschichte zurückgewiesen; die spezielle Gattungsdiskussion weitet sich aus zur allgemeinen dichtungstheoretischen Reflexion (zur möglichen parodistischen Absicht s. Paulin 1985, 50 und Paulin in Kleist-Jahrbuch 1988/89, 195).

C. M. Wielands sämmtliche Werke. Bd. 38: Das Hexameron von Rosenhain. Leipzig 1805, Repr. Hamburg 1984.

Schelle, Hansjörg: Zur Entstehung und Gestalt von C. M. Wielands *Das Hexameron von Rosenhain*. In Neophilologus 60 (1976), S. 107–123.
Meier, Albert und *Proß*, Wolfgang: Nachwort zu Wieland: Das Hexameron von Rosenhain. Hrsg. v. Friedrich *Beißner*, München 1983, S. 139–158.
Metwally, Nadia: ›Das Hexameron von Rosenhain‹. Ein Erzählzyklus aus dem Spätschaffen Christoph Martin Wielands. In: Kairoer Germanistische Studien 3 (1988), S. 62–89.
Friedrich, Cäcilia: Rahmenhandlung und Ansatz einer Novellentheorie in Wielands ›Hexameron von Rosenheim‹. In: Das Spätwerk Christoph Martin Wielands und seine Bedeutung für die deutsche Aufklärung. Hrsg. von Thomas Höhle, Halle 1988, S. 139–150.

4.3 Novellen-›Klassiker‹ ohne Novellenbegriff

Eine spezifisch ›klassische Novelle‹ gibt es nicht, obwohl die Bezeichnung vertraut ist. Weder passen die Novellen dieser Zeit in das Muster einer klassizistischen Literatur (ob sie das Prädikat ›klassisch‹ verdienen, ist eine andere Frage), noch übt der Novellenbegriff hier eine entscheidende Wirkung aus.

Arx, Bernhard von: Novellistisches Dasein. Spielraum einer Gattung in der Goethezeit. Zürich 1953.
Voerster, Erika: Märchen, Novellen und Erzähleinlagen im Roman der Klassik und Romantik. Diss. Freiburg, Bonn 1964.
Kunz, Josef: Die deutsche Novelle zwischen Klassik und Romantik. Berlin 1966, [2]1971, [3]1992.
Schönhaar, Rainer: Novelle und Kriminalschema. Ein Strukturmodell deutscher Erzählkunst um 1800. Bad Homburg v. d. H. 1969.
Remak, Henry H. H.: Die Novelle in der Klassik und Romantik. In: Neues Handbuch der Literaturwissenschaft, Bd. 14, Wiesbaden 1982, S. 291–318 (= Remak 1996, S. 102–143).
Blamberger, Günter: Die Novelle als Anti-Bildungsroman: Anmerkungen zu Kleists

›Der Findling‹. In: Prägnanter Moment. Hrsg. von Peter-André Alt u.a. Würzburg 2002, S. 479–494.

4.3.1 Goethe

Trotz der anfänglich eher ungünstigen Aufnahmebedingungen – »Dem Goethe scheints gar nicht mehr ernst ums Schreiben zu sein« (Charlotte von Stein an Charlotte Schiller, 19.2.1795; zit. n. v. Arx 1953, 26) – gelten Goethes ›Unterhaltungen deutscher Ausgewanderten‹ (1795) unbestritten als klassischer Auftakt der deutschen Novellengeschichte. Die ›kreative Erneuerung‹ des Boccaccioschen Musters erscheint als Idealfall einer die Tradition ›aufhebenden‹ Eigenleistung und gattungsbildenden Wertbegründung. Das bleibt selbst dann richtig, wenn man Goethes Werk – eingedenk der romanischen Tradition und angesichts der Zukunft Kleists – nur als Scheitelpunkt einer Entwicklung wertet, die danach von anderen Kräften beeinflußt wird (Silz 1959, 83 ff., Polheim 1965, 44). Genauer besehen liegen die ›Unterhaltungen‹ ohnehin nicht so klar auf der Boccaccio-Linie, vielmehr setzen sie die wirkungsgeschichtliche ›Exemplarisierung‹ des ›Dekameron‹ fort, erfüllen also eher das (Rahmen-)Muster des ›Heptameron‹. Sogar das Ausmaß der Gefahr im Rahmen entspricht – trotz weltgeschichtlicher Relevanz der Revolution – eher der französischen Variante, denn auch Goethes Figuren erzählen – anders als Boccaccios – in der »Hoffnung auf den weiteren Fortgang der siegreichen Waffen« (H VI, 129). Verglichen mit Cervantes mildert Goethe durch die steigernde Anordnung der einzelnen Geschichten (seit der ›Griseldis‹-Erzählung ein frühes Wahrnehmungs- und Bewertungsraster in der Wirkungsgeschichte des ›Dekameron‹) und im Achtergewicht des ›Märchens‹ die kritische Herausforderung durch die ›wunderbare Ernüchterung‹ (Pabst) des Hundegesprächs und entgrenzt somit einen Vorgang, der bei Boccaccio in die Pest zurückführt und bei Cervantes sich selbst bestimmt.

Andererseits sind die Unterschiede, das von Goethe ›Weiterentwickelte‹ (W. Keller 1981), nicht so groß, wie man annehmen möchte: Auch Boccaccio überbrückt mit dem Erzählen nicht nur Zeit, sondern konstituiert dabei das Bild einer autonomen Gesellschaft; desgleichen lassen sich schon hier Vermittlungen zwischen Rahmen- und Binnenhandlung entdecken, die insbesondere durch einen Vergleich zwischen Vorlage und Bearbeitung sichtbar werden; ebensowenig erscheinen die Figuren (gemessen am historischen Stand psychologischer Darstellungsabsicht) als eigenschaftslos. Die sogenannten »Zugewinne« der Goetheschen Form gegenüber dem

›Dekameron‹ sollten in der Novellengeschichte nicht unbedingt als klarer Fortschritt gewertet werden.

Wenn sich die ›Unterhaltungen‹ dermaßen vielschichtig auf die literarische Tradition beziehen und wenn zudem ihre Sonderstellung im weiteren Verlauf der Gattungsgeschichte bewußt bleibt, so ist es wenig ratsam, sie als Paradigma für novellistische Kriterien zu verwenden (vgl. Paulin 1985, 23). Ein Novellenbegriff spielt hier noch keine Rolle. Historisch aufschlußreicher ist dagegen der zentrale Begriff der ›moralischen Erzählung‹, und zwar nicht in jenem Plural, wie ihn das 18. Jahrhundert kennt, sondern im neuartigen Singular (der im Gegensatz steht zum Bedürfnis nach »ewiger Zerstreuung der großen Masse«; H VI, 141; ähnlich auch schon Wieland in ›Bonifaz Schleicher‹).

Die begriffliche Verwandlung zählbarer (Text-)Stücke in eine einzige (Grund-)Idee kann nicht darüber hinwegtäuschen, daß die ›Unterhaltungen‹ eine Fülle unterschiedlicher Erzählformen vereinen; zwar haben nicht alle den gleichen Wert, vielmehr führt der Erzähler sein Publikum von den geläufigen Gespenstergeschichten und Liebesanekdoten über die moralische Charakteristik bzw. das Familiengemälde bis zur eigentlichen Form und zeigt auch, wie man über sie spricht. Aber gerade diese Idealform ist ein Märchen und paßt am wenigsten zum Bild der ›Unterhaltungen‹ als klassischer Novellenliteratur. Wer dennoch an ihnen die Novellenform ablesen möchte, muß entweder alle vorkommenden Erzählungen berücksichtigen oder genau die, die namentlich am wenigsten in Frage kommt, oder aber er fällt im Namen des Märchens ein Urteil gerade über jene mittleren Erzählformen (›Prokurator‹, ›Ferdinand‹), die er soeben noch als Novellenmuster identifizieren wollte.

Wer also seinen Novellenbegriff von den ›Unterhaltungen‹ ableitet, muß am Integral einer Gleichung arbeiten, die literarische Formen (Reiseerzählung, Geschichte, Gedichte, philosophische Betrachtungen, Privatgeschichten) ebenso enthält wie (Funktions-)Eigenschaften (augenblickliche Eröffnung der menschlichen Natur; ergötzlich, albern, zum Nachdenken anregen, unterhalten, befriedigen), Werte (gut, geistreich, Charakter, Verstand, Gemüt berühren; ruhige Heiterkeit), Perspektiven (Baronesse, Geheimrat) und Negationen (keine skandalösen, lüsternen Erzählungen, keine Mädchenschule, H VI, 144).

Ein Novellenbegriff, der all diese Momente enthält, kann nicht anders als in Bewegung gedacht werden; er ist kein gemeinsamer Nenner, sondern ein Prozeß der erzählerischen Erfahrung, die vom

Rationalen und Unterhaltenden ausgeht, um über die Vermittlung des Moralischen zum autonom Ästhetischen zu gelangen. So entsteht für den Literarhistoriker kein Modell für eine exakte Klassifikation der Novellenform, sondern es stellt sich ihm die Aufgabe, das ästhetische Formbegehren als Konflikt und Steigerung auszumessen.

Es scheint, als ob der Beginn der literarisch wertvollen Novelle in Deutschland nicht nur ein eigenartiges Formgebilde anzeigt, sondern zugleich Zwecke benennt, denen die Novelle dient und von denen her sie ihre eigentliche Gestalt erhält. Der Zusammenhang, in dem Goethe zum ersten Mal eine »Novelle« – ›Die wunderlichen Nachbarskinder‹ (1808) – einführt, verwickelt die Erzählung in einen Konflikt zwischen der tragischen Wirklichkeit des Romans (›Die Wahlverwandtschaften‹) und dem Wunderlichen der erzählerischen Begebenheit, aus dem die Novelle als Form nicht unverwandelt hervorgeht. Der Hoffnungskeim, den die Geschichte vom sich ereigneten unfaßbaren Umschlag des wahlverwandtschaftlichen Paars nährt (zum Motiv des sich bekriegenden Liebespaars s. Wielands ›Narcissus und Narcissa‹ aus dem ›Hexameron‹), ihre »fröhlich bedeutsame Lebensbetrachtung« (J. Falk: Goethe aus persönlichem Umgange dargestellt, 1832, zit. n. Heinrich von Kleist, Lebensspuren, Nr. 384), verkümmert angesichts ihrer Wirkung, und die gute Absicht, zu besänftigen und wiedergutzumachen, verkehrt sich zum peinlichen Mißerfolg verstärkter Aufregung. Da das Erzählte nicht nur wirklich geschehen, sondern Charlotten als Erlebnis des Hauptmanns mit seiner Nachbarin auch bekannt ist, lenkt es nicht etwa vom Konflikt ab, sondern ist ihm eigentlich »verwandt«. Ein solches Wiedererkennen stiftet keine bergende Gewißheit gemeinsamer Erfahrung, sondern vertreibt sprachlos. Die ›unverfängliche Unterhaltung‹ mit einer »sanfteren Begebenheit« nach italienischem Muster scheitert an ihrem eingelösten Wahrheitsgehalt. Ihr Glücksversprechen, besiegelt durch die Gedrängtheit einer augenblicklichen Wende, entartet zur Wunschphantasie des Märchens (H VI, 720f.), die der fröhlichen Bürgschaft der Novelle widerspricht. Ob der letzte Absatz des Romans den eingelegten Glückstraum nicht etwa doch bestätigt, mag hier unentschieden bleiben.

Goethes ›Novelle‹ (1828) ist das bekannteste Beispiel für den Doppelsinn einer vom Wesen ausgehenden Werkbenennung, die den allgemeinen Traditionsbezug ebenso herstellt wie die Prototypik des singulären Textes meint. Dennoch liegt hier nicht einfach ein (historisch immerhin schon spätes) Modell vor, das die ›Natürlichkeit‹ des dichterischen Schaffens in der ›Zivilisation‹ der literarischen Formenlehre bändigt. – Der Weg der Goetheschen ›Novelle‹ beginnt entstehungsgeschichtlich gesehen beim ›epischen Gedicht‹ im Umkreis von ›Hermann und Dorothea‹, berührt von weitem (Schiller) Aspekte der Komödie (Schiller: das Überraschende, H VI, 737), kreuzt – mit Sorge – die Ballade (handlungsvolle Reimstrophen) und mündet schließlich – nach dreißigjähriger Schubladen-Versenkung – in jener »Rubrik unter welcher gar vieles wunderliche Zeug kursiert.« (H VI, 741; zum Verständnis dieses gattungsgeschichtlichen Wandels gehört auch, daß Zeitgenossen die ›Novelle‹ als »Fragment« auffaßten; ED: Novelle 1982, 78) Doch bleibt sie hier keineswegs stehen, sondern bringt ihre entstehungsgeschichtliche Unruhe in den baulichen und thematischen Sinn des Werkes ein, indem das Ganze ein ›Wachstum‹ (s. Goethes Pflanzen-Gleichnis H VI, 743; s. a. »Wallfahrt«, 498) bedeutet, das aus der prosaischen Rede über die Stufe der pathetischen Form den frommen Gesang als poetische »Blume« hervortreibt. So meint der Novellentitel – gemäß dem erzählerischen Willen der ›Unterhaltungen‹ – ein Spiel mit verschiedenen literarischen Formen, das wechselseitige Ausspielen und Erhöhen ihrer Bedeutungsmöglichkeiten, den Durch-Schritt von einem ›Spielraum‹ zum anderen und somit den »lebhaften Stieg« (H VI, 498), welcher Prosa und Poesie, Reales mit Idealem (Utopischem) verbindet und aussöhnt. Nicht also im Rahmen, sondern im knospenhaften Aufbrechen gestaltet sich hier die Novellenform und offenbart sich als Metamorphose. Abermals (wie beim ›Taugenichts‹) liegt in der Lyrik, insofern sie auf der Prosa gründet (»Exposition«), der Höhepunkt der Novelle. Zur musikalischen Engführung (»Sinn und Melodie« H VI, 513) paßt auch, was sich bereits im Gespräch mit Eckermann andeutete (H VI, 742) und wirkungsgeschichtlich augenfällig wird: die Illustrationstendenz. Der Zusammenhang zwischen Novelle und Bild verdiente eine Darstellung; diese Aufgabe ist um so dringlicher, als sie nicht bloß Aspekte der Buchgattung betrifft, sondern unmittelbare thematische Relevanz gewinnt: Die Raubtier-Angst in der ›Novelle‹ geht – wie Swales (1977, 62) gezeigt hat – aus den selbstgemachten Bildern hervor, die eben als gesellschaftliches Vorurteil die eigentlich zahme Natur denunzieren.

Goethes ›anständige‹ (H VI, 507 u. Anm.) Novelle enthält nicht nur ein »seltsame[s], unerhörte[s] Ereignis«, sondern ihr selbst widerfährt auch »eine sich ereignete unerhörte Begebenheit« (H VI, 744), insofern der Wechsel der Gattungen eine bedeutungsvolle Geschehensfolge meint.

Die »in ihrer Art einzige Produktion« (ED: Novelle 1982, 79) wurde zwar von Soret als »durchaus eigentümliche Gattung« (ebd,

Novellen-›Klassiker‹ ohne Novellenbegriff 75

89) aufgefaßt, reizte aber keinen Zeitgenossen zu einer grundsätzlichen gattungstheoretischen Auseinandersetzung mit dem Titel als Programm. Das »Maaßstab«-Setzende (O. Lange 1844; *Theorie und Kritik*, 115) der »einfachen« ›Novelle‹ wurde zwar oft gesehen, aber zuweilen auch relativiert (von Arx 1953, LoCicero 1970). Nach Paul Heyse (1871, *Theorie und Kritik*, 142) nahm insbesondere Gundolf Anstoß am »abstrakte[n] Titel«, der ihm das »Muster einer Gattung« (die »alexandrinische Gattungspoesie«) anzukündigen schien, die aber mit ihrer absichtlich »ausgespitzten Technik« durch kein »Erlebnis« beglaubigt sei.

Vielleicht läßt sich tatsächlich über die Vorzüge der Titelgebung streiten (Verlegenheitslösung oder genialer Einfall). Der allgemeine Novellentitel verdeckt mehr, als die ehemaligen ›einseitigen‹ Titelkonkurrenten (Die Jagd, Honorio bzw. der Knabe und der Tiger bzw. Löwe) aussprechen; oder er unterstellt eine Singularität der unerhörten Begebenheit, die man gar nicht eindeutig identifizieren kann (welche und wieviele Begebenheiten: die allein gelassene Fürstin, Strohwitwen-Motiv; Honorio und die Fürstin, Genoveva-Motiv; Mensch und Raubtier, biblisches Daniel-Motiv; Gesellschaft in der Katastrophe, Brand- bzw. Revolutionsmotiv). Was sich zwischen Menschen und Raubtieren ereignet, ist nicht unbedingt ›unerhört‹ zu nennen, stellt sich doch die Harmlosigkeit der dressierten Tierwelt heraus; erst der Mensch steigert in seiner (novellistischen?) Sensationsgier den natürlichen Frieden zum atemberaubenden Fall. Zwar erzählt Goethe nicht das Schicksal der Novelle, wie Tieck es im Symbol des »Chaucer« (›Des Lebens Überfluß‹) oder Schnitzler mit dem Traum als Novelle tut; dennoch erzählt er nicht naiv eine eminente Begebenheit, sondern reflektiert sie in motivischen und literarischen Traditionen (vgl. Cooper). So entsteht – geradezu der Wortbedeutung ›Novelle‹ entgegen – eine urzeitliche Erzählung (Keller 1981, 84), die tief in die Vergangenheit zurückweist. Die aufsehenerregende Tagesnachricht ›verspiegelt‹ sich zur Kunde aus der Vorzeit, die im Lyrischen gänzlich ihren Zeitbezug aufgibt, nachdem sie sich schon vorher im Kostüm der morgenländischen Familie aus der Gegenwart abgesondert hatte. Das chronisch Alerte der Novellenform beruhigt sich in der zyklisch-natürlichen Abfolge der Tageszeiten (ebd., 88). Wenn Heinroths Wort von Goethes gegenständlichem Denken (ebd., 84) auch für den Gattungsaspekt gelten sollte, dann wird gerade an Goethes Titelgebung deutlich, wie sehr Gegenstandsbenennung und Sinnfindung zwei Pole einer durch die Denkbewegung zu vermittelnden Anschauungsform sind; das Phänomen Novelle offenbart sich nur im spannungsvollen Zugleich zwischen dem, was die Novelle ist, und dem, was sie bedeutet. Goethes lyrischer Sinn widerspricht somit nicht dem Novellennamen, sondern interpretiert ihn als ein Zeichen. Wo immer also Goethes ›Novelle‹ als Paradigma zukünftiger Gattungsentwicklung gewählt wird, gilt es, den Verlauf der Form zum sinnvollen Zeichen zu verfolgen.

Johann Wolfgang von Goethe: Werke. Hamburger Ausgabe in 14 Bänden. Bd. 6 u. 8; Romane und Novellen I/III. Hrsg. v. Erich Trunz u. Benno von Wiese, München 1982 [mit bibl. Angaben bis 1980].

Guhrauer, Gottschalk Eduard: Über Goethe's Unterhaltungen deutscher Ausgewanderten. In: Jahrbücher der Literatur, Wien 116 (1846), S. 66–106.

Arnold, Paul Joh.: Goethes Novellenbegriff. In: Das literarische Echo 14 (1912), Sp. 1251–1254.

Mitchell, McBurney: Goethe's Theory of the *Novelle:* 1785–1827. In: PMLA 30 (1915), S. 215–236.

Monroy, Ernst Friedrich von: Zur Form der Novelle in ›Wilhelm Meisters Wanderjahren‹. In: GRM 31 (1943), S. 1–19.

Müller, Joachim: Zur Entstehung der deutschen Novelle. Die Rahmenhandlung in Goethes ›Unterhaltungen deutscher Ausgewanderten‹ und die Thematik der Französischen Revolution. In: Gestaltungsgeschichte und Gesellschaftsgeschichte. Hrsg. v. Helmut Kreuzer, Stuttgart 1969, S. 152–175.

Hinze, Klaus-Peter: Kommunikative Strukturen in Goethes Erzählungen. Köln 1975.

Bräutigam, Bernd: Die ästhetische Erziehung der deutschen Ausgewanderten. In: ZfdPh 96 (1977), S. 508–539.

Kreuzer, Ingrid: Strukturprinzipien in Goethes Märchen. In: JDS 21 (1977), S. 216–246.

Keller, Werner: Johann Wolfgang von Goethe. In: Handbuch, 1981, S. 72–90, 566–568.

Østbø, Johanne: Bildungsintention und Gattungspoetik. Zur Thematisierung und Legitimierung des novellistischen Erzählens in Goethes *Unterhaltungen deutscher Ausgewanderten*. In: Dikt og idé. Festskrift til Ole Koppang, Oslo 1981, S. 135–150.

Träger, Christine: Stoff, Form und geschichtliche Funktion. Goethe und die Novelle. Diss. Leipzig 1981.

Erläuterungen und Dokumente: Johann Wolfgang Goethe. Novelle. Hrsg. v. Christian Wagenknecht, Stuttgart 1982.

Weing, Siegfried: The Genesis of Goethe's Definition of *Novelle*. In: JEGP 81(1982), S. 492–508.

Lämmert, Eberhard: Goethe als Novellist. In: Goethe's Narrative Fiction. The Irving Goethe Symposium. Hrsg. v. William J. Lillyman, Berlin 1983, S. 21–37.

Herbst, Hildburg: Goethe: Vater der deutschen Novelle? In: Goethe im Kontext. Kunst und Humanität, Naturwissenschaft und Politik von der Aufklärung bis zur Restauration. Ein Symposium. Hrsg. v. Wolfgang Wittkowski, Tübingen 1984, S. 244–255, Diskussion S. 255–259.

Träger, Christine: Novellistisches Erzählen bei Goethe. In: Goethe-Jahrbuch 100(1983), S. 182–202.

Beckurts, Margarethe: Zur Bedeutung der Novelle in Goethes *Wahlverwandtschaften*. In: ZfdPh 103 (1984), Sonderheft, S. 64–78.

Neumann, Gerhard: Die Anfänge deutscher Novellistik. Schillers ›Verbrecher aus verlorener Ehre‹. – Goethes ›Unterhaltungen deutscher Ausgewanderten‹. In: Unser Commercium, 1984, S. 433–460.

Osinski, Jutta: Goethes *Mährchen*. Noch eine Interpretation. In: ZfdPh 103 (1984), Sonderheft, S. 38–64.

Bauschinger, Sigrid: Unterhaltungen deutscher Ausgewanderten (1795). In: Goethes Erzählwerk. Interpretationen. Hrsg. v. Paul Michael Lützeler u. James E. McLeod, Stuttgart 1985, S. 134–167.

Kaiser, Gerhard: Zur Aktualität Goethes. Kunst und Gesellschaft in seiner *Novelle*. In JDS 29 (1985), S. 248–265.

Klüsener, Erika: Novelle (1828). In: Goethes Erzählwerk, 1985, S. 429–453.

Ellis, John M.: How Seriously Should We Take Goethe's Definition of the Novelle? In: Goethe Yearbook 3 (1986), S. 121–123.

Gaier, Ulrich: Soziale Bildung gegen ästhetische Erziehung. Goethes Rahmen der ›Unterhaltungen‹ als satirische Antithese zu Schillers ›Ästhetischen Briefen‹ I-IX. In: Poetische Autonomie? Zur Wechselwirkung von Dichtung und Philosophie in der Epoche Goethes und Hölderlins. Hrsg. v. Helmut Bachmaier u. Thomas Rentsch, Stuttgart 1987, S. 207–272.

Schulz, Gerhard: Johann Wolfgang Goethe: ›Novelle‹. In: Erzählungen und Novellen des 19. Jahrhunderts, Bd. 1, Stuttgart 1988, S. 381–415.

Duhamel, Roland: Goethes ›Novelle‹ und seine Novellentheorie. In: Germanistische Mitteilungen 30 (1989), S. 81–83.

Damann, Günter: Goethes ›Unterhaltungen deutscher Ausgewanderten‹ als Essay über die Gattung der Prosaerzählung im 18. Jahrhundert. In: Der deutsche Roman der Spätaufklärung. Fiktion und Wirklichkeit. Hrsg.v. Harro Zimmermann, Heidelberg 1990, S. 1–24.

Käuser, Andreas: Das Wissen der Anthropologie: Goethes Novellen. In: Goethe-Jahrbuch 107 (1990), S. 158–168.

Träger, Christine: Goethes ›Unterhaltungen deutscher Ausgewanderten‹ als Ausdruck eines novellistischen Zeitbewußtseins. In: Goethe-Jahrbuch 107 (1990), S. 144- 157.

Kaiser, Herbert: »Böses Wollen« – »schöne Tat«. Johann Wolfgang von Goethe: *Novelle* (1828). In: Deutsche Novellen, 1993, S. 85–94.

Atkins, Stuart: Goethe's *Novelle* as pictorial narrative. In: Poetry poetics translation. Festschrift in honor of Richard Exner. Hrsg. von Ursula *Mahlendorf* und Laurence *Rickels*, Würzburg 1994, S. 73–81.

Cheesman, Tom: Goethes ›Novelle‹. Die Novelle und der Bänkelsang. In: Goethe-Jahrbuch 111 (1994), S. 125–140.

Pickerodt, Gerhart: Seriale Momente in Goethes *Unterhaltungen deutscher Ausgewanderten*. In: Endlose Geschichten. Serialität in den Medien. Ein Sammelband. Hrsg. von Günter *Giesenfeld*, Hildesheim 1994, S. 25–32.

Rindisbacher, Hans J.: Procurator or procreator: Goethe's *Unterhaltungen* as ironic genre praxis. In: Goethe Yearbook 7 (1994), S. 62–84.

Niekerk, Carl: Bildungskrisen. Die Frage nach dem Subjekt in Goethes *Unterhaltungen deutscher Ausgewanderten*. Tübingen 1995.

Otto, Regine: Johann Wolfgang Goethe: Novelle. In: Deutsche Erzählprosa der frühen Restauration. Studien zu ausgewählten Texten. Hrsg. von Bernd Leistner, Tübingen 1995, S. 26–65.

Bauschinger, Sigrid: Unterhaltungen deutscher Ausgewanderten. In: Goethe-Handbuch. Bd 3: Prosaschriften. Stuttgart 1997, S. 232–252.

Otto, Regine: Novelle. In: Goethe-Handbuch. Bd 3: Prosaschriften. Stuttgart 1997, S. 252–265.

Merkl, Helmut: Gratisvorstellung im Burghof. Zur Deutung von Goethes ›Novelle‹. In: ZfdPh 116 (1997), S. 209–223.

Jöns, Dietrich: Goethes ›Unterhaltungen deutscher Ausgewanderten‹: poetisch-poetologische Beobachtungen. In: Korrespondenzen. Hrsg. von Rudi Schweikert, St. Ingbert 1999, S. 151–174.

Koch, Hans-Albrecht: Zum Wechselspiel von Rahmen- und Binnenerzählung in der Geschichte vom Prokurator in Goethes ›Unterhaltungen deutscher Ausgewanderten‹. In: Goethe e la scena. Hrsg. von Marino Freschi, Rom 2001, S. 117–124.

Glaser, Horst Albert: Reden, reden, reden: Zur Gesprächskultur bei Boccaccio, Goethe und Diderot. In: Neohelicon 29 (2002), S. 97–111.

Reinhardt, Hartmut: Lizenz zum Spielen. Goethes *Märchen* in seiner dialogischen Verbindung mit Schillers ästhetischen Schriften. In: JDS 47 (2003), S. 99–122.

4.3.2 Kleist

›Metaphysik‹ und ›Tragik‹ waren Schlüsselbegriffe der älteren Novellenforschung, wenn es ihr darum ging, in Heinrich von Kleist den Urheber einer neuen, spezifisch deutschen Novellenform, der Problem- bzw. Schicksalsnovelle, zu sehen und ihn als »größte[n] Novellist[en] des 19. Jahrhunderts« zu apostrophieren. »Es ist Kleists Größe, daß er die gesellschaftlich geschlossene Novellenform des Boccaccio und die erweiterte Gestaltnovelle des Cervantes fortgebildet hat zu einer objektiven Form, die den individuellen Fall bewältigt, indem sie ihm Tiefe gibt nach den Entscheidungen des Unbedingten und ihn einfügt mit den besonderen epischen Mitteln in das Ganze eines metaphysischen Weltbildes« (Pongs 1931 in *Novelle*, 178). Doch solche groben Alternativen zwischen romanischer und deutscher »Wesenshaltung«, zwischen der »Kunst der gesellschaftlichen Pointe« und der »Tiefeneinstellung« (ebd., 180) haben an Glaubwürdigkeit verloren (Wichmann 1988, 100 f.). Verzichtet man aber auf das Ausspielen national übertriebener Gegensätze, so entfällt auch ein wesentliches Kriterium der Novellenforschung, die gerade in der Wendung zum Metaphysischen (vgl. a. Burger in *Novelle*, 301: »deutsche Symbolnovelle«) eine neue Epoche, einen ›Paradigmawechsel‹ der Novellengeschichte erkannte (von Wiese [8]1982, 4); die verbleibenden novellistischen Kriterien (Strenge, Bündigkeit, tragische Konzentration, Ereignisfülle; vgl. das kritische Referat von Paulin 1985, 37) lassen sich ohnehin nicht unter genrespezifischem Blickwinkel als ›klassische Strukturen der deutschen Novelle‹ (Himmel 77) reklamieren. Ähnliches gilt vom Kriterium der »unerwarteten Wendung der Dinge« (SW II, 255). Hat es jetzt also noch Sinn, vom größten ›Novellisten‹ zu sprechen, oder genügt das schlichtere Prädikat des bedeutendsten Autors deutscher ›Erzählungen‹? Was hilft die alte Nativitätslehre vom ›geborenen Novellisten‹? (Klein, 78), und wozu dient die über persönliche und zeitliche Unterschiede hinwegspringende Gleichschaltung des Kleistschen Erzählwerkes mit Goethes Wort von der sich ereigneten unerhörten Begebenheit (vgl. Wichmann 1988, 96, 180f.)? Was gewinnt die Gattungsgeschichte aus dem klugen Urteil, daß Kleist mit ›Michael Kohlhaas‹ »die Grenzen der Novelle als Gattung erreicht« habe, insofern sich »das Zugleich von komplexen Wertungen und funktionalen Bezügen wohl nicht [wesentlich weiter hätte] treiben lassen« (Kreutzer 1968, 251); eine Novelle oder die Idee einer solchen gibt es ja zu diesem Zeitpunkt noch kaum. An welchem Punkt vermag eine funktionsorientierte Novellengeschichte anzusetzen, um die besondere Form des »Begriffs von der Kunstform der Novelle« zu ermitteln, wenn ihr der Gegenstand keine Anhaltszeichen gibt (Dilthey 1860, in Kleist: Nachruhm, Nr. 3336; Kunz 1966, 155; ihre »Grundform«)? Bekanntlich kommt nicht einmal das Wort ›Novelle‹ bei Kleist vor, und alle Versuche, über Kleists Vorliebe für (erotische) Grenzsituationen bzw. unerhörte Schicksalsspiele eine novellistische Bewußtheit (Cohn 1975, Samuel 1972) zu erschließen, scheitern an der Quellenlage. Das gattungsgeschichtliche Thema ist augenblicklich so irrelevant, daß eine schuldidaktische Programmschrift dem Novellistischen dieser »Prosa« oder »Texte« keine Aufmerksamkeit schenkt (Abraham 1998); oder anders gefragt: wonach müßte heute gesucht werden, wenn Kleists Novellen »in der Schule etwas verloren« (ebd., 263) hätten?

Kleist verwendet durchaus Werkbezeichnungen oder nützt gattungsgeschichtliche Zusammenhänge aus: so finden sich ›Szene‹, ›Legende‹, ›Chronik‹, ›Anekdote‹, ›Zeitungsnotiz‹, vielleicht auch ›Roman‹ (SW I, 22 u. DD 62) und natürlich ›moralische Erzählung‹, jener alte Titel, den Kleist für seine Erzählbände vorschlug (SW II, 835) und vielleicht auch ironisch meinte (Zeller 1994). Weiterhin ist die Orientierung an Cervantes (insbesondere ›Die Macht des Blutes‹) gattungsgeschichtlich bedeutsam (Dünnhaupt 1975, Paulin 1985), und die Begegnung mit Wieland könnte novellistische Gespräche aus dem Umkreis des ›Hexameron‹ herbeigeführt haben (Schrader 1988/89). Darüber hinaus sollte man auch nicht vergessen, daß Kleist womöglich seine Hinwendung zur Erzählung als demütigende Herablassung empfunden hat (als »fragwürdige Überlieferung« zit. in ED: Erdbeben in Chili 1986, 111). In jedem Fall ist zu überprüfen, inwiefern Kleist gängige Genres absichtlich verfremdet (Fischer 1988, Kreft 1997).

Für Samuel (1972) deutet Kleists Titelvorschlag ›Moralische Erzählungen‹ ausdrücklich auf Cervantes' Novellen-Werk zurück und berechtigt somit »zur Bezeichnung dieser Erzählungen als *Novellen*, denn er [Kleist] stellt

sich damit in die Tradition eben der europäischen Novelle.« (75) Da Samuel jedoch nicht angibt, welche Übersetzung der spanischen Novellen er meint, D. W. Soltaus Übersetzung von 1801 aber ›Lehrreiche Erzählungen‹ heißt (vgl. Paulin 1985, 156, A 26), bleibt das Argument fraglich, ganz abgesehen davon, daß, wenn es doch zuträfe, es auch nicht erklären könnte, warum Kleist den Novellenbegriff mied.
Das Stichwort ›moralische Erzählung‹ scheint Kleist auf eine bereits überwundene Vergangenheit ideologischer Gewißheit festzulegen, zeigt aber wohl eher die radikale Form seiner Abrechnung mit ihr an. Daß er sich von der narrativen Exemplarik der Moralischen Wochenschriften entfernt habe, gilt als unbestritten (ED: Erdbeben in Chili 1986, 77), obwohl deren ›Bildungsprogramm‹ funktionale Entsprechungen bei Kleist haben könnte. Inwieweit Marmontels ›contes moreaux‹ und Voltaires ›contes philosophiques‹ wichtig sind (vgl. ebd., S. 78 f.), müßte vielleicht noch eingehender untersucht werden (vgl. DKV III, 699). Desgleichen wäre es nicht unnötig, H. Taines (1870, Nachruhm Nr. 340) abschätzig gemeinten Vergleich mit den Novellen Florians (vgl. Meißners Übersetzung von 1786) aufzunehmen und diese Novellen als Folie einer Auseinandersetzung Kleists mit tradierten und florierenden Erzählformen anzunehmen. (Zum Zeitpunkt der ›Erzählungen‹, 1810, scheint das französische Muster sogar gegenüber dem italienischen und spanischen vorgeherrscht zu haben; so ergreift ein zeitgenössischer Kritiker offenbar gern die Gelegenheit, Kleists ›deutsche Art‹ lobend hervorzuheben; ED: Erdbeben 1986, 93 f.) – Kleists spannungsvolles Verhältnis zur romanischen Novelle bedürfte noch einer eingehenderen Untersuchung (Paulin 1985). Auffallen könnten Entsprechungen hinsichtlich der nahezu ›algebraischen Katastrophen-Formel‹ im ›Erdbeben‹ und im ›Dekameron‹; Cervantes' radikale Form, die gängige Moral als ›moralische Erzählung‹ ad absurdum zu führen, um hinter ihrem Rücken eine neue, ›unmögliche‹ Hunde-Moral zu entfalten, läßt sich mit Kleists umkehrender Sinngebung geltender Normen (Katholizismus, Preußentum) vergleichen.

Gewiß bleibt Kleist – wirkungsgeschichtlich gesehen – der typische, maßgebende und ›erste‹ Novellist; das heißt aber, daß die Novellengeschichte gerade in ihrem ›klassischen‹ Auftakt kein kanonisch gewisses Formbild vermittelt, sondern einen beunruhigenden Streitfall. Schon Goethe setzte dem dichterisch nicht zu bewältigenden Unschönen und Beängstigenden des hypochondrischen Nordländers die aussöhnende »Heiterkeit«, »Anmut« und »fröhlich bedeutsame Lebensbetrachtung italienischer Novellen« entgegen (Lebensspuren, Nr. 384). Dieses Ausspielen der einen Form gegen die andere wirkt bis ins moderne Dogma von der »Zertrümmerung« der »strengen« Novellenform nach (von Grolman 1926/28) und kennzeichnet das regressive Denken der Novellentheoretiker anläßlich gattungsgeschichtlicher Neuerungen, die ihnen eigentlich als Novellenkenner höchst wichtig sein müßten.

Auch sollte man nicht vergessen, daß Zeitgenossen und Nachfahren Kleists andere Einordnungen und Formbezeichnungen wählten. Wichtig ist natürlich, daß Wilhelm Grimm (1812) die ›Erzählungen‹ als Novellen begrüßt hat: »Es verdienen diese Dichtungen vorzugsweise *Novellen* genannt zu werden, im eigentlichen Sinne dieses Wortes; denn das wahrhaft *Neue*, das Seltne und Außerordentliche in Charakteren, Begebenheiten, Lagen und Verhältnissen wird in ihnen dargestellt, mit einer solchen Kraft, mit einer so tiefen Gründlichkeit und anschaulichen, individuellen Leben, daß das Außerordentliche als so unbezweifelbar gewiß und so klar einleuchtend erscheint wie die gewöhnlichste Erfahrung.« (ED: Erdbeben 1986, 97) Aber derselbe Grimm gebraucht auch noch den – damals bevorzugten – Formbegriff des ›Gemäldes‹ (1812, Nachruhm Nr. 652a). Im ›Gespräch über die Erzählungen H. v. Kleists‹ (1812, ebd., Nr. 653) findet man angesichts der Provokation durch die despektierlich gemeinte Bezeichnung ›Kriminalgeschichte‹ zum Begriff der ›juridischen Dichtung‹ (Schillers ›Geschichten‹-Form gilt hier recht wenig). Aber diese neue Gattung, als deren »Schöpfer und Meister« Kleist ausgerufen wird, meint keine spezielle Erzählform, sondern die Art des Kleistschen Werkes überhaupt. Solger versucht sogar, die besondere Form der ›Erzählung‹ gegenüber der Novelle am Beispiel Kleists zu illustrieren (ihr Allgemeinheitsanspruch läge nicht in der Situation wie bei der Novelle, sondern in der »Wirkung der Verhältnisse auf den Charakter«, 1819, Nachruhm Nr. 664).

Erst mit Theodor Mundt (1828) beginnt eine Art Vereinnahmung der Erzählungen als »wahre Novellen« (ebd., Nr. 665); die allmählich bewußtwerdende Konsolidierung der Gattung wird rückwirkend auf Kleist projiziert und der erst jetzt entstehende »Geist der Novelle« (Feuchtersleben 1841, ebd., Nr. 304 a) dem Dichter als Absicht unterstellt. Andererseits finden sich im 19. Jahrhundert auch erhebliche Vorbehalte gegenüber Kleists Novellenform (Paulin 1985, 37).

Für die weitere Erkundung der gattungsgeschichtlichen Eigenart Kleists sollte das Suchfeld nicht unnötig eng bemessen werden. Der Zusammenhang des Marionettentheater-Gesprächs mit Grundfragen der Novelle verdient einige Aufmerksamkeit (vgl. Erné 1956, 9). Die Genese des Erzählens im Diskurs mit dem Tänzer, die Verständigung durch Geschichten (Erlebnisbericht, biblische Erzählung) sind funktionale Momente, die in der Novellengeschichte wiederkehren (vgl. Montaignes ›Trunkenheitsessay‹; allgemein dazu Wetzel 1977). Quelle und Bedeutung des Erzählens im ›Erdbeben in Chili‹ können ebenso funktionsgeschichtliche Zusammenhänge deutlich machen: Was bezweckt Josephes Erzählung »voll Rührung« (II, 149), bzw. das selige ›Schwatzen‹ auf dem Grund des Elends (II, 150)? Welchen Stellenwert hat der Wechsel von den »nichtssagenden Unterhaltungen« zur Erzählung der »Beispiele von ungeheuern Taten« (11, 152)? In welchem »als ob«-Eden ›erträumt‹ der »Dichter« seine »schönste Nacht«?

Heinrich von Kleist: Sämtliche Werke und Briefe. Hrsg. v. Helmut Sembdner, 7., erg. u. rev. Aufl., 2 Bde., München 1983.
Heinrich von Kleist: Sämtliche Werke und Briefe. Hrsg. von Ilse-Marie Barth u. a. Bd. 3: Erzählungen. Frankfurt/M. 1991 ff. (Deutscher Klassiker Verlag).
Heinrich v. Kleist: Lebensspuren. Dokumente und Berichte der Zeitgenossen. Hrsg. v. Helmut Sembdner, München 1969.
Heinrich v. Kleists Nachruhm. Eine Wirkungsgeschichte in Dokumenten. Hrsg. v. Helmut Sembdner, München 1977.

Fechner, J.-U.: Cervantes und Kleist – ein Kapitel europäischer Novellistik. In: Levende Talen, 1964, S. 711–723.
Kreutzer, Hans Joachim: Die dichterische Entwicklung Heinrichs von Kleist. Berlin 1968.
Samuel, Richard: Heinrich von Kleists Novellen. In: Deutsche Weltliteratur. Von Goethe bis Ingeborg Bachmann. Festgabe für Alan Pfeffer. Hrsg. v. Klaus W. Jonas, Tübingen 1972, S. 73–88.
Cohn, Dorrit: Kleist's ›Marquise von O...‹: The problem of knowledge. In: Monatshefte 67 (1975), S. 129–144.
Dünnhaupt, Gerhard: Kleist's Marquise von O... and its Literary Debt to Cervantes. In: Arcadia 10 (1975), S. 147–157.
Dyer, Denys: The stories of Kleist: a critical study. New York 1977.
Horn, Peter: Heinrich von Kleists Erzählungen. Königstein/Ts. 1978.
Heinrich von Kleist-Studien. Heinrich von Kleist Studies. Hrsg. v. Alexej Ugrinsky, Berlin 1980.
Kleists Aktualität. Neue Aufsätze und Essays 1966–1978. Hrsg. v. Walter Müller-Seidel, Darmstadt 1981 (=Wege der Forschung, Bd. 586).
Schunicht, Manfred: Heinrich von Kleist. In: Handbuch, 1981, S. 91–103, 568 f.
Träger, Christine: Heinrich von Kleists Weg zur Novelle. Geschichtlicher Prozeß und Gattungsentscheidung. In: Impulse 3 (1981), S. 132–152.
Positionen der Literaturwissenschaft. Acht Modellanalysen am Beispiel von Kleists ›Das Erdbeben in Chili‹. Hrsg. v. David E. Wellbery, München 1985.
Erläuterungen und Dokumente: Heinrich von Kleist. Das Erdbeben in Chili. Hrsg. v. Hedwig Appelt u. Dirk Grathoff, Stuttgart 1986.
Fischer, Bernd: Ironische Metaphysik. Die Erzählungen Heinrich von Kleists. München 1988.
Heinrich von Kleist. Studien zu Werk und Wirkung. Hrsg. v. Dirk Grathoff, Opladen 1988.
Grathoff, Dirk: Heinrich von Kleist: *Die Marquise von O...* Drei Annäherungsversuche an eine komplexe Textstruktur. In: Erzählungen und Novellen, 1988, Bd. 1, S. 97–131.
Lützeler, Paul Michael: Heinrich von Kleist: ›Michael Kohlhaas‹. In: Erzählungen und Novellen, Bd. 1, 1988, S. 133–180.
Schneider, Helmut J.: Verkehrung der Aufklärung. Zur Destruktion der Idylle im Werk Heinrich von Kleists. In: KODIKAS/CODE. Ars Semeiotica 11 (1988), S. 149–165.
Wichmann, Thomas: Heinrich von Kleist. Stuttgart 1988 (= SM 240).
Schrader, Hans-Jürgen: Ermutigungen und Reflexe: Über Kleists Verhältnis zu Wieland und einige Motivanregungen, namentlich aus dem ›Hexameron von Rosenhain‹. In: Kleist-Jahrbuch 1988/89, S. 160–194.

Perry, Petra: Möglichkeiten am Rande der Wahrscheinlichkeit. Die ›fantastische Situation‹ in der Kleistschen Novellistik. Köln 1989.

Schlüter, Gisela: Kleist und Marmontel. Nochmals zu Kleist und Frankreich. In: Arcadia 24 (1989), S. 13–24.

Dietrick, Linda: Kleist's Novellen: narration as drama? In: Momentum dramaticum. Festschrift for Eckehard Catholy, Waterloo 1990, S. 289–303.

Bogdal, Klaus-Michael: Erinnerungen an einen Empörer. Heinrich von Kleist: *Michael Kohlhaas* (1810). In: Deutsche Novellen, 1993, S. 27–36.

Heinrich von Kleist. Kriegsfall – Rechtsfall – Sündenfall. Hrsg. von Gerhard Neumann, Freiburg/B. 1994.

Stephens, Anthony: Heinrich von Kleist: The Dramas and Stories. Oxford 1994.

Zeller, Hans: Kleists Novellen vor dem Hintergrund der Erzählnormen. Nichterfüllte Voraussetzungen ihrer Interpretation. In: Kleist-Jahrbuch 1994, S. 83–103.

Alt, Peter-André: Kleist und Kafka. Eine Nachprüfung. In: Kleist-Jahrbuch 1995, S. 97–120.

Chabron, Rémy: Der »weiße« Blick. Über Kleists ›Verlobung in St. Domingo‹. In: Kleist-Jahrbuch 1996, S. 77–88.

Gailus, Andreas: Ruling Exceptions: Heinrich von Kleist and the Emergence of the Modern German Novella. Diss. Columbia University 1996.

Greiner, Bernhard: ›Repräsentationen‹ novellistischen Erzählens. Cervantes, La fuerza de la sangre (Die Macht des Blutes), Kleist, *Die Marquise von O...* In: GRM 47 (1997), S. 25–40.

Kreft, Jürgen: Kleists ›Bettelweib von Locarno‹ – naiver oder kritischer Geisterdiskurs? In: Kleist-Jahrbuch 1997, S. 185–201.

Svoboda, Claudia-Beatrice: The Art of Narrative Illusion: Textual Ambiguity and Problems of Seeing in Four Novellas of Heinrich von Kleist. Diss Harvard University 1997.

Abraham, Ulf: Kohlhaas und der Kanon, oder: Was hat Kleist in der Schule verloren? In: Kleist-Jahrbuch 1998, S. 244–263.

Kleists Erzählungen. Interpretationen. Hrsg. von Walter Hinderer, Stuttgart 1998.

Müller, Jan-Dirk: Kleists Mittelalter-Phantasma. Zur Erzählung ›Der Zweikampf‹ (1811). In: Kleist-Jahrbuch 1998, S. 3–20.

Krüger-Fürhoff, Irmela Marei: Den verwundeten Körper lesen. Zur Hermeneutik physischer und ästhetischer Grenzverletzungen im Kontext von Kleists ›Zweikampf‹. In: Kleist-Jahrbuch 1998, S. 21–36.

Liebrand, Claudia: Pater semper incertus est. Kleists ›Marquise von O...‹ mit Boccaccio gelesen. In: Kleist-Jahrbuch 2000, S. 46–60.

Neumann, Gerhard: Anekdote und Novelle: zum Problem literarischer Mimesis im Werk Heinrich von Kleists. In: Heinrich von Kleist und die Aufklärung. Hrsg. von Tim Mehigan. Rochester, N.Y. 2000, S. 129–157.

Breuer, Ingo: ›Schauplätze jämmerlicher Mordgeschichte‹. Tradition der Novelle und Theatralität der Historia bei Heinrich von Kleist. In: Kleist-Jahrbuch 2001, S. 196–225.

Greiner, Bernhard: Kleists Dramen und Erzählungen. Tübingen 2000.

Müller-Salget, Klaus: Heinrich von Kleist. Stuttgart 2002.

Schmidt, Jochen: Heinrich von Kleist. Die Dramen und Erzählungen in ihrer Epoche. Darmstadt 2003.

Selbmann, Rolf: »Hier endigt die Geschichte«. Erzählstrategie und poetologische Reflexion in Kleists Erzählschlüssen. In: Kleist-Jahrbuch 2005, S. 233–247.

4.4 Romantik

Obwohl bekannt ist, wie »sparsam« und gleichgültig, zugleich aber auch eigenwillig und irreführend die Romantiker den Novellenbegriff als Werkkennzeichnung gebrauchten, erhält sich in der Forschung das Bild eines epochalen Höhepunkts der spezifisch romantischen Novellenform (Himmel, 98 f.). Der Zusammenhang zwischen Formbewußtsein und Epochenstil ergibt sich insbesondere auf Grund dreier Momente, die es als sinnvoll erscheinen lassen, von einer romantisch prägnanten Novellengestalt zu sprechen:

1. Durchdringung des Alltäglichen mit dem Wunderbaren; von hieraus lassen sich für die Novelle (aber eben nicht für sie allein) erwarten: Apophanie des Wunderbaren im Alltäglichen, Erschließung der ›Nachtseiten‹, Familiarität mit dem Wunderbaren, Finalität des Alltagswunders im triadischen Geschichtsdenken und seine Synthese in der konkreten Symbolik;
2. progressive Universalpoesie; wenn es gilt, die Welt schrittweise im Poetischen aufzuheben, verlieren alle gattungsspezifischen Festschreibungen ihre Berechtigung, sie stören, und an ihrer Stelle wirken formsprengende, entgrenzende und synthetisierende Kräfte; selbst der Gegenwartsbezug wird durch Repristination tendenziell aufgelöst;
3. Dichterkreise, Freundschaftsethos, Salongesellschaft; romantische Geselligkeit bedingt den Situationstypus der Erzähl- und Diskussionsrunde (Mündlichkeit, Erzählpraxis und Reflexion, Rahmen), das Freundschaftsethos befördert anonymisierende bzw. kollektivierende Schaffensbilder (Autortausch, fraternale Arbeitsweise, Bearbeitungspraxis, Volksdichtung; vgl. Novelle und ›Volksbuch‹-Erzählungen), und die Nachricht über das fremde Geschick verwandelt sich in die dezente Andeutung der eigenen Not.

Die romantische Novelle ist die phantastische Variante einer Form auf dem Weg zu ihrer Selbstauflösung. Ihre ›Reinheit‹ kann immer nur die der ›Mischform‹ sein.

Novellen

Spanische und Italienische Novellen. Hrsg. v. Sophie Brentano, 2 Bde., Penig 1804/06.
Arnim, Achim von: Der Wintergarten. Novellen. Berlin 1809.
Fouqué, Friedrich de la Motte: Ixion. Eine Novelle. In: Urania Taschenbuch für Damen auf das Jahr 1812.

Arnim, Achim von: Angelika. die Genueserin, und Cosmus, der Seilspringer. Eine Novelle. In: A. v. A., Isabella von Ägypten [...], Berlin 1812.
Phantasus. Eine Sammlung von Mährchen, Erzählungen, Schauspielen und Novellen, hrsg. v. Ludwig Tieck. 3 Bde., Berlin 1812–16.
Hoffmann, Ernst Theodor Amadeus: Signor Formica. Eine Novelle. [zuerst 1819] In: Die Serapions-Brüder. Gesammelte Erzählungen und Mährchen. Hrsg. v. E.T.A. Hoffmann, 4. Bd., Berlin 1821.
Fouqué, Karoline de la Motte: Die Vertriebenen. Eine Novelle aus der Zeit der Königin Elisabeth von England. 3 Bde., Leipzig 1823.
Arnim, Achim von: Die Verkleidungen des französischen Hofmeisters und seines deutschen Zöglings. Novelle. In: Frauentaschenbuch für das Jahr 1824.
Fouqué, Karoline de la Motte: Aurelio. Eine Novelle. Berlin 1825.
Fouqué, Friedrich de la Motte: Erdmann und Fiametta. Novelle. Berlin 1825.
Fouqué, Friedrich de la Motte: Sophie Ariele. Eine Novelle. Berlin 1825.
Eichendorff, Joseph von: Aus dem Leben eines Taugenichts und das Marmorbild. Zwei Novellen nebst einem Anhange von Liedern und Romanzen. Berlin 1826.
Fouqué, Friedrich de la Motte: Mandragora. Eine Novelle. Berlin 1827.
Hauff, Wilhelm: Novellen. 3 Tle., Stuttgart 1828.
Fouqué, Friedrich de la Motte: Erzählungen und Novellen. Danzig 1833.
Eichendorff, Joseph von: Dichter und ihre Gesellen. Novelle. Berlin 1834.
Fouqué, Friedrich de la Motte: Fata Morgana. Eine Novelle. Stuttgart 1836.

Fachliteratur

Ewald, Karl: Die deutsche Novelle im ersten Drittel des neunzehnten Jahrhunderts. Diss. Rostock, Göttingen 1907.
Müller, Otto: Die Novelle der deutschen Romantik. Diss. masch. Freiburg 1924.
Doerk, Berta: Reiseroman und -novelle von Hermes bis Heine. Diss. masch. Münster 1925.
Dippel, Gisela: Das Novellenmärchen der Romantik im Verhältnis zum Volksmärchen. Versuch einer Analyse des Strukturunterschiedes. Diss. masch. Frankfurt/M. 1953.
Rowley, Brian: The *Novelle*. In: The Romantic Period in Germany. Hrsg. v. Siegbert Prawer, London 1970, S. 121–146.
Arendt, Dieter: Der ›poetische Nihilismus‹ in der Romantik. Studien zum Verhältnis von Dichtung und Wirklichkeit in der Frühromantik. 2 Bde., Tübingen 1972, bes. Bd. 2. S. 239–316.
Behler, Ernst: Die Zeit der Romantik. In: Handbuch, l981, S. 115–129, 571–573.
Romane und Erzählungen der deutschen Romantik. Neue Interpretationen. Hrsg. v. Paul Michael Lützeler, Stuttgart 1981.
Prümm, Karl: Berglinger und seine Schüler. Musiknovellen von Wackenroder bis Richard Wagner. In: ZfdPh 105 (1986), S. 186–210.
Interpretationen: Erzählungen und Novellen des 19. Jahrhunderts. 2 Bde., Stuttgart 1988/90.
Freund, Winfried: Literarische Phantastik. Die phantastische Novelle von Tieck bis Storm. Stuttgart 1990.
Krech, Annette: Schauererlebnis und Sinngewinn. Wirkungen des Unheimlichen in fünf Meisternovellen des 19. Jahrhunderts. Frankfurt/M. 1992.
Knauer, Bettina: Im Rahmen des Hauses. Poetologische Novellistik zwischen Revolution und Restauration. In: JDS 41 (1997), S. 140–169.

4.4.1 Brentano

Clemens Brentanos Stellung innerhalb der Novellengeschichte ist keineswegs dadurch hinreichend charakterisiert, daß ihn seine ›Märchen‹ aus dem Zusammenhang ausschließen, während die ›Geschichte vom braven Kasperl und dem schönen Annerl‹ (1817) ihm einen herausragenden Platz in der Gattungsentwicklung zuweist. Für die Entstehung der Novelle in Deutschland weitaus wichtiger ist seine Übersetzertätigkeit. Im Jahr 1804 erschien der erste Band der von Sophie Brentano herausgegebenen ›Spanischen und Italienischen Novellen‹; dieser und der nachfolgende zweite Band (1806) enthielten die wohl von Clemens Brentano stammende Übersetzung bzw. Bearbeitung der ›Novelas amorosas y ejemplares‹ (1637) der Spanierin Maria de Zayas y Sotomayor. Einige Zeitgenossen zögerten nicht, anzuerkennen, daß hier »die Idee der Novelle richtig und bestimmt aufgefaßt« worden sei, insofern nämlich »die Novelle eine Erzählung seyn solle, welche auf eine romantische, gesellschaftlich interessierende und beziehungsreiche Weise die Aufmerksamkeit und die Neugier stimmen, spannen, befriedigen soll« (SW XIII, S. XX f.). Andere wiederum hatten kein Bedenken, das Ganze einfach »Roman« zu nennen; selbst der Verleger reihte ja das Werk seinem ›Journal von den neuen deutschen Original-Romanen‹ ein (ebd., VIII). Bezeichnenderweise stieß der ›spanische‹ Stil (»Bombast«) auch auf Vorbehalte, denn er verletzte das alte ›Leipziger‹ Ideal der Einfachheit und Klarheit; ebensowenig befriedigte er das neue (›deutsche‹) Bedürfnis nach Gedankenschwere. – Brentanos Erwartung, daß diese Novellen »voll Abenteuer und Zärtlichkeit« mit derselben Gewißheit ihr – insbesondere weibliches – Publikum finden würden wie »irgend ein häusliches Gemälde« (DD, 148), erfüllte sich nicht; die ›italienische‹ Fortsetzung unterblieb.

Clemens Brentanos Sämtliche Werke. Bd. 13: Spanische Novellen. Der Goldfaden. Hrsg. v. Heinz Amelung u. Carl Schüddekopf, München 1911.
Dichter über ihre Dichtungen: Clemens Brentano. Hrsg. v. Werner Vordtriede, München 1970.

Frühwald, Wolfgang: Stationen der Brentano-Forschung 1924–1972. In: DVjs 47 (1973), Sonderheft, S. 182–269, bes. S. 253–259.
Gajek, Bernhard: Die Brentano-Literatur 1973–1978. Ein Bericht. In: Euphorion 72 (1978), S. 439–502.
Kluge, Gerhard: Clemens Brentano. Geschichte vom braven Kasperl und dem schönen Annerl. Text, Materialien, Kommentar München 1979, bes. S. 75–83 (= Literatur-Kommentare, Bd. 14).
Frühwald, Wolfgang: Achim von Arnim und Clemens Brentano. In: Handbuch, 1981, S. 145–158, 574–576.

Riley, Helene M. Kastinger: Clemens Brentano. Stuttgart 1985 (= SM 213).
Nicolai, Ralf R.: Brentanos Kasperl- und Annerl-Geschichte: Positionen der Forschung und Möglichkeiten der Deutung (Forschungsbericht). In: Literatur in Wissenschaft und Unterricht 20 (1987), S. 460–477.
Hosch, Reinhard: Immanente Reflexion und Binnen-Rahmen-Struktur. Zum formalen und stofflichen Zusammenhang von Clemens Brentanos Erzählungen. Diss. Heidelberg 1988.
Schultz, Hartwig: Clemens Brentano. Stuttgart 1999.

4.4.2 Arnim

Chronologisch gesehen, stehen Arnims Novellen am Anfang der Novellen-Geschichte überhaupt; denn während ›Die Novelle ohne Titel‹ auf den ›humoristischen Klassiker‹ (Sengle 1980, 19) des 18. Jahrhunderts zurückweist, erscheint das namentliche ›Muster‹ der Form erst in einer Spätzeit (biographischen, stiltypologischen und epochalen Sinns). Arnims Novellen beanspruchen aber nicht nur wegen ihrer Vorreiterrolle gesteigerte Aufmerksamkeit, sie können auch als Grundlage einer Novellen-Geschichtsschreibung dienen, die den Verlauf der Gattung von der Romantik über die Restaurationszeit bis zum Realismus verfolgt und somit Kontinuität, Wandel und vor allem Vielschichtigkeit ihres Gegenstandes erarbeitet. Die von Arnim so genannten Novellen setzen keinen ›strengen‹ Novellen-Begriff voraus (aber wie kommt Arnim zu diesem Begriff, und wozu dient er ihm?), und ihre Eigenarten begründen ein Novellen-Bild, dessen »spezifische Artistik« (Hoffmann 1973, 319) immer noch als Forschungsproblem aufgegeben und mit dem Sonderfall des ›Tollen Invaliden‹ und seiner geschlossenen Form keineswegs allgemeingültig gelöst ist. Arnim stellt für die Gattungsgeschichte einen Prüfstein »funktionaler« (ebd.) Erkenntnisinteressen dar; hätte die Novellen-Forschung von Anfang an darauf geachtet, wäre ihr manche dogmatische Verhärtung erspart geblieben.

Das Muster der ›Unterhaltungen‹ setzt sich in Arnims ›Wintergarten‹ (1809) fort. Doch nimmt auch – trotz des weltgeschichtlichen Notstands – die Abtönung des Krisenhaften (fast möchte man sagen: die Verharmlosung) zu. Der gesellschaftliche Antagonismus weicht der nationalpatriotischen Perspektive, die hier durch die Napoleonischen Kriege und die Besatzungssituation konkret und durch den »Winter« allegorisch gekennzeichnet ist. Was bei Goethe sich noch als gesellschaftssprengende Katastrophe geschichtlich begibt, rückt hier zurück in ein nicht näher motiviertes »Gesetz« der Gesellschaft, »nichts Bestimmtes von den Begebenheiten der Zeit zu reden« (II, 132). Die Idee einer sich neu formierenden

Gesellschaft – entwickelt am erzählerischen Prozeß der ästhetisch narrativen Arbeit und Gattungssteigerung – verwandelt sich zum sehnsuchtsvollen Sammeleifer (Brentano vergleicht ihn mit »Koffer Packen« und tadelt das »Zusammenknittelungswesen« II, 882), der im gegenwärtigen Genuß (»zur Unterhaltung der vielen über die jetzige Zeit verdrießlichen Leute geschrieben«; an Goethe, 18. 4. 1809. II, 881) und in der zukünftigen Poetisierung der Welt (Frühwald 1981, 148) sein Ziel sucht. Die romantische Symbolik des Individuell-Konkreten befördert eine Privatisierung des Erzählvorgangs zum Liebesgeschehen »unserer lieben Frau« und zum Entsagungsschmerz des Invaliden, sie verhärtet sich zum elementaren »ewig wiederkehrenden« Geschlechter-»Zank« (II, 274) und vertieft sich zum Ringen um die Poesie (Frühwald 1981). Daß dennoch auch Spuren eines »Erneuerungsprogramms« (Segebrecht 1985) sichtbar werden, deutet sich in der Gegenwärtigkeit des Krieges und seiner Folgen an.

Programmatisch tritt die Rückwendung zu den ›alten Geschichten‹ (vgl. Tieck) in den Vordergrund und knüpft zeichensetzend an das Ethos der ›Geschichtenspiegelung‹ an, dessen Nutzen mit den Worten des Ritters von Thurn beglaubigt wird und dessen Rolle im Umkreis einer romantisch gedachten Geschichtstriade dem Erzählen des Alten einen prophetischen Zug leiht. ›Novelle‹ als in diesem Sinn beflügelnder Sammelgegenstand kehrt das Vielgestaltige (die »Mannigfaltigkeit des Tons«; an Goethe, II, 881) hervor; nicht nur klassische Novellen-Anwärter wie Euryalus und Lucretia (Brentano, II, 882, nennt die Vorlage getrost ›Roman‹), sondern auch Romane, Chroniken, Biographien, eine versifizierte politische Rede (die Blüchers), Romanzen, Lieder und Nachtstücke ergeben ein buntes Ensemble, das vielleicht ›alles‹ zu bedeuten sucht. Die Frage nach Arnims produktivem Anteil, nach der »Verwandlung« in seiner Bearbeitungspraxis, gehört seit je zu den gattungstypischen Problemen der Novellen-Forschung. Aufhorchen läßt aber auch das Bekenntnis des Dichters, seine Novellen gälten ihm als »mein Carneval, mich in allerlei solche Historienmasken zu werfen« (an Brentano, 1. 4. 1809; II, 880); F. Schlegels ›indirekte Darstellung‹ findet hier eine zeitgenössische Entsprechung.

Die sogenannte »Novellensammlung von 1812« (Migge 1963/65) bettet ihre Erzählungen in den köstlichen Traubenkorb einer bootfahrenden Gesellschaft zur Zeit der Weinlese. Doch die scheinbare rheinische Fröhlichkeit steht im Zeichen des nahen Kometen, der »Sorge« (Mißwuchs, Krieg, Männerherrschaft) und »Hoffnung« (auf eine heroische, weibliche Zukunft) zugleich bedeutet. Die örtliche Symbolik, geprägt durch den Freitod der Karoline von Günderrode, spricht verhalten, aber eigentlich radikal, die Absage an die Menschheit überhaupt aus (II, 585). Die Sammlung scheint mit ihren vier »märchenhaften Geschichten« (II, 450; Erzählung, Anekdote, Sittenbild, Novelle) eine größere Einheitlichkeit anzustreben, fällt aber nicht minder durch beabsichtigte Formvarianz auf. Nicht die Besonderheit der novellistischen Form gibt den Freunden zu denken, sondern der philologisch gewagte Umgang mit der (authentischen) Sage (vgl. J. Grimm, II, 901 f.), das beanspruchte Privileg der ›Begeisterung‹ (und des ihr gemäßen Vertrauens) vor dem Recht der echten Form und der wahren Geschichte.

Bei Arnim eine strenge Form zu erwarten ist (selbst wenn sie sich im Kräftefeld der Symbolik belegen ließe) insofern verfehlt, als dieser Horizont grundlos ein klassizistisches Prinzip einführt; viel eher bewährt sich der Begriff eines »improvisatorischen« Erzählens (Rasch 1955), der Mündlichkeit suggeriert. Doch gehört zu diesem Kunstprinzip auch die Angst vor jedem Knistern des Manuskripts (II, 451), vor dem man erschrickt wie die Serapions-Brüder vor Leander. Was aus dem Spiel-Begriff der Stegreifkunst für Arnims Novellen-Absicht folgt, wäre im einzelnen noch zu untersuchen: Meint ›Novelle‹ hier schon etwas Spezielles oder repräsentiert sie Vielfalt im Umkreis einer progredierenden universalpoetischen Anverwandlung? Zielt Arnims oft beobachteter grotesker Stil auf ein Zusammenspiel zwischen Novelle und Arabeske? Und geschieht dies als Symptom einer Auflösung, wie Paul Ernst es sah *(Theorie und Kritik,* 180), oder als romantische Strategie des auf die Zukunft gerichteten Gestalt-Entwurfs?

Achim von Arnim: Sämtliche Romane und Erzählungen. Hrsg. v. Walter Migge, Bd. 2/3, München 1963/65.

Rasch, Wolfdietrich. Achim von Arnims Erzählkunst. In: DU 7, 2 (1955), S. 38–55.

Himmel, Hellmuth: Achim von Arnims ›Toller Invalide‹ und die Gestalt der deutschen Novelle. Versuch einer literaturwissenschaftlichen Grundlegung. Im Selbstverlag des Verfassers 1967.

Hoffmann, Volker: Die Arnim-Forschung 1945–1972. In: DVjs 47 (1973), Sonderheft, S. 270–342.

Weiss, Hermann F.: Achim von Arnims Harmonisierungsbedürfnis. Zur Thematik und Technik seiner Novellen. In: Literaturwissenschaftliches Jahrbuch NF 15 (1974), S. 81–99.

Frühwald, Wolfgang: Achim von Arnim und Clemens Brentano. In: Handbuch, 1981, S. 145–158, 574–576.

Rasch, Wolfdietrich: Reiz und Bedeutung des Unwahrscheinlichen in den Erzählungen Arnims. In: Aurora 45 (1985), S. 301–309.

Segebrecht, Wulf: Die Thematik des Krieges in Achim von Arnims ›Wintergarten‹. In: Aurora 45 (1985), S. 310–316.

Bonfigalio, Thomas Paul: Achim von Arnim's *Novellensammlung 1812*. Balance and mediation. New York 1987.
Neue Tendenzen zur Arnim-Forschung. Edition, Biographie, Interpretation, mit unbekannten Dokumenten. Hrsg. v. Roswitha Burwick, Bernd Fischer, Bern 1990.
Strack, Friedrich: Phantasie und Geschichte. Achim von Arnim: *Die Majoratsherren* (1819). In: Deutsche Novellen, 1993, S. 59–71.
Strack, Friedrich: Das ›Wunder‹ der Geschichte und die ›Wahrheit‹ der Sagen: *Isabella von Ägypten* als poetisches Experiment. In: Zwischen den Wissenschaften: Beiträge zur deutschen Literaturgeschichte. Hrsg. von Gerhard Haas, Regensburg 1994, S. 292–303.
Zobel, Klaus: Unerhörte Begebenheiten. Interpretationen und Analysen zu drei Novellen des 19. Jahrhunderts. Conrad Ferdinand Meyer: Der Schuß von der Kanzel. Achim von Arnim: Der tolle Invalide auf dem Fort Ratonneau. Jeremias Gotthelf: Die schwarze Spinne. Northeim 1994.
Andermatt, Michael: Verkümmertes Leben, Glück und Apotheose. Die Ordnung der Motive in Achim von Arnims Erzählwerk. Bern 1996.
Knauer, Bettina: Achim von Arnims ›Wintergarten‹ als Arabeskenwerk. In: Universelle Entwürfe – Integration – Rückzug. Hrsg. von Ulfert Ricklefs, Tübingen 2000, S. 61–72.

4.4.3 Fouqué

Insofern der Novellenbegriff von einer »sieghaften Neuheit des Werkes« kündet (›Joseph und seine Geige‹, 414) und dennoch nicht den Geschmack an einer »alten Geschichte« (ebd., 430) verdirbt, kann Fouqués ›Ixion‹ (1812) als Beispiel der romantischen Verschmelzungstendenz gelten, die das Recht der Phantasie auf Kosten des Gewöhnlichen ausspielt und zugleich im Alltäglichen begründet. Der Mythos von der frevelhaften Liebe des begnadeten Menschen zur Göttin, seiner Täuschung durch eine Wolke und seiner furchtbaren Strafe wiederholt sich als Souper-Erzählung, die ihre elegante Gesellschaft nicht etwa bloß unterhält, sondern in dem Moment, wo es gilt, helfend zu handeln, eigentlich entlarvt (121 f.). Der Wahnsinn des ›göttlich‹ Liebenden, sein unerbittliches Festhalten am Ideal angesichts des ernüchternden Versöhnungsangebots, behält so – selbst vor dem biederen Happy End der ›Normalen‹ – das letzte Wort: »Besser hier ein Ixion als dort!« (125) Die »Novelle« beglaubigt sich somit als Wiedererzählung einer alten Geschichte mit dem Siegel zeitgenössischer Geltung. Man hat in der Fouquéschen Form des Märchens eine Schutzfunktion erkannt, die dem Autor die »Angst vor dem Verdacht des Wahnhaften« (Dischner 1981, 278) genommen habe. Wenn bei Fouqué Formentscheidungen tatsächlich so zweckgebunden ausfallen, so wäre es höchst interessant, nach der spezifischen Funktion der »Novelle« zu fragen, die es wagt, das Normsprengende einer unbedingten Liebe in der zeitgenössischen Wirklichkeit darzustellen, auch wenn sie sich mythengeschichtlich rückversichert.

Friedrich de la Motte Fouqué: Romantische Erzählungen. Hrsg. v. Gerhard Schulz, München 1977.

Schmidt, Arno: Fouqué und einige seiner Zeitgenossen. Biographischer Versuch. [zuerst 1958] 2., verb. u. beträchtl. verm. Aufl., Darmstadt 1960, Nachdr. Frankfurt/M. 1975.

Dischner, Gisela: Friedrich de la Motte-Fouqué: *Undine* (1811). In: Romane und Erzählungen der dt. Romantik, 1981, S. 264–284.

Solbach, Andreas: Immanente Erzählpoetik in Fouqués *Undine*. In: Euphorion 91 (1997), S. 65–98.

4.4.4 Hoffmann

Die Bedeutung der Novellen-Form für Hoffmann ergibt sich noch nicht aus der Voraussetzung, daß alle Erzählungen, Märchen, Gespräche, ja sogar der »Roman« (126) der *Serapions-Brüder* (1819–21) durchweg Novellen sind; im kunsttheoretisch aufgeschlossenen Klub spielt dieses Losungswort noch keine Rolle (vgl. dagegen ›Oper‹, ›Lied‹, ›Gemälde‹, ›Kirchenmusik‹, ›Lustspiel‹). Was die Erzählungen der vorausgehenden Zeit jedoch betrifft, so verdienten sie als ›Fantasie‹- und ›Nachtstücke‹ eher eine vom Novellen-Schicksal abgesonderte gattungsgeschichtliche Beschreibung.

Es ist merkwürdig, daß gerade der wahnsinnige Serapion, der – nach dem Urteil seiner Kommentatoren – die Sinnesfunktionen auf den Geist ›verrückt‹ hat (54f.), Novellen erzählt (26f.), und zwar nicht nur eine einzige, sondern viele, und alle waren so

»angelegt, durchgeführt, wie sie nur der geistreichste, mit der feurigsten Fantasie begabte Dichter anlegen, durchführen kann. Alle Gestalten traten mit einer plastischen Rundung, mit einem glühenden Leben hervor, daß man fortgerissen, bestrickt von magischer Gewalt wie im Traum daran glauben mußte, daß Serapion alles wirklich von seinem Berge erschaut.«

Da der Leser gerade diese Novellen nicht kennenlernt (in ihrer Charakterisierung entdeckt Pikulik, 1993, das »Prinzip der szenischen Darstellung«, das sich aber auch in Romanen nachweisen lasse), bleiben ihm nur Fragen: Deutet sich hier die authentische ideale Form einer novellistischen Praxis an, die der Begriff des serapiontischen Prinzips nur annähernd erfaßt und die Beiträge der

Brüder mit mehr oder weniger Glück nachahmen? Ist ›Novelle‹ vergleichbar mit »Felizitas«, die man nicht heiraten darf, um keine »Kriminalrätin Mathesius« zu gewinnen, und kann als Erfüllung nur die abgetönte ›Erzählung‹ gelten, die man statt des Ideals und der bloßen Wirklichkeit (»Christina«) in der annähernd idealen »Dorina« findet (vgl. ›Der Artushof‹)?

Gegen eine solche entrückende Überhöhung des Formbegriffs spricht das eher Unauffällige der einzigen »sogenannte[n] Novelle« (842) ›Signor Formica‹. Schon ihre Ankündigung läßt geradezu ›Streichartiges‹ (einschließlich novellentypischer »Prügel«, 841) erwarten; am italienischen Vorbild wird nur die »gemächliche aber anmutige Breite« (766) wahrgenommen, deren Nachahmung das Weitschweifige verstärkt und bei einer bloßen Bilderreihe stehen bleibt. An Heyses Novellen-Kriterium erinnernd, scheint der »eigentliche(n) Novellenton« allenfalls in den Kapitel-Überschriften zu liegen. Gegen eine bewußte gattungspoetologische Idealisierung spricht weiterhin der Verdacht, daß Novellen ihre Stoffe aus minderwertigen Quellen schöpfen; zur Sprache kommt der strittige Nutzen von Chroniken, die den Stoffhunger von »Erzählungen, Märchen, Novellen, Dramen« befriedigen, indem sie mit Vorliebe »von Krieg und Pestilenz, von Mißgeburten, Stürmen, Kometen, Feuer und Wassersnot, Hexen-Autodafés, Zaubereien, Wundern, vorzüglich aber von den mannigfachen Taten des Gottseibeiuns!« (518) berichten. Wenn so die »Nachricht aus dem Leben eines bekannten Mannes« ihr Entstehen gerade dem »*Aide de Camp* hülfsbedürftiger Novellisten« (519) verdankt und höchstens als »Schwank« rezipiert werden kann, wenn nicht gar als minderwertiges »Machwerk« zerrissen werden sollte (526), so deutet sich ein Sinnhorizont von ›Novelle‹ an, der den zukünftigen Wertbegriff noch nicht enthält. Gegen die Stilisierung der Novelle ins Numinose spricht endlich der erörterte Gegensatz von ›eigentlicher Erzählung‹ und dem ›Novellenartigen‹ (711); zwar kommt diesem die Dramennähe zu, nur jene aber verwirklicht die ausgebildete Erzählfunktion. So mag es für die Zukunft noch eine reizvolle Denkaufgabe sein, Hoffmanns Novellen-Begriff in der Spannung zwischen serapiontischem Prinzip und Prügelgeschichte weiter zu verfolgen.

Wirkungsgeschichtlich gesehen, wendet schon Alexis (1821) den Novellen-Begriff auf Hoffmann an (ED Das Fräulein von Scuderi 1985, 48 f.), wobei allerdings auffällt, daß im selben Zusammenhang auch auf Scotts »historische Novellen« verwiesen wird. Insofern der Novellen-Begriff mit Tieck oder der Almanach-Literatur verbunden wird, neigt man jedoch dazu, gerade Hoffmanns

Erzählungen dem kursierenden Novellen-Begriff entgegenzusetzen (vgl. *Theorie und Kritik*, 58 ff.).

E. T. A. Hoffmann: Die Serapions-Brüder. Hrsg. v. Walter Müller-Seidel (Nachwort) u. Wulf Segebrecht (Anmerkungen). München 1976.
Dichter über ihre Dichtungen: E. T. A. Hoffmann. Hrsg. v. Friedrich Schnapp. München 1974.
Köhn, Lothar: Vieldeutige Welt. Studien zur Struktur der Erzählungen E. T. A. Hoffmanns und zur Entwicklung seines Werkes. Tübingen 1966.
Matt, Peter von: Die Augen der Automaten. E. T. A. Hoffmanns Imaginationslehre als Prinzip seiner Erzählkunst. Tübingen 1971.
E.T.A. Hoffmann. Hrsg. v. Helmut Prang. Darmstadt 1976 (= Wege der Forschung, Bd. 486).
E.T.A. Hoffmann, ZfdPh 95 (1976), Sonderheft.
Winter, Ilse: Untersuchungen zum serapiontischen Prinzip E. T. A. Hoffmanns. The Hague 1976.
Köhn, Lothar: E. T. A. Hoffmann. In: Handbuch, 1981, S. 159–171, 576 f.
Feldges, Brigitte u. Stadler, Ulrich: E.T.A. Hoffmann. Epoche – Werk -Wirkung. München 1986.
Pikulik, Lothar: E.T.A. Hoffmann als Erzähler. Ein Kommentar zu den Serapionsbrüdern. Göttingen 1987.
Kaiser, Gerhard R.: E.T.A. Hoffmann. Stuttgart 1988. (SM 243).
Kleßmann, Eckart: E.T.A. Hoffmann oder die Tiefe zwischen Stern und Erde. Eine Biographie. Stuttgart 1988.
E.Th.A. Hoffmann. In: Text & Kontext 1992.
Pikulik, Lothar: Das Verbrechen aus Obsession. E.T.A. Hoffmann: *Das Fräulein von Scuderi* (1819). In: Deutsche Novellen, 1993, S. 47–57.
McGlathery, James M.: E.T.A. Hoffmann. New York 1997.
Woodgate, Kenneth B.: Das Phantastische bei E.T.A. Hoffmann. Frankfurt/M. 1999.
Bergström, Stefan: Between Real and Unreal. A Thematic Study of E.T.A. Hoffmann's »Die Serapionsbrüder«. New York 2000.
Horn, Eva: Die Versuchung des heiligen Serapion: Wirklichkeitsbegriff und Wahnsinn bei E.T.A. Hoffmann. In: DVjs 76 (2002), S. 214–228.
Steinecke, Hartmut: Die Kunst der Fantasie. E.T.A. Hoffmanns Leben und Werk. Frankfurt/M. 2004.
Falkenberg, Marc: Rethinking the Uncanny in Hoffmann and Tieck. Oxford 2005.

4.4.5 Eichendorff

Auch bei Eichendorff ist die Novellenform keine Schablone. Daß bei einer gattungsgeschichtlichen Einordnung der Novelle mit dem ›epischen‹ Titel ›Aus dem Leben eines Taugenichts‹ (1826) Schwierigkeiten auftreten bzw. daß sich für eine Rubrizierung mehrere Möglichkeiten anbieten (ter Haar 1977, 153 ff.), stellt nicht etwa ein Manko novellengeschichtlichen Forschens dar, sondern sollte zuallererst die Eigenart der Novellenform bei Eichendorff, ihre spezifische Bedeutung anzeigen. Erwogen werden insbesondere folgende (allerdings nicht auf derselben Ebene liegende) konkurrierende Formen: Märchen, Idylle, Fabel (vgl. die Vogel-Taugenichts-Analogien), Roman (Bildungs-, Schelmen-, Schauer-, Künstlerroman), Arabeske, Autobiographie, Reisebericht, Komödie, Wachtraum, Parodie, Satire, ›Gemälde‹ und sogar ›Musik‹. Auch oder gerade im 3. Jahrzehnt erweist sich der Formbegriff als nicht festgeschrieben, und es ist ungerechtfertigt, hier schon ein ›Absinken‹ von der Höhe romantischer Novellen-Dichtung sehen zu wollen (Himmel, 99). Der Rezensent der Vossischen Zeitung spricht ganz selbstverständlich vom »Roman« (ter Haar 1977, 176), und W. Alexis, der gute Kenner des Novellen-Genres, sieht keinen Anlaß, Gattungsfehler anzustreichen, es sei denn, daß die Bemerkung – »Uns, in Norddeutschland, dünkt eine solche Glückseligkeit ohne Arbeit zwar unbegreiflich; hier würde eine strenge Kritik den Taugenichts in's Arbeitshaus treiben« (ebd., 178) – auf lokalspezifische Unterschiede der Gattungskritik hindeutete. Immerhin macht ein anderer Kritiker am ›Taugenichts‹ einen in der Novellen-Geschichte wesentlichen Wandel geltend, wenn er bemerkt, daß diese Novelle nicht mehr in der ›Gesellschaft‹, sondern »in der Einsamkeit« (ebd., 180) gelesen werden will. Vergleicht man die Brockhaus-Eintragungen zum Novellen-Stichwort von 1815 (s.u.) und 1830 (ebd., 153) – beide dürfen als unmittelbar relevante Umfelder des ›Taugenichts‹ gelten –, so fällt äußerlich das explosivartige Wachsen des Wissens über Novelle auf und inhaltlich die dominierende Nüchternheit (eine Verschmelzung mit dem Märchen – ›Märchen-Novelle‹ – gehört nicht zum allgemeinen Wissen).

Eine Funktionsgeschichte der Novelle braucht angesichts der Erfahrung, wie unbefriedigend jede Zuordnung ausfällt, nicht sogleich ihr Werkzeug aus der Hand zu legen, sondern sollte sich mit dem Gehalt dieser gattungsrelevanten Entwindungstendenz befassen. Gestützt auf die ›Logik‹ der Anfangsworte im ›Taugenichts‹ – »wenn ich ein Taugenichts bin, so ist's gut, so will ich in die Welt gehen und mein Glück machen« (8) –, darf man auch von der Novellenform eine Bewegung erwarten, die gerade deshalb beginnt, weil die Novelle so heißt; und abermals wie ihr Titelheld braucht sie sich durch solche freien Welt-Reisen – und gar durch welsche Lande – nicht wesentlich zu verändern, sondern bleibt, was sie schon immer war, Gegensatz zum »Brodt«-Erwerb, zur Dienst-Mechanik und Beamten-Behaglichkeit von »immerdar« und durch den »lieben Gott« dazu bestellt. Gleich dem Schicksal des Protagonisten mag der Novelle Sinn darin liegen, zu nichts zu ›taugen‹; und dennoch ›schämt‹ (9) sie sich vielleicht oder gerät in schlimme Verlegenheit, wenn sie über ihr Ziel keine Auskunft geben kann bzw. den rechten Weg (27) nicht kennt. Solche Analogien von Figur und Form ließen sich auf weitere Aspekte ausdehnen, so auf das Jugendliche, die ›lumpenhafte‹ Minderwertigkeit und den phraseologischen Schematismus (12, 33). Wenn der Begriff der romantischen Konfusion für Eichendorff gilt, so dürfte er wohl auch diese Art der Gleichstellung zwischen Figur und Form rechtfertigen.

Was es für eine ›Form‹ in der Welt des ›Taugenichts‹ heißt, von sich aus etwas zu bedeuten, läßt sich z. B. an der Zahlen-Fabel ablesen (19 f.): Auf Grund der augenblicklich entdeckten Ähnlichkeit mit Dingen, Figuren und Situationen spiegeln die Ziffern die Befindlichkeit des zum Rechnen Angestellten und werden zu ›uneigentlichen‹ Sinnträgern im Umkreis des Sinnwidrigen. Hier zu diskutieren, ob solche Zahlen noch der Mathematik angehören, verfehlt ebenso die Formabsicht wie die Frage nach dem genuin Novellistischen der die Novellenform benutzenden Taugenichts-Geschichte. Im Sinn von Bormanns ist vielmehr direkt dem Novellengenre als ›metonymischem‹ Zeichenträger, der lectio difficilior, nachzufragen.

Der Weg der Novelle führt – selbstverständlich – nach Italien, dem Schlaraffenland und Ort der Tarantelbisse (28), er berührt im Vorübergehen den Mythos der Venus (57) und führt aus dem »falschen Land« (73) wieder zurück nach dem herrlichen Deutsch-Österreich, wo ihr Held »ohne allen welschen Beischmack« (87) sein Roman(!)-Glück (88) findet. Eine solche anspielungsreiche Literarisierung, ja Typisierung des Verlaufs macht die parodistische Absicht des Erzählers wahrscheinlich; aber auf welche Form stützt sich dann die Parodie, welches Genre gilt ihr als Fluchtpunkt?
Bei allem Wandel bleibt doch unverkennbar eines gleich: das Singen. Die ›Seele‹, die geradenwegs durch alle Windungen der Welt zieht, ist das Lied und seine Personifizierung, der Troubadour, oder heimatgeschichtlich: der Minnesänger bzw. romantisch aktuell: der Volkssänger. Daß dieser ›neue Troubadour‹ gerade ein Müllerssohn ist, verdient im Umkreis der Volkspoesie-Programmatik und Mühlen-Öffentlichkeit besondere Aufmerksamkeit (ter Haar 1977, 148 f., von Bormann 1988). Der ästhetisch-weltanschauliche Halt am Lied, selbst angesichts jenes »sehr zierliche[n] junge[n] Herrn mit einer Brille« (15), der es intellektuell zu vereinnahmen sucht und dadurch »Schaam« und »Schmerz« (16) im Armen auslöst, gibt der Eichendorffschen Novelle eine eigenartige Form und läßt es als wesentlich erscheinen, daß der Dichter für

die Buchgestaltung vorschlug, die Taugenichts-Geschichte durch »Gedichte« einzurahmen und das Ganze mit einem Gattungstitel (›Novellen, Lieder und Romanzen‹) zu versehen (ter Haar 1977, 141 ff.), und das heißt so viel wie in Bewegung zu setzen. Es wäre reizvoll, ein solches Formgebilde als epische Fortsetzung und romantische Beglaubigung z. B. des (Weisseschen) Singspiels geschichtlich zu diskutieren (vgl. als frühes Beispiel für die Novelle ›mit untermischten Gesängen‹ die Notenbeilagen in Meißners Übersetzung der Florianschen Novellen). Nicht also, ob der ›Taugenichts‹ eigentlich noch eine Novelle ist, steht hier zur Frage, sondern was diese Lyrisierung, die Erweckung des Liedes aus dem Schlaf in der Novelle, für die Novelle und ihre Geschichte bedeutet, mithin was die Einmaligkeit *dieser* Novelle (von Wiese 1956, 96) ausmacht. Darf man etwa Eichendorffs Titelvorschlag dialektisch lesen als Negation der Novellen durch die Lieder und die Aufhebung der Lieder in den Romanzen? Ein Vergleich mit Goethes ›Novelle‹ und ihrer Gipfelung im Lied liegt nahe, dies um so mehr, als ja schon in den ›Unterhaltungen‹ die Dynamik gattungsspezifischer Steigerung begegnete. Im ›Taugenichts‹ hebt die Lyrik wohl nicht die Novelle auf – auch das Wort der ›Entgrenzung‹ (von Bormann 1988, 100) legt die gattungsrelevante Bewegung nicht eigentlich frei –, vielmehr gibt die Novelle als Rahmen des Wirklichen dem Gesang als dem Ideal der Poesie das »Leben« (vielleicht i.S. v. Görres, zit. nach ter Haar 1977, 152). Daß diese Situierung nicht zum ruhigen Besitz erstarrt, sondern voller Probleme und Konflikte ist, dafür bürgt im Hintergrund Eichendorffs ›Krieg den Philistern‹. – Da Eichendorff wörtlich darauf beharrt, seine Geschichte als Novelle zu bezeichnen, täte die Gattungsforschung gut daran, jener dreifachen Nüchternheit und der von ihr ausgehenden Kraft der ›Verlebendigung‹ nachzufragen, die dem Novellen-Begriff laut Conversations-Lexikon (Brockhaus) von 1815 kurz und bündig anhängt:

»*Novellen* nennt man im römischen Recht die neueren oder nachträglichen Gesetze, welche dem justinianeischen Codex angefügt wurden und einen Theil des Corpus juris ausmachen. Im Fache der redenden Künste bedeuten Novellen kleine Erzählungen oder Romane. Sonst verstand man unter Novellen auch wohl Zeitungen.«

Die ›Wirklichkeit‹ der Novelle muß zu diesem Zeitpunkt also noch keine poetische Spezialität sein. Es wäre reizvoll, ihre eigene Art der Tauglichkeit mit der Nützlichkeit des ›Grafen Lucanor‹ (1335) zu vergleichen, jener spanischen Sammlung von erzählten Beispielen, die Eichendorff selbst (1840) übersetzen wird.

Joseph von Eichendorff: Aus dem Leben eines Taugenichts. Hrsg. v. Carel ter Haar, München 1977.

Seidlin, Oskar: Versuche über Eichendorff. Göttingen 1965.

Eichendorff heute. Stimmen der Forschung. Hrsg. v. Paul Stöcklein, 2., erg. Ausg., Darmstadt 1966.

Eichendorff-Kommentar. Hrsg. v. Ansgar Hillach u. Klaus-Dieter Krabiel, 2 Bde., München 1971/72.

Schumann, Detlev W.: Betrachtung über zwei Eichendorffsche Novellen. ›Das Schloß Dürande‹ – ›Die Entführung‹. In: JDS 18 (1974), S. 466–481.

Koopmann, Helmut: Um was geht es eigentlich in Eichendorffs ›Taugenichts‹? Zur Identifikation eines literarischen Textes. In: Wissenschaft zwischen Forschung und Ausbildung. Hrsg. v. Josef Becker u. Rolf Bergmann, München 1975, S. 179–191.

Paulsen, Wolfgang: Eichendorff und sein Taugenichts. Bern 1976.

Haar, Carel ter: Joseph von Eichendorff. Aus dem Leben eines Taugenichts. Text, Materialien, Kommentar. München 1977 (= Literatur-Kommentare, Bd. 6).

Eichner, Hans: Joseph von Eichendorff. In: Handbuch, 1981, S. 172–191, 578–581.

Bormann, Alexander von: Joseph von Eichendorff. Aus dem Leben eines Taugenichts (1826). In: Romane und Erzählungen zwischen Romantik und Realismus, 1983, S. 94–116.

Woesler, Winfried: Frau Venus und das schöne Mädchen mit dem Blumenkranze. Zu Eichendorffs ›Marmorbild‹. In: Aurora 45 (1985), S. 33–48.

Ansichten zu Eichendorff. Beiträge der Forschung 1958 bis 1988. Hrsg. v. Alfred Riemen, Sigmaringen 1988.

Bormann, Alexander von: Joseph von Eichendorff: ›Aus dem Leben eines Taugenichts‹. In: Erzählungen und Novellen, Bd. 1, 1988, S. 339–379.

Hillach, Ansgar: Aufbruch als novellistisches Ereignis. Joseph von Eichendorff: Aus dem Leben eines Taugenichts (1826). In: Deutsche Novellen, 1993, S. 73–83.

Dohler, Andreas: Joseph von Eichendorff: Aus dem Leben eines Taugenichts. In: Deutsche Erzahlprosa der frühen Restaurationszeit: Studien zu ausgewählten Texten. Hrsg. von Bernd Leistner, Tübingen 1995, S. 204–232.

Rossbach, Bruno: Joseph von Eichendorffs Novelle Viel Lärmen um Nichts: Die Ordnung des Labyrinths. In: Erzähler, Erzählen, Erzähltes. Hrsg. von Wolfgang Brandt, Stuttgart 1996, S. 29–45.

Schultz, Hartwig: Joseph von Eichendorff: ›Aus dem Leben eines Taugenichts‹. Durchges. Ausg., Stuttgart 2001.

4.4.6 Hauff

Daß gerade Wilhelm Hauffs Märchen »der ein wenig ermatteten Novellenforschung neue Anstöße« (Schwarz 1983, 121) geben könnten (gemeint sind insbesondere Aufbau und Zentralsymbol in ›Das kalte Herz‹), muß in besonderer Weise verwundern, spielen doch dessen eigentliche Novellen heute keine Rolle mehr, obwohl (oder gerade weil) sie mit dem Anspruch aufgetreten waren, jenes

Publikum bequemer zu sättigen, das für die »wundervolle Märchenwelt« (W III, 287) jeden Sinn verloren hatte. Oder sollten etwa Hauffs Novellen tatsächlich nur als »Maske« (ebd.) dienen, entlehnt von Autoritäten, die zwar »Novellisten« heißen (Lope, Boccaccio, Goethe, Calderon, Tieck, Scott, Cervantes; ebd., 263 f.), deren Legitimation aber im Feengeschenk der Poesie liegt und deren Werke deshalb über die gemeinsame Mutter ›Phantasie‹ mit dem Märchen geradezu verschwistert sind? Wie dem auch sei, das Nebeneinander von Märchen und Novelle bei Hauff fordert zu weiteren gattungspoetischen Fragen auf und ist mit einer bloßen Gleichsetzung ebensowenig abgetan wie mit der Entrückung der Novellen aus der Romantik in das Biedermeier. Hauff vereint in seinen Novellen das Dialogische Tiecks mit dem Analytischen Hoffmanns (vgl. ›Die Sängerin‹) und gibt dieser Form (z. B. in ›Das Bild des Kaisers‹) einen historischen Inhalt, der ihn über Alexis gerade auch mit Fontane in eine Linie stellt. Das ›Wundervolle‹ bewährt sich als Angelpunkt des dialogisch-eristischen Gegeneinanders, bei dem die Lösung gerade dort stattfindet, wo sich die Geister am schroffsten scheiden (vgl. ebd., 530).

W. Hauffs Werke. Hrsg. v. Max Mendheim, Bd. 3 u. 4, Leipzig [²1902] (= Meyers Klassiker-Ausgaben).

Wuerth, Hans Martin: Die Erzählungen Wilhelm Hauffs. Eine Untersuchung der inhaltlichen und formalen Eigenarten. Diss. Rutgers University 1967.

Kozielek, Gerard: Das novellistische Schaffen Wilhelm Hauffs. In: Lenau- Almanach 1976/78, S. 19–28.

Schwarz, Egon: Wilhelm Hauff: Der Zwerg Nase, Das kalte Herz und andere Erzählungen (1826/27). In: Romane und Erzählungen zwischen Romantik und Realismus, 1983, S. 117–135.

Thum, Maureen: Re-Visioning Historical Romance: Carnivalesque Discourse in Wilhelm Hauff's Jud Süß. In: Neues zu Altem: Novellen der Vergangenheit und der Gegenwart. Hrsg. von Sabine Cramer, München 1996, S. 25–42.

Traeber, Alexander H.: »Sie errötete vor sich selbst...« Funktion der Innerlichkeit in Wilhelm Hauffs historischem Roman- und Novellenschaffen. Untersucht anhand von *Lichtenstein, Die letzten Ritter von Marienburg, Jud Süss, Das Bild des Kaisers*. Bern 2003.

4.5 Biedermeierzeit

In der Biedermeierzeit stehen die Funktionen des Wortes Novelle – Wortbedeutung, Warenetikett und Formbezeichnung – teils frei, teils spannungsvoll nebeneinander und ergeben im Umkreis des ›wiederherstellenden‹ Kulturbewußtseins, der Emanzipation der

Prosa und des florierenden Taschenbuch-, Almanach- und Zeitungshandels ein aufschlußreiches Kapitel früher, wenn nicht gar ›erster‹ Novellengeschichte. Die Arbeiten Sengles und die von ihm betreuten Dissertationen (Schröder 1970, Eisenbeiß 1973) bieten ein umfassendes, für die neuere Novellenforschung wegweisendes Bild von der Vorgeschichte der Novelle als ›Gattung‹. ›Novelle‹ bedeutet für gewöhnlich Wirklichkeit und wird im Rahmen der noch geltenden Stilhöhenlehre bzw. ihrer typenbildenden Implikationen ›verrechnet‹: Stofflich gesehen, gehört sie wegen ihrer spezifischen Wirklichkeitsdomäne zum niederen Stil und reiht sich somit in die Gattung des Komischen ein. Darstellungsästhetisch prägend wirkt die Form der ungebundenen Rede, die als Welt der Prosa gerade auch alle neuentdeckten, nicht poetischen Zweckformen und allerlei Erfahrungsberichte umfaßt. Literarisch-funktional gesehen, fällt das didaktische Moment auf, das sogar subversive Tendenzen enthalten kann (vgl. Th. Mundts an Nicolais Volksstück-Programm erinnernde Novellen-Strategie); es vermittelt die Novellistik mit dem Ideal der Konversation (im Doppelsinn von Bildung und Gespräch); ökonomisch-funktional steht die aktuelle Einträglichkeit, der kommunikative Kurswert, im Vordergrund. Auf normativer Ebene gilt weithin die Minderwertigkeit solcher Arbeit. Für die Zukunft der Novelle ist wesentlich, daß ihr systematisch festgeschriebener ›Unwert‹ zugleich die Bedingung für ihre aktuelle ›Freiheit‹ bedeutet, so daß sie an der ›Emanzipation der Prosa‹ unauffällig – aber historisch um so wirksamer – teilnimmt; statt aller scheiternden großen Projekte in Epik und Dramatik häufen sich die ästhetischen Erfolge vermeintlicher Debutarbeiten und bloßer Nebentätigkeiten. Ihre im Licht geltender Systemlehre konkrete Offenheit macht sie für ›alle‹ Stoffe, Themen, Lebensbereiche und literarischen Verfahren empfänglich und prädestiniert sie zur formgeschichtlichen Geschmeidigkeit, die bis in die Gegenwart anhält (inwiefern diese Offenheit auch als »Verwilderung«, Koopmann in *Handbuch*, 233, zu werten ist, müßte noch diskutiert werden). Noch nicht einmal der Gegensatz zum Roman begrenzt die Möglichkeiten der Novellenform, weiß sie sich doch über den englischen ›novel‹-Begriff mit den dort entstandenen Wirklichkeits- und Lebensbildern wort- und geistverwandt (vgl. dazu Kern 1968); selbst Fontane (H III/I, 412) spricht von den »Waverley-Novellen« und nennt Dickens oder Thackeray »Novellisten« (ebd., 156 f.). Lesergeschichtlich gesehen, liegt in der Biedermeierzeit die Quelle des Bedürfnisses nach Novellenkonsum; an ihm werden die Realisten und überhaupt die literarische Bildungsnachwelt Anstoß nehmen, im Grunde aber profitieren sie in erster Linie am Novellenhunger der neuen Medien und ihres Publikums (vgl. Riehl in *Theorie und Kritik*, 138).

Die Biedermeierforschung leistete auch methodologisch Wesentliches für die Gattungsgeschichte. Erstmalig berücksichtigte sie ohne rigorose Auswahlkriterien das ganze Feld der vorhandenen Novellenliteratur und begründete damit den ›empirischen‹ Zug der Novellenforschung.
Bei aller Uneinheitlichkeit des Novellenverständnisses in der Restaurationszeit sollte nicht übersehen werden, daß im Bereich individueller Begriffsbildung und Formkonzepte durchaus konsistente Theorie-Entwürfe vorkommen. Der Eindruck einer allgemeinen ›Begriffslosigkeit‹ rührt nicht zuletzt daher, daß von außen und nachträglich ein Präzisionsmaßstab angelegt wird, der dem geschichtlich bewegten Phänomen nicht gerecht wird. Insofern die Novellen-Bezeichnung an Boccaccio denken läßt, erhält sich in der Biedermeierzeit – und weit darüber hinaus – der typische brisante Reaktionszusammenhang: »In einem Damentee, und noch dazu in einem frommen, den Boccaccio und den Decamerone zu nennen mußte freilich auf die Mama wirken wie ein Flintenschuß auf eine Schneealpe. Es kam eine Lawine herunter, aber verschüttet wurde weiter nichts als einige Tassen Tee« (Raabe: Der Hungerpastor, Braunschweiger Ausg. VI, 234).

Novellen

Laun, Friedrich: Novellen. 2 Bändchen. Frankfurt/M. 1821.
Alexis, Willibald: Die Schlacht bei Torgau und der Schatz der Tempelherren. Zwei Novellen. Berlin 1823.
Tieck, Ludwig: Novellen. 7 Bde., Berlin 1823–28.
Schefer, Leopold: Novellen. 5 Bde., Leipzig 1825–29.
Tieck, Ludwig: Der Aufruhr in den Cevennen. Eine Novelle in vier Abschnitten. Berlin 1826.
Goethe, Johann Wolfgang von: Novelle. In: Goethes Werke. Ausgabe letzter Hand, Bd. 15, Stuttgart 1828.
Hagen, August: Norika, das sind Nürnbergische Novellen aus alter Zeit. Nach einer Handschrift des sechzehnten Jahrhunderts. Breslau 1829.
Schopenhauer, Johanna: Novellen. 2 Bde., Frankfurt/M. 1830.
Zschokke, Heinrich: Ausgewählte Dichtungen, Erzählungen und Novellen. 10 Bde., Aarau 1830.
Alexis, Willibald: Gesammelte Novellen. 4 Bde., Berlin 1830–31.
Mörike, Eduard: Maler Nolten. Novelle in zwei Theilen. Stuttgart 1832.
Immermann, Karl: Die verschlossene Kammer. Novelle. In: K. I., Reisejournal, Düsseldorf 1833.
Willkomm, Ernst: Julius Kühn. Eine Novelle. 2 Bde., Leipzig 1833.
Rumohr, C. Fr. v.: Novellen. 2 Bde., München 1833/35.
Gutzkow, Karl: Novellen. 2 Bde., Hamburg 1834.
Bülow, Karl Eduard von: Das Novellenbuch; oder Hundert Novellen, nach alten italienischen, spanischen, französischen, lateinischen, englischen und deutschen bearbeitet. Mit einem Vorworte von Ludwig Tieck. 4 Theile, Leipzig 1834–36.

Laube, Heinrich: Reisenovellen. 6 Bde., Leipzig 1834–37.
Biernatzki, Johann Christoph: Wege zum Glauben oder Die Liebe aus der Kindheit. Wanderungen auf dem Gebiete der Theologie im Modekleide der Novelle. Altona 1835.
Tieck, Ludwig: Die Vogelscheuche. Mährchen-Novelle in fünf Aufzügen. In: Novellenkranz. Ein Almanach auf das Jahr 1835.
Grabbe, Christian Dietrich: Konrad. Novelle. In: Düsseldorfer Tageblatt, 1836.
Tieck, Ludwig: Der junge Tischlermeister. Novelle in sieben Abschnitten. 2 Bde., Berlin 1836.
Kurz, Hermann: Genzianen. Ein Novellenstrauß. Stuttgart 1837.
Willkomm, Ernst: Civilisationsnovellen. 2 Bde., Leipzig 1837.
Gaudy, Franz von: Venetianische Novellen. 2 Bde., Bunzlau 1838.
Mörike, Eduard: Lucie Gelmeroth. Novelle. In: Iris, 1839.
Nieritz, Gustav: Erzählungen und Novellen. 2 Bde., Leipzig 1840.
Dingelstedt, Franz von: Heptameron. Gesammelte Novellen. 2 Bde., Magdeburg 1841.
Reinbeck, Georg von: Situationen. Ein Novellenkranz. Nebst einigen Worten über die Theorie der Novelle. Stuttgart 1841.
Mügge, Theodor: Gesammelte Novellen. 6 Bde., Leipzig 1842–43.
Ludwig, Otto: Die Emanzipation der Domestiken. Novelle. In: Zeitung für die elegante Welt, 1843.
Koch, Rosalie: Asträa. Novellen für die reifere weibliche Jugend. Berlin 1845.
Ludwig, Otto: Die Buschnovelle. Original-Erzählung. In: Neu Illustrierte Zeitschrift, 1846.
Stifter, Adalbert: Brigitta. Novelle. In: Gedenke mein! Taschenbuch für 1844.
Schücking, Levin: Novellen. 2 Bde., Pesth 1846.
Gutzkow, Karl: Neue Novellen. Leipzig 1849.
Ruge, Arnold: Revolutionsnovellen. 2 Bde., Leipzig 1850.
Tieck, Ludwig: Gesammelte Novellen. Vollständige aufs Neue durchgesehene Ausgabe. 12 Bde., Berlin 1852–54.
Hebbel, Friedrich: Erzählungen und Novellen. Pesth 1855.
Mörike, Eduard: Mozart auf der Reise nach Prag. Novelle. Stuttgart 1856.

Fachliteratur

Weise, Gerhard: Entwicklung und Probleme der österreichischen Novellistik im Neunzehnten Jahrhundert. Diss. Frankfurt/M. 1928. (Teildruck 1929).
Schüler, Gerhard: Die Novelle des Jungen Deutschland. Diss. Berlin Düsseldorf 1940.
Deutsche Novellen des 19. Jahrhunderts. I-III. In: DU 3,2 (1951); 5,1 (1953); 8, 3 (1956).
Kunz, Josef: Die deutsche Novelle im 19. Jahrhundert. Berlin 1970, ²1978.
Schröder, Rolf: Novelle und Novellentheorie in der frühen Biedermeierzeit. Tübingen 1970.
Sengle, Friedrich: Biedermeierzeit. Deutsche Literatur im Spannungsfeld zwischen Restauration und Revolution 1815–1848. Bd. 2: Die Formwelt. Stuttgart 1972, bes. S. 833–841 u. Bd. 3: Die Dichter, 1980.
Eisenbeiß, Ulrich: Das Idyllische in der Novelle der Biedermeierzeit. Stuttgart 1973.

Edler, Erich: Die Anfänge des sozialen Romans und der sozialen Novelle in Deutschland. Frankfurt 1977.
Hügel, Hans-Otto: Untersuchungsrichter, Diebsfänger, Detektive. Theorie und Geschichte der deutschen Detektiverzählung im 19. Jahrhundert. Stuttgart 1978.
Bittrich, Burkhard: Biedermeier und Realismus in Österreich. In: Handbuch, 1981, S. 356–381, 597–600.
Koopmann, Helmut: Die Novellistik des Jungen Deutschland. In: Handbuch, 1981, S. 229–239, 585 f.
Sengle, Friedrich: Biedermeier. In: Handbuch, 1981, S. 192–205, 581 f.
Romane und Erzählungen zwischen Romantik und Realismus. Neue Interpretationen. Hrsg. v. Paul Michael Lützeler, Stuttgart 1983.
Mühl, Beate: Romantiktradition und früher Realismus. Zum Verhältnis von Gattungspoetik und literarischer Praxis in der Restaurationsepoche. Frankfurt/M. 1983.
Sautermeister, Gert: Klassische Novellenkategorien in der Restaurationszeit. In: Textsorten und literarische Gattungen. Berlin 1983, S. 521–534.
Interpretationen: Erzählungen und Novellen des 19. Jahrhunderts. 2 Bde., Stuttgart 1988/90.
Freund, Winfried: Literarische Phantastik. Die phantastische Novelle von Tieck bis Storm. Stuttgart 1990.
Krech, Annette: Schauererlebnis und Sinngewinn. Wirkungen des Unheimlichen in fünf Meisternovellen des 19. Jahrhunderts. Frankfurt/M. 1992.

4.5.1 Ludwig Tieck

Tiecks Pionierrolle in der Geschichte der deutschen Novelle gilt auch heute noch ohne Einschränkung (Paulin 1987, 32f.). Dennoch täte eine Überprüfung der Lehrmeinung not (doch nicht nur hinsichtlich der Frage, ob nicht etwa Wackenroders ›Berglinger‹-Erzählung ein Teil dieses Titels gebührte): Tiecks ›Der blonde Eckbert‹ (1797), um den es bei einer solchen Kanonisierung meistens geht, heißt eben nicht Novelle, sondern »Volksmährchen« und enthält gerade dadurch seinen gattungsgeschichtlichen Sinn, d. h. die auffallenden Merkmale dieser Erzählung (alltäglicher Rahmen und ungewöhnliche Binnenhandlung, temporale Distanzhaltung, Rationalität bzw. Psychologie und Verrätselung, epochale Relevanz der unerhörten Begebenheit; vgl. Schlaffer 1969) charakterisieren nicht etwa die Tiecksche Novelle, sondern sein besonderes Verständnis von Volksmärchen, dessen Bedeutung durch jüngere Sammlungen offensichtlich verdrängt wurde. Gerade gegenüber Tieck scheinen festschreibende Verfahren fehlzugreifen; aus »Toleranz« (Paulin 1987, 76) findet er leicht zur Gattungsvielfalt bzw. schreckt nicht vor Umbenennung oder Sinnwandel der Bezeichnungen zurück. Wichtiger als die feste Rubrik sind Absichten und Erwartungen im Umkreis einer veränderbaren Gattungsbezeichnung des Gleichen bzw. sich Fortsetzenden (Paulin 1987, 86). Der Wert der Tieckschen Novellen hängt nicht davon ab, ob sie sich als »Muster der Gattung« (Paulin 1988, 268) behaupten; historisch mindestens ebenso wichtig ist, daß sie »vielen ein Dorn im Auge« sind (Paulin 1988, 269), denn dadurch wird ihre Dynamik offenkundig. Unabhängig von der leidigen Klassifizierungssucht repräsentieren sie erstmals die Novellenliteratur in Deutschland (Schröder 1970, 19).

Werkgeschichtlich gesehen, taucht die Novellenbezeichnung bei Tieck in eigenartigem Kontext auf: Der 1812/16 erscheinende ›Phantasus‹ heißt im Untertitel: »Eine Sammlung von Mährchen, Erzählungen, Schauspielen und Novellen«. Wie schon in Boccaccios Vorrede steht hier die Novelle neben anderem und erlaubt eine freie Wahl. Die interne Rahmendiskussion erörtert nur das Ärgerlich-Anstößige der italienischen Geschichten und zieht sich dann mit dem Hinweis auf die Unnachahmlichkeit Boccaccios aus der Schlinge. Möglicherweise geht es dabei gar nicht um eine Form, sondern um die epochenkennzeichnende Rückwendung auf Vergangenheit, und zwar im doppelten Sinn die Vergangenheit der Literaturgeschichte (romanische Novelle als Alternative zur mittelalterlichen Literatur) und der eigenen Werkproduktion, die nun – in erlesener Gestalt – noch einmal mit dem Siegel ausdrücklicher Billigung vorgeführt werden soll (Paulin 1988, 169).

Die programmatische Etikettierung setzt erst mit den Novellensammlungen von 1829 bzw. 1853 ein, letztere im Gegensatz zur früheren ohne Vorbericht; lediglich anläßlich des ›Jungen Tischlermeisters‹, ein Werk, das die Novellenforschung hartnäckig als Novelle ignoriert, erfolgen einige rückverweisende Bemerkungen. Es fällt auf, daß einige wenige Titel der jüngeren Sammlung noch einmal ausdrücklich ›Novelle‹ genannt werden: so ›Der junge Tischlermeister‹ und ›Der Aufruhr in den Cevennen‹. ›Das alte Buch und die Reise ins Blaue hinein‹ heißt »Märchen-Novelle«; sie erzählt die (typische) Überlieferungsgeschichte eines solchen Märchens (synkretistische Rekonstruktion des Verdorbenen; Zeit- und Literatursatire) und will diesen Bericht, der den Mythos vom Glanz und Elend der Poesie enthält, ohne weitere Erklärung als Novelle verstanden wissen.

Tiecks Novellenpraxis läßt sich leicht an dem weniger bekannten Werk ›Der Wassermensch‹ studieren (vgl. Schröder, 1970, 147–151). Das Gespräch, das zum Novellenerzählen führt, die Diskussion über die Novelle, die Fähigkeit, den Novellenstil zu variieren, den Hörerwünschen anzupassen, und das Bewußtsein, mit diesen Handlungen (Gespräch, registerartiges Verfügen, Lustspieldramaturgie der Beseitigung des politischen Bramarbas) die Novelle selbst hervorzubringen, all das sind wesentliche, wiederkehrende Momente.

Tiecks ›werkimmanenter‹ Sichtungsversuch novellistischer Erzählmöglichkeiten geht von der aktuellen syndromhaften Situation aus, in der zunächst einmal »alles« Novelle genannt wird. Die im weiteren Verlauf erprobten Eingrenzungen erfolgen stufenartig und scheinen eine authentische Gestalt anzustreben. Novellen in einem ältesten, italienischen Sinn erzählen glaubwürdig sonderbare und neue Begebenheiten. Novellen im gegenwärtig modischen Sinn (nach »neuer[em] Bedürfniß«) verfügen über eine ganze Palette improvisierbarer ›Manieren‹ (die ohne wörtliche Rede auskommen): die Manier der »See-Romantik«, des freiheitlich-revolutionären »Conspirations-Romans«, des politisch-konservativen Liebesromans und der (nur projektierten) romantischen Erzählung, die weitläufiger, d. h. abendfüllend ausgestattet ist und zur heiteren Gesellschaft paßt. Eine Art Hochstufe (insofern geht es jetzt nicht nur um einen ›offenen‹, sondern ›eigentlichen‹ Begriff) der Novellenform erreicht jene Erzählung, die gesteigerte Wahrheitskennzeichen aufweist, durch mehrere Autoritäten bestätigt wurde und durch initiale phantastische Motivierung eines sonderbaren Lebenslaufs oder seltsamen Schicksals den Eindruck des Wunderbaren und Unauflöslichen hervorruft. Tieck führt danach in fallender Handlung noch zwei weitere Novellenformen vor, zum einen die Gesinnungsstreit-Novelle zwischen regierungstreuem Geheimrat (ein 1813er) und revolutionärem Jungdeutschen (= »die traurige Novelle unserer Zeit, die neueste Neuigkeit unserer Tage«, S. 61), zum anderen die »Familiengeschichte«, die auf Grund der Lustspiel-Dramaturgie mit glücklicher Paarbildung ›novellistisch‹ endet (zur Nähe von Lustspiel und Novelle vgl. Tiecks Wortbildung „Novellen-phantastische Komödie«, XI, 22).

Es gehört zum Novellenbild der Tieckzeit, daß der Dichter »immer erst eine Novelle schreiben mußte, wenn er sich Teplitz oder Baden-Baden leisten wollte.« (Paulin 1988, 251)

Zu den wenigen Novellen Tiecks, die sich langhin als Muster der strengen Form bewährt haben, gehört ›Des Lebens Überfluß‹ (1838). Aber auch hier führt eine Interpretation, die allein nach den typischen Merkmalen der Novelle Ausschau hält, nicht weit. Wer den Wendepunkt identifizieren will, muß mit dem Doppelsinn des Begriffs rechnen (Solgersche Punktualität und dramatische Gelenkstelle) und sieht sich so von Anfang an um das nicht minder wichtige Singularitätskriterium gebracht. Indem die Novelle ausdrücklich einen »Kreis zusammenschlagen« (9) will, enthält sie als geometrisches Gebilde ohnehin zahllose Wendemomente. Ebenso verhält es sich mit dem Dingsymbol. Zwar scheint gerade die Treppe diesem Kriterium zu genügen, doch ist es bezeichnend, daß sie sich als eine Reihe von Stufen erweist, die im Lichte des Überflüssigen reduziert werden können und somit die Kompaktheit der einen Treppe auflösen. Man hat noch neuerdings von einer »extremen Forcierung und Ballung der Gattungsmöglichkeiten der Novelle überhaupt« (Oesterle 1983, 240) gesprochen und damit die einzigartige novellistische Begebenheit, den genetischen Zusammenhang von gesellschaftlichem Gespräch und Erzählung sowie die Verlagerung der Rahmenfunktion nach innen gemeint.

Eine andere Möglichkeit, die Bedeutung der Novelle funktional im Werk selbst zu ermitteln, liegt im Stichwort »Chaucer«. Vorausgesetzt, daß hier tatsächlich die ›Canterbury Tales‹ (die »Märchen« im »Styl der ächten und guten Komödie«, Kritische Schriften II, 381) gemeint sind (»Caxton« könnte ebenso auf ›The Parlement of Foules‹ hinweisen, eine allegorische Traumdichtung, die mit ihrem Liebesgarten, seiner Ambivalenz zwischen Warnung und Empfehlung, mit den Streitgesprächen über Liebe und der doppelten Optik einige Vergleichspunkte enthielte), ließe sich durchaus ein Gebrauchssinn von ›Novelle‹ ermitteln. Die Gleichsetzung von »Chaucer« und »Treppe« weist dann darauf hin, welche Rolle Novellen in der Not als Bindeglied bzw. Isolationsmotiv spielen können. ›Verbrauchen‹ und ›Verkaufen‹ sind die beiden mehrdeutigen Umgangsformen; indem die Treppe verheizt wird, droht allgemeine Gefahr, und indem Chaucer verkauft wird, naht Rettung. Das Treppenbenutzen erscheint so als ein Weg in die Welt, z. B. als Möglichkeit, Zeitungen zu lesen und dort von der väterlichen Versöhnung zu erfahren. Der Buchgebrauch dagegen erweist sich in Form der Tagebuch-Lektüre als sich selbst verstärkende Isolation, die den rettenden Kontakt verhindert. Sofern Lektüre die ›Selbstbetrachtung‹ verstärkt, erscheint ein solcher introvertierter Rückzug als Weg in die Katastrophe; denn das besonders ›Innerliche‹ – im Gegensatz zum Weltläufigen – äußert sich konkret im Traum, der die gesteigerten Schreckbilder der verkehrten Wendung des Gesellschaftlichen zum Geldeswert enthält. Die ›Novellen‹ dagegen retten das soziale Miteinander, wenn man sie hinausschickt; freilich muß man in sie auch etwas hineinschreiben, damit sie ein Echo haben.

Ludwig Tieck's Schriften. Berlin 1828 ff., Bd. 21–28: Gesammelte Novellen. Vollständige auf's Neue durchgesehene Ausgabe. 1842–54. Neudruck Berlin 1966.

Ludwig Tieck: Phantasus. Hrsg. v. Manfred Frank, Frankfurt/M. 1985 (= Bibliothek deutscher Klassiker, Bd. 6).

Dichter über ihre Dichtungen: Ludwig Tieck. Hrsg. v. Uwe Schweikert, München 1971.

Aus Tiecks Novellenzeit. Briefwechsel zwischen Ludwig Tieck und F. A. Brockhaus. Hrsg. v. Heinrich Lüdeke von Möllendorff, Leipzig 1928.

Arnold, Paul Joh.: Tiecks Novellenbegriff. In: Euphorion 23 (1921), S. 258–271.

Hewett-Thayer, Harvey W.: Tieck's Novellen and Contemporary Journalistic Criticism. In: GR 3 (1928), S. 328–360.

Endrulat, Helmut: Ludwig Tiecks Altersnovellistik und das Problem der ästhetischen Subjektivität. Diss. Münster 1957.

Müller, Joachim: Tiecks Novelle ›Der Alte vom Berge‹. Ein Beitrag zum Problem der Gattung. [zuerst 1958/59]. In: Ludwig Tieck, 1976, S. 303–321.

Thalmann, Marianne: Ludwig Tieck, »der Heilige von Dresden«. Aus der Frühzeit der deutschen Novelle. Berlin 1960.

Heinichen, Jürgen: Das späte Novellenwerk Ludwig Tiecks. Eine Untersuchung seiner Erzählweise. Diss. Heidelberg 1963.

Schäfer, Ute: Das Gespräch in der Erzählkunst Ludwig Tiecks. Diss. München 1969.

Schlaffer, Heinz: Roman und Märchen. Ein formtheoretischer Versuch über Tiecks ›Blonden Eckbert‹. In: Gestaltungsgeschichte und Gesellschaftsgeschichte, hrsg. v. Helmut Kreuzer, Stuttgart 1969, S. 224–241.

Stamm, Ralf: Ludwig Tiecks späte Novellen. Grundlage und Technik des Wunderbaren. Stuttgart 1973.

Ludwig Tieck. Hrsg. v. Wulf Segebrecht, Darmstadt 1976 (= Wege der Forschung, Bd. 386).

Lillyman, William J.: Reality's Dark Dream. The Narrative Fiction of Ludwig Tieck. Berlin 1979.

Klussmann, Paul Gerhard: Ludwig Tieck. In: Handbuch, 1981, S. 130–144, 573 f.

Oesterle, Ingrid: Ludwig Tieck: Des Lebens Überfluß (1838). In: Romane und Erzählungen zwischen Romantik und Realismus, 1983, S. 231–267.

Wesollek, Peter: Ludwig Tieck oder Der Weltumsegler seines Innern. Anmerkungen zur Thematik des Wunderbaren in Tiecks Erzählwerk. Wiesbaden 1984.

Erläuterungen und Dokumente: Ludwig Tieck. Der blonde Eckbert. Der Runenberg. Hrsg. v. Hanne Castein, Stuttgart 1987.

Paulin, Roger: Ludwig Tieck. Stuttgart 1987 (= SM, Bd. 185).

Münz, Walter: Ludwig Tieck: *Der blonde Eckbert/Der Runenberg*. In: Erzählungen und Novellen, 1988, Bd. 1, S. 7–59.

Paulin, Roger: Ludwig Tieck. Eine literarische Biographie. [engl. Originalausgabe 1985] München 1988.

Gould, Robert: Tieck's *Des Lebens Überfluß* as a self-conscious text. In: Seminar 26 (1990), S. 237–255.

Tarot, Rolf: Ludwig Tiecks Novelle *Der Geheimnisvolle*. Erzählkunst an der Schwelle einer neuen Epoche. In: EG 45(1990), S. 291–327.

Ottmann, Dagmar: Angrenzende Rede. Ambivalenzbildung und Metonymisierung in Ludwig Tiecks späten Novellen. Tübingen 1990

Brecht, Christoph: Die gefährliche Rede: Sprachreflexion und Erzählstruktur in der Prosa Ludwig Tiecks. Tübingen 1993.

Paulin, Roger: Fairy Stories for Very Sophisticated Children: Ludwig Tieck's *Phantasus*. In: Bulletin of the John Rylands University Library of Manchester 76 (1994), S. 59–68.

Rath, Wolfgang: Ludwig Tieck. Das vergessene Genie. Paderborn 1996.

Ludwig Tieck (1773–1853) – »lasst uns, da es uns vergönnt ist, vernünftig seyn!«. Hrsg. vom Institut für deutsche Literatur der Humboldt-Universität zu Berlin, Bern 2004.

4.5.2 Karl Immermann

Im Kreis einer Gesellschaft, die unter dem Eindruck von Cholera und Choleraphobie steht, läßt Karl Immermann »beispielhaft« (von Wiese 1969, 165) eine Novelle – ›Die verschlossene Kammer‹ (in ›Reisejournal‹ 1833) – erzählen, über deren authentische Form man dann auch diskutiert. Die Novelle entwickelt den beinahe fatalen Einfluß der ›guten Gesellschaft‹ auf eine Ehe, die sich gerade die gesellschaftliche Isolation zur Bedingung ihres privaten Glücks erwählt hat. Das gesellschaftliche Thema (»das Wesen der

Sozietät« als »Fatum ihrer [Adelens] Novelle« (W IV, 203)) entfacht eine gattungspoetologische Kontroverse zwischen Vertretern der räsonierenden und erzählenden Form. Während der Diskurs dem »Fabel«-Typus der Novelle das letzte Wort überläßt, und zwar mit der Begründung, »daß die menschlichen Schicksale *trotz* der Meinungen, nicht *aus* den Meinungen entspringen« (ebd., 205), zeigt die Erzählpraxis, daß der Konflikt zur Zeit nur auf eine Kompromißlösung hinauslaufen kann, in der das novellistisch Festgeschriebene während des Vortrags durch improvisierte Neufassung kritischer Partien kompensiert wird.

Karl Immermann: Werke in fünf Bänden. Hrsg. v. Benno von Wiese, Frankfurt/M. 1973.
Wiese, Benno von: Karl Immermann. Sein Werk und sein Leben. Bad Homburg v. d. H. 1969.
Fauser, Markus: Intertextualität als Poetik des Epigonalen. Immermann-Studien. München 1999.

4.5.3 Franz von Gaudy

Franz von Gaudys ›Venetianische Novellen‹ (1838) vereinen Erzählungen über staunenswerte Neuigkeiten Venedigs, Märchen und ältere Novellen, vorgetragen in halb scherzhaftem, halb ernstem Ton. Solche Differenzierungen haben aber kaum einen gattungstheoretischen Sinn, erhalten doch gerade die Märchen ihre »Farben von der Wirklichkeit« und bezeugen die epische Ausdruckskraft der venetianischen Lokalität. Erzählen heißt hier, dem Publikum ein »Schauspiel« voll faszinierender Illusion zu bieten; und das Sammeln und Verschriftlichen solcher südlichen Erfahrungsberichte bedeuten dem reisenden Hyperboreer ein Surrogat, das die »ewig quälende, an meinem Leben zehrende Sehnsucht nach dem gelobten Land« erfüllt, wo die »Glückseligkeit« noch Quellen entspringt, die kein ›Buch‹ getrübt hat.

Lukas, Wolfgang: ›Entzauberter Liebeszauber‹. Transformationen eines romantischen Erzählmodells an der Schwelle zum Realismus. In: Weltentwürfe in Literatur und Medien. Phantastische Wirklichkeiten – realistische Imaginationen. Hrsg. von Hans Krah/Claus-Michael Ort. Kiel 2002, S. 137–166.

4.5.4 Eduard Mörike

Während die ältere Mörike-Philologie klar zu entscheiden wagte, wann der Dichter die Gattungsbezeichnung ›Novelle‹ »zu Unrecht« (Maync in Werke III, 212) gewählt hat, begnügt sich die gegenwärtige Forschung damit, den Formzuweisungen Mörikes »Unsicherheit« oder auch »Gleichgültigkeit« (H. Meyer in *Handbuch*, 206) zu bescheinigen. Den leidigen Streit schlichtend, heißt es nunmehr bündig: »Ob ›Lucie Gelmeroth‹ und ›Mozart auf der Reise nach Prag‹ Novellen sind, ist eine terminologische Frage.« (Ebd.) Die Frage, die den Gattungshistoriker eigentlich interessieren sollte, lautet aber, warum Mörike seine Werke so nannte und was seitdem formengeschichtlich geschehen ist, daß sich Sinnvolles, von Mörike ›Gemeintes‹ ins Gegenteil verwandeln konnte.

Berüchtigter Streitfall ist Mörikes ›Maler Nolten‹ (1832), den der Dichter mit Bedacht ›Novelle‹ genannt hat. während »der Leser von heute« das Werk »ohne viel Bedenken« einen ›Roman‹ nennt. Erst die moderne Biedermeierforschung weist hier den richtigen Weg. Es deutet sich an, daß Mörike mit seiner Novellenbezeichnung den Debüt-Charakter seiner Arbeit signalisieren wollte, daß er sich bezüglich der Reflexion zurückgehalten habe und daß er eine Alternative zum ›Wilhelm Meister‹ vorlegen möchte. Da hier die Länge noch kein Kriterium ist, sollte man nicht den ohnehin meistens gescholtenen Maßstab gerade bei Mörike anwenden.

Gattungs- und funktionsgeschichtlich gesehen, erweist sich für ›Lucie Gelmeroth‹ (1834/39/56) die spannungsvolle Bewegung zwischen ›Skizze‹ und ›Novelle‹ als bedeutsam: Die Skizze wendet sich mit spürbar diskursivem Interesse dem absonderlichen Thema der Schwärmerei zu (vgl. den Montaigneschen Novellentypus; Wetzel); sie scheint mehr Gefallen an den »selbstquälerischen Grübeleien« (Maync in W III, 8) zu finden, als an der »schönen lebendigen Fülle« (20) der Darstellung, die sie lieber »im kürzesten Umriß« gibt. Die Novelle dagegen meint eine »böse« (10) bzw. »wunderbare(n) Geschichte« (14), die als sensationelle »Stadtbegebenheit« (9) das Thema der gesellschaftlichen Unterhaltung ist und als »schreckliche Nachricht« (12) nach rascher »Auflösung« drängt (obwohl die künstlich eingeschaltete Kindergeschichte das klärende Ende hinauszögert, aber um autobiographische Momente und werkinterne Parallelen bereichert). Mörike wendet für seine Erzählung kompliziertere Verfahren der Rahmenkomposition an: Indem Lucie nur gegenüber dem Freund die Wahrheit bekennt, entsteht ein ›konfidentieller‹ Sinn der Geschichte, deren Thema die Gewissenergründung, das katechetische Problem der rechten

Schuld- und Sühneerkenntnis ist und deren Zweck in einer bekehrungsartigen Besinnung liegt. Indem ein »Gelehrter« jene Epoche seines Lebens aufschreibt, die ihn zwar von der »Welt« entfernte, dafür jedoch an Gottes »Glück« (26) heranführte, entwickelt sich eine Idylle auf dem Boden der Auseinandersetzung mit psychischen und gesellschaftlichen Widrigkeiten. Indem ein Erzähler in ungedruckten Handschriften stöbert, werden verschollene »Denkwürdigkeiten« fragmentarisch offenbar. Welche Rolle in dieser erzählerisch herbeigeführten Sinnschichtung die »Tragikomödie« (24) spielt, wäre noch zu ermitteln und gehört durchaus zur Frage nach der Novellenfunktion.

Das Spiel, ja geradezu der Kalkül mit literarischen Formen nimmt in ›Der Schatz‹ (1836/39/56) zu: Im Gegeneinander von Novelle und Märchen, Geschichte, Sage, Gespenstergeschichte und (Fieber- bzw. Trunkenheits-) Traum entfaltet sich unter wechselnden Vorzeichen (die das Märchenhafte beglaubigen bzw. bestreiten) der ›unbegreifliche‹ Sinn einer Erlösungs- bzw. Glückserzählung, die die natürliche Lesart ebenso zuläßt wie die spirituelle oder ironische.

Der Zusammenhang zwischen Novelle und Musik tritt in Mörikes ›Mozart auf der Reise nach Prag‹ (1856) gänzlich in den Vordergrund und ergibt ein erzählerisches Vielerlei von episodischen (Charakter-)Zügen, dramatischen Konflikten (Don-Juan-Libretto), melodischen Zitaten, autobiographischen Reflexen und freien Erfindungen. Gerade diese Form des ›trivialen‹ (Reise-)Aufenthalts, der Zwischenstation, soll – nach Mörike (ED: Mozart 1985, 66) – dem epischen Gedicht und der rhythmischen Arbeit ebenbürtig sein; sie besiegelt die ästhetische Emanzipation der »Prosa in Miniaturformat« als Novelle, und diese vermag es dann sogar, die gewichtige, gelehrte Biographie in den Schatten zu stellen (ebd., 82). Im Bann einer unaufhaltsamen Bewegung des örtlichen und zeitlichen Vorbei bewährt sich die entlarvende Kraft eines Momentbildes und Charaktergemäldes, dessen fragmentarischer Ausschnitt unter dem Blickwinkel nachzeitlicher Verehrung Entstehung, Folgen und Stellenwert des gesellschaftlich integrierten Künstlers bezeugt. Die Beredtheit des Erzählens sucht dabei Zuflucht bei der Unaussprechlichkeit der opernhaft-bedeutungsvollen Musik, um auf dem Unfaßbaren, Genialen des Werkes zu beharren und dennoch erklären zu können, wie sehr das ›Wunderbare‹ aus Arbeitsnot und unwägbarem ›Zufall‹ entsteht und um welchen Preis es veräußert wird. Indem die aristokratische Schloßgemeinschaft den Rahmen gibt für künstlerischen Vortrag, anekdotische Erzählung und rokokohafte Tändelei, erscheint sie zwar noch kurz vor ihrer Katastrophe als prägnante Situation einer ›idyllischen‹ Symbiose zwischen künstlerischer Arbeit, festlichem Genuß und individueller Zuwendung; zugleich aber deutet die Art der Begegnung – das unbewußte Verletzen eines eben erst ›restaurierten‹, familiengeschichtlich bedeutsamen Baumes – auf den schwebenden Konflikt innerhalb einer ästhetischen Gesellschaft, die absichtslos in ihrem schönen und heiteren Tun dem Tode verfallen ist.

Mörikes Werke. Hrsg. v. Harry Maync. Neue, kritisch durchges. u. erl. Ausg., Bd. 3, Leipzig [1914].
Eduard Mörike. Werke und Briefe. Historisch-kritische Gesamtausgabe. Bd. 3: Maler Nolten. Hrsg. v. Herbert Meyer, Stuttgart 1967.

Meyer, Herbert: Eduard Mörike. Stuttgart ³1969 (SM 8).
Steinmetz, Horst: Eduard Mörikes Erzählungen. Stuttgart 1969.
Unger, Helga: Mörike-Kommentar zu sämtlichen Werken. München 1970.
Meyer, Herbert: Eduard Mörike. In: Handbuch, 1981, S. 206–216, 582 f.
Erläuterungen und Dokumente: Eduard Mörike. Mozart auf der Reise nach Prag. Hrsg. v. Karl Pörnbacher, Stuttgart 1985.
Mayer, Birgit: Eduard Mörikes Prosaerzählungen. Frankfurt/M. 1985.
Völker, Ludwig: »Daß das Wunderbare nur scheinbar ist und bloßes Spiel«. Form und Geist des Erzählens in Mörikes Der Schatz. In: JDS 29 (1985), S. 324–342.
Lahnstein, Peter: Eduard Mörike. Leben und Milieu eines Dichters. München 1986.
Mayer, Birgit: Eduard Mörike. Stuttgart 1987 (SM 237).
Braungart, Wolfgang: Eduard Mörike: ›Mozart auf der Reise nach Prag‹. In: Erzählungen und Novellen, Bd. 2, 1990, S. 133–202.
Mayer, Birgit: Antriebskraft Tod. Eduard Mörike: *Mozart auf der Reise nach Prag* (1855). In: Deutsche Novellen, 1993, S. 145–154.
Iwamoto, Osamu: Eduard Mörikes ›Mozart‹-Novelle und das romantische Künstlertum. In: Forschungsberichte zur Germanistik 43 (2001), S. 65–84.
Beci, Veronika: Eduard Mörike. Die gestörte Idylle. Düsseldorf 2004.
Kluckert, Ehrenfried: Eduard Mörike. Sein Leben und Werk. Köln 2004.
Mörike-Handbuch. Leben, Werk, Wirkung. Hrsg. von Inge und Reiner Wild, Darmstadt 2004.
Eduard Mörike. Ästhetik und Geselligkeit. Hrsg. von Wolfgang Braungart, Tübingen 2004.
Mörike, Eduard: Mozart auf der Reise nach Prag: Novelle. Mit e. Kommentar von Peter Höfle. Frankfurt/M. 2005.

4.5.5 Karl Gutzkow

In Gutzkows Novelle ›Imagina Unruh‹ (so 1849; 1873 u.d.T.: ›Eine Phantasieliebe‹) kreuzen sich romantische Vergangenheit (märchenhafte Verfugung von Geister- und Menschenschicksal), jungdeutsche Gegenwart (weibliche Emanzipation, Zeitgeist-Satire der mondänen Badeort-Gesellschaft) und psychoanalytische Zukunft (Handlungsrelevanz des Träumens, Identität durch Phantasieren).

»Was uns selbst wahr ist, sei es auch der Wirklichkeit, und wirklich sei es aller Welt. Feigheit dünkt mich zu sagen: Was ich schrieb, das waren Träume! Es sind Träume gewesen; aber kann uns das Unsichtbare gehören, wenn wir unsere Träume verachten? Was ich mit den Gedanken durchlebt habe, ist so gut eine Tat, wie das, was ich mit meiner Hand vollführe.« (Fassung v. 1849; Werke II, 476, Anm. zu S. 421, Zeile 9)

Indem Imagina ›romantisch‹ lebt, argumentiert sie jungdeutsch fortschrittlich und nimmt – hier noch mit positiver Wendung – das Bewußtsein einer aus den Träumen herrührenden Tatverantwortung vorweg. Mit Recht deutet Himmel (363) auf die Nähe zu Schnitzler hin (vgl. schon Heinrichs Angsttraum in Tiecks ›Des Lebens Überfluß‹). Was für Gutzkow noch »Gemälde eines poetischen Lebens« (Werke II, 476, Anm. zu S. 422, Z. 14) ist, läßt bereits im Umriß eine frühe ›Traumnovelle‹ erkennen.

Gutzkows Werke. Kritisch durchges. u. erl. Ausg. Hrsg. v. Peter Müller, Leipzig [1911], Bd. 2.

Wohlrab, Anna: Karl Gutzkow als Novellist in seinem Verhältnis zu Ludwig Tieck. Diss. masch. Wien 1948.

Plett, Bettina: Zwischen »gemeinem Talent« und »Anempfindungskunst«. Zwiespalt und Übergang in Karl Gutzkows Erzählungen. In: Geschichtlichkeit und Gegenwart, Festschrift für Hans Dietrich Irmscher, hrsg.v. Hans Esselborn, Werner Keller, Köln 1994, S. 267–296.

4.5.6 Adalbert Stifter

In seinem *Handbuch-Artikel* (263) über Stifter schreibt Herbert Seidler: »Stifter hat in diesem Jahrzehnt [1840–50], in dem das Werden der ›Studien‹ die künstlerische Hauptaufgabe darstellt, Novellen im strengen Sinn als bewußt künstlerisch durchgeführte, auf eine Höhe hin angelegte Erzählgebilde geschaffen«. Der Begriff der ›strengen Novelle‹ wird im folgenden ausführlich von der ›Erzählung‹ abgehoben, der diese »strenge Intentionalität der Durchführung« fehle. Bis in die Gegenwart also behauptet sich der Novellenbegriff als formal geeichter Maßstab (»eine echte Novelle«, ebd., 265), der ohne Rücksicht auf seine historische Rolle (Autorintention, Kritikermünze) einfach gelten soll.
Doch selbst wer in der Art zeitgenössischer Rezensenten z. B. ›Brigitta‹ eine Novelle nennt (Enzinger 1968, 38 f.) und daraufhin mit wissenschaftlicher Akribie die novellistische Merkmalsanalyse betreibt (Zentralmotiv, unerhörte Begebenheit, Ding- und Ortssymbol, Wendepunkt), verstellt

sich in doppelter Hinsicht den Blick auf gattungsfunktionale Möglichkeiten innerhalb der Restaurationszeit; er verkennt einmal die Spannbreite der in dieser Epoche kursierenden Novelle, zum anderen übersieht er die nicht- oder gar gegen-novellistische Formabsicht der Stifterschen ›Studien‹. Stifter erklärt in einer Vorrede (wie verbindlich sie ist, wäre mit Blick auf Pabsts Vorreden-Erkenntnisse festzustellen), er biete gesammelte ›Versuche‹ ohne Anspruch auf ›Schriftstellerei‹, allein zum Zwecke der Erheiterung. Doch hinter solcher Bescheidenheit lauert auch der besondere Anspruch: In Wirklichkeit gehört selbst das Bedeutungsloseste, das »kleinste Körnchen« ins »Fundament des Ewigkeitsbaus«. Eigentlich geht es um die Förderung des sittlich Schönen, und nur gemessen an diesem Ziel verstehen sich die ›losen Blätter‹ als minderwertig, als »Baugerüst der Zukunft«, das – geradezu im Wittgensteinschen Sinn – abgerissen werden kann, sobald der Zweck erreicht ist. Im Rahmen solcher Pläne gewinnt der Studienbegriff als Formabsicht Gestalt, und es müßte geprüft werden, ob ein Novellenbegriff solche Bedeutungen überhaupt annehmen kann. In den Journal-Fassungen (z. B. ›Brigitta‹ und ›Der Waldsteig‹) taucht zuweilen die Novellen-Kennzeichnung auf; um so interessanter ist ihr späteres Schwinden.

Stifters Zeitgenossen beruhigten sich keineswegs bei einer Novellenregistrierung. Die Kritiker beanstandeten die Detail-Malerei, den falschen Geschmack, der »»nur ›Studien‹« hervorbringe (L. Schücking 1847; Enzinger 1968, 106f.; noch C. F. Meyer wird die ›Studien‹-Bezeichnung als verletzende Wertminderung seines Werkes empfinden; an L. v. François 11.3.1884); die Überzeugten erkannten das Moderne und Wissenschaftliche einer kosmischen Gesamtschau, wobei unter ›Wissenschaft‹ die Naturwissenschaft und das ihr verwandte Kombinationstalent gemeint waren (Schirges 1844, Enzinger 1968, 42ff.), und gestanden dennoch dem Autor zu, auch das Wunderbare, Metaphysische und Poetische gestalten zu können.

Ein Blick auf ›Brigitta‹ (Journalfass.) kann zeigen, wie die Sammelbezeichnung ›Studien‹ zum organisierenden Prinzip und womöglich sogar zum Thema wird: In der Reflexion am Anfang drückt sich das Studienhafte als Erklärungsbedürfnis aus, doch wendet es sich sogleich auch wieder schroff gegen die vertraute Wissenschaftspraxis (der eigentliche Weg habe von der Klarheit – gesondert, fertig, vor uns liegend – wegzuführen und durch die Lektüre zur Dunkelheit des eigentlichen Sehens zu leiten). So rückt das Erzählen zum neuen Muster wissenschaftlicher Problemlösungen auf. Was in dieser Weise reflektiert wird, wiederholt sich in der Bewegung des Wanderers, der von der Steinsammlung auf die Menschen- bzw. Geschichten-Sammlung kommt. Doch nicht genug damit, daß die Studie den Weg von der Wissenschaft zur Erzählung zeichnet, weist sie auch darüber hinaus den Weg von der Erzählung zur Arbeit. So gipfelt die Studie im Motiv der Urbarmachung äußerer wie innerer Öde. Landwirtschaft, Psychologie und Poesie geraten in enharmonische Verwechslung (»ins öde Steinfeld hindichten«) und dienen damit letztlich der politisch-nationalen Konsolidierung Ungarns. Gesellschaftliche Initiallösung, Pioniergeist des aufgeklärten Adels (Enzinger 1968, 132) und individualpsychologische Verarbeitung (das auflösende Moment des Raubtierhaften) sind Themen solcher Studien, zu deren Bewältigung Raum und Zeit notwendig sind; anders formuliert: Gerade die obligatorische Konzentration der Novellenform würde der Studie die Möglichkeit versagen, die Öde als wüsten Raum abzubilden, den Umweg um die ganze Welt auszuschreiten, um schließlich bei sich selber anzukommen, und die »unsägliche Geduld« aufzubringen, die bei Stifter nur Wölfe und eher ältere Menschen haben.

Adalbert Stifter: Erzählungen in der Urfassung. Hrsg. v. Max Stefl, 3 Bde., Augsburg 1950/52/53.

Enzinger. Moriz: Adalbert Stifter im Urteil seiner Zeit. Festgabe zum 28. Jänner 1968. Wien 1968.
Seidler, Herbert: Adalbert-Stifter-Forschung 1945–1970. In: ZfdPh 91 (1972), S. 113–157, 252–285.
Bandet, Jean-Louis: Adalbert Stifter. Introduction a la lecture de ses nouvelles. Université de Haute-Bretagne 1974.
Wildbolz, Rudolf: Adalbert Stifter. Langeweile und Faszination. Stuttgart 1976.
Naumann, Ursula: Adalbert Stifter. Stuttgart 1979 (= SM 186).
Seidler, Herbert: Adalbert Stifter. In: Handbuch, 1981, S. 258–270, 588 f.
Hunter-Lougheed, Rosemarie: Adalbert Stifter: *Brigitta* (1844/47). In: Romane und Erzählungen zwischen Romantik und Realismus, 1983, S. 354–385.
Hunter-Lougheed, Rosemarie: Adalbert Stifter: ›Brigitta‹. In: Erzählungen und Novellen, Bd. 2, 1990, S. 41–97.
Baumann, Christiane: Angstbewältigung und »sanftes Gesetz«. Adalbert Stifter: Brigitta (1843). In: Deutsche Novellen, 1993, S. 121–129.
Bott, Martin: The Reluctant Realist: Stifter and his ›Bunte Steine‹. In: Perspectives on German Realist Writing: Eight Essays. Hrsg. von Mark G. Ward, Lewiston, NY 1995, S. 65–77.
Doppler, Alfred: Stifter im Kontext der Biedermeiernovelle. In: Adalbert Stifter. Dichter und Maler, Denkmalpfleger und Schulmann. Neue Zugänge zu seinem Werk. Hrsg. von Hartmut Laufhütte und Karl Möseneder, Tübingen 1996, S. 207–219.
Jeter, Joseph Carroll: Adalbert Stifter's *Bunte Steine*. An Analysis of Theme, Style, and Structure in Three Novellas. New York 1996.
Adalbert Stifter. Studien zu seiner Rezeption und Wirkung II. 1931 – 1988. Hrsg. von Johann Lachinger, Linz 2002.
Adalbert Stifter. Hrsg. von Heinz Ludwig Arnold, text + kritik 2003.

4.6 Realismus

Nach allgemeiner Auffassung erreicht die Novelle zur Zeit des Realismus ihren ästhetischen und marktwirtschaftlichen Höhepunkt; ihr Erfolg als »Lieblingsform« (Cowen 1985, 161) zeugt von einem glücklichen Zusammentreffen unterschiedlicher Faktoren: Wie so oft in der Geschichte der Novelle spielen publizistische Interessen eine wegweisende Rolle; wie früher schon Wieland sucht jetzt Ernst Keil für seine ›Gartenlaube‹ »Novellen, möglichst kurz, mit höchstens zwei bis drei Fortsetzungen. Ebenfalls illustriert.« (Zit. n. Cowen 1985, 162). Wenn es eine Generation mit besonderem Hang zum novellistischen Erzählen gibt, so ist es die realistische; und ihr neues Literaturprogramm fördert diese Neigung (andere Formprioritäten; Kunstwert der Prosa; Bedürfnis nach Kompensierung dramatischer Fehlschläge; Einheitsprinzip mittlerer, auch vermittelnder, Darstellungsformen; gesellschaftsgeschichtliche Repräsentanz des Ausschnitthaften, Einzelnen und Abseitigen; symbolischer Sinnwert des konkret Alltäglichen). Gattungsgeschichtliche Situation und literarhistorisches Epochenbild stehen somit in innigem Wechselverhältnis.

Dennoch zeigen sich auch in der ›Hochburg‹ novellistischen Erzählens Unterschiede, Abweichungen und Brüche, die eigentlich erst dann auffallen, wenn man unvoreingenommen jedes als Novelle gekennzeichnete Werk berücksichtigt bzw. darauf achtet, wie die großen Novellisten ihre Erzählungen nannten. Raabe z. B. verzichtete auf die Novellenbezeichnung, obwohl er im Fall der Untertitel-Gebung durchaus charakteristische Vorlieben verrät und obwohl vielleicht die Spuk-Erzählerrunde »im Eingeweide der Erde, in der Erdhöhle im Ith« (›Das Odfeld‹) an die ›Unterhaltungen‹ denken läßt; Fontane wandte den Novellenbegriff gerade dort an (›L'Adultera‹), wo die Spezialforschung felsenfest von einem Roman spricht, und im übrigen fühlte er sich durch die »Berliner Novellenschreiberei« eingeengt (Brief an Friedrich Stephany, 1. 8. 1887, immerhin aber war es 1840 sein Stolz, sich in die Reihe der »Novellisten« aufgenommen zu sehen; HI/VII, 638); Scherr mutete dem Publikum seine Monumentalwerke als ›Novellenbuch‹ zu (vgl. a. Spielhagens 400seitige ›Quisisana‹, 1879), und W. Heimburg ließ ihre Werkernte (wohl nach dem Vorbild der posthum erschienenen ›Gesammelten Romane und Novellen‹ von E. Marlitt) ebenfalls ›Gesammelte Romane und Novellen‹ titulieren.

Überhaupt verdient das Verhältnis von Roman und Novelle im Realismus eine genauere Analyse. Es ist merkwürdig, daß man einerseits den Gegensatz der beiden Formen betont, andererseits die novellistischen Züge am Roman selbst hervorhebt und somit immer mehr allgemeine Eigenarten der großen Epiker des Realismus darstellt und schließlich dennoch auf dem gattungsspezifischen Gegensatz, dem Besonderen der Novelle, beharrt (Martini [4]1981, 611–615).

Wie hoch also die »Vorherrschaft des Formtypus« Novelle ist und auf welcher Gemeinsamkeit sie gründet (ebd., 611), hängt von der durch vorgängige Begriffsbildung und Wertsetzung definierten Textauswahl ab. Sie hängt sogar von methodischen Aspekten des Begriffsgebrauchs ab: Wie ist es möglich, das Persönliche (Cowen 1985, 164) und Charakterbezogene (Martini [4]1981, 612f.) so bedingungslos dem Begebenheitlichen und Gesellschaftlichen entgegenzusetzen, wo es doch um Zusammenhänge geht, die man nur gewaltsam auftrennen kann? Selbst die monologische Form Storms zeugt vom gesellschaftlichen Sinn des Intim-Persönlichen. Und gehören etwa Fritz Mauthners ›Die Sonntage der Baronin‹ (1881) nicht in das Bild der realistischen Novelle?

Der für das realistische Erzählen bezeichnende Zusammenhang zwischen Notwendigkeit, Kausalität, Zufall, Unberechenbarkeit, Irrationalität und dunklem Schicksal (ebd., 612) bedarf noch einer gedanklichen Durchdringung angesichts des topischen Sinns der Novellenform (Ordnung, geschlossene Gesellschaft, Individualität). Zu enorme Begriffsreihen können die Gattungsdiskussion auch belasten; oder das vermeintlich Charakteristische verliert seinen spezifischen Inhalt (Cowen 1985, 76). Auch hierin mag das Jahrhundertwerk, Fontanes ›Stechlin‹, in der Maske des Dr. Pusch das Richtige treffen: »Es gibt eine Normalnovelle. Etwa so: tiefverschuldeter adeliger Assessor und ›Sommerleutnant‹ liebt Gouvernante von stupender Tugend, so stupende, daß sie, wenn geprüft, selbst auf diesem schwierigsten Gebiete bestehen würde. Plötzlich aber ist ein alter Onkel da, der den halb entgleisten Neffen an eine reiche Cousine standesgemäß zu verheiraten wünscht. Höhe der Situation! Drohendster Konflikt. Aber in diesem bedrängten Moment entsagt die Cousine nicht nur, sondern vermacht ihrer Rivalin auch ihr Gesamtvermögen. Und wenn sie nicht gestorben sind, so leben sie noch heute ...« (H I/V, 300) Das ist gewiß Satire; aber die historische Novellenforschung sollte sie doch auch ernst nehmen.

Bedenkt man also das historisch Diffuse der gattungsgeschichtlichen Situation, so überrascht es nicht, daß im Quellenwerk ›Realismus und Gründerzeit‹ zwar ein umfänglicheres Kapitel die ›Theorie der realistischen Novelle‹ dokumentiert, der Einführungsband hingegen begriffslos an der Novelle vorbeigeht und statt dessen ausführlich über die Dorfgeschichte berichtet. Eine der wichtigsten Interpretationssammlungen der älteren Gegenwart (Romane und Erzählungen des Bürgerlichen Realismus, 1980) kommt ohne den Novellenbegriff aus.

Novellen

Heyse, Paul: Novellen. (Erste Sammlung) Berlin 1855.
Riehl, Wilhelm Heinrich: Culturgeschichtliche Novellen. Stuttgart 1856.
Alexis, Willibald: Ja, in Neapel. Novelle. Berlin 1860.
Storm, Theodor: In der Sommer-Mondnacht. Novellen. Berlin 1860.
Kürnberger, Ferdinand: Novellen. 3 Bde., München 1861–62.
Storm, Theodor: Drei Novellen. Berlin 1861.
Meyr, Melchior: Novellen. Stuttgart 1863.
Retcliffe, Sir John: Nach Cayenne! Novelle. In: Kalender des Preußischen Volks-Vereins für 1864, 2. Aufl., Berlin 1863.
Raabe, Wilhelm: Das letzte Recht. Novelle. In: Ferne Stimmen. Erzählungen. Berlin 1865.
François, Louise von: Ausgewählte Novellen. 2 Bde., Berlin 1868.
Griepenkerl, Robert: Novellen. Braunschweig 1868.
Storm, Theodor: Novellen. Schleswig 1868.
Glaßbrenner, Adolf: Burleske Novellen. Berlin 1869.
Heyse, Paul: Moralische Novellen. (Achte Sammlung) Berlin 1869.
Sacher-Masoch, Leopold: Venus im Pelz. Novelle. Leipzig (1870).
Schücking, Levin: Krieg und Frieden. Novellenbuch. 3 Bde., Leipzig 1872.
Meyer, Conrad Ferdinand: Das Amulett. Eine Novelle. Leipzig 1873.
Temme, Jodocus Donatus Hubertus: Criminal-Novellen. 3 Bde., Berlin 1873.
Scherr, Johannes: Novellenbuch. 10 Bde., Leipzig [1874–74].
Storm, Theodor: Novellen und Gedenkblätter. Braunschweig 1874.
Auerbach, Berthold: Drei einzige Töchter. Novellen. Stuttgart (1875).
Storm, Theodor: Waldwinkel. Pole Poppenspäler. Novellen. Braunschweig 1875.
Storm, Theodor: Ein stiller Musikant. Psyche. Im Nachbarhaus links. 3 Novellen. Braunschweig 1876.
Lindau, Rudolph: Das rote Tuch. Novelle. In: Nord und Süd, 1877.
Saar, Ferdinand von: Novellen aus Österreich. Heidelberg 1877.
Storm, Theodor: Aquis submersus. Novelle, Berlin 1877.
Keller, Gottfried: Züricher Novellen. 2 Bde., Stuttgart 1878.
Meyer, Conrad Ferdinand: Denkwürdige Tage. Zwei Novellen. Leipzig 1878.
Samarow, Gregor: Ritter oder Dame. Historische Novelle. Stuttgart 1878.
Storm, Theodor: Neue Novellen. Berlin 1878.
Spielhagen, Friedrich: Quisisana. Novelle. Leipzig (1879).
Bodenstedt, Friedrich von: Gräfin Helene. Novelle. Stuttgart 1880.
Hamerling, Robert: Die Waldsängerin. Novelle. Berlin 1880.
Meyer, Conrad Ferdinand: Der Heilige. Novelle. Leipzig 1880.
Storm, Theodor: »Zur Wald- und Wasserfreude«. Novelle. Berlin 1880.
Storm, Theodor: Drei neue Novellen. Berlin 1880.
Storm, Theodor: Eekenhof. Im Brauer-Hause. Zwei Novellen. Berlin 1880.
Lingg, Hermann: Byzantinische Novellen. Berlin 1881.
Mauthner, Fritz: Die Sonntage der Baronin. Novellen. Zürich 1881
Storm, Theodor: Der Herr Etatsrath. Die Söhne des Senators. Novellen. Berlin 1881.
Anzengruber, Ludwig: Sein Spielzeug. Novelle. In: L. A., Kleiner Markt, Breslau 1883.
Fontane, Theodor: L'Adultera. Novelle. Breslau 1882.
Heyse, Paul: Troubadour-Novellen. Berlin 1882.

Realismus

Keller, Gottfried: Das Sinngedicht. Novellen. Berlin 1882.
Meyer. Conrad Ferdinand: Kleine Novellen. Leipzig 1882.
Meyer, Conrad Ferdinand: Das Leiden eines Knaben. Novelle. Leipzig 1883.
Storm, Theodor: Zwei Novellen. Berlin 1883.
Meyer, Conrad Ferdinand: Die Hochzeit des Mönchs. Novelle. Leipzig 1884.
Meyer, Conrad Ferdinand: Novellen. 2 Bde., Leipzig 1885.
Meyer, Conrad Ferdinand: Die Richterin. Novelle. Leipzig 1885.
Storm, Theodor: Ein Fest auf Haderslevhuus. Novelle. Berlin 1885.
Storm, Theodor: Vor Zeiten. Novellen. Berlin 1886.
Meyer, Conrad Ferdinand: Die Versuchung des Pescara. Novelle, Leipzig 1887.
Storm, Theodor: Bei kleinen Leuten. Zwei Novellen. Berlin 1887.
Storm, Theodor: Der Schimmelreiter. Novelle. Berlin 1888.
Julius Lohmeyers gesammelte Jugendnovellen. Stuttgart (1890).
Meyer, Conrad Ferdinand: Angela Borgia. Novelle. Leipzig 1891.
Ebner-Eschenbach, Marie von: Drei Novellen. Berlin 1892.
Ebner-Eschenbach, Marie von: Bettelbriefe. Novelle. Wien 1898.

Fachliteratur

Silz, Walter: Realism and Reality. Studies in the German Novelle of Poetic Realism. Chapel Hill 1954, ²1956, ⁴1965.
Martini, Fritz: Die deutsche Novelle im ›bürgerlichen Realismus‹. Überlegungen zur geschichtlichen Bestimmung des Formtypus, In: WW 10 (1960), S. 257–278, s. a. Novelle ²352–390.
Martini, Fritz: Deutsche Literatur im bürgerlichen Realismus 1848–1898. Stuttgart 1962, ⁴1981.
Weber, Albrecht: Deutsche Novellen des Realismus. Gattung – Geschichte – Interpretationen – Didaktik. München 1975.
Aust, Hugo: Literatur des Realismus. Stuttgart 1977, ²1981, bes. S. 88–91, ³2000, 87–89 (= SM 157).
Formen realistischer Erzählkunst. Festschrift for Charlotte Jolles. Hrsg. v. Jörg Thunecke u . Eda Sagarra, Nottingham 1979.
Romane und Erzählungen des Bürgerlichen Realismus. Neue Interpretationen. Hrsg. v. Horst Denkler, Stuttgart 1980.
Bernd, Clifford Albrecht: German Poetic Realism. Boston 1981, bes. S. 29–55.
Martini, Fritz: Von der Erzählung im bürgerlichen Realismus, In: Handbuch, 1981, S. 240–257, 586–588.
Kolbe, Hans: Roman oder Novelle? Wandlungen in der Erzählstruktur nach 1870. In: Welt und Roman. Visegráder Beiträge zur deutschen Prosa zwischen 1900 und 1933, hrsg. v. Antal Mádl, Miklós Salyámosy, Budapest 1983, S. 91–101.
Cowen, Roy C.: Der Poetische Realismus. Kommentar zu einer Epoche. München 1985, bes. S. 161–178.
Eisenbeiß, Ulrich: Didaktik des novellistischen Erzählens im Bürgerlichen Realismus. Literaturdidaktische Studien zu Gottfried Keller, Wilhelm Raabe und Theodor Storm. Frankfurt/M. 1985.
Interpretationen: Erzählungen und Novellen des 19. Jahrhunderts. 2 Bde., Stuttgart 1988/90.
In Search of the Poetic Real. Essays in Honor of Clifford Albrecht Bernd On the Occasion of his Sixtieth Birthday. Hrsg. v. John F. Fetzer u.a., Stuttgart 1989.

Freund, Winfried: Literarische Phantastik. Die phantastische Novelle von Tieck bis Storm. Stuttgart 1990.
Gabriel, Hans Peter: »Das kleine Perspektiv«: The Novelle and Literary Representation in German Language Realism. Univerity of Virginia 1995.
Weing, Siegfried: Verisimilitude and the Nineteenth-Century German Novella. In: Neues zu Altem: Novellen der Vergangenheit und der Gegenwart. Hrsg. von Sabine Cramer, München 1996, S. 1–24.
Freund, Winfried: Novelle. In: Bürgerlicher Realismus und Gründerzeit. Hrsg. von Edward McInnes/Gerhard Plumpe. München 1996, S. 462–528.
Brüchert, Erhard: Novellen im Realismus. Didaktisch aufbereitete Unterrichtsmaterialien im Format Word für Windows. München 1997.
Schwarz, Christiane: Wilhelm Heinrich Riehls kulturgeschichtliche Novellen. In: Literatur in Bayern 50 (1997), S. 9–25.
Sprengel, Peter: Geschichte der deutschsprachigen Literatur 1870–1900. Von der Reichsgründung bis zur Jahrhundertwende. München 1998.
Becker, Sabina: Bürgerlicher Realismus. Literatur und Kultur im bürgerlichen Zeitalter 1848–1900. Tübingen 2003, S. 271–326.

4.6.1 Gottfried Keller

Der von Heyse so genannte »Shakespeare der Novelle« (Heyse-Keller-Briefwechsel, 118) bleibt gattungsgeschichtlich gesehen ein problematischer Klassiker. Denn der Vollender der spezifisch deutschen Novellenform (Lukács 1967) hielt sich fern von jenem gattungstheoretischen Denken, dem auch die Keller-Forschung verpflichtet ist, wenn sie seine Erzählungen exakt als echte Novellen identifiziert. Keller lehnte das »Oberlehrer-Schema« (Heyse-Keller-Briefwechsel, 383) der Gattungseinteilung ab; ein »Grübeln über die Mache, dieses apriorische Spekulieren« (DD, 308), hielt er allenfalls gegenüber dem Drama für zulässig – ein Zeichen dafür, wie sehr das, was Keller schuf, außerhalb des herkömmlichen Paradigmas der Formenlehre (in dem das Drama durchaus noch seinen Ort hat) zu sehen ist.

Die wenigen Äußerungen Kellers über die Novelle brauchen deshalb nicht gering geachtet zu werden. Die moderne Novelle erscheint ihm noch 1881 als ›kleiner Roman‹ (Heyse-Keller-Briefwechsel, 221), den die psychologisch sorgfältige Ausführung kennzeichne. Für das eigene Schaffen hingegen macht er eine geradezu vorrealistische Form des an Begebenheiten und interessanten Ereignissen orientierten Erzählens geltend (DD, 381). Storms tadelnd gemeinter Vergleich mit dem »Lalenbuch-genus« (Storm an Keller, 15.7.1878; s.a. den Vorwurf »possenhafter Herabgekommenheit«, 15.5.1881; vgl. DD, 368, 374) trifft durchaus und im besten Sinn Eigenarten des Kellerschen Erzählwerks (vgl. zur Bedeutung des Komödiantischen: DD, 382, 420; s.a. die »Schnurrpfeifereien«, ebd., 314; dazu Irmscher im *Handbuch).* ›Klar‹, ›gedrängt‹, ›naiv plastisch‹ und ohne ›moderne Reflexion‹ (DD, 338) – das sind die Stichwörter eines gegen den (Feuilleton-)Bedarf gerichteten und auf Steigerung (gegenüber der ›Formlosigkeit‹ des Romans) bedachten Erzählens. Kellers wiederkehrende Hinweise auf den charakterisierenden, ja sogar lokal kennzeichnenden Zug seiner Novellen (ebd., 252, 345, 419f.) erinnert an A. W. Schlegels Verständnis der Novelle als ›charakteristischer‹ Form und wäre bei Keller im Zusammenhang mit seiner Vision der klassischen Posse zu sehen.

Wie so oft, erscheint auch bei Keller die kurze Erzählform (ebd., 314) rein äußerlich motiviert (verkaufbar als Feuilletonbeitrag, ebd., 356, 548); zugleich aber zeigt sie – ungeachtet ihrer ›Selbständigkeit‹ – durch die bloße Form des (zyklischen) Beisammenseins ein ›republikanisch‹ gedachtes Großformat an (zu den didaktischen Intentionen vgl. Irmscher im *Handbuch,* 272). Zu Kellers ›Novellen‹-Verständnis gehört auch, daß ihm die Werkbezeichnung ›Novelle‹ weniger »preziös« klang als ›Erzählendes‹ (DD, 372).

Im Umkreis poetologischer Rechtfertigung steht Kellers Losungswort von der »Reichsunmittelbarkeit der Poesie« (ebd., 372). Es zeugt von der kritisch-oppositionellen Haltung des Erzählers, der seine ›Freiheit‹ sowohl gegenüber der Zeit als auch gegenüber erzähltechnischen Konventionen (vgl. die Einschätzung des Rahmens, ebd., 76, 386) behaupten will. So gesehen spielen selbst die ›Sieben Legenden‹ eine novellengeschichtlich bedeutsame Rolle, insofern ihre Rubrizierung als Legende nicht nur die katholische Erzählform durch Ironie negiert oder ihr ›profanes Novellentum‹ (Vorwort) rettet, sondern insofern derselbe Schachzug auch zugunsten der »Novellchen ohne Lokalfärbung« (ebd., 455) einen »Protest gegen die Despotie des Zeitgemäßen in der Wahl des Stoffes und eine Wahrung freier Bewegung in jeder Hinsicht« (ebd., 461) ausspricht; gerade hier fällt der Name Boccaccios (ebd., 469; vgl. zum ›Sinngedicht‹: ein »artiger kleiner Dekameron«, ebd., 353) und suggeriert den republikanischen Sinn der Erzählfreiheit. Eine so verstandene Novelle braucht sich weder vom Märchen noch von der Legende oder dem »skurrile[n] Genre« (an Adolf Exner, 20.12.1873) scharf abzusetzen; das Biographische oder Miniaturromanhafte fällt ja ohnehin in Kellers Geschichten auf (Kunz [2]1978, 108f.). Von Kellers Entwicklungsroman aus gesehen, scheinen die Novellen eine Absage an das autobiographische Interesse anzuzeigen. Tatsächlich aber setzen sie das spezifisch subjektive Interesse im Medium der objektiven Form (F. Schlegel) fort.

Um der gattungsgeschichtlichen Eigenart der ›Leute von Seldwyla‹ (1856, ²1873/74) auf die Spur zu kommen, mag es nützlich sein, sich bewußt zu halten, daß Keller die »eigentlichen Novellen« des Galatea-Plans von den »Charakteristiken« des ›Seldwyla‹-Zyklus, der nur »novellistischer Natur« sei, unterschied (DD, 252). Wiederholt sprach er von ›Lebensbildern‹ und »Charakter-Erzählungen« (ebd., 253). Zwar deutet er eine »gemeinsame Grundlage« (ebd., 285, bezogen auf den 1. Band) des Zyklus an, zeigt aber durch den Einbezug des »Märchens«, daß er nicht gewillt ist, die intendierte Gemeinsamkeit ›uniform‹ darzustellen. Gegensätze und Umkehrungen dominieren allenthalben: das natürliche Glück, von dem die Etymologie noch kündet, und der »prächtige Schuldenverkehr«, Utopie und Satire, Typik und Ausnahme; sie hängen zusammen mit auffallenden Brüchen, störenden Abweichungen und lästiger Mannigfaltigkeit. Wo sich dies als Prozeß abspielt, könnte der Wendepunkt-Begriff durchaus eine besondere Bedeutung gewinnen, indem er »das Umschlagen der vorbürgerlichen Jugend-Poesie in die Erwachsenen-Prosa des bürgerlichen Erwerbslebens« meint (Neumann 1990, 275). Wenn das Ziel des Zyklus darin liegt, die ›regelrechten‹ Ausnahmen innerhalb der Typik eines regionalgeschichtlichen Ausschnitts zu schildern, so entsteht notwendigerweise ein Formgebilde, das abseits spezieller Benennung den Spielraum von schablonenhafter Bestimmtheit und originalem Entwurf dialektisch ausmißt.

Mit dem Rahmen der ›Züricher Novellen‹ (1878/79) verhält es sich vielleicht ähnlich wie mit dem der ›Unterhaltungen‹: Auch Keller ›enttäuscht‹ die standardisierte Erwartung hinsichtlich einer symmetrischen Abrundung. Ob diese Entautomatisierung zyklischer Vorstellung zur Sache der Kellerschen Novelle gehört, bedürfte einer Untersuchung. Sie erscheint um so dringlicher, als das Originalitätsthema, das die Geschichte des Herrn Jacques anschlägt, durchaus gattungsspezifische Seiten hat: Nachahmung, Wert, Situationsangemessenheit, nicht aber unbedingt »Unerhörtes und Erzursprüngliches« sind die Leitwörter, die auch in der Novellengeschichte eine Rolle spielen und im Sinn einer »unaufdringlichen Mustergültigkeit« (Kaiser 1981, 149) verstanden werden können, über die man redet oder die sich auch nur so zeigt; d. h. es kommt nicht nur auf den Zusammenhang der fünf Novellen an (ob dieser nun in der pädagogischen Tendenz, so Laufhütte, oder in zentralen Begriffspaaren wie Originalität und Volk, Natur und Geschichte, so Kaiser 1981, 150, liegt), sondern auch auf den Sinn ihres Unterschieds: Die Erzählmotivation und das Registrieren jener dem Zuhören entspringenden Handlungen hören als literaturpragmatische Modelle auf, noch bevor der Zyklus tatsächlich endet, so daß beide – Erzähler wie Leser – aus der ›Vormundschaft‹ des Rahmens entlassen, nun die Gebrauchsform zweier Novellen in neu gewonnener Freiheit selbständig ausüben dürfen.

›Das Sinngedicht‹ (1882), jene »eigentlichen Novellen« (DD, 252), löst ein, was die Reflexion versprach, als sie sich der apriorischen Festlegung enthielt und statt dessen darauf beharrte, daß noch alles im Fluß sei. Schon die ›unsichere‹ Zahl der Novellen (denn nur nach Reinhartscher Scholastik ergäbe sich eine klare Fünferzahl) verweist auf die Beweglichkeit der Form, die nicht nur die Geschichte der Zöllnerin und Waldhornwirtin sowie Lucies Jugenderzählung umfaßt, sondern vielleicht sogar jene Tagebucheintragungen der Pfarrerstochter, von denen der Leser nur ahnen kann, und vor allem auch die zahlreichen mitzulesenden Mythen (Anton 1970). Ein ›Bildungsbegriff‹ (Irmscher 1981) der die Veränderlichkeit der ›Elemente‹ im Sinn von Lernfähigkeit in sich trägt, tritt in den Vordergrund und reißt die Novellen-»Erzählerei« im Strom wechselnder Erfahrungen und Erfahrungsweisen mit sich: Steht am Anfang der (wissenschaftlichen) Erfahrung ein »sinnreicher Apparat«, der dem ›Unsinn‹ experimenteller Neugier dient (vgl. die paradoxe Absicht, »das innerste Geheimnis solcher durchsichtigen Bauwerke zu beleuchten«), so orientiert sich das Erlebnis des »schönen« Lebens außerhalb der Studierstube schon an einem »Sinngedicht«, auch wenn sein Gebrauch (experimentum crucis) noch Spuren des ›krankmachenden‹ Wissenserwerbs trägt und die verbale (zugleich mythische) Metamorphose auf die chemische Reaktion verkürzt (fast wörtlich läßt sich Kellers Kritik an der akademischen Gattungslehre, an dem »fortwährenden« Forschen nach dem Geheimmittel, dem Rezept und dem Goldmacherelexier« (DD, 308), aus der ironischen Darstellung des naturwissenschaftlichen Forschens ableiten). Erst die Sternfahrt der Novellen, ihre eben nicht reduzierbare Mannigfaltigkeit (hinsichtlich Erzählmotiv bzw. -zweck, Thema, Form und Wirkung), bereitet den Weg zu den »menschlichen und moralischen Dingen«, die gerade nicht aus einer Probe automatisch resultieren, sondern sich episodisch-handelnd verwirklichen (Rettung der Schlange) und sogar in der ›Parodie‹ des Meistersangs verstehbar‹ (Irmscher) werden. Das »Parabelhafte« und »Fabelmäßige«, das Keller in die Nähe Boccaccios rückt (Luck, 410), bedingt eine Art Pluraletantum der »Novellen«, die nur so »den unendlichen Reichtum der Erscheinungen« sinnvoll verdichten. Wenn für Keller die »Gebietsgrenzen« der Novelle »erst noch abgesteckt werden müssen« (an Storm, 14./16. 8. 1881), so konnte ›Das Sinngedicht‹ ohnehin keine logische Form der Novelle, sondern nur »Spiele« im Sinne Wittgensteins (›Philosophische Untersuchungen‹, § 68) bieten.

Gottfried Kellers sämtliche Werke in sieben Bänden. Hrsg. von Thomas Böning u.a. Bd. 4: Die Leute von Seldwyla. Bd. 5: Zürcher Novellen. Bd. 6: Das Sinngedicht, Frankfurt/M. 1989 u. 1991.
Paul Heyse und Gottfried Keller im Briefwechsel. Hrsg. v. Max Kalbeck, Hamburg 1919.
Der Briefwechsel zwischen Theodor Storm und Gottfried Keller. Hrsg. v. Peter Goldammer, Berlin (Ost) [2]1967.
Aus Gottfried Kellers glücklicher Zeit. Der Dichter im Briefwechsel mit Marie und Adolf Exner. Hrsg. v. Irmgard Smidt, erw. Neuausg., Stäfa (Zürich) 1981.
Dichter über ihre Dichtungen: Gottfried Keller. Hrsg. v. Klaus Jeziorkowski, München 1969.

Lukács, Georg: Gottfried Keller. [Zuerst 1939]. In: Die Grablegung des alten Deutschland. Essays zur deutschen Literatur des 19. Jahrhunderts. Ausgewählte Schriften 1, Reinbek 1967, S. 21–92, bes. S. 54–69.
Höllerer, Walter: Gottfried Kellers ›Leute von Seldwyla‹ als Spiegel einer geistesgeschichtlichen Wende. Ein Beitrag zur Geschichte der Novelle im 19. Jahrhundert. Diss. masch. Erlangen 1949.
Richter, Hans: Gottfried Kellers frühe Novellen. Berlin (Ost) 1960, [2]1966.
Remak, Henry H. H.: Theorie und Praxis der Novelle: Gottfried Keller. In: Stoffe, Formen, Strukturen. Studien zur deutschen Literatur, hrsg. v. Albert Fuchs u. Helmut Motekat, München 1962, S. 424–439 (= Remak 1996, S. 144–164).
Reichert, Karl: Gottfried Kellers ›Sinngedicht‹ – Entstehung und Struktur. In: GRM NF 14 (1964), S. 77–101.
Leckie, R. William: Gottfried Keller's *Das Sinngedicht* as a Novella Cycle. In: GR 40 (1965), S. 96–115.
Ohl, Hubert: Das zyklische Prinzip von Gottfried Kellers Novellensammlung *Die Leute von Seldwyla*. In: Euphorion 63 (1969), S. 216–226.
Anton, Herbert: Mythologische Erotik in Kellers ›Sieben Legenden‹ und im ›Sinngedicht‹. Stuttgart 1970.
Luck, Rätus: Gottfried Keller als Literaturkritiker. Bern 1970, bes. S 400–445.
Laufhütte, Hartmut: Geschichte und poetische Erfindung. Das Strukturprinzip der Analogie in Gottfried Kellers Novelle ›Ursula‹. Bonn 1973.
Boeschenstein, Hermann: Gottfried Keller. Stuttgart [2]1977 (= SM 84).
Muschg, Adolf: Gottfried Keller. München 1977.
Kaiser, Gerhard: Natur und Geschichte. Kellers »Ursula« und der Aufbau der »Züricher Novellen«. In: G. K. u. Friedrich A. Kittler: Dichtung als Sozialisationsspiel. Studien zu Goethe und Gottfried Keller. Göttingen 1978, S. 135–224.
Irmscher, Hans Dietrich: Gottfried Keller. In: Handbuch, 1981, S. 271–287, 589–592.
Kaiser, Gerhard: Gottfried Keller. Das gedichtete Leben. Frankfurt/M. 1981.
Neumann, Bernd: Gottfried Keller. Eine Einführung in sein Werk. Königstein/Ts. 1982.
Sautermeister, Gert: Novellenkunst und Novellentheorie im bürgerlichen Realismus. Ein Gang durch Kellers ›Die Leute von Seldwyla‹. In: Poesie und Politik. Realistische Diskurse im 19. Jahrhundert. Hrsg. v. Gerhard Plumpe, Bonn 1985.

Koebner, Thomas: Gottfried Keller: *Romeo und Julia auf dem Dorfe*. In: Erzählungen und Novellen, Bd. 2, 1990, S. 203–234.
Neumann, Bernd: Gottfried Keller: ›Kleider machen Leute‹. In: Erzählungen und Novellen, Bd. 2, 1990, S. 235–278.
Bänziger, Hans: Ambivalenz der Eitelkeit. Gottfried Keller: Kleider machen Leute (1873). In: Deutsche Novellen, 1993, S. 165–174.
Renz, Christine: Gottfried Kellers ›Sieben Legenden‹. Versuch einer Darstellung seines Erzählens. Tübingen 1993.
Amrein, Ursula: Augenkur und Brautschau. Zur diskursiven Logik der Geschlechterdifferenz in Gottfried Kellers ›Sinngedicht‹. Bern 1994.
Swales, Erika: The Poetics of Scepticism: Gottfried Keller and *Die Leute von Seldwyla*. Oxford 1994.
Metz, Klaus-Dieter: Gottfried Keller. Stuttgart 1995.
Schilling, Diana: Kellers Prosa. Frankfurt/M. 1998.
Brandstetter, Gabriele: Fremde Zeichen: Zu Gottfried Kellers Novelle »Die Berlokken«. Literaturwissenschaft als Kulturpoetik. In: JDS 43 (1999), S. 305–324.
Hoffmann, Volker: Seldwyla – ein genialisches Todesabwehrsystem. Zur anthropologisch-ästhetischen Verknüpfung von Einleitung und erster Erzählung ›Pankraz, der Schmoller‹ in Gottfried Kellers Zyklus ›Die Leute von Seldwyla‹ (1856). In: helle döne schöne. Versammelte Arbeiten zur älteren und neueren deutschen Literatur. Festschrift für Wolfgang Walliczek. Hrsg. von Horst Brunner u. a. Göppingen 1999, S. 271–294.
Nölle, Volker: Figurenanordnung und epochenspezifische Darstellungsmuster in Gottfried Kellers Erzählungen. In: JDS 44 (2000), S. 136–153.
Kaiser, Gerhard: Experimentieren oder Erzählen? Zwei Kulturen in Gottfried Kellers *Sinngedicht*. In: JDS 45 (2001), S. 278–301.
Selbmann, Rolf: Gottfried Keller. Romane und Erzählungen. Berlin 2001.
Schestag, Thomas: Novelle. Zu Gottfried Kellers Romeo und Julia auf dem Dorfe. In: Anführen – Vorführen – Aufführen. Texte zum Zitieren. Bielefeld 2002, S. 197–222.
Hertling, Gunter H.: Bleibende Lebensinhalte. Essays zu Adalbert Stifter und Gottfried Keller. Bern 2003.
Honold, Alexander: Vermittlung und Verwilderung. Gottfried Kellers »Romeo und Julia auf dem Dorfe«. In: DVjs 78 (2004), S. 459–481.

4.6.2 Theodor Storm

Der seit Eichendorff und Goethe vertraute Zusammenhang zwischen Novelle und Lyrik (für die Gegenwart s. Zies: ›Siebenjahr‹ 1981) sowie das schon in den ›Unterhaltungen‹ ausgeprägte Steigerungsspiel mit literarischen Formen begegnen auch bei Storm; hinzu kommen Traditionen des mündlichen Erzählens (Stuckert 1955, 230 et passim) und vor allem die bereits in der Frühromantik erwogene Nähe zum Drama; schließlich wirkt sich auch die von Th. Mundt und F. Th. Vischer vorgedachte gehaltliche Erwartung aus. Kennzeichnend für das ›Klima‹ der Stormschen (öffentlichen) Novellenreflexion, die in dem zurückgezogenen »Vorwort« (1881) ihren Ausdruck findet, ist das »Bedenken, ob es nicht [...] vornehmer oder würdiger sei, die Sache für sich sprechen« zu lassen (Storm-Schmidt-Briefwechsel, II, 174, A 4).

K. E. Laage hat 1976 erstmals den Prozeß um dieses »deutliche Wort« zur Novelle genauestens dokumentiert, bis in letzte Einzelheiten entschlüsselt und vorbildlich erläutert (ebd., 169–174). Demnach trägt diese Miniatur eines Novellenprogramms Spuren des Zorns infolge der flüchtigen Lektüre einer Zeitungsnotiz. Storms Kennzeichnung der älteren Novellenform, die er für überwunden erklärt, zitiert briefliche Formulierungen des österreichischen Schriftstellers K. G. v. Leitner, und das berühmte Neuverständnis der Novelle als »Schwester des Dramas« erscheint im Licht einer späteren Selbstdeutung als (in der Novellenreflexion durchaus gängige) Verhältnisbestimmung (was das Drama in der Dichtung, ist die Novelle in der Prosa). Im Grunde geht es weniger um gattungstheoretische Bestimmungen als um den Wert der Novelle, der sich an ihrem Arbeitsaufwand ermißt. Wirkungsgeschichtlich bedeutsam ist Laages Hinweis, daß Storms »Vorwort« zwar erst 1904 (im Auszug) bzw. 1913 an die Öffentlichkeit gelangte, der zentrale Gedanke aber schon 1884 infolge einer Rede, die Storm in Berlin hielt, publizistische Wellen schlug (vgl. Fontanes Brief an Emilie F. v. 21. Juli 1884 u. Anm. im ›Ehebriefwechsel‹ 1998, III, 705). Storms oft zitiertes Wort von der Novelle als der »Schwester des Dramas« ist zu diesem Zeitpunkt bereits Topos der Novellenkritik (vgl. Keiter 1878, P. Hille 1878, Eckstein 1879).

Der historische Ausgangspunkt von Storms Novellenstil liegt in Reinbecks Situationsbegriff (vgl. 3.2.5); dieser weist infolge seiner ›Zwitterform‹ (Bilder der Krise, die das Gefühl erregen; Wierlacher 1971) sowohl in eine lyrische als auch dramatische Richtung, so daß er gleichermaßen die frühe lyrische wie die späte tragische Novellistik erhellen kann (vgl. Coghlans, 1989, Ausführung über das »tableau vivant«). Formengeschichtlich gesehen, beruhen Storms Novellen auf verschiedenen Traditionen (Idylle, Bild, Lied, Elegie, Chronik, Sage, Ballade, Schicksalstragödie i. S. v. Niederlage des tragischen Helden im Kampf gegen Verhältnisse, die nicht er, sondern das Ganze, dem er als Teil angehört, verschuldet hat).

Der zweifelsohne auch feststellbare Unterschied zwischen früher und später Novellistik scheint im Selbstverständnis des Autors sogar rezeptionsästhetische Implikationen zu haben (die »Gukkasten«-Form erwartet vom Leser eine Bildsynthese, während später die bereits romanähnliche Totalität, Lukács 1971, 107, eine »lückenlose Novelle« hervorbringt; Storm-Schmidt-Briefwechsel 4, II, 57 u. 188 f., A 22). Vielleicht darf man im Rahmen von ›Aquis submersus‹ das Nebeneinander beider Typen wiedererkennen, insofern der jugendliche Bildbetrachter die Bildgeschichte durch die Auflösung der Abkürzung zu ermitteln sucht, während der Erwachsene die gefundenen vollständigen Papiere einfach liest.

Schicksal (d.i. Determination, Zufall, Dämonologie), Isolation und Verlust sind Erfahrungsinhalte (»Prinzipalkonflikte«), Stimmung, (wehmütige) Erinnerung, Rahmenperspektive und Rückwendung die Erfahrungsmodi solcher Novellen; Privates wie Öffentliches, Vergangenes wie Aktuelles, Rationales wie Spukhaftes, insbesondere aber heimisches Geschehen bilden ihren Erlebnisraum; Resignation, Rührung, Mitleid und Kritik gehen von einem Stil aus, der zwischen Lyrischem, Dramatischem und Realistischem vermittelt. Der Rahmen dient bei Storm zur Funktionsbestimmung des Erzählten; er stellt insbesondere eine Beziehung zwischen der erzählten Geschichte und ihrem nachzeitlichen Leser bzw. Schreiber her. Die Art, wie dieser Leser dem Text aus der Vergangenheit begegnet, löst das Zukunftsdenken des Schreibers der alten Geschichte ein und zeigt, wie ›entlegen‹ oder ›gegenwärtig‹ dessen Schicksal ist. So gesehen sind Storms Chronik-Novellen – paradoxerweise – eigentlich Zukunftserzählungen einer Gegenwart, die das Bild der eigenen Zukunft vom Modell des vergangenen Zukunftskalküls abschaut. Wie bei C. F. Meyer scheint sich auch in Storms Rahmennovellen eine Attrappenfunktion (Kaiser 1979) geltend zu machen. Hier wären die Motive für die archaisierende Sprache zu suchen, die (z. B. bei ›Renate‹) fern von kulturhistorisch-antiquarischer Manier die reale Zukunftslosigkeit fortschrittlichen Handelns (Thema Hygiene) im Weltbild der herrschenden Sprache sinnfällig vor Augen führt.

Storms Novelle ›Der Schimmelreiter‹ (1888), »das Höchste [...], dessen die Gattung der Novelle überhaupt fähig ist« (Goldammer [4]1978, 201, mit Berufung auf Th. Mann, S. 208), bleibt trotz ihres kanonischen Musterwerts funktionsgeschichtlich gesehen ein problematischer Fall: Ihre besondere Form entsteht durch die Aufgabe, Sage und Novelle zu vermitteln. Galt es jedoch dem jungen Dichter 1843 noch als erstrebenswert, die alte Sage vor jedem »Novellen-Kittel« (Briefe I, 39) zu bewahren, so unternimmt er es 1886, die »Deichgespenstersage auf die vier Beine einer Novelle zu stellen« (Storm-Heyse-Briefwechsel III, 140). Mag hier auch der Entwicklungsgang eines Novellisten, der noch 1855 die »Prosa« als ein Ausruhen »von den Erregungen des Tages« (Storm-Mörike-Briefwechsel, 63) empfand, den Gesinnungswandel herbeigeführt haben, so bleibt dennoch jene begriffliche ›Gleichgültigkeit‹ zu erklären, mit der das gesetzte Ziel, »einen Deichspuk in eine würdige Novelle zu verwandeln, die mit den Beinen auf der Erde steht« (SW IV, 659), fast schon wieder aufgegeben wird: »»Novelle‹

braucht es nicht genannt zu werden; etwa: ›Eine Deichgeschichte‹ oder ›Eine Geschichte aus der Marsch‹.« (SW IV, 662).

Theodor Storm: Sämtliche Werke. Hrsg. v. Peter Goldammer, 4 Bde., Berlin (Ost) ⁴1978.
Theodor Storm: Briefe. Hrsg. v. Peter Goldammer. 2 Bde., Berlin (Ost) 1972.
Theodor Storm – Paul Heyse. Briefwechsel. Kritische Ausgabe. Hrsg. v. Clifford Albrecht Bernd, 3 Bde., Berlin 1969/70/74.
Theodor Storm – Erich Schmidt. Briefwechsel Kritische Ausgabe. Hrsg. v. Karl Ernst Laage, 2 Bde., Berlin 1972/76.
Theodor Storm – Eduard Mörike. Theodor Storm – Margarethe Mörike. Briefwechsel. Kritische Ausgabe. Hrsg. v. Hildburg u. Werner Kohlschmidt. Berlin 1978.

Lukács, Georg: Bürgerlichkeit und l'art pour l'art: Theodor Storm. [zuerst 1909] In: G. L., Die Seele und die Formen. Essays. [1911] Neuwied 1971, S. 82–116.
Arnold, P. J. Storms Novellenbegriff. In: ZfDk 37 (1923), S. 281–288.
Masson, Raoul: La Théorie de la Nouvelle selon Theodor Storm. In: Les Langues Modernes 40 (1946), S. 449–476, 41 (1947), S. 33–51.
Fuller, W. E.: Theodor Storm as a Theorist of the Novelle. Diss. Wisconsin 1951.
Stuckert, Franz: Theodor Storm. Sein Leben und seine Welt. Bremen 1955.
Bernd, Clifford A.: Theodor Storm's Craft of Fiction. The Torment of a Narrator. Chapel Hill 1963, ²1966.
McCormick, E. Allen: Theodor Storm's Novellen. Essays on Literary Technique. Chapel Hill 1964.
Zuber, Wolfgang: Natur und Landschaft in der späteren Novellistik Theodor Storms. Zur epischen Integration der Naturdarstellung in der Entwicklungsgeschichte der deutschen Novelle. Diss. Tübingen 1969.
Schuster, Ingrid: Theodor Storm. Die zeitkritische Dimension seiner Novellen. Bonn 1971.
Vinçon, Hartmut: Theodor Storm. Stuttgart 1973 (= SM 122).
Goldammer, Peter: Theodor Storm. Eine Einführung in Leben und Werk. 2. veränd. Aufl., Leipzig 1974.
Kaiser, Gerhard: Aquis submersus – versunkene Kindheit. Ein literaturpsychologischer Versuch über Theodor Storm. In: Euphorion 73 (1979), S. 410–434.
Boll, Karl Friedrich: Storm: »Meine Novellistik ist aus meiner Lyrik erwachsen.« In: Schriften der Theodor-Storm-Gesellschaft 29 (1980), S. 17–32.
Niewerth, Hein-Peter: Theodor Storm. In: Handbuch, 1981, S. 303–318, 593–595.
Sang, Jürgen: Novellenforschung und Storm-Literatur in 30 Jahrgängen der ›Schriften der Theodor-Storm-Gesellschaft‹. In: Schriften der Th.-Storm-Ges. 31(1982), S. 50–60.
Freund, Winfried: Theodor Storm: ›Der Schimmelreiter‹. Glanz und Elend des Bürgers. Paderborn 1984.
Freund, Winfried: Theodor Storm. Stuttgart 1987.
Bollenbeck, Georg: Theodor Storm. Eine Biographie. Frankfurt/M. 1988.
Pastor, Eckart: Die Sprache der Erinnerung. Zu den Novellen von Theodor Storm. Frankfurt/M. 1988.
Theodor Storm. Studien zur Kunst und Künstlerproblematik. Hrsg.v. Walter Zimorski, Bonn 1988.

Weinreich, Gerd: Theodor Storm. ›Der Schimmelreiter‹. Grundlagen und Gedanken zum Verständnis erzählender Literatur, Frankfurt/M. 1988.

White, Alfred D.: Storm: ›Der Schimmelreiter‹. London 1988.

Nickelsen, Ellin A.: Theodor Storms Novellenkunst. In: German Studies in India 12/13(1988/89), S. 235–242 u. 41–57.

Theodor Storm und das 19. Jahrhundert. Vorträge und Berichte des Internationalen Storm-Symposions aus Anlaß des 100. Todestages Theodor Storms. Hrsg. v. Brian Coghlan, Karl-Ernst Laage, Berlin 1989.

Coghlan, Brian: Theodor Storms Novelle: eine Schwester des Dramas? In: Schriften der Th.-Storm-Ges. 38(1989), S. 26–38.

Cozic, Alain: *Der Schimmelreiter:* une nouvelle? Contribution à l'étude de l'art de la nouvelle chez Theodor Storm. In: Von der Novelle zur Kurzgeschichte, hrsg. v. D. Jehl, Frankfurt/M. 1990, S. 33–47.

Hildebrandt, Klaus: Theodor Storm. ›Der Schimmelreiter‹. Interpretation. München 1990.

Hoffmann, Volker: Theodor Storm: ›Der Schimmelreiter‹. Eine Teufelspaktgeschichte als realistische Lebensgeschichte. In: Erzählungen und Novellen, Bd. 2, 1990, S. 333–370.

Freund, Winfried: Heros oder Dämon? Theodor Storm: *Der Schimmelreiter* (1888). In: Deutsche Novellen, 1993, S. 187–198.

Hackert, Fritz: Die Novelle, die Presse, »Der Schimmelreiter«. In: WB 41 (1995), S. 89–103.

Hertling, Gunter H.: Theodor Storms ›Meisterschuß‹ *Aquis submersus.* Der Künstler zwischen Determiniertheit und Selbstvollendung. Würzburg 1995.

Reidy, Ann: Theodor Storm: Writing History Against the Grain. Focus on Literatur: A Journal for German Language Literature 2 (1995), S. 125–138.

Schilling, Michael: Erzählen als Arbeit am kollektiven Gedächtnis. Zu Theodor Storms Novellen nach 1865. In: Euphorion 89 (1995), S. 37–53.

Andreotti, Adriana, Bartsch, Hedwig: Theodor Storm *Immensee.* In: Erzählkunst der Vormoderne. Hrsg. von Rolf Tarot und Gabriela Scherer, Bern 1996, S. 199–208.

Burns, Barbara: Theory and patterns of tragedy in the later Novellen of Theodor Storm. Stuttgart 1996.

Fasold, Regina: Theodor Storm. Stuttgart 1997 (= SM 304).

Wapnewski, Peter: Diese grünen Träume oder: Der Schwärmer im Feldlager. Zu Theodor Storms Novelle *Ein grünes Blatt.* In: Euphorion 91 (1997), S. 183–205.

Gerrekens, Louis: »Und hier ist es« – Die verwirrende Fiktion erzählerischer Objektivität in Storms Novelle »Zur Chronik von Grieshuus«. In: Schriften der Theodor-Storm-Gesellschaft 47 (1998), S. 47–72.

Schmidt, Klaus M.: Novellentheorie und filmisches Erzählen vor dem Hintergrund moderner Stormverfilmungen. In: Schriften der Theodor-Storm-Gesellschaft 48 (1999), S. 95–125.

Jackson, David A.: Theodor Storm. Dichter und demokratischer Humanist. Eine Biographie. Berlin 2001.

Neumann, Christian: Zwischen Paradies und ödem Ort. Unbewusste Bedeutungsstrukturen in Theodor Storms novellistischem Spätwerk. Würzburg 2002.

Reiter, Christine: Gefährdete Kohärenz: literarische Verarbeitung einer ambivalenten Wirklichkeitserfahrung in den Novellen Theodor Storms. St. Ingbert 2004.

Bernd, Clifford Albrecht: Theodor Storm. The Dano-German Poet and Writer. Bern ²2005, S. 149–213.
Blödorn, Andreas: Storms Schimmelreiter. Vom Erzählen erzählen. In: DU 57,2 (2005), S. 8–17.
Lee, No-Eun: Erinnerung und Erzählprozess in Theodor Storms frühen Novellen (1848–1859). Berlin 2005.

4.6.3 Conrad Ferdinand Meyer

Daß für den »Tacitus der Novelle« (F. Th. Vischer in Briefe II, 178) die historische Novellenform eine außergewöhnliche Rolle spielt, bedarf keiner nochmaligen Versicherung. Daß dieser Tacitus aber die Geschichte und die novellistische Form sehr eigenwillig, ja geradezu »subversiv« (Knapp 1993) einsetzt, darf ebensowenig vergessen werden. Erinnert sei an das Prinzip der »Rumpelstilzchen«-Ästhetik (Betsy Meyer ²1903, 183, vgl. Vischers »Täuschungslos ächt ideale Täuschung«, Briefe II, 178); demnach versteckt und offenbart die »starke« (Briefe 1, 411), »sculpturale« (Meyer-Rodenberg-Briefwechsel, 48) Stilisierung von Form, weltgeschichtlicher Vergangenheit, Größe und Wahrheit am besten die Absicht, von sich selbst zu erzählen (Brief an Bovet v. 14.1.1888; Briefe I, 138). Bekannt und normenkonform ist Meyers lapidare gattungsästhetische Auskunft, derzufolge Novellen deshalb so heißen, »weil sie sich rasch erzählen, mit jenen plötzlichen entscheidenden Wendungen« (SW XV, 258). Gewiß läßt Meyers Renaissance-Welt, ihre Stoffe, Figuren, Motive und Gebärden (insbesondere die metonymische Verwendung von Stirn, Auge, Mund und Hand), an die »altitalienischen Muster« (SW XI, 225) der Novelle denken (i.S.v. Stadtklatschereien über Unglück und Ärgernis, SW XII, 33, 65); dennoch wird der Zusammenhang eher verdeckt als enthüllt, wenn z.B. Dante das ›Dekameron‹ nicht als Novellenbuch, sondern ausgerechnet als »modisches Märchenbuch« bezeichnet.

In ein anderes Zentrum gattungsspezifischer Planung, Steigerung (»ein ewiges Lernen und diese Arbeit nur der Schritt zu einer besseren«, Briefe l, 84) und sogar Sorge führt das briefliche Geständnis gegenüber L. v. François (8.4.1882, 49):

> »*Wahr* kann man (oder wenigstens ich) nur unter der dramatischen Maske *al fresko* sein. Im Jenatsch und im Heiligen (beide ursprünglich dramatisch concipirt) ist in den verschiedensten Verkleidungen weit mehr von mir, meinen *wahren Leiden und Leidenschaften*, als in dieser Lyrik, die kaum mehr als Spiel oder höchstens die Aeußerung einer untergeordneten Seite meines Wesens ist.«

Hier werden Spannung, Sehnsucht, ja Begehren (»Dramaversuchung«, Briefe I, 182) ahnbar, die großräumig entlang der Gattungseinteilung verlaufen und von der Lyrik zur Novelle und über diese hinaus zum Drama, ja vielleicht sogar zum großen Roman drängen (vgl. a. den Ehrgeiz, die »Miniatur«, die »Tüpfelchen u. Uzeichen des Knaben« mit Arbeiten »in großen Zügen« hinter sich zu lassen; Briefe II, 115 f.). In der Tat hat Meyer einige Novellen als Dramen geplant und in dieser Form erhofft, andere beabsichtigte er nachträglich zu dramatisieren (Briefe II, 211); ob Meyer mit seiner dramenartigen Novelle sein Ziel erreicht hat oder ob er nicht eher gerade in dieser Form auch die Grenzen seines Vermögens empfinden mußte, bleibt eine bewegende Frage. In ähnliche Richtung weist vielleicht die Warnung L. v. François': »Das Novellistische ist gar zu verführerisch für einen, der es aus dem Aermel schüttelt und auf ein lauschendes Publikum rechnen darf.« (ebd., 67; vgl. dagegen das ›Aufreibende‹ der Dramenform und das leibliche Abnehmen; Briefe II, 378) Auch ist das Drama nicht der einzige Fluchtpunkt von Meyers gesteigerter Novellistik; wenn z. B. in ›Die Richterin‹ die Novelle im Traum zur Ballade kristallisiert, so deutet sich eine andere ›Engführung‹ an, die eher an Eichendorffs oder Goethes Novellenform erinnert.

Gattungen scheinen für Meyer nicht nur rein literarische Gebilde gewesen zu sein. Berücksichtigt man, daß er in ihnen möglicherweise auch unterschiedliche Sprecherinstanzen bzw. Redeautoritäten erlebte (Lyrik: Mutter, Novelle: Vater; s. dazu Kittler 1977, s. a. das väterliche Märchen-Verbot; B. Meyer [2]1903, 56), so gewinnt der Gesichtspunkt gattungsspezifischen Ringens (s. a. Briefe I, 447) geradezu eine familiengeschichtliche Bedeutung. Die Frage, welchem »anderen zu Liebe« (SW XII, 9) Meyer gegen die eigene Natur seine Novellen erzählt, erhält unter solchem Blickwinkel einen Sinn, ebenso die Überlegung, ob es – entsprechend dem Wort vom »entmönchten Mönch« (XII, 35) – nicht auch den Typus einer ›entnovellierten Novelle‹ gibt und was diese Ironie besagt. Wie wahr, ehrlich (XIII, 72) bzw. ernsthaft spricht hier das Novellen-Etikett, wenn es als »Märchen« seine Hörer ›verschaukelt‹ (XII, 64) oder als apostolischer Augenzeugenbericht entgegen ›pergamentener‹ Legenden und mit Hilfe heidnischer Lügen-Märchen (XIII, 22, 53) und Balladen (XIII, 25) »schwere, unerforschliche Geschichten« (XIII, 14, 16) offenbart? Gegen welche Macht richtet sich die Tierfabel (zum Fabelhaften s. B. Meyer, [2]1903, 182 f.) im Schafspelz der Novelle (XIII, 43)? Richten sich das »Märchen« vom »gespritzte[n] Blutstropfen« aus der »Fingerbeere« (XII, 191 f.) und der Mythos vom trotzig-titanischen Unterweltsbacchanal gegen die Wilhelminische Novellen-Öffentlichkeit (P. v. Matt 1980)? Ist ›Novelle‹ bei Meyer alles das, was man sagen darf und wovon man das Gegenteil meint? Wie ›vertraulich‹ (Lieblingszeichen des sich mitteilenden Briefschreibers) sind solche Novellen? Was ›hört‹ der Dichter, wenn er sich »mäuschenstill« hält, indem er ›nur‹ Novellen schreibt, statt geradeheraus zu sagen, was er auf dem Herzen hat?

Meyers Novellenform liegt verschalt in mannigfachen Vorwänden; ihnen nachzufragen wäre die eine Aufgabe der gattungsgeschichtlichen Neugier, die andere, sich zu überzeugen, ob es überhaupt etwas gibt, das unter solchen Verschalungen als ›Herz‹ zu finden wäre oder ob das Novellengenre (das »Geschreibsel« XIII, 202) immer nur etwas ist, was auf das ›andere‹ verweist (im Sinn jener der Colonna nachgesagten »Tintenflasche«, XIII, 180). – Es ist nicht abwegig, von drei Komponenten der Meyerschen Novelle zu reden: der wahren Geschichte, die auf Dokumenten beruht, der Sage, die der Volksmund weitergibt, und der freien Erfindung, die der »Stirn« des Dichters entspringt (XII, 11); diese Komponenten verweisen fortwährend aufeinander und halten so die Textform im Fluß.

Zu Meyers Novellenform gehört die unverwechselbare, ›instinctive‹ (Briefe II, 340) Rahmenkomposition, die den Redner davon entbindet, im »eigenen Namen« zu sprechen, und ihm »Maske« und Rolle gibt (XIII, 208); sie ist die ›Scham‹ desjenigen, der sich »selbstsüchtiger Ruhmsucht« (Jackson 1975, 32) bezichtigt weiß; sie ist die List, mit der er andere, seine Phantasiefiguren, reden läßt, »damit er sie kennen lerne« (B. Meyer [2]1903, 175); und sie ist das strategische Ergebnis seiner preußischdeutschen Buchmarktanalyse (Jackson, 65). Die Rahmentechnik bewirkt Distanzierung des Wahrnehmungsobjekts, Milderung des Drastischen, Belebung des Kostüms und Beglaubigung des Außerordentlichen (vgl. Silz 1954, 263). Der Rahmen dient also nicht nur als ›Mundwerk‹, dem die Erzählrede entspringt, sondern auch als Werkzeug, die dem Reden Tatkraft leiht, und als Instanz, die den gesellschaftlichen Wert solcher Taten, ihre Geltung im Umkreis der jeweiligen Situation besiegelt. Dante z. B. spricht und erzählt nicht nur, er handelt auch, indem er Erklärungen anbietet bzw. verschmäht und zu verstehen gibt, daß er sich zum melodielosen Spiel mit Geschichtchen nur herabläßt; er ›zerschneidet‹ das Geschwätz der anderen, erkühnt sich zur lebensgefährlichen Wahrheit (XII, 12) im »Spiegel der Novelle« (XII, 44) und ›verdient‹ sich die entbehrte Wärme. Menschliche Beziehungen (z. B. die Vaterschaft) erweisen sich als Kunststücke des Mundwerks, die sich ein- oder ausreden lassen (XII, 189). Schon das bloße Erzählen ist keine einfache, sondern ›doppelbödige‹ Handlung, insofern es »mit bedeutsamen Blicken und halblautem Gelächter« (XII, 7) erfolgt und somit Bezug und Wertung in einem meint.

Nicht minder aber bedeutet Erzählen auch Verkauf seiner selbst (der eigenen ›Fruchtbarkeit‹); daran gemahnt drohend der parasitäre Hofnarr mit seinem »schlaffen, verschwätzten und vernaschten Maul« (XII, 8). So gesehen läßt sich die Frage nicht abweisen, ob es in Meyers Biographie (bzw. Logographie) einen Moment gibt, an dem er seine Novellen ›verschluckt‹, um ein sich selbst gegebenes ›Gelübde‹ nicht zu brechen (Kittler 1977). Entstehen so seine Novellen oder hören sie so auf? Gibt es eine Art bilaterale Struktur der »Grabschrift«?

Erzählend durchleben die Erzähler die eigene Geschichte, die in den Wechselkreis der narrativen Entäußerung eingebunden ist: Vom Zittern und Stottern ›erzählt‹ sich Fagon zur Heiterkeit (XII, 119, 157), Dante kämpft mit Cangrande und wechselt – je nach Erfolg – von Gram zu Heiterkeit über, und Hans fällt mit seiner demütigenden, beschämenden Erzählung sich und anderen »zur Last« (XIII, 17), gerät beichtend vom »grimmigen Lächeln« (XIII, 16) ins Stöhnen (XIII, 136).

Conrad Ferdinand Meyer Sämtliche Werke. Historisch-kritische Ausgabe. Hrsg. v. Hans Zeller u. Alfred Zäch, Bd. 11–15, Bern 1959–85.

Briefe Conrad Ferdinand Meyers. Nebst seinen Rezensionen und Aufsätzen hrsg. v. Adolf Frey. 2 Bde., Leipzig 1908.

Louise von François und Conrad Ferdinand Meyer. Ein Briefwechsel. Hrsg. v. Anton Bettelheim, Berlin 1905, [2]1920.

Conrad Ferdinand Meyer und Julius Rodenberg. Ein Briefwechsel. Hrsg. v. August Langmesser, Berlin 1918.

Conrad Ferdinand Meyer. In Erinnerung seiner Schwester Betsy Meyer. Berlin [2]1903.

Silz, Walter: Meyer: ›Der Heilige‹ [1954]. In: Interpretationen 4: Deutsche Erzählungen von Wieland bis Kafka. Hrsg. von Jost Schillemeit. Frankfurt/M. 1966, S. 260–283.

Wiesmann, Louis: Conrad Ferdinand Meyer. Der Dichter des Todes und der Maske. Bern 1958.

Williams, W. D.: The Stories of C. F. Meyer. Oxford 1962.

Brunet, Georges: C. F. Meyer et la nouvelle. Paris 1967.

Zäch, Alfred: Conrad Ferdinand Meyer. Dichtkunst als Befreiung aus Lebenshemmnissen. Frauenfeld 1973.

Onderdelinden, Sjaak: Die Rahmenerzählungen Conrad Ferdinand Meyers. Diss. Universität zu Leiden 1974.

Jackson, David A.: Conrad Ferdinand Meyer in Selbstzeugnissen und Bilddokumenten. Reinbek 1975.

Kittler, Friedrich A.: Der Traum und die Rede. Eine Analyse der Kommunikationssituation Conrad Ferdinand Meyers. Bern 1977.
Zeller, Rosmarie und Hans: Erzähltes Erzählen. Funktionen der Erzählhaltungen in C. F. Meyers Rahmennovellen. In: LiLi, Beiheft 6, Erzählforschung 2, 1977, S. 98–113.
Fehr, Karl: Conrad Ferdinand Meyer. Stuttgart ²1980 (= SM 102).
Evans, Tamara S.: Formen der Ironie in C.F. Meyers Novellen. Bern 1980.
Matt, Peter von: Conrad Ferdinand Meyer: *Die Richterin* (1885). Offizielle Kunst und private Phantasie im Widerstreit. In: Romane und Erzählungen des Bürgerlichen Realismus, 1980, S. 310–324.
Zeller, Hans u. Zeller, Rosmarie: Conrad Ferdinand Meyer. In: Handbuch, 1981, S. 288–302, 592 f.
Fehr, Karl: Conrad Ferdinand Meyer. Auf- und Niedergang seiner dichterischen Produktivität im Spannungsfeld von Erbanlagen und Umwelt. Bern 1983.
Knapp, Gerhard P.: Conrad Ferdinand Meyer. Das Amulett. Historische Novellistik auf der Schwelle zur Moderne. Paderborn 1985.
Hansen, Uffe: Conrad Ferdinand Meyer: ›Angela Borgia‹. Zwischen Salpêtrière und Berggasse. Übers. v. Monika Wesemann, Bern 1986.
Lund, Deborah S.: Ambiguity as Narrative Strategy in the Prose Work of C. F. Meyer. New York 1990.
Zeller, Hans: Conrad Ferdinand Meyer: ›Das Amulett‹. In: Erzählungen und Novellen, Bd. 2, 1990, S. 279–300.
Eisenbeiß, Ulrich: Überlegungen zur perspektivischen Erzählkunst des späten C.F. Meyer – am Beispiel der historischen Novelle ›Das Leiden eines Knaben‹. In: Deutsche Dichtung um 1890. Hrsg. v. Eckart Pastor, R. Leroy, Frankfurt/M. 1991, S. 273–288.
Knapp, Gerhard P.: Geschichte ohne Versöhnung. C. F. Meyer: *Das Amulett* (1873). In: Deutsche Novellen, 1993, S. 155–164.
Gerlach, U. Henry: Conrad-Ferdinand-Meyer-Bibliographie. Tübingen 1994.
Osborne, John: Vom Nutzen der Geschichte. Studien zum Werk von Conrad Ferdinand Meyer. Paderborn 1994.
Pizer, John: Double and Other: C. F. Meyer's Novella *Der Heilige*. In: Seminar 30 (1994), S. 347–359.
Zobel, Klaus: Unerhörte Begebenheiten. Interpretationen und Analysen zu drei Novellen des 19. Jahrhunderts. Conrad Ferdinand Meyer: Der Schuß von der Kanzel. Achim von Arnim: Der tolle Invalide auf dem Fort Ratonneau. Jeremias Gotthelf: Die schwarze Spinne. Northeim 1994.
Sprengel, Peter: Zugänge zur Unterwelt. Todes-Lust und Mythologie im Spätwerk C.F. Meyers *(Die Hochzeit des Mönchs, Die Richterin)*. In: WW 46 (1996), S. 363–379.
Simon, Ralf: Dekonstruktiver Formalismus des Heiligen. Zu C.F. Meyers Novellen ›Der Heilige‹ und ›Die Versuchung des Pescara‹. In: ZfdPh 116 (1997), S. 224–253.
Jäger, Andrea: Die historischen Erzählungen von Conrad Ferdinand Meyer. Zur poetischen Auflösung des historischen Sinns im 19. Jahrhundert. Tübingen 1998.
Conrad Ferdinand Meyer 1825–1898. Hrsg. von Hans Wysling, Elisabeth Lott-Büttner, Zürich 1998.
Conrad Ferdinand Meyer. Die Wirklichkeit der Zeit und die Wahrheit der Kunst. Hrsg. von Monika Ritzer, Tübingen 2001.

Zeller, Rosmarie: Die Moral im »Prachtgeschmeide der Dichtung«. Zu C.F. Meyers »Angela Borgia«. In: ZfdPh 120 (2001), Sonderheft S.153–176.
Jahraus, Oliver: Unrealistisches Erzählen und die Macht des Erzählers. Zum Zusammenhang von Realitätskonzeption und Erzählinstanz im Realismus am Beispiel zweier Novellen von Raabe und Meyer. In: ZfdPh 122 (2003), S.218–236

4.7 Moderne

Die Wandlungen der Novelle vom 19. zum 20. Jahrhundert wurden oft hervorgehoben. Die Kluft, die sich zwischen dem traditionellen und modernen Erzählen auftat (vgl. Thieberger 1968), schien manchem so tief, daß er sich den Gedanken an eine Kontinuität der Form – durch welchen Wechsel auch immer vermittelt – strikt versagte. »Krise« und »Auflösung der Novellenform« (z.B. Himmel, 342) sind die charakteristischen Losungswörter der Gattungsgeschichte. Dennoch setzt sich die Reihe der Novellen ohne Unterbrechung bis in die Gegenwart fort. »Nach dem ersten Weltkrieg erlebte die deutsche Novelle eine Blütezeit.« (Hammer 1948, 333). Am besten orientieren jetzt Ritchie (1986) und Freund (1998) über die Stellung der Novelle in der Moderne. Noch herrscht allerdings kein klares Bild vom Unterschied der Erzählungen beider Jahrhunderte, insofern sie ausdrücklich Novellen sein wollen. Indem das 20. Jahrhundert ›klassizistisch-epigonal‹ vereinzelte Normen des 19. Jahrhunderts (oder noch früherer Epochen) vereinheitlicht und festschreibt, begründet es ein gattungsästhetisch bewußtes Schreiben und Urteilen, das in der Vergangenheit so nicht stattfand. Indem es unter bewahrtem Novellenetikett Anderes (etwas, das sich nicht mit dem ›Geist des 19. Jahrhunderts‹ verträgt) hervorbringt, macht es seine Eigenleistung mit und in dieser Form offenbar. Wenn jetzt das Spezifische der Novellenbezeichnung, ihre Trennschärfe, abnimmt (ein Vorgang, der sich auch im Realismus beobachten ließ), so bedeutet das nicht nur, daß die Novelle z.B. hinter der Kurzgeschichte verschwindet oder in ihr aufgeht, sondern auch umgekehrt sich die Ausdrucksformen anderer Genres aneignet (zum Aufkommen der novellenähnlichen ›seltsamen‹ oder ›sonderbaren Geschichte‹ vgl. v. Wilpert 1994, 260). Wie ›beliebig‹ oder ›unangemessen‹ eine Kennzeichnung ist, gehört unmittelbar zum Inhalt einer Gattungsgeschichte und nicht etwa zu ihrem Trümmerfeld. Zu oft wurde im Namen der Novellentradition der formengeschichtliche Fortschritt oder gar das Experiment ›reaktionär‹ abgewehrt, so daß man den

Eindruck erhält, als ob die Besinnung auf die Vergangenheit einer Form notwendigerweise eine ausschließlich restaurativ gedachte Zukunft des Genres herbeiführt. Die Geschichte der Novelle zeigt auch das Gegenteil. Vielleicht sollte auch daran erinnert werden, daß um die Jahrhundertwende nicht etwa Keller, Meyer, Raabe und Fontane als die Klassiker der modernen Novellentechnik galten (sie neigten – wie es heißt – »alle mehr zur Breite der alten Romanform«), sondern Poe, Jacobsen und insbesondere Maupassant und daß im Blick auf diese Vorbilder Anna Croissant-Rust, Wilhelm Schäfer und Hermann Stehr »wirklich kunstbewußte Novellisten sind« (Moeller-Bruck 1904, 81 u. 84). Anders gewendet: Wenn Büchners ›Lenz‹-Fragment als Novelle eine kanonische Rolle spielen darf, so ist die Zukunft der Novellenform in der Moderne schon früh abgesichert. Mehr Aufmerksamkeit verdient das Novellenwerk von Clara Viebig. Ihre Novellen rücken einen »bedeutsamen Zustand« in den Mittelpunkt und stellen einen bislang verkannten Beitrag zur naturalistisch beeinflußten Gattungsgeschichte dar (Carpenter 1978, 49).

Novellen

Bleibtreu, Karl: Schlechte Gesellschaft. Realistische Novellen. Leipzig 1885.
Conrad, Michael Georg: Totentanz der Liebe. Münchener Novellen. Leipzig 1885.
Franzos, Karl Emil: Tragische Novellen. Stuttgart 1886.
Kurz, Isolde: Florentiner Novellen. Stuttgart 1890.
Stinde, Julius: Waldnovellen. Berlin 1890.
Hauptmann, Gerhard: Der Apostel. Bahnwärter Thiel. Novellistische Studien. Berlin 1892.
Martens, Kurt: Sinkende Schwimmer. Novellistische Skizzen aus dem Strudel der Zeit. Berlin 1892.
Beer-Hofmann, Richard: Novellen. Berlin 1893.
Croissant-Rust, Anna: Lebensstücke. Novellen- und Skizzenbuch. München 1893.
Liliencron, Detlev von: Kriegsnovellen. Berlin 1895.
Schnitzler, Arthur: Sterben. Novelle. Berlin 1895.
Mann, Heinrich: Das Wunderbare und andere Novellen. München 1897.
Schlaf, Johannes: Sommertod. Novellistisches. Leipzig 1897.
Mann, Thomas: Der kleine Herr Friedemann. Novellen. Berlin 1898.
Rilke, Rainer Maria: Am Leben hin. Novellen und Skizzen. Stuttgart 1898.
Andreas-Salomé, Lou: Menschenkinder. Novellenzyklus. Stuttgart 1899.
Schlaf, Johannes. Novellen. 3 Bde., Berlin 1899–1901.
Schnitzler, Arthur: Lieutenant Gustl. Novelle. Berlin 1901.
May, Karl: Wanda. Novelle. Dresden 1901.
Ernst, Paul: Die Prinzessin des Ostens und andere Novellen. Leipzig 1903.
Mann, Thomas: Sechs Novellen. Berlin 1903.
Salus, Hugo: Novellen des Lyrikers. Berlin 1903.
Roda Roda, Alexander: Die Sommerkönigin und andere Novellen. Wien 1904.
Zweig, Stefan: Die Liebe der Erika Ewald. Novellen. Berlin 1904.

Moderne 135

Mann, Heinrich: Flöten und Dolche. Novellen. München 1905.
Müller, Hans: Buch der Abenteuer. Novellen. Berlin 1905.
Salten, Felix: Der Schrei der Liebe. Novelle. Wien 1905.
Schnitzler, Arthur: Die griechische Tänzerin. Novellen. Wien 1905.
Keyserling, Eduard von: Schwüle Tage. Novellen. Berlin 1906.
Mann, Heinrich: Mnais und Ginevra. Novellen. München 1906.
Mann, Heinrich: Stürmische Morgen. Novellen. München 1906.
Mell, Max: Die drei Grazien des Traumes. Fünf Novellen. Leipzig 1906.
Wassermann, Jakob: Die Schwestern. Drei Novellen. Berlin 1906.
Schnitzler, Arthur: Dämmerseelen. Novellen. Berlin 1907.
Mann, Heinrich: Die Bösen. Novellen. Leipzig 1908.
Schaukal, Richard: Schlemihle. Drei Novellen. München 1908.
Bahr, Hermann: Stimmen des Bluts. Novellen. Berlin 1909.
Dauthendey, Max: Lingam. Zwölf asiatische Novellen. München 1909.
Dehmel, Richard: Lebensblätter. Novellen in Prosa. Berlin 1909.
Halbe, Max: Der Ring des Lebens. Ein Novellenbuch. München 1909.
Keyserling, Eduard von: Bunte Herzen. Zwei Novellen. Berlin 1909.
Mann, Thomas: Der kleine Herr Friedemann und andere Novellen. Berlin 1909.
Mann, Heinrich: Das Herz. Novellen. Leipzig 1910.
Mann, Heinrich: Die Rückkehr vom Hades. Novellen. Leipzig 1911.
Binding, Rudolf G.: Der Opfergang. Eine Novelle. Leipzig 1912.
Polgar, Alfred: Hiob. Ein Novellenband. München 1912.
Schaffner, Jakob: Die goldene Fratze. Novellen. Berlin 1912.
Schnitzler, Arthur: Masken und Wunder. Novellen. Berlin 1912.
Zweig, Arnold: Die Novellen um Claudia. Ein Roman. Leipzig 1912.
Döblin, Alfred: Das Stiftsfräulein und der Tod. Eine Novelle. Berlin-Wilmersdorf 1913.
Ernst, Paul: Die Hochzeit. Ein Novellenbuch. Berlin 1913.
Grimm, Hans: Südafrikanische Novellen. Frankfurt/M. 1913.
Heym, Georg: Der Dieb. Ein Novellenbuch. Leipzig 1913.
Mann, Thomas: Der Tod in Venedig. Novelle. Berlin 1913.
Meyrink, Gustav: Des deutschen Spießers Wunderhorn. Gesammelte Novellen 3 Bde., München 1913.
Myller, Otto: Spielende Kinder. Ein Novellenbuch. Wien 1913.
Bötticher, Hans [d.i. Joachim Ringelnatz]: Ein jeder lebt's. Novellen. München 1913.
Weigand, Wilhelm: Der Ring. Ein Novellenkreis. Leipzig 1913.
Mann, Thomas: Das Wunderkind. Novellen. Berlin 1914.
Schnitzler, Arthur: Die griechische Tänzerin und andere Novellen. Berlin 1914.
Sternheim, Carl: Busekow. Eine Novelle. Leipzig 1914.
Edschmid, Kasimir: Die sechs Mündungen. Novellen. Leipzig 1915.
Horkheimer, Max: [Novellen, entst. 1915; gedr. u.d.T.] Aus der Pubertät. Novellen und Tagebuchblätter. München 1974.
Sternheim, Carl: Napoleon. Eine Novelle. Leipzig 1915.
Benn, Gottfried: Gehirne. Novellen. München 1916.
Edschmid, Kasimir: Timur. Novellen. Leipzig 1916.
Ernst, Paul: Die Taufe. Novellen. München 1916.
Schickele, René: Aisse. Novelle. Leipzig 1916.
Döblin, Alfred: Die Lobensteiner reisen nach Böhmen. Zwölf Novellen und Geschichten. München 1917.

Mann, Heinrich: Bunte Gesellschaft. Novellen. München 1917.
Molo, Walter von: Die ewige Tragikomödie. Novellistische Studien. 1906–1912. München 1917.
Reck-Malleczewen, Fritz: Die Fremde. Novelle. Berlin 1917.
Tagger, Theodor [d.i. Ferdinand Bruckner]: Die Vollendung eines Herzens. Eine Novelle. Berlin 1917.
Zech, Paul: Der schwarze Baal. Novellen. Leipzig 1917.
Benn, Gottfried: Diesterweg. Eine Novelle. Berlin-Wilmersdorf 1918.
Broch, Hermann: Eine methodologische Novelle. [zuerst 1918]. In: Kommentierte Werkausgabe, Bd. 6: Novellen, Frankfurt/M. 1980.
Sternheim, Carl: Vier Novellen. Neue Folge der Chronik vom Beginn des zwanzigsten Jahrhunderts. Berlin 1913.
Sudermann, Hermann: Der verwandelte Fächer. Novellen. Leipzig 1918.
Loerke, Oskar: Die Chimärenreiter. Novellen. München 1919.
Lucka, Emil: Der Weltkreis. Ein Novellenbuch. Berlin [1919].
Ponten, Josef: Der Meister. Novelle. Stuttgart 1919.
Hesse, Hermann: Im Pressel'schen Gartenhaus. Novelle. Dresden 1920.
Hesse, Hermann: Klein und Wagner. Novelle. In: Vivos voco. Eine deutsche Monatsschrift, 1919.
Mann, Heinrich: Die Ehrgeizige. Novelle. München 1920.
Strauß, Emil: Der Schleier. Novelle. Berlin 1920.
Zech, Paul: Das Ereignis. Neue Novellen. München (1920).
Courths-Mahler, Hedwig: O du mein Glück. Novelle. Leipzig [1920].
Ernst, Paul: Fünf Novellen. Leipzig 1921.
Heyking, Elisabeth von: Weberin Schuld. Novellen. Berlin 1921.
Auernheimer, Raoul: Lustspielnovellen. Stuttgart 1922.
Lehmann, Wilhelm: Vogelfreier Josef. Novelle. Trier 1922.
Mann, Thomas: Novellen. 2 Bde., Berlin 1922.
Scholz, Wilhelm von: Vincenzo Trappola. Ein Novellenkreis. Leipzig 1922.
Alverdes, Paul: Novellen. Berlin 1923.
Bronnen, Arnolt: Die Septembernovelle. Berlin 1923; Neudr. Stuttgart 1989.
Franck, Hans: Die Südseeinsel. Novelle. Stuttgart 1923.
Strauß und Torney, Lulu von: Das Fenster. Novelle. Stuttgart 1923.
Mann, Heinrich: Abrechnungen. Sieben Novellen. Berlin 1924.
Mann, Heinrich: Der Jüngling. Novellen. München 1924.
Musil, Robert: Drei Frauen. Novellen. Berlin 1924.
Schnitzler, Arthur: Fräulein Else. Novelle. Berlin 1924.
Schnitzler, Arthur: Die dreifache Warnung. Novellen. Leipzig 1924.
Frank, Leonhard: Im letzten Wagen. Novelle. Berlin 1925.
Jellinek, Oskar: Der Bauernrichter. Novelle. Leipzig 1925.
Mann, Heinrich: Kobes. Novelle. Berlin 1925.
Preczang, Ernst: Der leuchtende Baum und andere Novellen. Leipzig 1925.
Boy-Ed, Ida: Aus alten und neuen Tagen. Novellen. Stuttgart 1926.
Kesser, Hermann: Straßenmann. Novelle. Frankfurt/M. 1926.
Mann, Heinrich: Liliane und Paul. Novelle. Berlin 1926.
Mann, Klaus: Kindernovelle. Hamburg 1926.
Mann, Thomas: Unordnung und frühes Leid. Novelle. Berlin 1926.
Meyer-Eckhardt, Victor: Die Gemme. Novellen. Jena 1926.
Schnitzler, Arthur: Traumnovelle, Berlin 1926.
Thieß, Frank: Narren. Fünf Novellen. Stuttgart 1926.

Walser, Robert: Revolvernovelle. In: Frankfurter Zeitung 1926.
Zweig, Arnold: Der Spiegel des großen Kaisers. Novelle. Potsdam 1926.
Sternheim, Carl: Chronik von des zwanzigsten Jahrhunderts Beginn. Bd. 1: Mädchen. Novellen. Bd. 2: Napoleon. Novellen. Bd. 3: Busekow. Novellen. Wien 1926–28.
Däubler, Theodor: Bestrickungen. Novellen. Berlin 1927.
Schnitzler, Arthur: Spiel im Morgengrauen. Novelle. Berlin 1927.
Werfel, Franz: Der Tod des Kleinbürgers. Novelle. Berlin 1927.
Werfel, Franz: Geheimnis eines Menschen. Novellen. Berlin 1927.
Zweig, Stefan: Die Kette. Ein Novellenkreis. Drei Ringe. Leipzig 1927.
Blunck, Hans Friedrich: Bruder und Schwester. Novelle. Leipzig 1928.
Frank, Bruno: Politische Novelle. Berlin 1928.
Schäfer, Wilhelm: Novellen. München 1928.
Schaeffer, Albrecht: Mitternacht. Zwölf Novellen. Leipzig 1928.
Wolf, Friedrich: Kampf im Kohlenpott. Novellen. Stuttgart 1928.
Kolbenheyer, Erwin Guido: Karlsbader Novelle (1786). In: E.G.K., Kämpfender Quell. (Karlsbad-Buch) München 1929.
Mann, Heinrich: Sie sind jung. Novellen. Berlin 1926.
Mann, Heinrich: Der Tyrann. Die Branzilla. Novellen. Leipzig 1929.
Mann, Klaus: Abenteuer. Novellen. Leipzig 1929.
Penzoldt, Ernst: Etienne und Luise. Novelle. Leipzig 1929.
Seidel, Willy: Larven. Novelle. Mit Zeichnungen von Alfred Kubin. München 1929.
Biernath, Horst: Traumnovelle. Erzählungen. München 1930.
Neumann, Robert: Hochstaplernovelle. Stuttgart 1930.
Perutz, Leo: Herr, erbarme Dich meiner! Novellen. Wien 1930.
Le Fort, Gertrud von: Die Letzte am Schafott. Novelle. München 1931.
Mann, Heinrich: Der Freund. Novelle. Wien 1931.
Schnitzler, Arthur: Traum und Schicksal. Sieben Novellen Berlin 1931.
Schnitzler, Arthur: Flucht in die Finsternis. Novelle. Berlin 1931.
Stehr, Hermann: Meister Cajetan. Novelle. Leipzig 1931.
Hauptmann, Gerhart: Die Hochzeit auf Buchenhorst. Novelle. Berlin 1932.
Mann, Heinrich: Die Welt der Herzen. Novellen. Weimar 1932.
Nabl, Franz: Kindernovelle. Tübingen 1932; erw. Neuaufl. u.d.T.: Kindernovelle. Erzählt von Johannes Krantz. Bremen 1936.
Zuckmayer, Carl: Die Affenhochzeit. Novelle. Berlin 1932.
Zweig, Arnold: Schlesische Novelle. In: A.Z., Spielzeug der Zeit. Erzählungen. Amsterdam 1933.
Brentano, Bernard von: Berliner Novellen. Zürich 1934.
Beumelburg, Werner: Preußische Novelle. Oldenburg i.O. 1935.
Frey, Alexander Moritz: Ein Mädchen mordet. Novelle. In: Die Sammlung 1935.
Roth, Joseph: Triumph der Schönheit. Novelle. In: Pariser Tageblatt, 1935.
Wiechert, Ernst: Hirtennovelle. München 1935.
Brod, Max: Novellen aus Böhmen. Wien 1936.
Lernet-Holenia, Alexander: Der Baron Bagge. Novelle. Berlin 1936.
Seidel, Ina: Spuk in des Wassermanns Haus. Novellen. Leipzig 1936.
Bergengruen, Werner: Die drei Falken. Novelle. Dresden 1937.
Beumelburg, Werner: Die Hengstwiese. Novelle. Oldenburg (Oldb) 1937.
Bredehöft, Hermann: Schmettaus Fall. Novelle. Jena 1937.
Mann, Klaus: Vergittertes Fenster. Novelle um den Tod des Königs Ludwig II. von Bayern. Amsterdam 1937.

Wittstock, Erwin: Das Begräbnis der Maio. Novelle [zuerst 1927]. Leipzig 1937.
Stahl, Hermann: Der Läufer. Novelle. Jena 1939.
Weyrauch, Wolfgang: Ein Band für die Nacht. Novellen. Leipzig 1939.
Andres, Stefan: Das Grab des Neides. Novellen. Berlin 1940.
Helwig, Werner: Der gefangene Vogel. Baskische Novelle. Leipzig o.J. [1940].
Meyer-Eckhardt, Victor: Der Graf Mirabeau. Eine Novelle. Berlin 1940.
Plönes, Heinrich: Der Hirt. Novelle. Ratingen 1940.
Hauptmann, Gerhart: Der Schuß im Park. Novelle. Berlin 1941.
Langenbeck, Curt: Frau Eleonore. Novelle. München 1941.
Zweig, Stefan: Schachnovelle. Buenos Aires 1942.
Andres, Stefan: Wir sind Utopia. Novelle. Berlin 1943.
Doderer, Otto: Heimkunft. Novelle. Köln o.J. [wahrscheinlich 1943].
Huch, Ricarda: Weiße Nächte. Novelle. Zürich (1943).
Roth, Eugen: Abenteuer in Banz. Novelle. Leipzig 1943.
Wolf, Friedrich: Heimkehr der Söhne. Eine Novelle. Moskau 1944.

Fachliteratur

Alker, Ernst: Zur Charakteristik der modernen deutschen Novellistik. In: Die Bücherwelt 25 (1928), S. 258–263.
Steinhauer, Harry (Hg.): Die deutsche Novelle 1880–1933. New York 1936.
Laßl, Josef: Psychoästhetische Studien zu einer Problemgeschichte und Typologie der neueren deutschen Novelle. Diss. masch. Wien 1941.
Pyritz, Hans: Mensch und Schicksal in der deutschen Novelle des 20. Jahrhunderts. In: Dichtung und Volkstum 42 (1942), H. 3, S. 76–94.
Stöger, Dorrit: Probleme und Gestalten der österreichischen Novelle von 1890–1914. Diss. Wien 1948.
Martini, Fritz: Das Wagnis der Sprache. Interpretationen deutscher Prosa von Nietzsche bis Benn. Stuttgart 1954, ³1958.
Zimmermann, Werner: Deutsche Prosadichtungen der Gegenwart. Interpretationen für Lehrende und Lernende. 3 Teile, Düsseldorf 1956/53/60 u. ö. unter abgewandeltem Titel.
Blauhut, Robert: Österreichische Novellistik des 20. Jahrhunderts. Wien 1966.
Thieberger, Richard: Le genre de la nouvelle dans la littérature allemande. 1968.
Seidler, Herbert: Österreichische Novellenkunst im zwanzigsten Jahrhundert. Wien o.J. [1970].
Diersch, Manfred: Empiriokritizismus und Impressionismus. Über Beziehungen zwischen Philosophie, Ästhetik und Literatur um 1900 in Wien. Berlin (Ost) 1973.
Kunz, Josef: Die deutsche Novelle im 20. Jahrhundert. Berlin 1977.
Carpenter, Victor W.: A study of Clara Viebig's »Novellen«. Diss. University of Pensylvania 1978.
Nehring, Wolfgang: Der Beginn der Moderne. In: Handbuch, 1981, S. 382–408, 600–602.
Rotermund, Erwin: Die deutsche Erzählung in den zwanziger und dreißiger Jahren. In: Handbuch, 1981, S. 461–482, 608–610.
Schäfer, Hans Dieter: Das gespaltene Bewußtsein. Über deutsche Kultur und Lebenswirklichkeit 1933–1945. München 1981.
Rolleston, James: Short Fiction in Exile: Exposure and Reclamation of a Tradition.

In: Exile. The Writer's Experience. Hrsg. v. John M. Spalek u. Robert F. Bell, Chapel Hill 1982, S. 32–47.
Timms, Edward: Novelle and case history: Freud in pursuit of the falcon. In: London German Studies 2 (1983), S. 115–134.
Ritchie, James M.: Die strenge Novellenform im zwanzigsten Jahrhundert. In: Dichtung Wissenschaft Unterricht. Rüdiger Frommholz zum 60. Geburtstag, hrsg. v. Friedrich Kienecker u. Peter Wolfersdorf, Paderborn 1986, S. 252–264.
Eberhardt, Sören: Der zerbrochene Spiegel. Zu Ästhetizismus und Tod in Richard Beer-Hofmanns ›Novellen‹. Paderborn 1993.
Wilpert, Gero von: Die deutsche Gespenstergeschichte. Motiv – Form – Entwicklung. Stuttgart 1994.
Interpretationen: Erzählungen des 20. Jahrhunderts. 2 Bde., Stuttgart 1996.
Winko, Simone: Novellistik und Kurzprosa des Fin de siècle. In: Naturalismus, Fin de siècle, Expressionismus 1890–1918. Hrsg. von York-Gothart Mix. München 2000, S. 339–349 (= Hansers Sozialgeschichte der deutschen Literatur, Bd. 7).
Sprengel, Peter: Geschichte der deutschsprachigen Literatur 1900–1918. Von der Jahrhundertwende bis zum Ende des ersten Weltkriegs. München 2004, S. 168–180.

4.7.1 Gerhart Hauptmann

Nach allem, was am Jahrhundertende über Novelle und Naturalismus bekannt ist, dürfte es eine ›naturalistische Novelle‹ überhaupt nicht geben, denn das klassizistische Formenbild der Alten (zumal des Gegners Heyse) steht der literaturrevolutionären Kahlschlag-Stimmung der Jungen im Weg. Dennoch wird die novellistische Tradition nicht einfach abgebrochen. Sieht man in Gerhart Hauptmanns ›Bahnwärter Thiel‹ (1888) den Beitrag des Naturalismus zur Novellengeschichte, so gewinnt man nicht nur einen weiteren ›Klassiker‹ der an solchen Prädikaten reichen Gattungsgeschichte, sondern man stößt auch an eine entscheidende Gelenkstelle, die – als naturalistische Epoche des Genres – den Realismus der jüngeren Vergangenheit mit dem Symbolismus der Moderne vermittelt. So deutet sich am Ende des ›großen Novellen-Jahrhunderts‹ eine Leistung an, die weit ins 20. Jahrhundert hineinstrahlt und somit allen endzeitlich gefärbten Gattungsvisionen widerspricht.

Begnügt man sich nicht damit, Goethes oder Heyses Wort über die Novelle auf ›Bahnwärter Thiel‹ anzuwenden (von Wiese; vgl. dagegen F. Hollaenders Rezension v. 1892 in ED 1974, 32), so entsteht für die Gattungsgeschichte allein schon durch den (für den Vorabdruck) gewählten Untertitel eine komplexe und höchst interessante Situation. Hauptmanns »Novellistische Studie aus dem märkischen Kiefernforst« beginnt zu ›reden‹ sowohl durch die einzelnen Wörter als auch durch deren Verbindung: Der Studien-Begriff ist in der Novellengeschichte seit F. Schlegels Notiz (»Novellen haben am meisten von Studien. Soll man in der Poesie Studien machen?« aus *Theorie und Kritik*, 7) eine heikle Spur; Stifter, Büchner, Hebbel, aber auch Keller folgen ihr mit unterschiedlichem Interesse. ›Studie‹ bedeutet a) wissenschaftliche Arbeit, b) Vorarbeit (Neuhaus 1974) bzw. Versuch, c) Freiluftkunst (Martini 1988; vgl. a. »Studien nach der Natur«, M. G. Conrad in ED 1974, 28); anspruchsvolle wissenschaftliche Erkenntnis, Bescheidenheit der Anfängersituation und unverstellte Echtheit machen den epochenspezifischen Sinn von ›Studie‹ aus. ›Novellistisch‹ meint den Bezug zur Literatur, vielleicht auch zu ihrer ›pikanten‹ Seite, und möglicherweise signalisiert das Wort auch Neuheit (i.S. v. »Entschleierungen«, M.G. Conrad in ED 1974, 28). Die Wortverbindung ›novellistische Studie‹ zeugt von einer Spannung, die Gegensätzliches vereint (Technik – Natur, ›Verkehrsregel‹ – absonderliche Katastrophe, Obhut – Passion, moderne Arbeitswelt und kleinbürgerliches Familienleben – antiker Mythos, vgl. Post 1979) und damit das Doppelsinnige des Studienkonzepts begründet; solche Widersprüche tragen dazu bei, standardisierte Erwartungen zu enttäuschen (novellistisch ›gewürztes‹ Liebes- und Rache-Motiv, normenkritische Wahnsinnsgeschichte). Die Herkunftsbezeichnung »aus dem märkischen Kiefernforst« stellt das Werk in den Zusammenhang der ›Charakteristik‹, von der bereits A. W. Schlegel sprach. Hauptmanns komplexe Gattungsbezeichnung ruft somit eine Reihe von Traditionen auf (vgl. auch Drostes »Ein Sittengemälde aus dem gebirgichten Westfalen«) und nützt sie zukunftsweisend. Zu erörtern wäre die Art des Zusammenhangs mit dem Programm der Zeitschrift, die den Vorabdruck brachte; hier nämlich kündigte ihr Herausgeber »kurze, pikante *novellistische* Skizzen aus der Feder der hervorragendsten deutschen, französischen, italienischen und russischen Realisten« an (ebd., 29). Ganz selbstverständlich tritt jetzt die europäische Elite (»Geistesaristokratie«, M. G. Conrad, ebd., 28) für die Kurzform ein; Hauptmanns lokale Spezialität wagt sich in den Weltzusammenhang und provoziert. Weiterhin gälte es zu prüfen, ob der Untertitel nicht auch Ironie enthält; die Zusammenschreibung von Fiktion und Wirklichkeit, poetischem Bild und klinischem Fall, provinziellem Abseits und moderner gesellschaftlicher Mitte (s. a. Idylle und locus fatalis) wäre hier zu bedenken. Schließlich gehören zu einer funktionsgeschichtlichen Beschreibung auch die möglichen Verknüpfungen mit dem ›Urdrama‹ (Martini, Guthke), mit Lyrik bzw. Ballade (F. Hollaender in ebd., 34; Cowen 1981), Musik (Wells 1978) und vielleicht sogar Fabel (Tierfiguration); desgleichen ließen sich die Anklänge ans

Moderne

Märchen (böse Stiefmutter, Wiederkehr der toten guten Mutter), an die Komödie (›Ehedrache‹ – »durchwalken«) und das bürgerliche Trauerspiel (Dramaturgie der Selbstverletzung) gattungsfunktional auswerten. – Hauptmanns Entwicklung als Novellist eines halben Jahrhunderts verdiente eine gesonderte Betrachtung.

Schunicht, Manfred: Die »zweite Realität«. Zu den Erzählungen Gerhart Hauptmanns. In: Untersuchungen zur Literatur als Geschichte. Festschrift für Benno von Wiese. Hrsg. v. Vincent J. Günther u. a., Berlin 1973, S. 431–444.

Erläuterungen und Dokumente: Gerhart Hauptmann. Bahnwärter Thiel. Hrsg. v. Volker Neuhaus, Stuttgart 1974.

Wells, Larry D.: Words of Music: Gerhart Hauptmann's Composition Bahnwärter Thiel. In: Wege der Worte. Festschrift für Wolfgang Fleischhauer, hrsg. v. Donald C. Riechel, Köln 1978, S. 377–391.

Post, Klaus Dieter: Gerhart Hauptmann. Bahnwärter Thiel. Text, Materialien, Kommentar. München 1979 (= Literatur-Kommentare, Bd. 15)

Guthke, Karl S.: Gerhart Hauptmann. Weltbild im Werk. 2. vollst. überarb. u. erw. Aufl., München 1980.

Cowen, Roy C.: Hauptmann-Kommentar zum nichtdramatischen Werk. München 1981.

Hoefert, Sigfrid: Gerhart Hauptmann. 2. durchges. u. erg. Aufl., Stuttgart 1982 (= SM 107).

Sprengel, Peter: Gerhart Hauptmann. Epoche – Werk – Wirkung. München 1984.

Hilscher, Eberhard: Gerhart Hauptmann. Leben und Werk. Erw. Neuaufl., Frankfurt/M. 1988.

Martini, Fritz: Der kleine Thiel und der große Thienwiebel. Das Erzählen auf der Schwelle zur Moderne. In: DU 40, 2 (1988), S. 65–76.

Mahal, Günther: Experiment zwischen Geleisen. Gerhart Hauptmann: *Bahnwärter Thiel* (1888). In: Deutsche Novellen, 1993, S. 199–219.

Fattori, Anna: Gerhart Hauptmann Der Apostel (1890). In: Erzählkunst der Vormoderne. Hrsg. von Rolf Tarot und Gabriela Scherer, Bern 1996, S. 281–303.

Marx, Friedhelm: Gerhart Hauptmann. Stuttgart 1998.

Tempel, Bernhard: Gehart Hauptmanns Erzählung *Mignon*. Mit Erstdruck der ersten Fassung und Materialien. Berlin 2000.

Kriener, Thurit, Rovagnati, Gabriella: Dionysische Perspektive. Gerhart Hauptmanns Novelle »Der Ketzer von Soana« und sein Briefwechsel mit Rudolf Pannwitz. Berlin 2005.

4.7.2 Arthur Schnitzler

Nahezu vier Jahrzehnte lang steht die Novellenform durch Arthur Schnitzler, den man den »Maupassant der deutschen Novelle« genannt hat (Cysarz nach Schrimpf 1963, 172), im Vordergrund des literarischen Lebens (›Sterben‹ 1895, ›Flucht in die Finsternis‹ 1931). Wie Tieck vereint auch er den erzählerischen Bestand in

Novellen-Bänden (Gesammelte Werke. Erzählende Schriften: Novellen, Bd. I, II, IV, VI, 1912/22/28; ›Traum und Schicksal‹ 1931); und abermals erscheint unter gängiger Rubrik etwas grundlegend Neues. Es gehört zum Sinn einer solchen Modernität, daß sie trotz aller Unterminierung der Tradition und Enthüllung der ›geltenden‹ Gegenwart den Bezug zum Allgemeinen nicht grundsätzlich meidet, sondern durch unverfängliche (?) Zuordnungen auch ermöglicht (der Zusammenhang von Novelle und Moral im Sinn von Cervantes wäre hier zu erwägen). Einzelinterpretationen müßten zeigen, inwiefern solche Formzitate zur Sache gehören und ob sie den themengebenden Verfall (und die daran geknüpfte Interaktions- und Normenkritik) auswiegen oder im Sinn einer strukturell wiederholten Entlarvungsarbeit besiegeln.

Der Zusammenhang von empiriokritizistischem Denken und impressionistischer Augenblickskunst (Diersch 1973), der zur Ausschnitthaftigkeit und Atomisierung (Seidlin 1975, XXXIV) drängt und dennoch auf Bedeutsamkeit, Verdichtung und Struktur nicht verzichtet, ließe sich gattungsgeschichtlich am ›Schwäche‹-Bewußtsein – »Novellettchen« (Brief an Hofmannsthal v. 2.8.1893) – des Autors diskutieren, desgleichen am Abgrenzungskonflikt »Novellendrama« (an denslb. 6.8.1892).

In ›Leutnant Gustl‹ (1900) z. B. mag die Leistung des inneren Monologs sowohl darin liegen, den Sondertypus einer ›Monolognovelle‹ (Seidlin 1975, XXXV) zu begründen als auch den ›Titel‹-Anspruch, von dem die Gattungszuordnung zeugt, zu desavouieren; die ›Uniform‹ bildet dann auf gesellschaftsgeschichtlicher wie gattungspoetologischer Ebene genau jenes Syndrom ab, das sich im ›redenden Bewußtsein‹ verrät. Unter gattungsfunktionalem Gesichtspunkt gälte es weiterhin zu prüfen, ob vertraute Merkmale der sich standardisierenden Novellenform (unerhörte Begebenheit, Wendepunkt, Dingsymbol) auch die neuen, sozialpsychologischen Erfahrungen zu organisieren vermögen und wie sonderbar (»mit einer ziemlich sonderbaren Novelle beschäftigt«, an Hofmannsthal, 17.7.1900) sie das tun, ob sie vielleicht im ironischen Spiel eine eigensinnige Ambivalenz erzeugen (etwa das Unerhörte der ungehörten Ehrenkränkung) oder durch auffallendes Fehlen dialektisch zu sprechen beginnen. Die Konkurrenz zwischen den Fall-Geschichten der wissenschaftlich begründeten Psychotherapie (›Kasus‹; vgl. Timms 1983) und dem poetischen Erzählen läßt die Frage nach dem Bezug dieser beiden narrativen Paradigmen sinnvoll erscheinen; vermutlich wird der Novellenbegriff hierbei nicht nur die Verwissenschaftlichung der Phantasie bezeichnen, sondern umgekehrt auch von der Poetisierung des analytischen Sezierens zeugen und das ›Innenleben‹ des Individuums als Novelle ästhetisieren.

Wie ›verbindlich‹ Schnitzler den Novellenbegriff gebraucht, ließe sich auch an einer Art Ersatzprobe feststellen: Ändert sich etwa die Bedeutung des Titels ›Traumnovelle‹ (1926), wenn man das Werk ›Traumgeschichte‹ oder ›Traumerzählung‹ nennt? Was geht verloren für die Schnitzlersche Lokalisierung des Traums in der Wirklichkeit und für die verdichtende Enthüllung des Lebens im Traum, wenn man das Grundwort Novelle für auswechselbar hält? Auf welchen Nenner vereinheitlicht ›Novelle‹ den Traum, und wie verändert sich diese Größe infolge ihres Traum-›Zählers‹? Welche Wahrheit beteuert gerade nur diese Wortverbindung? Sollte hier eine begriffliche Gleichgültigkeit ebenso an der formbildenden Absicht des Autors vorbeisehen, wie umgekehrt die seinerzeitige Festlegung des Schillerschen ›Verbrechers‹ auf die Novelle ihren Anspruch als »wahre Geschichte« verkannte? Andererseits fehlen innerhalb des Werkes konkrete Hinweise für einen prägnanten Sinn des Novellen-Titels. Abgesehen von der fast nivellierenden Bezeichnung (»Geschichte der vergangenen Nacht«, 108) fällt schon eher der wiederholte Bezug auf »Komödie« (8, 60, 63, 84, 89) auf, so daß auch hier eher gattungsverknüpfende (incl. ›Märchen‹) als gattungsisolierende Betrachtungen sinnvoll erscheinen. Den charakteristischen ›Glanz‹ des wie auch immer zu identifizierenden Literaturhorizonts gewinnt das Werk ohnehin durch allgemeinere Form-Funktionen wie »Traum«, »Abenteuer« und »Maske«.

Arthur Schnitzler: Traum und Schicksal. Sieben Novellen. Berlin 1931.
Der Briefwechsel Arthur Schnitzler – Otto Brahm. Vollständige Ausgabe. Hrsg., eingel. u. erl. v. Oskar Seidlin, Tübingen 1975.

Schrimpf, Hans Joachim: Arthur Schnitzlers Traumnovelle. In: ZfdPh 82 (1963), S. 172–192.
Urbach, Reinhard: Schnitzler-Kommentar zu den erzählenden Schriften und dramatischen Werken. München 1974.
Seidler, Herbert: Die Forschung zu Arthur Schnitzler seit 1945. In ZfdPh 95 (1976), S. 567–595.
Swales, Martin: Arthur Schnitzler. In: Handbuch, 1981, S. 421–432, 603–605.
Arthur Schnitzler in neuer Sicht. Hrsg. v. Hartmut Scheible, München 1981.
Akten des Internationalen Symposiums ›Arthur Schnitzler in seiner Zeit‹. Hrsg. v. Giuseppe Farese, Bern 1985.
Allerdissen, Rolf: Arthur Schnitzler. Impressionistisches Rollenspiel und skeptischer Moralismus in seinen Erzählungen. Bonn 1985.
Geißler, Rolf: Experiment und Erkenntnis. Überlegungen zum geistesgeschichtlichen Ort des Schnitzlerschen Erzählens. In: MAL 19, 1 (1986), S. 49–62.
Perlmann, Michaela L.: Arthur Schnitzler. Stuttgart 1987 (= SM 239).

Thomé, Horst: Sozialgeschichtliche Perspektiven der neueren Schnitzler-Forschung. In: IASL 13 (1988), S. 158–187.
Gilbert, Karin D.: The erotic triangle in Schnitzler. A study of selected narratives. Diss. Harvard University 1990.
Surowska, Barbara: Die Bewußtseinsstromtechnik im Erzählwerk Arthur Schnitzlers. Warszawa 1990.
Panagl, Oswald: Das Leben ein Spiel – das Spiel ein Leben: Zu Arthur Schnitzlers Novelle *Spiel im Morgengrauen*. In: Moderne Sprachen 38 (1994), S. 183–189.
Roosen, Claudia: »Helden der Krise« in den Erzählungen Arthur Schnitzlers. Frankfurt/M. 1994.
Jud, Silvia: Arthur Schnitzler Frau Berta Garlan (1901). In: Erzählkunst der Vormoderne. Hrsg. von Rolf Tarot und Gabriela Scherer, Bern 1996, S. 417–447.
Kawohl, Birgit: Arthur Schnitzler. Personalbibliographie 1977–1994. Gießen 1996.
Oellers, Norbert: Arthur Schnitzlers Novelle *Casanovas Heimfahrt*. In: Von Franzos zu Canetti: Jüdische Autoren aus Österreich. Neue Studien. Hrsg. von Mark Gelber u.a. Tübingen 1996, S. 239–252.
Fliedl, Konstanze: Arthur Schnitzler – Poetik der Erinnerung. Wien 1997.
Arthur Schnitzler: Zeitgenossenschaften / Contemporaneities. Hrsg. von Ian Foster, Florian Krobb, Bern 2002.

4.7.3 Heinrich Mann

Umfang und Wert der Novellistik von Heinrich Mann werden in der Gattungsgeschichte noch immer nicht genügend berücksichtigt. Die Spezialphilologie scheint (trotz Kurt Wolffs Urteil: »das Wertvollste Mannscher Produktion«, Novellen II, 403; 1916) an dieser Gleichgültigkeit wenig Anstoß zu nehmen, erkennt doch auch sie in den »zahlreichen Novellen [...] eher Nebenprodukte« oder – mit den Worten des Autors (N I, 619) »Zwischenfälle«, die bloß »Roman-Kurzfassungen« darstellen und zudem »bereits Ende der Zwanziger Jahre so gut wie beendet« sind (Haupt 1980, VII u. 218; N III, 487). Dennoch wird es sich nicht erübrigen, Heinrich Manns »bestimmten Platz in der Geschichte der deutschen Novelle« (Klein 1973, 19) zu suchen. Vermutlich werden sich hierbei gleich mehrere ›Stellen‹ auffinden lassen: ästhetizistische (z.T. auch in der Nachfolge Storms, siehe Ritter-Santini 1969), italienische (Rezeptionsärgernis: »undeutsch«, N II, 390; 1906), moralische und republikanische. Eine besondere Bedeutung erlangt bei Mann der Aspekt der Sammelbarkeit. Einige Zeitgenossen nehmen in dieser Novellistik das Mustergültige (N I, 627) wahr: »Fast jede [Novelle] hatte ein psychologisches Problem, einen pikanten psychologischen Konflikt und ein dramatisches Tempo.« (N I, 628; 1910). Andere wiederum wehren den »hysterische[n] Novellenton«

(N II, 402; 1912) ab. Das besondere Problem einer Formgeschichte eines solchen Werkes liegt freilich darin, daß bei Mann (wie bei den meisten Novellisten) der Gesichtspunkt klassifizierbarer Genrespezifik gegenüber der herausragenden Orientierung an Satire und ›moralischem Schriftstellertum‹ gänzlich zurücktritt.

Trotzdem können selbst herkömmliche Begriffe der Novellen-Lehre (vgl. auch die wirkungsgeschichtlichen Dokumente in N I-III, bes. I, 626 ff.) dazu dienen, die Besonderheiten der Mannschen Novellistik hervorzuheben: Das ›Romanische‹ entwickelt sich zum Angelpunkt der radikalen Bewegung zwischen der Kritik am Wilhelminismus und seiner utopisch-demokratischen Überwindung (Haupt 1980, 50); der novellistische Realismus (Klein 1973) dient dem Zusammenhang von »Geist und Tat«; der Rahmen (Ritter-Santini 1969) fungiert als ›heimlicher‹ Wertgeber der dialektisch erlebten Jugendstil- bzw. Ästheten-Phase (›Das Wunderbare‹); das Begebenheitliche spitzt sich zu in der ›Sozial-Epik‹ der »Macht«; Raffung und Schnelligkeit (»Schnellnovellen«; Haupt 1980, 107) werfen die ›alte‹ Frage nach dem Dramenbezug auf (s. Dramatisierung; ebd., 218). Schließlich verdient der Zusammenhang von Moralität, Essay und »Beispiel« (vgl. ›Eine Liebesgeschichte‹) erhöhte Aufmerksamkeit (vgl. die Montaignesche Form der Essay-Novelle; Wetzel 1977), auch wenn hier alles ins Kräftefeld der epischen Großform (›Henri Quatre‹) führt; doch hat es nicht immer Sinn, das Romanhafte gegen das Novellistische auszuspielen (vgl. ›Die Branzilla‹). Historisch interessant ist die Spur eines Bezeichnungskonflikts zwischen ›Novelle‹ und ›Dialog‹ (N II, 402), der seit Tieck zur Novellengeschichte gehört.

Solche tastenden Versuche wollen nicht etwa eine (unter allen Umständen wiedererkennbare) literarische Form aus Manns Novellistik herauspräparieren, sondern ihrem Kunstanspruch nachspüren, insofern dieser sich auch namentlich differenziert (Dominanz der Novellen-Bezeichnungen trotz Riedels Skepsis, N I, 619), und jene Tradition zur Geltung bringen, die das ›doppelte Bewußtsein‹ (Haupt 1980, 191) Heinrich Manns stets umgreift.

›Pippo Spano‹ (1904) z. B., die berühmteste Novelle, ›konvertiert‹ den beim Wort genommenen Schematismus der Form (»Wunder«), indem sie ihn in seiner Bedeutung satirisch auf die Spitze treibt und den ›hoch‹-dramatischen Anspruch (»Tat«) als »steckengebliebene« komödiantische Begebenheit entlarvt. Das Erzählen hüllt sich im Monologischen ein, das entweder den eigenen Mitteilungsakt durchstreicht (»Brief«) oder den Dialog durchs Aparte (»Stier«) entmündigt. Wie bei Schnitzler gewinnt der Monolog an Ausdruckskraft (vgl. ›Ginevra degli Amieri‹).

Heinrich Mann: Novellen. Hrsg. v. Volker Riedel. 3 Bde., Berlin (Ost) 1978 (= Gesammelte Werke, Bd. 16–18).

Ritter-Santini, Lea: Die weiße Winde. Heinrich Manns Novelle »Das Wunderbare«. In: Wissenschaft als Dialog. Studien zur Literatur und Kunst seit der Jahrhundertwende. Hrsg. v. Renate von Heydebrandt u. Klaus Günther Just, Stuttgart 1969, S. 134–173, 491–196.

Banuls, André: Heinrich Mann. Stuttgart 1970, ²1974.

Werner, Renate: Skeptizismus, Ästhetizismus, Aktivismus. Der frühe Heinrich Mann. Düsseldorf 1972.

Gontermann, Walter: Heinrich Manns ›Pippo Spano‹ und ›Kobes‹ als Schlüsselnovellen. Diss. Köln 1973.

Klein, Johannes: Der Novellist Heinrich Mann. In: Heinrich Mann 1871/1971. Bestandsaufnahme und Untersuchung. Ergebnisse der Heinrich-Mann-Tagung in Lübeck. Hrsg. v. Klaus Matthias, München 1973, S. 11–35.

Loose, Gerhard: Der junge Heinrich Mann. Frankfurt 1979, bes. S. 145–222.

Haupt, Jürgen: Heinrich Mann. Stuttgart 1980 (= SM 189).

Vaget, Hans Rudolf: Intertextualität im Frühwerk Thomas Manns. *Der Wille zum Glück* und Heinrich Manns *Das Wunderbare*. In: ZfdPh 101 (1982), S. 193–216.

Heinrich Mann. Sein Werk in der Weimarer Republik. Zweites Internationales Symposion Lübeck 1981. Hrsg. v. Helmut Koopmann u. Peter-Paul Schneider, Frankfurt/M. 1983.

Kindl, Ulrike: Heinrich Manns Novellentechnik im Vergleich zu Verga und Musil. In: Heinrich Mann Jahrbuch 9. 1991 (1992), S. 105–114.

Jasper, Willi: Der Bruder Heinrich Mann. Eine Biographie. München 1992.

Winter, Helga: Naturwissenschaft und Ästhetik. Untersuchungen zum Frühwerk Heinrich Manns. Würzburg 1994.

Stein, Peter: Heinrich Mann. Stuttgart/Weimar 2002 (= SM Bd. 340).

Grollman, Stephen A.: Heinrich Mann. Narratives of Wilhelmine Germany 1895–1925. New York 2002.

Strohmann, Dirk: Heinrich Mann und die phantastische Literatur seiner Zeit. Eine Untersuchung zur Novelle ›Das Wunderbare‹. In: Das Fantastische. Hrsg. von Jan Erik Antonsen, Roger W. Müller Farguell, Freiburg 2003, S. 278–297.

4.7.4 Thomas Mann

Es besteht ein auffallender Widerspruch zwischen der Lehrmeinung, daß Thomas Manns Novellen-Etikettierungen »kaum als formale Festlegung im Sinne irgendeiner Theorie der Erzählformen verstanden werden« kann (Dittmann 1971, 3), und dem überlieferten Anstoß, den die Agenten einer ›strengen Novellenform‹ an solchen vermeintlich gleichgültigen Zuordnungen nahmen (v. Grolman in: *Novelle*, 165 f.). Läßt sich ohnehin in der Novellengeschichte keine letzte Verbindlichkeit der Formentscheidung (»Bauformen, wie sie von Erzählern des 19. Jh.s erarbeitet wurden«; Dittmann 1971, 3) ausmachen (s. G. Keller), so muß die Tatsache, daß Formkennzeichnungen des Autors als »grellste[r] Widersinn« (v. Grolman, 165) zurückgewiesen wurden, eine Gattungsgeschichte besonders interessieren, zumal das Vorbild Thomas Mann prägend wirkte (Stehr, Meyer-Eckhardt, B. Frank).

Mann hat eine Reihe seiner Erzählungen ›Novelle‹ genannt, und die Frage, warum er, der Programmatiker der Repräsentanz des ›demokratischen Romans‹, dies tat (nach Hansen 1984, 53, ziele diese Kennzeichnung auf Objektivität), verdient mehr Aufmerksamkeit als die noch so sorgfältige Ermittlung typologischer Merkmale (Vaget 1982, 43), die auch nichts Besseres leisten als das, was man an der rubrizierenden Gattungsgeschichte tadelt; es geht nicht um die Gewißheit, daß z. B. ›Der Tod in Venedig‹ »keine gattungsgerechte Novelle« (Vaget, 42) ist, nicht um Akzeptanz-Entscheidungen (Kunz 1977, 144) auf dem Hintergrund des vermeintlich wissenschaftlich Geregelten, wohl aber um das ›Mienenspiel‹ des Novellenbegriffs, das an ihm sichtbar wird, sobald er Werke bezeichnet, die sich so nennen oder darüberhinaus auch noch Skizze (zur Unterscheidung zwischen »wirklich[er] Skizze« und »bloß schlechte[r] Novelle« s. DD I, 216), Studie, Groteske oder Burleske heißen (Koopmann 1993, 222).

Schon die Hinweise auf den wegbereitenden, ebnenden Effekt des vertrauten novellistischen Erzählens im Vorfeld großepischer Romanpläne sowie auf das Bedürfnis, dem Gewicht des Voluminösen eine Antithese ›bündig‹ entgegenzusetzen (Vaget 1984, 30; vgl. Lehnerts 1969 »Nachspiel«-Auffassung), versprechen aufschlußreiche Auskünfte für eine Zweckgeschichte der Novelle als ›Form‹; desgleichen deuten der wiederholt entdeckte Literaturbezug von Manns Erzählen (›Intertextualität‹ nach ebd., 36 ff.), überhaupt die Rolle der Tradition (Reed 1983) auf einen bewußten Umgang mit Formbezeichnungen hin. (Zu bedenken wäre auch der ›Simplicissimus‹-Kontext und die »billige Buch«-Aktion; Vaget 1984, 123.) Ob die Neigung zur erzählerischen Verdichtung in ›Aufführungen‹ (ebd., 46) analog zum Punktualitätskriterium restaurativer Novellenreflexion (P. Ernst) den Anspruch auf epische Totalität im Romanwerk mit anderen Mitteln ebenfalls einlösen soll, bleibt zu prüfen (den Novellisten als Vorbild für den Romancier charakterisiert schon A. Eloesser, vgl. ebd., 117 f.).

Th. Mann bekannte, seine »Kurzgeschichten« »in der Schule Maupassants, Tschechows und Turgenjews erlernt« zu haben (zit. n. ebd., 28; vgl. a. Storm). Überliefert sind Novellen-Pläne in der Art C.F. Meyers (Wysling 1976; vgl. hierzu auch Manns Bekenntnis zu seinen »novellistische[n] und öffentliche[n] Masken«, zit. n. Vaget 1984, 55); sein erster Novellen-Band wurde von R. Schaukal in rühmliche Nähe zu F. v Saars Leistung gerückt (ebd., 50). Mit dem Novellenbegriff schien Mann eine »fix und fertig« (Erzählungen 1, 9) entworfene Form zu verbinden; ihren Verfasser versah er »mit steifem Hut und gepflegtem Schnurrbart« (E I, 275), und ihre Wirkung sollte eine »intime« (E I, 60), »zarte und anhaltende Stimmung« (E I, 91) hervorrufen. Wiederholt wird die »größere Geschlossenheit« und Prägnanz, »die sie [die Novelle] dem Drama verwandter macht« (Briefe I, 306).

In ›Der Tod in Venedig‹ (1912) sah Mann neben ›Tonio Kröger‹ seine »gültigste Darbietung auf dem Gebiet der Novelle« (zit. n. Vaget 1984, 184); nach Koopmann (1993) wird der Inbegriff für eine »neue Klassizität« ansichtig. Der novellengeschichtlich vertraute Begriff der »letzten, gefährlichen Wendung eines Lebens« (H. Mann, nach Vaget 1984, 194) erweist sich abermals als bedeutsam und bewährt sich sogar in der Übertragung auf werkgenetische Aspekte (vgl. A. Kuhs Kennzeichnung. »Das Wendepunktwerk deutscher Kunst zwischen Frieden und Krieg«, zit. n. ebd., 195). Assoziationen mit dem »pikanten Stoff« (J. Bab n. ebd., 192; s. a. das Schwankmotiv des sich selbst kompromittierenden Würdenträgers) stellen sich ein, auch wenn solche Verbindungen im selben Atemzug als ungehörig zurückgewiesen werden; doch verdiente die Spannung zwischen Pest und Gesellschaft, wie sie durch Boccaccio gattungsgeschichtlich präsent bleibt, noch verstärkte Aufmerksamkeit; denn auch hier ruft die Cholera eine Erzählbereitschaft hervor, nur daß diese das ›Mythische‹ (insofern es Erzählen ist) ins Dionysische wendet. Die beobachtete »Synthese von epischem und essayistischem Stil« (E. Heilborn, zit. n. ebd., 194, s. a. ›Tonio Kröger‹) bedingt eine Novellenform, die mit der Montaigneschen Tradition verglichen werden kann. Der Aspekt einer parodistischen Anwendung normativer Tragödien-»Technik« (vgl. Hansens 1984, 60, Hinweis auf G. Freytags Lehrbuch) weist auf Wandlungen des Verhältnisses zwischen Novelle (die hier tatsächlich fünf Kapitel umfaßt) und Drama hin. Das Zusammen von unwillkürlichem Suchen, energischem Entscheidungswillen, bequemem Sich-Gehenlassen und ›hartem‹ »Es fügte sich« bedeutet eine neue Stufe des künstlerischen Kalküls mit dem Schicksal; so entsteht die Geometrie der Linienführung, die ein »[w]underlich unglaubhaftes, beschämendes, komisch-traumartiges Abenteuer« (E I, 369) konturiert und das »Lachen über dies Mißgeschick« mit dem ironisch-sarkastischen Umschlag dieses Paradoxes vermittelt. Autobiographische, possenhaft-satirische, kriminalistische (i.S.v. »Verbrecher des Traumes«, E. I, 275 ›Beim Propheten‹), elegische, gleichnishaft-mythische und tragische Gattungsimpulse vereinen

Moderne 149

sich zu einer Novellenform, deren Eigenart nicht in der Begrenzung, sondern in der Sprengkraft liegt.

Die prototypische italienische (Jonas 1969) Bedeutung der Novelle gewinnt aktuelle deutsche Bezüge in ›Mario und der Zauberer‹ (nur im Vorabdruck Novelle genannt). Aus Selbsterlebtem (DD II, 368; Vaget 1984, 223) entsteht am novellistischen Gerüst (Dekameron-Figur Cipolla; VI, 10; bel-parlare-Ideal, Täuschungsstreich, Possenschwank; exemplarischer Erzählstil; nationale Charakteristik; ungeheurer Augenblick; Rechtfertigungsprobleme des Erzählers) ein Modell des modernen Zeitgeists, seiner Entstehung, Wirkung (Verkehrung und Komplementarität des Befehlens und Gehorchens; Wortspiel: Faszination – Faschismus) und Identität (politische, ästhetische, mythische Dimensionen). Diagnose, Warnung und Bekenntnis gehen gleichermaßen von der ›Unterhaltung‹ einer Gesellschaft aus, deren Einheit diesmal (im Gegensatz zur ehemaligen florentinischen Eintracht und zur gegenwärtigen Volksverbundenheit der ›nicht-indoktrinierten‹ Kinder) vollends katastrophal erscheint.

Thomas Mann: Die Erzählungen. 2 Bde., Frankfurt/M. 1967 (= Werke. Taschenbuchausgabe in zwölf Bänden).
Thomas Mann: Frühe Erzählungen 1893–1912. Hrsg. von Terence J. Reed. Frankfurt/M. 2004 (= Große kommentierte Frankfurter Ausg., Bd. 2).
Dichter über ihre Dichtungen: Thomas Mann. Hrsg. v. Hans Wysling u. Marianne Fischer, 3 Bde., München 1975/79/81.

Kessel, Martin: Studien zur Novellentechnik Thomas Manns. Diss. Frankfurt/M. 1925; in: Edda 25 (1926), S. 250–356.
Perez, Hertha: Thomas Mann als Novellist. Diss. Bukarest 1961.
Daemmrich, Horst S.: Thomas Mann's ›Schwere Stunde‹ Reconsidered. In: Papers on Language & Literature 3 (1967), S. 34–41.
Jonas, Ilsedore: Thomas Mann und Italien. Heidelberg 1969.
Lehnert, Herbert: Thomas-Mann-Forschung. Ein Bericht. Stuttgart 1969.
Lehnert, Herbert: Thomas Manns Erzählung ›Das Gesetz‹ und andere erzählerische Nachspiele im Rahmen des Gesamtwerks. In: DVjs 43 (1969), S. 515–543.
Erläuterungen und Dokumente: Thomas Mann. Tristan. Hrsg. v. Ulrich Dittmann, Stuttgart 1971.
Neumeister, Erdmann: Thomas Manns frühe Erzählungen. Der Jugendstil als Kunstform im frühen Werk. Bonn 1972.
Reed, T. J.: Thomas Mann. The Uses ot Tradition. Oxford 1974.
Wich, Joachim: Groteske Verkehrung des »Vergnügens am tragischen Gegenstand«. Thomas Manns Novelle *Luischen* als Beispiel. In: DVjs 50 (1976), S. 213–237.
Wysling, Hans: Thomas Mann heute. Sieben Vorträge. Bern 1976.
Kurzke, Hermann: Thomas-Mann-Forschung 1969–1976. Ein kritischer Bericht. Frankfurt/M. 1977, bes. S. 221–227.
Anton, Herbert: Thomas Mann. In: Handbuch, 1981, S. 491–507, 612–615.
Otto, Susanne: Literarische Produktion als egozentrische Variation des Problems

von Identitätsfindung und -stabilisierung: Ursprung, Grundlagen und Konsequenzen bei Thomas Mann. Analyse des novellistischen Frühwerks mit Perspektive auf das Gesamtwerk. Frankfurt/M. 1982.
Reed, T. J.: Thomas Mann. Der Tod in Venedig. Text, Materialien, Kommentar. München 1983 (= Literatur Kommentar, Bd. 19).
Hansen, Volkmar: Thomas Mann. Stuttgart 1984 (= SM 211).
Vaget, Hans Rudolf: Thomas-Mann-Kommentar zu sämtlichen Erzählungen. München 1984.
Kurzke, Hermann: Thomas Mann. Epoche – Werk – Wirkung. München 1985, ³1997.
Remak, Henry H. H.: Thomas Mann als Novellist. In: Zeitgenossenschaft. Zur deutschsprachigen Literatur im 20. Jahrhundert. Festschrift für Egon Schwarz zum 65. Geburtstag, hrsg. v. Paul Michael Lützeler, Frankfurt/M. 1987, S. 103–122 (= Remak 1996, S. 247–275).
Renner, Rolf Günter: Das Ich als ästhetische Konstruktion. ›Der Tod in Venedig‹ und seine Beziehung zum Gesamtwerk Thomas Manns. Freiburg 1987.
Eggenschwiler, David: The very glance of art. Ironic narration in Mann's Novellen. In: Modern Language Quarterly 1987 (1989), S. 59–85.
Hoffmeister, Werner: Thomas Manns *Unordnung und frühes Leid:* Neue Gesellschaft, neue Geselligkeit. In: Monatshefte 82 (1990), S. 157–176.
Vaget, Hans R.: Die Erzählungen. In: Thomas-Mann-Handbuch. Hrsg.v. Helmut Koopmann, Stuttgart 1990, ²1995, S. 534–618.
Erläuterungen und Dokumente: Thomas Mann: Der Tod in Venedig. Hrsg.v. Ehrhard Bahr, Stuttgart 1991.
Koopmann, Helmut: Ein grandioser Untergang. Thomas Mann: Der Tod in Venedig (1912). In: Deutsche Novellen, 1993, S. 221–235.
Japp, Uwe: Menschliche Annäherung an das Göttliche: Thomas Manns Erzählung ›Das Gesetz‹. In: Zwischen den Wissenschaften: Beiträge zur deutschen Literaturgeschichte. Hrsg. von Gerhard Hahn u.a., Regensburg 1994, S. 180–188.
Ohl, Hubert: Ethos und Spiel. Thomas Manns Frühwerk und die Wiener Moderne. Eine Revision. Rombach 1995.
Geulen, Eva: Resistance and Representation: A Case Study of Thomas Mann's ›Mario and the Magician‹. In: New German Critique 68 (1996), S. 3–29.
Cölln, Jan: Gerichtstag der Literatur. Zur selbstreflexiven Konzeption von Thomas Manns Erzählsammlung Tristan. Sechs Novellen. In: JDS 45 (2001), S. 320–343.
Thomas-Mann-Handbuch. Hrsg. von Helmut Koopmann. Stuttgart ³2001.
Aust, Hugo: »Wat et nit all jibt!« Thomas Manns *Die Betrogene* oder: Zur Lage der Novelle in der Adenauerzeit. In: *man erzählt Geschichten, formt die Wahrheit.* Thomas Mann – Deutscher, Europäer, Weltbürger. Hrsg. von Michael Braun/Birgit Lermen. Frankfurt/M. 2003, S. 225–240.
A Companion to the Works of Thomas Mann. Hrsg. von Herbert Lehnert, Rochester 2004.

4.7.5 Novellen des ersten Jahrzehnts

Rilkes Novellen und Skizzen ›Am Leben hin‹ (1898) beleuchten schlaglichtartig die »leisen, lautlosen Wege ums Leben herum« (110), halten ausschnitthaft und teilweise mit Ironie den nichtigen Stillstand im toten Abseits fest, weisen aber auch Richtungen einer nachholbaren Einkehr. Die entwurfhafte, flüchtige Form, die der Zusammenhang von Novelle und Skizze andeutet, entspricht solchen Lebensbrüchen, Partikeln hoffnungslosen Anfangs, wahnhafter Mühe und blütenlosen Verwelkens.

Um den seit langem begehrten »steilen Weg von der Lyrik zur [ehrlichen] Prosa herabzufinden« (4), entschließt sich *Hugo Salus*, ›Novellen des Lyrikers‹ (1903) zu verfassen. Die Titelgeschichte – Werkstattbericht ihrer selbst – soll zwar noch immer »viel von Mondlicht und Sternenflimmern« (3) erzählen, aber auch »viel Erdgeruch« ausdünsten, so daß »ein Idyll der Seele [...] in Prosa« entstehen kann. Doch schon der Anfang scheitert am durchgehenden Temperament des Lyrikers (Wortbewußtsein, Stimmungsmalerei, Begeisterung, finale Verdichtung) und erstickt die »echte, epische Novelle« (12) im Keim. Erwartungsgemäß löst sich dieser Gattungskonflikt auch in den folgenden Prosagedichten nicht auf, sondern erzeugt im Pathos der Lebensbegeisterung wandlungsreiche Gebilde.

Eine geradezu standardisierbare Form der Novelle begegnet in *Hans Müllers* ›Das Gottesurteil‹ (aus: ›Buch der Abenteuer‹, 1905): Ein Gesprächsrahmen motiviert anläßlich eines kontroversen Themas das argumentative Erzählen eines Erlebnisses, das den Erzähler »wie eine alte spanische Novelle« (5) anmutet und ihn in seinem ideellen Offenbarungswert (11) wendepunktartig geprägt hat. Während der Zuhörer der Rahmenerzählung im krassen Gegensatz zur rhetorischen Entscheidungssituation schlichtweg einschläft (darauf gründet das Traum- bzw. Fiktionsmotiv des Erzählganzen), entfaltet sich eine kurze Geschichte, die infolge einer auf den Leib rückenden Symbolik weniger Handlung als (Streit-)Gespräch darstellt und sich als »Schauspiel« vollzieht, das »statt der friedfertigen Komödie einer glücklichen Ehe [...] ein Possenspiel von brutalen Effekten« (7) zeigt.

Wenig bekannt sind *Felix Saltens* Novellen. Allein ›Die Gedenktafel der Prinzessin Anna‹ (1902) kann als Beleg für die hohe Kunst der Novelle um die Jahrhundertwende gelten. ›Der Schrei der Liebe‹ (1905) erzählt ironisch sentimental die Krise einer Mythe von der weiblichen Seele, die sich im Liebesschrei der Hochzeitsnacht zu offenbaren pflegt und so das gesamte Leben eines

Inselkönigtums (vom ›Uhrwerk‹ höfischer Zeremonie bis zum Volksbrauchtum) prägt. Die im Mittelpunkt stehende Entscheidung des Königs für eine fremde Braut unterbricht die sagenhafte Automatik dieser süßen Seelenerweckung und hinterläßt das elegische (männliche) Bewußtsein einer nicht erfüllten Sehnsucht.

Als die ›Drei Grazien eines Traumes‹ (1906) identifiziert *Max Mell* die »unsäglich wunderbar[en]« (62) Begegnungen (darunter der beliebte Godiva-Stoff: die ›Begegnung‹ zwischen einer Frau und einer Stadt, durch die sie nackt reiten muß, um die Stadt vor der Strafe zu bewahren), die dem Leben eine Wucht mitteilen, die »den vorgezeichneten Weg des Geschickes umbiegt und umbricht wie einen Grashalm« (19).

Die Geschichte dreier Frauen aus höchster wie niedrigster Sphäre verknüpft Jakob *Wassermann* zur verwandtschaftlichen Gemeinschaft von ›Schwestern‹ (1906), die – unter den abgewandelten Bedingungen dreier Jahrhunderte – zeitsymptomatisch ihren Geliebten zum Verhängnis werden: die »vernichtete Seele« (35) der wahnsinnigen Mutter Karls V, die ihren Gemahl im Wahn der Eifersucht vergiftet, obwohl sie sich dann von seiner Leiche nicht zu trennen vermag, die geschundene Diebin im London des beginnenden 18. Jahrhunderts, die – geradezu kleistisch – das »Wunder« (49) der Traumvermählung zu erfahren glaubt, obwohl ihre »Seele« sich nur an »Rauch« (53) gebunden hat, und schließlich die edle Schwärmerin aus dem nachnapoleonischen Frankreich, die – vergiftet vom »Pesthauch des verleumderischen Wesens« (78) und verführt vom Bild des natürlichen Lebensdrangs – mitwirkt am »unsinnige[n] Märchen, gewoben aus Dummheit und Schlechtigkeit« (91), an der »Vision von Blut und Wunden« (87).

Impressionistische Novellen schrieb *Eduard von Keyserling*. Sie skizzieren den Verfall einer Aristokratie, die sich nervös vor dem Leben zu wattieren sucht. In ›Harmonie‹ (1906/14) zerreißt ein konventionell geknüpftes Eheband anläßlich wahlverwandtschaftlicher Besinnungen. Die junge Ehefrau, aufgewachsen im Wahn, zur »Auslese des Lebens« zu gehören (Leitmotiv-Satz: »Nein, ich danke, das ist nicht für mich.«), vergeht angesichts der derb-sinnlichen Übergriffe, die sich der Ehemann frühlingsbeseelt zuschulden kommen läßt. »Wir heiraten diese exquisiten Geschöpfe – wie – wie man sich ein kostbares Instrument kauft, das man nicht zu spielen versteht.« (62 f.). Die Dramaturgie der sublimierten Stimmung läßt eine entscheidende Konfrontation nicht zu; statt dessen erstickt man lieber hinter den »Masken, die man sich vorband.« (72).

An Chamissos ›Schlemihl‹-Geschichte knüpfen Richard *Schaukals* ›Schlemihle‹ (1908) an, deren erste Novelle gleichfalls – aber im modernen Sinn – den Lebensweg eines benachteiligten, stigmatisierten Außenseiters im Umkreis bürgerlicher Prosperität (Geld-Motiv) erzählt; auch hier spielt ›Märchenhaftes‹ in die Novellen hinein, erscheint aber situativ abgeleitet als Phantasie motiviert, die der gesellschaftlichen Auszehrung, dem Hunger nach Geselligkeit, entspringt, und rechtfertigt sich als aristokratische »Wahrheit« einer »Philosophie des Blödsinns« (46).

Hermann Bahrs ›Stimmen des Bluts‹ (1909) erzählen von der Redestärke des Es, das sich gegen Konvention und Willen zu Wort meldet und Recht behält; die unerhörte Begebenheit (Inzest, umgekehrtes Genoveva-Motiv, Eifersucht zwischen Mensch und Hund) hängt ab vom Verständnis einer schicksalhaften Sprache aus der Tiefe.

Max Dauthendeys asiatische Novellen ›Lingam‹ (1909) reihen exotische Charakteristiken, deren gemeinsamer Grund in einer erinnerten Mythe mit ihrem Liebesauftrag liegt (ein Rahmen, den die Neuausgabe u. d. T. ›Der Garten ohne Jahreszeiten‹ offensichtlich für überflüssig hielt und wegließ). Merkwürdige Beispiele, zuweilen sogar bis ins Grotesk-Makabre gesteigert (›Likse und Panulla‹), erzählen davon, wie man ein solches Erbe verfehlt, mißbraucht oder erfüllt.

Richard Dehmels Novellen (1909) zeugen als »Blätter« vom vielfältigen Wachstum einer Liebesreligion, die in kritischen Situationen realistisch, burlesk oder rhapsodisch ausbricht bzw. verkümmert. Die eigenartige Kennzeichnung »Novellen in Prosa« suggeriert eine stilistische Transponierung, die von einem zugrundeliegenden Lyrismus ausgeht.

4.7.6 Expressionistische Novellen

Im Umkreis des Expressionismus entstand eine Fülle eigenartiger Novellenliteratur, die zwar der Gattungsforschung nicht entgangen ist, hier aber infolge der eingerasteten akademischen Erwartungshaltung ins schiefe Licht gerät. Wer trotz gewandelter Bedingung nach wie vor den vermeintlich klassischen Kriterien der Novellenform (Falke, Wendepunkt, novellistisches Thema, bündige Form; vgl. Himmel) nachfragt, verstellt sich mutwillig die Aussicht auf historisch bezeichnenden Formenwandel und gattungsgeschichtliche Erfahrung.

Jens, Inge: Studien zur Entwicklung der expressionistischen Novelle. Diss. masch. Tübingen 1954, Neudr. Tübingen 1997.

Liede, Helmut: Stiltendenzen expressionistischer Prosa. Untersuchungen zu Novellen von Alfred Döblin, Carl Sternheim, Kasimir Edschmid, Georg Heym und Gottfried Benn. Diss. masch. Freiburg 1960.
Sokel, Walter: Die Prosa des Expressionismus. In: Expressionismus als Literatur. Gesammelte Studien. Hrsg. v. Wolfgang Rothe, Bern 1969, S. 153–170.
Arnold, Arnim: Prosa des Expressionismus. Herkunft, Analyse, Inventar. Stuttgart 1972.
Binneberg, Kurt: Expressionismus. In: Handbuch, 1981, S. 433–447, 605–607.
Ihekweazu, Edith: Wandlung und Wahnsinn. Zu expressionistischen Erzählungen von Döblin, Sternheim, Benn und Heym. In: Orbis litterarum 37 (1982), S. 327–344.
Krull, Wilhelm: Prosa des Expressionismus. Stuttgart 1984 (= SM 210).
Dierick, Augustinus P.: German expressionist prose. Theory and practice. Toronto 1987.

Kontinuität und Wandel der Novelle werden in *Georg Heyms* ›Die Novella der Liebe‹ (ent. 1907) auf engstem Raum greifbar (Kunz 1977, 77 ff.). Was hier allerdings mit Kontinuität gemeint ist, betrifft, wie schon die Wortwahl des Titels anzeigt, nicht den Anschluß an die Erzähltradition des 19. Jahrhunderts, sondern bedeutet – vielleicht analog zu P. Ernsts Programm – den Rückgriff auf die romanische Form der verbotenen Liebe unter italienischem Renaissance-Himmel. Wenn es auch falsch ist, von der »Diskretion der klassischen Novelle« (so Kunz 1977, 78) zu reden, die natürlich auch Schock-Geschichten kannte, so bleibt doch richtig, daß Heyms ›Novella‹ nach ihrem typischen Einsatz (Situation, Begegnung, heimliche Liebe, Folgen) im letzten Viertel eine eigenwillige, moderne Koda wählt: Sie liegt eigentlich weder in der Katastrophe für Mutter und uneheliches Kind, deren minimalpsychologische Entwicklung zum modernen Bild des alten Novellen-Stils gehört, noch bloß im abschnurrenden Strafmechanismus der aufgebrachten Stadt; schon eher deutet sich die formengeschichtliche Umkehr im unvermittelten »Gelächter« der Bologneser Gesellschaft über den Tod der Mutter und die »Freude« über die aufgehängte »kleine Leiche« an, die am alten Textmodell die zeitgenössische Fühllosigkeit meint. Sie stellt den Hintergrund dar, auf dem der zu Tode stürzende Liebhaber »das unbekannte und gewaltige Lied der großen – herzbezwingenden und vernichtenden Liebe« (105) hört.

Liebesgeschichte, Passionsgeschehen, Kriminalfall und Erlösungsmärchen rücken in Heyms Novellenform ineinander und zeugen vom Paradox der Hoffnung im Universum der Verzweiflung. Sein Novellenbuch ›Der Dieb‹ (1911) vereint unterschiedliche Texte (Geschichten, Skizzen, einen »Beitrag«, Situationen) zu einem Zyklus des Aufbruchs, dessen eigentliche paradiesische Richtung sich enigmatisch verkrümmt im Wahnsinn des Handelns und Leidens. Der Expressionismus dieser ›Beispiel‹-Sammlung drängt nicht nur zur chrestomathischen Auswahl der grausamsten und schrecklichsten Begebenheiten, sondern sucht auch in der bewußten Zusammenstellung des Gegensätzlichen und Widersinnigen die schmerzlichste Sprachform zu wählen. So verketten sich miteinander: die revolutionäre Menschwerdung (Schneider) des hungernden Pariser Volkes, der Amoklauf eines Irren, der seelische Liebestraum einer Leiche auf dem Seziertisch, das letzte Gesprächsverlangen eines »aus dem Garten des Lebens« (39) herausgeworfenen und im Spital ›abgesägten‹ Invaliden, die Epiphanie und ›Hellen‹-Fahrt der »Mutter« Pest, das unerbittliche Nebeneinander von Seligkeit und Qual im ersten Erwachen eines Jungen und der Erlösungskonflikt eines irrsinnigen Diebes (vgl. Th. Manns ›Gladius Dei‹), der sich zum göttlichen Werkzeug berufen fühlt. Wirklichkeit, Wahn und Phantasie, Leben, Tod und Neugeburt, Ohnmacht, Hoffnung und Terror, Opfer und Täter, Gott, Mensch, Tier, Ding und Teufel, Ekel, Grauen und lyrisch blühende Bilder kippen ständig ineinander über und brechen in Schreie der Warnung, des Leids und der Wut aus. Die sieben Novellen beschränken sich weitgehend auf den perspektivischen Blick, geben das Erlebnis jeweils aus der Sicht des Erlebenden, von innen her, wieder und beharren so bis zum Absurden auf der Verdammnis zur Vereinzelung, gegen die nur das Werk als Ganzes, eben als »Novellenbuch« spricht. – Ein noch lange nicht hinreichend erkundeter ›Wendepunkt‹ der modernen Novellengeschichte ist hier erreicht; nur wer ›Novelle‹ in das Einweckglas vermeintlich wesenhafter Stilelemente (so Kunz 1977, 81) zwängt, übersieht den eigenartigen Beitrag dieses Zyklus zur allgemeinen Novellengeschichte, dessen Rahmenerzählung sich das 20. Jahrhundert selber schrieb.

Georg Heym: Dichtungen und Schriften. Gesamtausgabe. Hrsg. v. Karl Ludwig Schneider, Bd. 2: Prosa und Dramen, Hamburg 1962.

Schneider, Karl Ludwig: Georg Heym. In: Deutsche Dichter der Moderne. Ihr Leben und Werk. Hrsg. v. Benno v. Wiese, Berlin [2]1969, S. 389–406, [3]1975, S. 417–434.
Blunden, Allan: Notes on Georg Heym's Novelle *Der Irre.* In: GLL 28 (1974/75), S. 107–119.
Korte, Hermann: Georg Heym. Stuttgart 1982. (= SM 203).
Schünemann, Peter: Georg Heym. München 1986, bes. S. 119–130.
Klier, Melanie: Kunstsehen. Literarische Konstruktion und Reflexion von Gemälden in E.T.A. Hoffmanns ›Serapions-Brüdern‹ mit Blick auf die Prosa Georg Heyms. Frankfurt/M. 2002.

Die Vorbehalte, unter denen die ältere Novellenforschung das Erzählwerk Franz *Kafkas* (insbesondere die frühen Großerzählungen) gattungsgeschichtlich registrierte, überzeugen nicht völlig; denn es gibt keine kompakte Tradition des Novellen-Schatzes, den Kafkas Werk allein auf Grund formgeschichtlicher Eigenarten beendet, auflöst oder umwertet. Es kommt einer selbstverschuldeten Kurzsichtigkeit gleich, die ›Novellenstruktur‹ auf Grundbegriffe (unerhörte Begebenheit, Falke, Wendepunkt) festzulegen, um sie dann bei Kafka zu vermissen (vgl. von Wiese 1956, 325; 1962, 325, 344 f.). Umgekehrt überrascht der Sprachgebrauch der Kafka-Philologie, die ihrerseits nicht zögert, den dramatischen Handlungsablauf durch den Wendepunkt-Begriff zu kennzeichnen (Kafka-Handbuch 1979, II, 287, 292) und sogar den »Falken« im Sinne »traditioneller Novellentheorie« (Neumann: Urteil 1981, 93) zu identifizieren. In den Augen der Novellenforschung schien das klassifikatorische ›Nicht Mehr‹ wichtiger zu sein als das funktionale ›Wozu‹ der Gattungsperspektive. Dabei weisen Kafka-Interpreten mit Recht auf andere, neue bzw. ›umbrechende‹ Gattungsintentionen hin (Kafka-Handbuch 1979, II, 306 f.). Zwar verhindert das Befremdliche des Werkes jede Form der ›bergenden‹ Rubrizierung, aber gerade diese Verweigerung gründet auf den Verfahren des Formzitats (moralische Erzählung, Märchen, Fabel, Parabel, jüdische volkstümliche Erzählformen), das den dialektischen Ausdruckswillen in Umwertung, Ironie, Karikatur, ›Beugung‹ und Kontrafaktur spannungsvoll zur Geltung bringt. Es scheint, als bediene sich Kafka – besonders im Erzähleingang – des Wiedererkennbaren nur deshalb, um es im Zielbild der Groteske oder der ›autonomen Identität‹ (Neumann: Kafka 1981, 451) desto gewisser verwirren, ›ausschalten‹ und zerstören zu können (Kafka-Handbuch 1979, II, 274). Als Frage gewendet: Was ändert sich an Goethes Novellenbegriff, wenn er in Kafkas ›Verwandlung‹ zum Ausdruck kommt?

Unter der Voraussetzung einer solchen gattungs- und stilfixierten ›parodistischen‹ Absicht müßte sich eigentlich ein recht kompaktes Standardwissen über den Sachbereich Novelle als historischer Erwartungshorizont und geltende Norm rekonstruieren lassen. Kafka selbst gebrauchte den Novellenbegriff nur im privaten Zusammenhang (vgl. a. Max Brods Edition der »Novellen, Skizzen, Aphorismen aus dem Nachlaß« 1946). Seine Bedeutung hier wäre noch zu beschreiben. Kompositorische Aspekte berührt die Tagebuch-Eintragung v. 19.12.1914; zyklische Dimensionen kommen anläßlich des Plans zur Sprache, »ein großes Novellenbuch herauszugeben« (Brief v. 15.10.1915), das die Erzählungen

›Das Urteil‹, ›Die Verwandlung‹ und ›In der Strafkolonie‹ themenzentriert als »Strafen« und in beabsichtigter Anordnung vereinen sollte (Rücksicht auf nachbarliche Verträglichkeit, Grundsatz thematischer Progression; Kafka-Handbuch 1979, II, 212, 282, 285). Vielversprechend klingen auch die entdeckten Bezüge zwischen Erzählverfahren und neuer Stummfilmtechnik (Cersowsky 1993).

Die neuere Kafka-Forschung gebraucht durchaus die Novellenbezeichnung, aber sie scheint sie ›gleichgültig‹ zu verwenden, d.h. in einer um ihre Bedeutungskontur abgeschliffenen Form (vgl. Neumann: Urteil 1981, 67 et passim); ihr betont schematisches Interesse gilt nunmehr anderen Aspekten (vgl. die Rede vom »geradezu klassische[n] Beispiel« für Doppelbindung innerhalb der Familie, s. ebd., 60). Vielleicht wäre es nicht abwegig, die so entdeckten Machtstrukturen der Rede auch einmal an die »Motto«-Tradition des republikanisch-emanzipierten ›Dekameron‹-Bürgertums (Wetzel: Romanische Novelle 1977, 76 ff.) anzuschließen und zu fragen, was seitdem (und nicht erst seit der Aufklärung) geschehen mußte, damit sich das autonome Redevermögen zur erstickenden Bindung und ausweglosen Falle verkehren konnte. Warum blieb es Georg trotz seines Versuchs, den Vater »zu verlachen« und ihn »in der ganzen Welt unmöglich [zu] machen«, versagt, die Niederlage im »Urteil« zu einem Sieg im »Witz« zu verwandeln, hatte doch gerade Freud versichert: »Die Vernunft – das kritische Urteil – die Unterdrückung, dies sind die Mächte, die er [der tendenziöse Witz] der Reihe nach bekämpft.« (Der Witz und seine Beziehung zum Unbewußten, 1905, Fischer-Tb., 112)

Das sozialpsychologische Interesse an Kafka dürfte wohl auch einen vergleichenden Blick auf C. F. Meyer motivieren und funktionale Entsprechungen zwischen den novellistischen Erscheinungsbildern ›biogrammatischer‹ Poetiken freilegen.

Binder, Hartmut: Kafka-Kommentar zu sämtlichen Erzählungen. [zuerst 1975] München ³1982 (unveränderter Nachdr. 1986).
Kafka-Handbuch in zwei Bänden. Bd. 2: Das Werk und seine Wirkung. Hrsg. v. Hartmut Binder, Stuttgart 1979.
Neumann, Gerhard: Franz Kafka. In: Handbuch 1981, S. 448–460, 607 f.
Neumann, Gerhard: Franz Kafka. Das Urteil. Text, Materialien, Kommentar. München 1981 (= Literatur-Kommentare, Bd. 16).
Erläuterungen und Dokumente: Franz Kafka. Die Verwandlung. Hrsg. v. Peter Beicken, Stuttgart 1983.
Cersowsky, Peter: Mit primitivem Blick. Franz Kafka: *Die Verwandlung* (1915). In: Deutsche Novellen, 1993, S. 237–247.
Interpretationen: Franz Kafka. Romane und Erzählungen. Hrsg. v. Michael *Müller*, Stuttgart 1994.

Kolesch, Doris: Aufbauende Zerstörung: Zur Paradoxie des Geschichts-Sinns bei Franz Kafka und Thomas Pynchon. Frankfurt/M. 1996.
Speirs, Ronald, Sandberg, Beatrice: Franz Kafka. New York 1997.
Binder, Hartmut: Kafkas »Verwandlung«. Entstehung, Deutung, Wirkung. Frankfurt/M. 2004.
Glinski, Sophie von: Imaginationsprozesse. Verfahren phantastischen Erzählens in Franz Kafkas Frühwerk. Berlin 2004.
Große, Wilhelm: Franz Kafka, Die Verwandlung. Stuttgart 2004.
Franz Kafka: Ein Landarzt. Interpretationen. Hrsg. von Elmar Locher, Bozen 2004.
Neymeyr, Barbara: Konstruktion des Phantastischen. Die Krise der Identität in Kafkas »Beschreibung eines Kampfes«. Heidelberg 2004.

Carl Sternheims biographische Geschichten aus dem »bürgerlichen Heldenleben« (später zusammengestellt u.a. in ›Chronik von des 20. Jahrhunderts Beginn‹, 2 Bde. 1918) folgen insofern einem allgemeinen Muster der Novelle (vgl. ›Busekow‹ 1913), als sie den Prozeß der individuellen Selbstfindung an einem herausragenden Ereignis des Lebens (Gesamtwerk X/2, 993) und nach einem »Rhytmus [sic] des Geschehens« (ebd., 992) gestalten. Der Weg zur ›eigenen Nuance‹ (›Heidenstam‹, G IV, 182) erreicht seinen Scheitelpunkt z. B. in einer unerwarteten Begegnung, die den Kampf gegen bürgerliche Konvention, eheliche Regel, schwächende Alltagsautomatik und erotische Sterilität ermöglicht (i.S. v. »Kampf den Metaphern«, Nachwort zu ›Ulrike‹). Im erhöhenden Augenblickserlebnis der Befreiung und des Durchbruchs eröffnen sich heroische Möglichkeiten der schwungvollen Selbstverwirklichung, Kraft und Liebesorgie. Es charakterisiert allerdings den Geltungsanspruch solcher Höhepunkte, daß sie – wie in ›Busekow‹ – zugleich auch eine fatale Wirklichkeitsferne bedeuten können. So vermitteln Sternheims Erzählungen die Satire gegen die bürgerliche Abtötung mit der Verklärung (G X/2, 993) vitalistischer Erweckung und diese wiederum mit der satirischen Beleuchtung der Individualeuphorie, deren hymnisches Pathos ausgerechnet zur erneuten »Maske« (?) des »Heil dir im Siegerkranz« drängt. Sternheims Metaphern-Sturm ließ ihn stilistisch tief in die Normalität der Sprache eingreifen; ob er auch die Novelle als Metapher, als das leidige »wie wenn« (›Posinski‹, G IV, 239), empfunden hat, die den lebendigen, kraftvollen Erzählausdruck maskiert bzw. ängstlich umschreibt (Nachwort zu ›Ulrike‹), läßt sich angesichts der freien Begriffsverwendung und der irritierenden Doppelrolle des Maskierens nicht entscheiden.

Carl Sternheim: Das Gesamtwerk. Hrsg v. Wilhelm Emrich, 10 Bde., Neuwied 1963–76.

Budde, Bernhard: Über die Wahrheit und über die Lüge des radikalen antibürgerlichen Individualismus. Eine Studie zum erzählerischen und essayistischen Werk Carl Sternheims. Frankfurt/M. 1983.
Dedner, Burghard: »Nun war's um ihn wie auf einem Jahrmarkt bunt.« Sternheims Erzählungen 1912 bis 1918. In: Text + Kritik, 1985, H. 87, S. 49–70.

Stationen des Ausbruchs aus der beschämenden bürgerlich-luxuriösen Sicherheit in die Freiheit selbstbestimmten Lebens und in die Praxis verantwortungsvollen Mitleids für die Armen skizzieren *Max Horkheimers* frühe Novellen (ent. 1915, D 1974), die das Lebensgefühl der Jahrhundertwende (einschließlich der Schwebeseligkeit der Taugenichts-Epoche) mit dem Aufbruch-Pathos des Expressionismus verschmelzen und insbesondere an weiblichen Lebensläufen die kritischen Wenden und diskursiven Entscheidungen aufweisen, die zur ersehnten Erhöhung oder abermaligen Erniedrigung führen.

Kasimir Edschmids Triptychon ›Timur‹ (1916) entwirft dramatische Gemälde eines unbändigen (über Leichen gehenden) Drangs lebenshungriger Individuen (darunter auch der Dichter Villon; s. Taugenichts-Parallele) nach dem Hohen, Göttlichen und Omnipotenten. Geschwächt werden solche Ausbrüche des ›rasenden Lebens‹ von der chronischen Katerstimmung, die dem Höhentrieb den Rückstoß nimmt. Selbst das Monster-Individuum der Titelgeschichte bleibt trotz gigantischer Kraftbeweise und Grausamkeitsorgien nicht frei vom schalen Bewußtsein billiger Siege über läppische Gegner (die Götterwelt eingeschlossen). Das gattungsgeschichtlich Merkwürdige solcher entfesselten Lebensläufe liegt wohl darin, daß trotz notorischer Sprengwut der überlieferte Formbegriff keineswegs panisch gemieden wird. Oder sollen etwa auch die literarischen Erwartungen, die durch die Novellen-Ankündigungen entstehen, diesem expressionistischen Massaker zum Opfer fallen? Wie exotisch klingt eigentlich ›Novelle‹ um 1916, wie rigoros ist jetzt wieder ihr individualistischer (Neuschäfer 1969) Anspruch, und wie sensationell wirkt, was sie als Unerhörtheit leistet?

Während Kunz (1977) noch die Möglichkeit einer abgewandelten Novellenform bei *Gottfried Benn* einräumt, ziehen es andere Novellenforscher vor, über ihn zu schweigen oder gar seinen Einschluß in die Gattungsgeschichte zu untersagen (Himmel, 425). Dabei droht zweierlei verlorenzugehen: Gewiß sprengt Benn mit seiner Novellenform die ›vertrauten‹ Grenzen; aber die Richtungen solcher ›Abbrüche‹ und ›Übergriffe‹ kommen novellengeschichtlich nicht gänzlich unerwartet: Im Fall der ›Gehirne‹ (1916) rückt das Lyrische in den Mittelpunkt, und ›Der Ptolemäer‹ (1949) verschreibt sich der Essayform. Zum anderen gilt es zu fragen, welche Rolle die Novellenbezeichnung (vorausgesetzt, sie meint etwas ›Festes‹ und zwar entweder im Sinn eines Begriffs, den der Abendländer gegen das Chaos setzt; vgl. GW IV, 10 ff., oder im Sinn jener dem ›Mittelländischen Meer‹ benachbarten Form, das dem Dichter das »Menschlichste bedeutete«, II, 300) in Dichtungen spielt, die so radikal von der Zerstörung herkömmlicher Gewißheiten zwischen Ich und Welt zeugen. Zu klären wäre z. B.: Was ›widerfährt‹ Rönne, daß er so ›handlungsunfähig‹ wird, daß ihm noch nicht einmal jene Begebenheit widerfahren kann, die ihn novellistisch akzeptabel machte?

Gottfried Benn: Gesammelte Werke. Hrsg. v. Dieter Wellershoff, 4 Bde., Wiesbaden 1958–61.

Dichter über ihre Dichtungen: Gottfried Benn. Hrsg. v. Edgar Lohner, München 1969.

Wellershoff, Dieter: Gottfried Benn. Phänotyp dieser Stunde. Eine Studie über den Problemgehalt seines Werkes. [zuerst 1958] Köln 1986.
Buddeberg, Else: Probleme um Gottfried Benn. Die Benn-Forschung 1950–1960. Stuttgart 1962.
Bleinagel, Bodo: Absolute Prosa. Ihre Konzeption und Realisierung bei Gottfried Benn. Bonn 1969.
Wodtke, FriedrichWilhelm: Gottfried Benn. Stuttgart ²1970 (= SM 26).
Oehlenschläger, Eckart: Provokation und Vergegenwärtigung. Eine Studie zum Prosastil Gottfried Benns. Frankfurt/M. 1971.
Marahrens, Gerwin: Geschichte und Ästhetik in Gottfried Benns intellektualer Novelle *Der Ptolemäer*. In: Hinter dem schwarzen Vorhang. Die Katastrophe und die epische Tradition. Festschrift für Anthony W. Riley. Hrsg. von Friedrich Gaede, Tübingen 1994, S. 177–192.
Ray, Susan: Beyond nihilism. Gottfried Benn's Postmodernist Poetics. Oxford 2003.
Aust, Hugo: Unterhaltungen deutscher Lehrenden über Poetik, Geschichte und Gegenwart der Novelle (Goethe – Benn – Perutz). In: »Hinaus und Zurück / in die herzhelle Zukunft«. Deutsch-jüdische Literatur im 20. Jahrhundert. Festschrift für Birgit Lermen. Hrsg. von Michael Braun u. a. Bonn 2000, S. 83–106.
Preiß, Martin: Gottfried Benns Rönne-Novellen. In: Expressionistische Prosa. Hrsg. von Walter Fähnders. Bielefeld 2001, S. 93–113.

Über die novellengeschichtliche Bedeutung *Alfred Döblins*, »des angesehensten expressionistischen Erzählers« (Binneberg in *Handbuch*, 441) breitet sich merkwürdiges Schweigen aus. Dabei drängen die Themen der (tragischen, utopischen) Begegnung mit einer aus den Fugen brechenden Umwelt und des (vernichtenden oder elementar beglückenden) Ich-Zerfalls zu einer prägnanten Form (›atomistische‹ Prosa), die gattungsgeschichtlich – unter welchem

Namen auch immer – moderne Wegemarken setzt. Die vielberedete Auflösung der Novellenform erfährt hier eine substantielle Wendung, die das bloß Negative eines ›nicht mehr‹ in das Positive eines ›so‹ umkehrt. Dabei steht das Neuartige nicht bruchlos vor der eigenen Tradition: Das erzählerische Verfahren, durch »den unerwarteten Umschlag ins Irreale und den Einbruch visionären Geschehens in die ›normale‹ Lebenssphäre der Figuren« die Wirklichkeit zu entstabilisieren (ebd., 442), erinnert an den Schematismus der Verrätselung in der Novellenlehre; auch Döblins Antipsychologismus im Verein mit der Abneigung, Handlungen realistisch zu motivieren, ist in der Novellenliteratur vertrauter, als ihr Ruf vermuten läßt (vgl. G. Keller); weitere Verknüpfungsfäden könnten sein: der verliebte Pfaffe (›Der Kaplan‹) und das Seldwyla-Syndrom (›Die Lobensteiner reisen nach Böhmen‹, beide aus der gleichnamigen Sammlung von 1917). Die »durchdringendste Umbildung des traditionellen novellistischen Erzählens« (Martini [2]1969, 329) wäre also noch in einer das gattungsfunktionale Denken nicht blockierenden Weise zu beschreiben. Nicht um Fixierung und Identifikation einer bestimmten Form ginge es hierbei, sondern um eine musterbildende Dynamik, die zwischen Atomisierung in unzählige Partikel, Elementarisierung in individuelle Bestandteile und ›All-Lösung‹ konfliktvoll vermittelt und so tatsächlich etwas wie eine »Festigkeit der Form« (ebd., 331) erwirkt. Nicht um Abgrenzung sollte man sich bemühen, sondern um den Eigensinn des paradoxen Zusammenseins von Studie, Märchen und Mythe.

Martini, Fritz: AlfredDöblin. In Deutsche Dichter der Moderne. Hrsg. v. Benno von Wiese, Berlin [2]1969, S. 325–364.
Müller-Salget, Klaus: Alfred Döblin. Werk und Entwicklung. Bonn 1972, [2]1988, bes. S. 58–100.
Ribbat, Ernst: Autonome Prosa? Zur Wertung der »expressionistischen« Novellen Alfred Döblins. In: Internationale Alfred Döblin-Kolloquien 1980–1983. Hrsg. v. Werner Stauffacher, Bern 1986, S. 293–306.
Prangel, Matthias: Alfred Döblin. Stuttgart [2]1987 (= SM 105).
Huguet, Louis: Alfred Döblin: les nouvelles de la période fribourgeoise (1904–1905). Sources, influences, affinités. In: Acta Germanica 20 (1990), S. 27–61.
A Companion to the Works of Alfred Döblin. Hrsg. von Roland Dollinger, Rochester 2004.

Kommalos und mit vorangestellten Ausrufezeichen läuft in *Arnolt Bronnens* ›Septembernovelle‹ (1923) der homosexuelle Held Sturm gegen bürgerliche Prüderie und eheliche Geilheit. ›Maßgeschneidert‹ präsentiert sich der novellistische Gipfel: »die Kraft und die Herrlichkeit« des männlichen Liebeskampfes (»Gierig schnauften sie wie die Hengste.« 31) und die »geilheitsvoll[e]« Stich- und Racheorgie des beleidigten Weibes (»Sie ergriff das Messer zerriß den weißen Leib. !! Ich mach dich nackt schrie sie an.« 51) und der Doppelselbstmord in den Tiefen des Wassers und im Dunkel des Abgrunds. Der »September« deutet sich nur in der Sprache des religiösen Kalenders (»Mariä Geburt«, 38) an und meint eigentlich einen ›gesegneten‹ Zustand (32), in dem das »Land«, die »Zeit«, die »neugeborenen Kinder«, aber eben nicht die »Menschen« einbegriffen sind.

> Car, Milka: Die Provokation in der Novelle und die Novelle als Provokation. Zur *Septembernovelle* Arnolt Bronnens. In: Zagreber Germanistische Beiträge 8 (1999), S. 13–26.

4.7.7 Zum Problem der klassizistischen Novelle

Es gibt im 20. Jahrhundert eine Reihe von Novellen, die in eigenartiger Weise die Gattungsgeschichte belasten: Eigentlich stellen sie Muster einer nunmehr bewußt gepflegten Form dar, Beispiele einer typologischen Absichtlichkeit, Klarheit und Strenge, wie sie das 19. Jahrhundert kaum aufweist; und dennoch begründen sie nicht das Bild einer modernen Novelle, sondern gelten nur als epigonaler Nachhall oder als abseitiger bzw. zeitbeugender Formwille, der teils absichtlich, teils blind seine Gegenwart verfehlt. Seinerzeit durchaus Bekanntes – auflagenstark verbreitet in anspruchsvollen, handlichen Buch-Reihen mit z.T. künstlerischer Ausstattung, z.B. die Insel-Bücherei – wäre hier zu nennen.

Der Kult der unerhörten Begebenheit, richtiger: der bewundernswerten Tat, verdichtet in einer charakteristischen Handbewegung, durchdringt *Rudolf G. Bindings* Bestseller ›Der Opfergang‹ (1911) und läßt ihn zum verlockenden Orientierungspunkt einer modernen wie zeitlosen Gattungsgeschichte der ›reinen‹ Novellenform werden: Innerhalb einer Katastrophensituation hinterläßt eine merkwürdige Begegnung »unsichtbare Spuren«, die – analytisch – »ihre wundervolle Geschichte« (5 f.) erzählen. Ausschweifende (penetrante?) Metaphorik (z.B. Anker), lastender (aufgeblasener?) Sinn (im Verein mit ›pferdestarker‹ Begierde, 32 f.), archaisch typisierende Konfiguration (Octavias Hoheit und Joies Fruchtbarkeit als Sehnsuchtskonflikte des ›unbehausten‹ Mannes) und schicksalsvolle Gebärden des Sichversagens, Selbstüberwindens und Opferns begründen ein Ideal von Novelle, deren gattungsgeschichtliche Leistung noch zu ermessen bleibt. Nach Margetts (1990/91) zeichnet sich hinter der geblümten Metaphorik (Lieblingslektüre der konfirmierten Töchter) eine geradezu pornographisch wilde

Phantasie ab, die im Namen eines ›gentleman‹-Ideals gebändigt werden mußte. Vielleicht liegt in diesem Kampf um ›Haltung‹ der wahre Grund für Bindings Ringen um die strenge Novellenform.

Krumme, Peter: Der Opfergang von Rudolf Binding. In: Wehrwolf und Biene Maja. Der deutsche Bücherschrank zwischen den Kriegen. Berlin 1986, S. 41–55.

Margetts, John: Ride a Cook Horse ... To See Two Fine Ladies: On the Contradictions in R.G. Binding's *Der Opfergang*. In: GLL 44 (1990/91), S. 110–121.

In *Josef Pontens* ›Der Meister‹ (1919) entfaltet sich die Novelle als dramatisches Gespräch und melodramatische Handlung zwischen ›Himmel und Erde‹ des Dombaugewerbes und seiner Symbolik, »eine klassische Novelle, dem Drama sehr nahe stehend« (Th. Mann: Briefe I, 170).

In jahrlosen Auflagen, die nur noch die Hunderttausender zählen, liegt *Emil Strauß'* novellistische Zurechtrückung der Bassompierreschen Anekdote ›Der Schleier‹ (1920) vor; ihr volltöniger Wendepunkt erwirkt angesichts der kindlichen Schönheit und Kraft des in flagranti ertappten Paares und der schicksalhaften »Mütterlichkeit« der Betrogenen den Umschlag des Racheplans in einen Akt der Güte, abgerungen dem Gefühl des Schmerzes und der Scham.

Hans Francks ›Die Südseeinsel‹ (1923) erinnert entfernt an Tiecks ›Des Lebens Überfluß‹ und ergründet in bohrendem Gespräch, zensiertem Briefwechsel und selbstverletzender Schrift die Möglichkeit einer Liebesidylle hinter Mauern. Francks Novellistik kann sich auf einen stattlichen theoretischen Hintergrund berufen (»untadelige, staunenerregende, hinreißend zweckvolle Konstruktion, Steigerung ins Ungemessene, ins Phantastische, ins Überrationale, Wirklichkeitüberhöhung von unvergleichlichen, statisch exakten Maßen.« Deutsche Erzählkunst, 1922, 60), und es bleibt eine reizvolle Aufgabe der Gattungsgeschichte, seinen auch heute noch anerkannten »beachtlichen formalen Standard« (Rotermund in *Handbuch*, 464) mit der Tieckschen Formleistung kritisch zu vergleichen.

Für *Wilhelm Schäfer* bewirkt das »novellistische Gebilde« (Vorwort zu ›Novellen‹ 1928) als Schaffensziel eine hinreichende und markante Abgrenzung des Dichters vom Literaten, des Bildens vom Reden, des Anspruchs auf Dauer von der Verschreibung ans Zeitgemäße; angesichts der Inflation »geistiger Werte« beharrt Schäfer auf dem Recht, die ›sinnbildliche‹ Gültigkeit seiner Erzählungen allein »aus dem Impuls ihres jeweiligen Gegenstandes« zu entwickeln. Ein solcher Gegenstand ist z. B. Winckelmanns

Heimatliebe, die eine gefährliche Reise (Leitmotiv: Warnung vor schlechter Begleitung) bedingt, die zu keinem Ziel führt, sondern – nach ununterbrochen strömenden Kunstgesprächen und Gedanken (mit bedrohlichen Stilkonflikten) – im niedrigen Raubmord abrupt endet.

Denselben Todesfall gestaltet *Victor Meyer-Eckardt* in der Titelnovelle seiner Sammlung ›Die Gemme‹ (1926) als Krise des antiken Schönheitsideals vor der »Majestät des Wandelbaren« (139); dramatische Spannung entsteht im Naturerlebnis (»Schönheit ringend mit Schönheit im äußersten Triumph des Lebens, in der Bewegung«, 131) und als Vertrauenskonflikt unter sozial-ethisch polarisierten Homosexuellen, deren Zueinander unter der »Faust des Schicksals« (130) steht. Der Verlag sah hier »letzte Grenzen der Menschheit« berührt und pries die gemeißelt strenge Form.

Ungeachtet seines literarischen Wertes bezeugt *Erwin Guido Kolbenheyers* ›Karlsbader Novelle (1786)‹ (1929) abermals typische Momente des Novellenbegriffs: Einer der berühmtesten Wendepunkte literarischer Biographie – Goethes bevorstehende Italienreise – liegt als dramatische Substanz dem keineswegs ›streng‹ organisierten Bericht über den Badeaufenthalt der Weimarer Hofgesellschaft zugrunde. Karlsbad erweist sich als »vertraute Abschiedsbucht« (76), an der der heimlich Fliehende endgültig die vergangenen Zwänge, Abwege und Halbheiten hinter sich läßt und der ersehnten Vollendung und »Heimat« (70) entgegenfährt. Autoreferentiell kehrt der Novellentitel zum Schöpfer seines Bedeutungskerns zurück, merkwürdigerweise aber so, daß über ihn im Umkreis der klassischen Wende kein Wort fällt; und aus der unerhörten Begebenheit der drängenden Gegenwart wird eine hochdotierte Bildungsware museal gepflegter Vergangenheit.

4.7.8 Hermann Broch und Robert Musil

Ob die Novellenform bei Hermann Broch einen autonomen Status einnimmt, mag durchaus fraglich bleiben; es scheint, als ob sie oft nur die Keimzelle für spätere größere Romanprojekte darstellte und aus dieser Zwecksetzung ihre Struktur erhielte. Immerhin aber berührt gerade auch das Brochsche Romanprojekt jene kritische Schnittstelle zwischen Alltäglichem und Wunderbar-Irrationalem, die seit je zur ›Ausstattung‹ der Novelle gehört. Das rahmenbildende ›Argument‹ von Hermann Brochs früher Erzählung ›Eine methodologische Novelle‹ (1918; überarb. Fass. u. d. T. ›Methodologisch konstruiert‹ im Roman ›Die Schuldlosen‹, 1950), deren

Thema der Aufstieg »vom Schäbigen ins Ewige« (22) ist, verwendet novellengeschichtlich vertraute Kategorien (exemplifizierender Gehalt, Einmaligkeit, Einheit und Universalität des Gesamtgeschehens), ohne sie allerdings gattungsspezifisch anzuwenden, so daß sie sowohl für die Romanform gelten als auch in ihrer eigenwilligen Konsequenz von einem gängigen Novellenmuster abrücken. Was die Wahl des zu erzählenden Exempels betrifft, so läßt sich der Erzähler weder auf die Topik der geschichtlichen Objektivität (Zufallsfund Zeitungsquelle) noch der autonomen Subjektivität (Willkür der Phantasie) ein, sondern vertritt energisch ein Finalitätskonzept, das sich allein als bewußte Konstruktion verwirklichen läßt. Es liegt im Sinn einer solchen Konstruktion, daß sie die Eigenleistung des Entwurfs, der kühnen Planung, vom Umfeld literaturtypischer Ausführungen (Bezüge auf Sternheim, Wedekind, H. Mann, Edschmid) ironisch abgrenzt. Die Souveränität des Erzählers als Konstrukteur einer »erotischen Begebenheit« bzw. »Erschütterung« zeigt sich darin, daß er das »novellistische Interesse« für ein »Non-Ich« als Novellenhelden verteidigt, d.h. daß er diesen Helden »im Dilemma seiner Determinanten jene voluntaristische Entscheidungsfähigkeit eines verantwortungsvollen Ichs« erlangen läßt, »die ihn zu novellistischer Heldenhaftigkeit eben doch berechtigt«, 13). Auch tritt der Erzähler für einen unkonventionellen Erzählabschluß ein, der nach der geltenden Theorie (»der Naturalisten«) anders ausfallen müßte, unter den konstruierten Bedingungen aber tatsächlich etwas Unerhörtes hervorbringt, genauer, »hätte« hervorbringen »können«. Schon Wieland spielte ja mit alternativen Erzählschlüssen (›Hexameron‹). Bei Broch dient die auktoriale Erzählerpose – Ausdruck des Möglichkeitssinns – zu Entwürfen begeisterter Überflügelung der mechanisch-alltäglichen ›Sachlichkeit‹, zur maßlosen Verlängerung des bedingt Entstandenen ins Unendliche, zur unverwechselbaren Substantialisierung ›wahlloser Zufälligkeit‹ bzw. zur absoluten Einswerdung im »All«. – Brochs Absicht, »Lebenstotalitäten« durch die epische Großform zu vergegenwärtigen, führte zur Integration der einzelnen (›Tierkreis‹-)Novellen als bloßen »Situationstotalitäten« im »Roman in elf Erzählungen« ›Die Schuldlosen‹ (Düsing: »Novellenroman«); novellengeschichtlich bezeichnend ist, daß auch hier dem »rein lyrische[n] Medium« (KW V, 324), d.h. den »Stimmen«, eine zentrale Rolle zufällt.

Hermann Broch: Novellen. Prosa · Fragmente. Frankfurt/M 1980 (= kommentierte Werkausgabe. Hrsg. v. Paul Michael Lützeler, Bd. 6).

Durzak, Manfred: Hermann Broch. Stuttgart 1967 (= SM 58).

Lützeler, Paul Michael: Hermann Brochs Novellen. In: H. B., Barbara und andere Novellen. Eine Auswahl aus dem erzählerischen Werk. Hrsg. v. P. M. Lützeler, Frankfurt/M. 1973, S. 319–355.
Schmid-Bortenschlager, Sigrid: Dynamik und Stagnation. Hermann Brochs ästhetische Ordnung des politischen Chaos. Stuttgart 1980.
Lützeler, Paul Michael: Hermann Broch. Eine Biographie. Frankfurt/M. 1985.
Roesler, Michael: Hermann Brochs Romanwerk. Ein Forschungsbericht. In: DVjs 65(1991), S. 502–587, bes. S. 575–584.
Kaszynski, Stefan H.: Zur Poetik der Novelle bei Hermann Broch. In: Hermann Broch. Modernismus, Kulturkrise und Hitlerzeit. Londoner Sympiosion 1991. Hrsg. von Adrian Stevens u.a., Innsbruck 1994, S. 141–148.
Sebastian, Thomas: »Das Absolute aber ist immer Konstruktion«. Zur Figur des hypothetischen Erzählers in Hermann Brochs *Eine methodologische Novelle*. In: MAL 28 (1995), S. 71–89.
Martens, Gunther: Spielräume des auktorialen Diskurses bei Hermann Broch »Eine methodologische Novelle«. In: Orbis litterarum 59 (2004), S. 239–269.
Sidler, Judith: Gefährliche Einheitsphantasien. Hermann Brochs »Tierkreis-Erzählungen«. In: Seminar 40 (2004), S. 1–18.

Auf den ersten Blick gesehen, wiederholt und bündelt sich bei Robert Musil, was man schon immer über die Novelle gewußt hat; dennoch kommt der Begriff anders zustande und zielt auf Spezielleres, als es solche Ähnlichkeiten erwarten lassen: Selbstverständlich nimmt Musil die Novelle als »Handelsartikel« *(Theorie und Kritik,* 185) wahr und täuscht sich nicht über etwaige innere Gründe ihres Vorkommens. Als »rasche Form des Zugreifens« (ebd., S. 186) bedingt sie einen eigentümlichen Stil (Knappheit, Kontur, Realismus, repräsentativer Augenblick), dessen ›Machbarkeit‹ er jedoch scharf von dem absetzt, was er im weiteren mit seiner »Konstruktion eines [...] Idealfalls« meint. Diese Novelle nämlich bleibt singulär (»Ausnahme«; ebd., 185), sie entsteht aus einer »plötzliche[n] und umgrenzt bleibende[n] geistige[n] Erregung«, aus »etwas, das über ihn [den Dichter] hereinbricht«. Eine so erlebte »Erschütterung« führe zu einer vertieften Weltkenntnis oder einer entscheidenden Blickwendung. Auch dies klingt gattungsgeschichtlich vertraut (Wendepunkt), bedeutet aber in Wirklichkeit einen historisch spezifischen, nur jetzt von Musil formulierbaren Anspruch (vgl. auch Fischer, Anm. 14): Auf dem Hintergrund der fatalen dialektischen Verschränkung von Positivismus (»Ingenieurgeist«) und spekulativer Mystik sucht Musil nach einer ›eigentlichen‹ Methode des erlebenden Erkennens und findet sie in einem Erzählen, das nicht spricht und schon gar nicht episch ordnet, sondern ›zeigt‹ (Eibl 1978). Nach dem Muster der optischen Inversion (im Sinn Erich von Hornbostels; hierzu Fischer) geht es um jene Umkehrung, die den Blick auf die ›andere‹ Wirklichkeit freigibt. ›Novelle‹

bedeutet so die Utopie einer punktuellen Erlebnisqualität, die zwar Dichte und Kürze bedeutet (vgl.a. Kürze als »Verhältnis zwischen Wirkung und Aufwand«; Roth: Musil, 1972, 275), sich aber auch im Roman ereignen kann. – Es wäre reizvoll, Musils erzählerische ›Versuchsanordnung‹ mit Kellers Kußprobe zu vergleichen. Die wissensgeschichtliche Leistung der Novellenform, ihr ›revolutionärer‹ Effekt, läßt sich nicht nach dem Muster scharfer Gattungstrennung verrechnen (Eibl 1978, 160); nicht die Reinerhaltung der Form, sondern ihr Gebrauchswert steht im Mittelpunkt. So wird Musils Novellen-Triptychon ›Drei Frauen‹ (1924) nicht etwa dadurch typologisch getrübt, daß es auf Exempel (s. den ersten Abschnitt von ›Grigia‹), Legende (s. ›Die Portugiesin‹) bzw. Mirakelerzählung und ›süße Mädl‹-Geschichte (›Tonka‹; s. Eibl 1978) zurückgreift, sondern gewinnt im noch erkennbaren Formenschematismus den »Halt« (ebd., 164) für seinen charakteristischen Zeichenwert und den von ihm implizierten Wechsel der Erlebnisart; und das bedeutet, daß die ›Sache‹ nur dann zu zeigen beginnt, wenn sie aufhört, sie selbst zu sein. So gesehen hieße es, sinnlosen ›Materialismus‹ zu betreiben, wenn man nur auf die (durchaus vorhandenen) unerhörten Begebenheiten und Wendepunkte achtete. Die für Musil bezeichnende Novellenform liegt in einem Erzählgebilde, das sich selbst auflöst, um nur so das wortlos Gemeinte zeigen zu können (vgl. das Bild der im Sommer vereinzelt niederfallenden Schneeflocke in ›Tonka‹). Die pauschale Rede von der ›Auflösung‹ der Novellenform findet hier ihren (allerdings von der Gattungsforschung nicht gemeinten) substantiellen Sinn; sie weist jetzt in keine (gattungsgeschichtliche) Sackgasse, sondern kennzeichnet (z. B. in ›Tonka‹) den Prozeß der Erzählmühe, der zunächst in seinem Widerstand gegen die ›geistige Pest‹ alle »Gedichte« bekämpft hatte und nun im »Dornengerank« des Erlebten schreibend zwischen »Märchen« oder bloßem ›Einfall‹ hin und her gerissen wird.

Kaiser, Ernst u. Wilkins, Eithne: Robert Musil. Eine Einführung in das Werk. Stuttgart 1962.
Fischer, Nanda: »Eine plötzliche und umgrenzt bleibende geistige Erregung ...« Zum Novellenbegriff Robert Musils. In: Monatshefte 65 (1973), S. 224–240.
Roseberry, Robert L.: Robert Musil. Ein Forschungsbericht. Frankfurt/M. 1974.
Eibl, Karl: Robert Musil. Drei Frauen. Text, Materialien, Kommentare. München 1978 (= Literatur-Kommentare, Bd. 13).
Arntzen, Helmut: Musil-Kommentar sämtlicher zu Lebzeiten erschienener Schriften außer dem Roman ›Der Mann ohne Eigenschaften‹. München 1980.
Mauser, Wolfram: Robert Musil. In: Handbuch, 1981, S. 483–490, 610 f.
Robert Musil. Hrsg. v. Renate von Heydebrand. Darmstadt 1982 (= Wege der Forschung, Bd. 588).

Willemsen, Roger: Das Existenzreich der Dichtung. Zur Rekonstruktion einer systematischen Literaturtheorie im Werk Robert Musils. München 1984.
Homann, Renate: Literatur und Erkenntnis. Robert Musils Erzählung *Tonka*. In: DVjs 59 (1985), S. 497–518.
Alt, Peter-André: Allegorische Formen in Robert Musils Erzählungen. In: JDS 32 (1988), S. 314–343.
Heering-Düllo, Cornelia: »Stumme Taten aus den Stirnen«. Zum Problem von Identität und Kommunikation in Robert Musils Novelle ›Die Portugiesin‹. In: LfL 1988, S. 33–51.
Mae, Michiko: Motivation und Liebe. Zum Strukturprinzip der Vereinigung bei Robert Musil. München 1988.
O'Connor, Kathleen: Robert Musil and the Tradition of the German Novelle. Riverside 1992.
Leitgeb, Christoph: Gattungspoetik bei Robert Musil: Drama und Novelle in Theorie und Praxis (Robert Musil's Theory of Literary Genres: Drama and Novella in Theory and Praxis). Diss. Universität Salzburg 1993.
Kuhn, Heribert: Das Bibliomenon. Topologische Analyse des Schreibprozesses von Robert Musils »Vereinigungen«. Frankfurt/M. 1994.
Hoffmann, Birthe: Die Seele im Labor der Novelle. Gestaltpsychologische Experimente in Musils *Grigia*. In: DVjs 69 (1995), S. 735–765.
Krottendorfer, Kurt: Versuchsanordnungen. Die Krise der bürgerlichen Gesellschaft in Robert Musils ›Drei Frauen‹. Wien 1995.
Luserke, Matthias: Robert Musil. Stuttgart 1995 (= SM 289).
Hwang, Sun-Ae: Liebe als ästhetische Kategorie. Zu ›Drei Frauen‹ von Robert Musil. Frankfurt/M. 1996.
Thüsen, Joachim von der: ›Die Portugiesin‹. Zur Frage der literarischen Tradition bei Robert Musil. In: Neophilologus 81 (1997), S. 433–444.
Huszai, Villö: Ekel am Erzählen. Metafiktionalität im Werk Robert Musils, gewonnen am Kriminalfall Tonka. München 2002.
Lönker, Fred: Poetische Anthropologie. Robert Musils Erzählungen Vereinigungen. München 2002.
Corino, Karl: Robert Musil. Eine Biographie. Reinbek 2003.
Kraft, Herbert: Musil. Wien 2003.
Delianidou, Simela: Die Bedeutung des Opfertodes in Robert Musils »Die Portugiesin«. In: LfL 27 (2004), S. 167–178.
Rath, Wolfgang: Subjektstudien. Zur Robert Musils Novelle »Die Amsel«. In: ZfdPh 123 (2004), S. 504–526.

4.7.9 Novellen zwischen den Weltkriegen

Sich trotz Angst zu unterhalten, aber auch sich »neu, unverhofft darbieten« (97) zu können, sich willentlich oder unterbewußt zu offenbaren und unter solchen Enthüllungen zu leiden oder frei zu werden – das ist der Sinn von *Arnold Zweigs* frühem Werk ›Die Novellen um Claudia‹ (1912). Zweig benutzt für seinen so genannten »Roman« die Novellenform als gesprächstherapeutischen Prozeß des Zu-sich-Findens und des Zueinander-Kommens. Die

Erzählsituation bleibt kritisch gespannt, sie ist Kollision, Gefecht, Katastrophe, Läuterung, ja Erlösung in einem. Was erzählt wird – Wenden, Erinnerungen, die von Albumblättern ausgelöst werden, Anekdoten, Traumfetzen, Zeitungsnotizen oder bloß »läppische Streiche« (42) – kann ebenso aufklären wie ›behelligen‹ (77) und empören (184). Ein solches Erzählen wirkt als Schrei, Beichte, kritisches Experiment, Manipulation (»Wie an einer Schnur von Gummi schnellt sie mich heute durch alle Gefühle, auf und ab«, 109) und Krisis, die sich in Wut entlädt oder im Lachen löst (186). Diese »Novellen« stellen ihren prozessualen Charakter in den Vordergrund, sie sind die Arbeit des Sich-Ausdrückens, die Mühe des Zuhörens, aber auch die »Lust am dargestellten Ereignis« (102). Nicht um ihre Grenzschärfe (schon gar nicht um ihren gemeinsamen Nenner) in den Stationen einer Ehegeschichte geht es hier, sondern um ihr Zusammenwirken innerhalb von Kunstgesprächen und Musikerlebnissen, bei denen sich zeigt, was der Mensch ist, wenn er den anderen in Liebe sucht.

Zweig verlor bald das Interesse an solchen ›wohlhabenden‹ Problemen. Der Bezug auf die Novellenform kehrt später vereinzelt wieder in ›Der Spiegel des großen Kaisers‹ (1926). Im gänzlich abgewandelten Sinn geht es hier um ein neues Verständnis von »Schicksal«, um die Zuversicht, »daß jederzeit der Ort der Entscheidung und ihre Stunde sei und daß die Menschheit immer und immer wieder vor eine Wahl ihres Schicksals gestellt werden könne.« (299 f.) Die Novelle erzählt am historischen Beispiel des Hohenstaufenkaisers Friedrich II. von der zurückgewiesenen Gelegenheit, die Verwüstungen der Zukunft infolge einer »außerordentliche[n] Kunde« (das visionäre Höllenbild des ersten Weltkriegs im Zauberspiegel) abzuwenden (»Ändere den Keim, so wandelst du den Baum«, 255) und die »Krankheit« (279) der Gegenwart zu heilen, die der Außenseiter und Armenarzt Meir Chasak den Kaiser als die »Unterwelt«, auf deren »Decke« er ›sorglos‹ (265) steht, zu sehen lehrt. Obwohl Zweigs Novelle ganz als ›Begebenheit‹ angelegt ist, meint sie in jedem Moment die Möglichkeit zur verändernden Tat.

Arnold Zweig: Novellen um Claudia. München 1964 (Kindler Sonderausg.).
Arnold Zweig: Ein bißchen Blut. Erzählungen. Berlin (Ost) 1987.

Rost, Maritta: Bibliographie Arnold Zweig. Bd. 2: Sekundärliteratur, Berlin (Ost) 1987, bes. S. 396–419.
Schneider, Rolf: Das novellistische Werk Arnold Zweigs. In: Aufbau 12 (1956), S. 273–277.
Hilscher, Eberhard: Arnold Zweig. Leben und Werk. Berlin (Ost) 1976, bes. S. 19–34.

Hilscher, Eberhard: Wiederentdeckung Arnold Zweigs? Zur Forschungssituation der achtziger Jahre. In: WB 36(1990), S. 483–497.

Den novellistischen Erwartungshorizont des ersten Jahrhundertdrittels bezeugen mit Ironie und parodistischer Treffsicherheit die Prosastücke von *Robert Walser:* Die titelgebende ›Italienische Nacht‹ (1916; X, 177 ff.) stört mit ihrer »Schönheit, Pracht und Herrlichkeit« als vornehmes Gegenbild das Glück einer stillosen Normalliebe, die sich aber nach zehnminütiger Betroffenheit wieder zur eigenen Schlichtheit bekennt (vgl. auch die dialogische Szene ›Eine Novelle von Guy de Maupassant‹, 1926; X, 456–459). Die »Heiligkeit« der ›Kellerschen Novelle‹ (1925; III, 351 ff.) – gemeint ist ›Romeo und Julia auf dem Dorfe‹ – lenkt einen Angeheiterten von einem alltäglichen Liebesabenteuer ab: »Schöneres entwand mich Schönem ...« Einen »straffen Gang«, um noch »vor Tisch« zum Ende zu kommen, wählt der versierte Erzähler für seine Kriminal- und Detektivnovelle ›Sebastian‹ (1914; VIII, 200–216), kann es sich aber nicht versagen, wiederholt in der Art seiner pathetischen Vorgänger im 18. Jahrhundert (z. B. Lenz' ›Zerbin‹) bei moralischen Erörterungen zu verweilen. Als ›Stilvolle Novelle‹ (1925 IX, 202 ff.) deklariert ein nietzschebelesener Schriftsteller genußvoll seine »diabolischen Zeilen« über eine stoffjagende Restaurant-›Eroberung‹ nach dem Motto: »Eine Novelle muß erlebt sein« (vgl. auch ›Ein Novellelein‹, XII, 51). Eine triviale Dreiecksgeschichte mit wildwestfilmartigem Ehrenkonflikt und Duellfolgen parodiert die ›Revolvernovelle‹ (1926; X, 329–334). Nüchterne Reflexionen, einfache Erinnerungen und eine keineswegs außerordentliche Begegnung, die aber doch den Ausdruck »Krisis« motiviert, machen den Inhalt eines ›Rapports‹ aus, den der Erzähler als ›Eine Art Novelle‹ (1928; Xl, 15–20) zur Diskussion stellt. Ein automatisch fortsetzbares, beliebig auszugestaltendes Novellen-Schema skizziert ›Eine Novelle‹ (XII, 361 ff.).

In ironischer Brechung erweist sich die Zeit als unergiebig für novellistische Erlebnisse, aus denen packende Schilderungen der »Merkwürdigkeit irgendwelcher Einzelheit« hervorgehen könnten (›Brief an einen Besteller von Novellen‹; XII, 426–429).

Robert Walser: Das Gesamtwerk. Hrsg. v. Jochen Greven, 12 Bde., Zürich 1978.

Unglaub, Erich: Robert Walser und die Tradition der italienischen Novelle. In: Oxford German Studies 14 (1983), S. 54–72.

Antonowicz, Kaja: Der Mann mit der eisernen Maske: Rollen und Masken in der Kurzprosa von Robert Walser. In: Colloquia Germanica 28 (1995), S. 55–71.

Robert Walser. Hrsg. von Heinz Ludwig Arnold. Text + Kritik, München [4]2004.

Die Gegenwart von Kind und Kindheit in der Novelle verdiente besondere Aufmerksamkeit. Eigentlich eine Gattung mit ›erwachsenen‹ Figuren, führt ihr typisches Geschehen als ›Gattung‹ natürlicherweise zur Kinderwelt; schon Goethes ›Novelle‹ ist ohne den »Knaben« nicht vorstellbar, und E. Wiechert wird aus der Perspektive »knabenhafte[r] Pläne« vor dem »im Dunkel sich Vorbereitenden« (›Hirtennovelle‹, 79) warnen. In *Klaus Manns* ›Kindernovelle‹ (1926) tritt dieser Zusammenhang entschieden in den Vordergrund: Kindheit als Gegenwelt der Erwachsenen, aber auch als ihr Spiegelbild, als ihr Anfang und ihr Ziel, als (vergängliche und doch wiederkehrende) Epoche der Verknüpfung mit dem Leben, der Brücke zwischen Wirklichkeit, Spiel und Traum, sozusagen als der Wendepunkt in der leuchtenden Silhouette des Lebens auf dem dunklen Grund von Tod und Zerstörung.

Györi, Judit: Der »Geniestreich« Klaus Manns. In: Festschrift für Karl Mollay, Budapest 1978, S. 99–119.

Neumann, Harald: Klaus Mann. Eine Psychobiographie. 2., überarb. Aufl. Sternenfels 2003.

Franz Werfels Novelle ›Der Tod des Kleinbürgers‹ (1927) rechtfertigt ihren »Bericht« über eine »trübe und gleichgültige Welt« mit jener »Absonderlichkeit« (65), die dem »Wunder« (82) eines Todeskampfes anhaftet. ›Abgesenkt‹ auf die ver(klein)bürgerlichte Kollision mit »grausame[r] Zukunft und tückische[m] Zufall« (S. 43), entfaltet sich ein heroisches Drama um einen sanftmütigen und geduckten (32) »Spießer« (91), der sein Recht auf das »Wunder der Versicherung« (47) gegen die ›Versuchungen‹ des Sterbens und Verwesens, wie sie der natürliche und wissenschaftliche Maßstab setzt, behauptet. Genrebild der Inflationszeit, Mitleidsdramaturgie, Satire des Ärztewesens und Allegorie des Standhaltens nach dem Muster erinnerter Kraft sind die Komponenten eines Werkes, das sich eigenartigerweise lieber »Aufzeichnung« (50) nennt. Später, bei der Arbeit am ›Veruntreuten Himmel‹, wertet Werfel seine Novelle als »primitive[n] Versuch« ab (Jungk 1992, 266). Die Nachwelt hat sich seinem Urteil nicht angeschlossen: »Darum ist ja ›Der Tod des Kleinbürgers‹ so besonders geglückt: weil er in der Novellenform blieb, und Werfel keinen Roman daraus machte. Die kleine Form, die gelang ihm durchaus.« (ebd., 173).

Dolch, Martin: Vom ›Kleinbürger‹ zum ›Übermenschen‹. Zur Interpretation von Franz Werfels ›Der Tod des Kleinbürgers‹. In Literatur in Wissenschaft und Unterricht 5 (1972), S. 127–143.

Foltin, Lore: Franz Werfel. Stuttgart 1972 (= SM 115).

Bahr, Erhard: Geld und Liebe in Werfels *Der Tod des Kleinbürgers*. In: MAL 24 (1991), S. 33–49.
Franz Werfel: Neue Aspekte seines Werkes. Hrsg. von Karlheinz Auckenthaler, Szeged 1992.
Ingalsbe, Lori Ann: Pieces of Broken Dreams: Franz Werfel's *Der Tod des Kleinbürgers* and the Habsburger Mythos. In: New German Review 8 (1992), S. 47–60.
Jungk, Peter Stephan: Franz Werfel. Eine Lebensgeschichte. Frankfurt/M. (Taschenbuch-Ausg.) 1992.
Pfanner, Helmut F.: Zweimalige Vergangenheitsbewältigung. Franz Werfels Novelle ›Eine blaßblaue Frauenschrift‹ und ihre Verfilmung durch Axel Corti. In: LfL 26 (2003), S. 28–36.
Pape, Matthias: »Depression über Österreich«. Franz Werfels Novelle »Eine blaßblaue Frauenschrift« (1940) im kulturellen Gedächtnis Österreichs. In: Literaturwissenschaftliches Jahrbuch 45 (2004), S. 141–178.

Bruno Franks ›Politische Novelle‹ (1928) wird von der Gattungsforschung zu Unrecht übersehen; selbst einer ›orthodoxen‹ Novellentheorie kann sie als Muster einer modernen Novelle gelten (Th. Mann, 1928, nannte sie »unübertrefflich« und zählte sie zur »reizendsten, reifsten und liebevollsten« Leistung; 329, 321): Ihr Falke und Wendepunkt liegen im Anblick eines toten Soldaten, den ein Schwein anfrißt (22 u. ö.); ihre unerhörte Begebenheit verweist zwar auf die große Utopie französisch-deutscher Verständigung über Europa und Frieden, ereignet sich aber als gemeiner Mord innerhalb einer gärenden Vernichtungsbereitschaft; ihr schicksalsschwerer Zufallsbegriff artikuliert sich sowohl in der Symptomatik der ›auf der Straße‹ begegnenden romanischen Kultur von örtlichem Gepräge, Geselligkeit, Volk, Courtoisie und Genuß (Nord-Süd-Kontrast der Novellen-Chiffre) als auch in den verschiedenen Syndromen eines überwältigenden Einbruchs von Barbarei (Faschismus, ›dunkle Welt‹); ihre »einfache und glückhafte Komposition« (Th. Mann 1988, 324) offenbart sich in der Sinngebung der wechselnden Landschaften und ihres klassischen Erinnerungswertes, die verheißen, was eigentlich möglich wäre, und doch auch andeuten (Mann: »still und zwingend«, 323), was plötzlich brutal ausbricht. Novellengeschichtlich vertraut klingt der Grundton der Reisebewegung und des brückenschlagenden Gesprächs, der sprachlich-kulturell sich verschränkenden Begegnung auf verlorenem Posten zwischen Kapital, Industrie, Spießertum, Fachwissenschaft, kollektiver Uniformität und Waffengewalt (die vermeintliche Handlungslosigkeit ist kein Mangel – so Himmel, 467 –, sondern novellistischer Höhepunkt eines kunstvollen Vortrags; so Th. Mann, 324). Nicht zuletzt macht sich ein symbolvoller Realismus geltend, der eine weltgeschichtlich bedeutsame

Moderne

Peripetie (Briand; Mann: »Ihr Gegenstand ist groß und brennend«, 322) zwischen den Weltkriegen episch ausdehnt und dann dramatisch kurzschließt. Ja sogar tragische Ironie deutet sich warnend an, wenn die ›Vorsicht‹ der nachbarlichen Versöhnung zwar die Bedrohungen von West und Ost erkennt, ihr deutscher Protagonist jedoch – hölderlinversunken – im »Herd von Grauen und Tod«, in der Altstadt Marseilles, der »offenen Wunde des Erdteils, wo alle dunkle Barbarei einbrach in die Gesittung« (169), dem verführerischen Bild ›afrikanischer Süße‹ fast wollüstig erliegt und dabei hinterrücks an der ›heimischen Waffe‹ zugrunde geht (vgl. ›Tod in Venedig‹ oder Schäfers ›Winckelmanns Ende‹).

Mann, Thomas: »Politische Novelle«. [zuerst 1928] In: Th. M., Schriften und Reden zur Literatur, Kunst und Philosophie, Frankfurt/M. 1968, Bd. I, S. 318–329 (= Th. M. Werke. Das essayistische Werk).

Kiefer, Sascha: Novellenbegriff und Zeitbezug. Bruno Franks »Politische Novelle« (1928) und Thomas Manns »Mario und der Zauberer« (1930). In: Jahrbuch zur Kultur und Literatur der Weimarer Republik 9 (2004), S. 89–128.

Novellengeschichtlich noch gänzlich unerschlossen sind die Erzählungen von *Leo Perutz*. Einige, ›Die Geburt des Antichrist‹, ›Der Mond lacht‹, ›Das Gasthaus zur Kartätsche‹, ›Nur ein Druck auf den Knopf‹, gehören zum Eigenartigsten des Genres. In den 20er Jahren bewundert Tucholsky »die unendliche Geschicklichkeit des Geschichtenschreibers Perutz« (Ausstellung, 121). Die Novellen-Sammlung ›Herr, erbarme Dich meiner!‹ (1930) veranlaßt Siegfried Kracauer, das Bild der modernen Novelle unter dem Stichwort »Erschütterungen der literarischen Formen« kritisch zu bilanzieren. Als Novellen-Norm gilt »eine Erzählung von Begebenheiten« mit »überraschende[r] Pointe« am Ende, eine »geschlossene Komposition« auf dem Realgrund einer »geschlossene[n] Gesellschaft«. Perutz wisse wohl, daß eine solche Gesellschaft nicht mehr existiert; seine Novellen-Variante läge darin, »daß ihr ›Falke‹ ein Ereignis ist, durch dessen Eintritt sich irgendein bedeutendes psychologisches Faktum bewährt« (ebd., 179). Nach Kracauer biegt Perutz das Pointenhaft-Begebenheitliche ins Psychologische ab. Nur in der Erzählung ›Die Geburt des Antichrist‹ gelingt ihm eine »echte Novelle«, die freilich als historische Erzählung abermals beweise, daß die »Erschütterungen der gegenwärtigen Ordnung« es unmöglich machten, »das Formgesetz der Novelle zu erfüllen« (ebd., 181).

Leo Perutz 1882–1957. Eine Ausstellung der Deutschen Bibliothek, Frankfurt am Main. Wien 1989.

Scheichl, Sigurd: *Leo Perutz. Ein früher Meister der deutschsprachigen short story* (»Pour avoir bien servi«). In: New-Found-Lands. Festschrift für Harro Heinz Kühnelt zum 70. Geburtstag. Tübingen 1993, S. 27–42.

Aust, Hugo: »Amen! ... Die Suppe steht auf dem Tisch«. Versuch über das Ende der *Geburt des Antichrist* von Leo Perutz. In: Leo Perutz. Unruhige Träume – Abgründige Konstruktionen. Dimensionen des Werks, Stationen der Wirkung. Hrsg. von Brigitte Forster/Hans-Harald Müller. Wien 2002, S. 34–49.

Clausen, Bettina: *Herr, erbarme dich meiner!* Ein Lesart-Vorschlag. In: Leo Perutz 2002, S. 50–72.

Pollet, Jean-Jacques: Einige Randbemerkungen zu Perutz' Novellistik oder »Wie dem armen Kasperl seine Pointe gestohlen wurde«. In: Leo Perutz 2002, S. 94–106.

In *Franz Nabls* ›Kindernovelle‹ (1932 erw. Neuf. 1936) figuriert Kindheit an der kritischen Schwelle zum Erwachsensein als Erinnerung an »die fast schon begrabene Hoffnung auf die Erneuerung unserer Welt und ihrer Menschheit« (84). Wenn sich solche Erwartungen, die von der Beobachtung erster, noch unbewußter Liebesbegegnungen ausgehen, dann doch nicht erfüllen (weder in der Titelnovelle noch in der vorausgehenden Erzählung ›Der Tag eines Knaben‹ und ebensowenig im Rahmengeschehen um den Erzähler, so liegt das an einer Schicksalhaftigkeit der »merkwürdigen [...] und so traurig verlaufenen Begebenheiten« (58), die den Protagonisten gerade das – unbewußt, verführt oder im Trotz – verscherzen lassen, was er selbst sehnsüchtig begehrt.

Über Franz Nabl. Aufsätze, Essays, Reden. Graz 1980.

4.7.10 Novellen zur Zeit des Nationalsozialismus

Welche Rolle spielt die Novelle als absichtlich gewählte Form in der Zeit von 1933 bis 1945? Wenn sich quellengeschichtlich bestätigen sollte, daß in den dreißiger Jahren mehrere Autoren deshalb bewußt die Novellenform wählten, weil sie in ihr als dem anerkannt hehren Kunstforum um so wirksamer eine politische Mitteilung verkleiden konnten (Rothermund in *Handbuch*, 475), so wäre ein höchst bedeutsamer Funktionswandel der Gattung erkannt; in ihrem Namen vollzöge sich demnach eine Vermittlung stilkonservativer Ausdrucksformen mit aktuellen kritischen Impulsen (ebd.), und ihr ›altmodischer‹ Klang bewährte sich als Schutz des neuen Widerstandsgeistes.

Eine nationalsozialistische Novelle – »im eigentlichen und strengen Sinn« (so die stereotypen zeitgenössischen Verlagsankündigungen) – gab es natürlich auch; die Texte sind heute kaum mehr bekannt, selbst wenn einige Autoren den Prozeß der Entnazifizierung überstanden haben wie z. B. Blunck, dessen Novellen in den fünfziger Jahren erneut gesammelt erschienen. Wie es mit Erwin Wittstock bestellt ist, verdiente nähere Aufmerksamkeit; vielleicht trat er in der Nachkriegsnovelle ›Die Schiffbrüchigen‹ tatsächlich für die »Versöhnung der Nationalitäten« (Freund 1998, 291) ein und gewiß wandte er sich schon während und auch vor der nationalsozialistischen Zeit gegen Chauvinismus, freilich war damit immer der Chauvinismus der Magyaren und Rumänen gemeint; und welcher Konflikt der Grenzland-Sachsen wie zu versöhnen ist, läßt sich bereits im ›Begräbnis der Maio‹ (1927/1937) nachlesen. Das nationalsozialistische Literaturprogramm empfahl durchaus die »knappe, klassische Novellenform« (Westenfelder 1989, 236). Ihr Vorzug, gerade auch gegenüber dem Roman, lag in der »künstlichere[n] Form, die auf engerem und seelisch dichterem Raum ein einzelnes, einmaliges und bezeichnendes Ereignis, einen wesentlichen Ausschnitt aus dem Leben darstellt« (Langer 1940, 18). Trotz des tragischen Gehalts sollte ihr die »Sinnbejahung« aufgetragen sein: »Wie das Drama gibt die Novelle wichtige Inhalte des Lebens in sinnlichem Gewand, durch deren Anblick wieder Kräfte gelöst werden, verlangt Einsatz und Schicksal, Wendepunkt und Bewährung« (ebd.). Als ›Pfleger‹ der in diesem Sinne verstandenen Gattung galten Hans Grimm, Wilhelm Schäfer, Emil Strauß, Paul Alverdes, Heinrich Zillich und Erwin Wittstock; als »Meister der Novelle« und »feinsinniger Novellist« wurde auch Robert Hohlbaum geschätzt (Sonnleitner 1989, 64, 176).

Werner Beumelburg gehört zur Gruppe jener Autoren, die das Erlebnis des ersten Weltkrieges heroisch-tragisch zu verarbeiten suchen. Leitend ist die Idee vom Reich, dessen Scheitern in der Vergangenheit nachgezeichnet wird, um die Gegenwart aufzurütteln. In der ›Preußischen Novelle‹ wählt Beumelburg einen kritischen Ausschnitt aus dem Siebenjährigen Krieg, um die schicksalhafte Wende in der Entwicklung eines jungen Adligen von der friedseligen Verliebtheit zur pflichtbewußten Opferbereitschaft zu erzählen. Im konfigurativen Dreieck von Vater, Sohn und friderizianischer Majestät werden fast sakrale Muster der Schicksalsstunde für Preußen, der vaterländischen Gesinnung und fürstlichen Gewissenserforschung entwickelt. »Es ist – wie soll ich sagen? – ein Begriff, dem man geopfert wird« (59). Die Spur der Notwendigkeit verläuft im Teufelskreis kriegerischer Beutezüge zur Einrichtung des Friedens.

Die naturhaft-mythische Symbiose zwischen Mensch und Tier, einem Schimmelhengst, ist das Thema der anderen historischen Novelle aus der Zeit Kaiser Friedrichs II., ›Die Hengstwiese‹ (1937). Der Hengst, auf dem schon Kaiser Barbarossa geritten sein soll, versinnbildlicht eine natürliche Elite, die an einer Menschenwelt, zumal aller ›Schwarzhaarigen‹ (72), zerbricht; sie alle haben notorisch die deutsche Sache vernachlässigt. Der Hengst symbolisiert die Kraft des »Blutes« (107) auf verlorenem Posten und mahnt im leitmotivisch wiederkehrenden Schrei, den der Ich-Erzähler des Rahmens vernimmt, an die noch immer unerfüllte Aufgabe.

Für Curt Langenbeck bedeutet die »Wiedergeburt des Dramas aus dem Geist der Zeit« eine Rückbesinnung auf den in Verruf geratenen, aber im Grunde ehrwürdigen Begriff des Schicksals; es gelte zu zeigen, »wie ein gewaltiges, erhabenes und weithin gültiges Schicksal unerwartet einen Menschen überfallen könne, und wie ein Mensch dann sich bewähren müsse bis zum Tode und durch den Tod hindurch, um die Ehre, Mensch zu heißen und zu sein, sich zu verdienen vor sich selbst und für das Ganze seines Volkes und in Ehrfurcht gegen die unergründliche Majestät Gottes als des grausamen und liebreichen, unbefragbaren Zuteilers der Geschicke« (zit. n. Langer 1940, 343 f.). Der hier gemeinte pötzliche Überfall des Schicksals ereignet sich in Langenbecks einziger, historischer Novelle ›Frau Eleonore‹ (1941) als nationaler Konflikt der Titelheldin innerhalb des Familienbandes: Die in zweiter Ehe mit einem französischen Offizier glücklich verheiratete, sächsische Edelfrau begegnet ihrem Sohn erster Ehe, der als preußischer Leutnant im Jahr 1814 gegen Napoleon kämpft. Das »Kommen der Entscheidung« (34) wird sowohl durch den Gang der »Vorsehung« erzwungen als auch durch die leidenschaftlich werbende Forderung des Sohnes herbeigeführt, der der Mutter dreifachen Verrat (an Vaterland, Vater und ihm selbst) vorwirft und der zugleich, von »beseligte[r] Begierde« erfaßt, mit dem »Weib, das seine Mutter war, [...] in eine rätselhafte Umarmung« (37) ›wegsinkt‹. Im »Schmerz des Blutes und der Einigung« gipfelt das »Schicksal« eines einzigen Abends, der »Unbegreifliches« (50) zu wagen gebietet. Der Weg führt natürlich in den Tod, und doch erweist sich am Ende das »merkwürdig[e]« Geschehen wohl zwar als ›rechtmäßig‹, aber »nicht mehr von Wichtigkeit«. Langenbeck imitiert die strenge Form des Kleistischen Erzählens. Wie gut kann der Träger des Rheinischen Literaturpreises erzählen, und verdient sein Werk den Ehrentitel einer ›echten Novelle‹?

Langer, Norbert: Die Deutsche Dichtung seit dem Weltkrieg. Von Paul Ernst bis Hans Baumann. 2., ergänzte Aufl., Karlsbad o.J. [um 1940].
Sonnleitner, Johann: Die Geschäfte des Herrn Robert Hohlbaum. Die Schriftstellerkarriere eines Österreichers in der Zwischenkriegszeit und im Dritten Reich. Wien 1989.
Westenfelder, Frank: Genese, Problematik und Wirkung nationalsozialistischer Literatur am Beispiel des historischen Romans zwischen 1890 und 1945. Frankfurt/M. 1989.

Wenn die Novelle unter dem Hakenkreuz auch eine Schutz- und Tarnfunktion ausübt, hinter der sich Widerstand entfaltet, dann ist zu erwarten, daß sie im Umkreis der inneren Emigration besonders gepflegt wird. Formal müßte sie aus Gründen der Selbsterhaltung klassizistisch, streng und zeitenthoben wirken; nur ihr Inhalt, das, was die Form verdecken soll, obwohl ›das Novellistische‹ in den Augen vieler eben nicht nur Form ist, dürfte gegen die unerhörten Taten der Zeit sprechen. Stefan Andres, Werner Bergengruen, Gertrud von le Fort, Ricarda Huch und Ernst Wiechert haben Novellen verfaßt, die in ihrer ›verdeckten‹ Schreibweise Widerstand leisten und aufklären.

Ein zeitgenössischer Kritiker (W. E. Süßkind in: Die Literatur 36, 1933/34, 111) erkannte in *Werner Bergengruens* Novelle ›Die Feuerprobe‹ (1933) »Anzeichen« dafür, »daß die so lange totgesagte Novelle wieder Auferstehung hält«. Befördert von verlegerischen Initiativen (»Vier-Bogen-Bändchen«) entstehe ein neues ›Bedürfnis‹ nach dem »stilisierte[n] Gebilde«, das im Gegensatz zum Roman – eine »vergleichsweise viel schauspielhaftere, künstlichere Erschütterung« bewirke. In der Tat gehört Bergengruen neben Heyse und Franck zu den fruchtbarsten Autoren des Genres. – Die Tradition der lehrhaften Erzählung mit der Kraft der »unterirdischen« Kritik (Bergengruen: Dichtergehäuse, 143) setzt sich fort in der Novelle ›Die drei Falken‹ (1937). Auf Grund differenzierter Bildlichkeit (erster und zweiter Falke: Entgelt und Nutzwert, dritter: Seelenfiguration) und der von ihr konkret (im Sinn eines episch-dramatischen Requisits) ausgehenden Handlungsmuster (Rechtsfall), Charaktererklärungen (Seidenhändler, Prior) und Erkenntnisumschwünge (Cecco, Albinelli) ergibt sich »eine Novelle«, die am vergangenen, ausländischen Fall ›ruhig‹ zeigt, was augenblicklich zu vollbringen not täte.

Migner, Karl: Werner Bergengruen. Die letzte Reise. Betrachtung der Novelle im Rahmen der Klassik. München 1961.
Ahlers, Hans Peter: Werner Bergengruen's Metaphysics of the Novelle. In: Monatshefte 66 (1974), S. 387–400.
Tesmer, Gertrud: Bergengruen's Revelation of the Eternal Ordination in His No-

vellas. Dissertation-Abstracts-International, Ann Arbor, MI (DAI). 1986 July, 47:1, 175A.

Einen Höhepunkt der Novelle in den dreißiger Jahren, mit verdeckt zeitgenössischer Thematik und in eigenartiger, novellengeschichtlich nicht zu unterschätzender Form, stellt *Ernst Wiecherts* ›Hirtennovelle‹ (1935) dar: verdichtet auf die Spanne eines »jungen Leben[s]«, ereignen sich an einem Hirten-Schicksal die entscheidenden Epochen eines ganzen Lebensalters: »der Kampf, die Liebe und der tapfere Tod« (89). Entgegen dem scheiternden ›Wärteramt‹ des Bahnwärters Thiel entwickelt sich hier ein Hoffnungsmodell der schlichten Obhut innerhalb ›natürlicher‹ Konflikte (da es gilt, den Stier »Bismarck zur Vernunft zu bringen, wenn er die Erde auf die Hörner [nimmt] und mit geröteten Augen nach Mord verlang[t]«; 56); zugleich zeichnet sich das Modell eines natürlichen und gemeinschaftlichen Widerstands gegen die andrängende dunkle Zeit ab. Biblische Postfiguration (David), heilsgeschichtliche Sozialbotschaft (»das Lamm des alten Mannes«, 88) und scharfsichtige Ironie rücken das Abseits einer Heidedorf-Geschichte ins Gleichnishafte für eine moderne bedrohte und bedrohende Welt.

Plaßke, Hans-Martin: Vom Wort als Macht des Herzens. Versuch über Ernst Wiechert. In: Sinn und Form 40 (1988), S. 760–775.
Thoenelt, Klaus: Innere Emigration: Fiktion oder Wirklichkeit? Literarische Tradition und Nationalismus in den Werken Ernst Wiecherts, Hans Carossas und Hans Falladas (1935–1945). In: Leid der Worte: Panorama des literarischen Nationalsozialismus. Hrsg. von Jörg Thunecke, Bonn 1987, S. 300–320.
Parkes-Perret, Ford B.: Ernst Wiechert's Dissident Novella Der weiße Büffel oder von der großen Gerechtigkeit. In: Neophilologus 73 (1989), S. 560–573.
Ingen, Ferdinand van: Zwischen ›Totenwolf‹ und ›Totenwald‹: Ernst Wiechert und die völkische Literatur. In: Interbellum und Exil. Hrsg. von Sjaak Onderdelinden, Amsterdam 1991, S. 140–161.
Niven, Bill: Ernst Wiechert and His Role between 1933 and 1945. In: New German Studies 16 (1990–1991), S. 1–20.
Deighton, Alan: Ernst Wiechert's Novelle ›Geschichte eines Knaben‹ and the Reception of Wolfram von Eschenbach's Parzival. In: Forum for Modern Language Studies 28 (1992), S. 42–55.

Schon während des Zweiten Weltkrieges erschienen, aber erst in der Nachkriegszeit zu vollem Ruhm und schulkanonischer Geltung gelangt, könnte Stefan Andres' ›Wir sind Utopia‹ (1942/43, 1948, 1951) dazu anregen, die Frage nach dem ›Sprechvermögen‹ der Novelle in der jüngeren Vergangenheit gezielter zu stellen. Doch obwohl die Novellenforschung gelegentlich gattungsspezifische Linien andeutete (Entwicklung der Liebesidee in einer paradoxen Lage,

Klein, 597; Darstellung einer ungewöhnlichen Begebenheit, von Wiese, 109) und Kunz (1977) dem Autor sogar ein eigenes Kapitel einräumte (was er Erzählern wie H. Mann, A. Zweig und J. Roth versagte), bleibt der formengeschichtliche Anteil des ohnehin umstrittenen Werkes seltsam vage. Im Umkreis traditionalistischer Literaturkonzepte der ›inneren Emigration‹ und der Nachkriegszeit (vgl. Ralf Schnell in: Literatur in der Bundesrepublik Deutschland bis 1967, 214 f. = Hansers Sozialgeschichte) könnte Andres' Novelle zum Paradigma einer durch Zeitsprung erwirkten Kontinuität ästhetischer Formensprache werden; und das wäre ein eminent gattungsgeschichtliches Thema. Kunz (1977, 212) weist mit Recht auf den Zusammenhang der Andresschen Novellen mit dem ›Dialogischen Prinzip‹ Martin Bubers hin, verzichtet aber darauf, dieses Begegnungsmoment auf dem Hintergrund vergleichbarer Konfigurationstypen als historisch fixierbaren Neuansatz gattungsgeschichtlich auszuwerten.

Prang, Helmut: Formprobleme der Novelleninterpretation. In: Hüter der Sprache, 1959, S. 19–38, bes. S. 32–38.
Weber, Albrecht: Stefan Andres. Wir sind Utopia. München 1960, [5]1971.
Stefan Andres. Eine Einführung in sein Werk. München 1962.
Utopia und Welterfahrung. Stefan Andres und sein Werk im Gedächtnis seiner Freunde. München 1972.
Wagener, Hans. Stefan Andres. Berlin 1974.
Schober, Otto: Stefan Andres: Wir sind Utopia. Ein ehemaliger Schulklassiker im Literaturunterricht heute. In: Deutsche Novellen, 1980, Bd. 2, S. 201–236.
Eibl, Karl: Selbstbewahrung im Reiche Luzifers? Zu Stefan Andres' Novellen ›El Greco malt den Großinquisitor‹ und ›Wir sind Utopia‹. In: Christliches Exil und christlicher Widerstand. Ein Symposion an der katholischen Universität Eichstädt 1985. Hrsg. v. Wolfgang Frühwald, Heinz Hürten, Regensburg 1987, S. 21–46.
Braun, Michael: Stefan Andres. Leben und Werk. Bonn 1997.
Klapper, John: Stefan Andres, der christliche Humanist als Kritiker seiner Zeit. Bern 1998.
Stefan Andres. Zeitzeuge des 20. Jahrhunderts. Hrsg. von Michael Braun, Frankfurt/M. 1999.

Über Umfang und Qualität der Exilnovelle ist wenig bekannt, schon gar nicht unter diesem Begriff; es scheint zur Tradition der Novellenforschung zu gehören, diesen Zeitabschnitt als gattungsgeschichtliche Epoche zu ignorieren. Die Exilsituation läßt eine gezielte Funktionalisierung des polizeiflüchtigen »Deutschen Hausthiers« (Th. Mundt) erwarten, eine traditionsbewußte Aktivierung als Repräsentant des ›anderen Deutschland‹. Vielleicht bietet Hermann Kestens Novellen-Sammlung, erschienen im Amsterdamer Verlag Allert de Lange, eine in diesem Sinn streitbare Galerie der

Novellisten gegen den Ungeist im deutschen Zuhause. An dieser Novellen-Demonstration nahmen in alphabetischer Reihenfolge teil: Max Brod, Alfred Döblin, Lion Feuchtwanger, Bruno Frank, Paul Frischauer, Georg Hermann, Heinrich Eduard Jacob, Alfred Kerr, Hermann Kesten, Robert Neumann, Joseph Roth, Felix Salten, Ernst Toller, Jakob Wassermann, Ernst Weiß, Franz Werfel, Arnold Zweig und Stefan Zweig. An weitere Namen bzw. Werktitel wäre zu erinnern. Gewiß sollte hier ›Der Ausflug der toten Mädchen‹ (entst. 1943/44) nicht fehlen, eine der wenigen Geschichten von Anna Seghers, die nach dem Maß der strengen Gattungsforschung eine »novellistische Struktur« besitzt, während anderes, auch was ›Novelle‹ heißt, nur als »Erzählung mittlerer Länge« passieren darf (Himmel, 472). Zweierlei mag zu dieser Vorrangstellung beitragen: Zum einen die Abwandlung der Form der Erinnerungsnovelle, zum anderen die Aktualisierung der Wendepunkt-Dramaturgie am Stoff der nationalsozialistischen Machtergreifung. Daraus entsteht die Vision einer ganzen Klassen-Biographie im Rahmen der ausbrechenden ›Pest‹.

Pohle, Fritz: Kriegsexil in Mexiko und mexikanische Stoffe bei Anna Seghers: Vom Ausflug der toten Mädchen (1943/44) zum Wirklichen Blau (1967). In: Wildes Paradies – Rote Hölle: Das Bild Mexikos in Literatur und Film der Moderne. Hrsg. von Friedhelm Schmidt, Bielefeld 1992, S. 111–129.

Schrade, Andreas: Anna Seghers. Stuttgart 1993 (= SM 275).

Schlossbauer, Frank: Schreiben als Erinnern, Sehen als Schau: Anna Seghers' ›Der Ausflug der toten Mädchen‹ zwischen Requiem und Utopie. In: ZfdPh 113 (1994), S. 578–597.

Doane, Heike A.: Die Unzulänglichkeit der neuen Zeit: Zu Anna Seghers Novelle ›Der gerechte Richter‹. In: Neues zu Altem: Novellen der Vergangenheit und der Gegenwart. Hrsg. von Sabine Cramer, München 1996, S. 165–184.

Wende, Waltraud: Fragmentarische Systemkritik einer überzeugten Sozialistin: Anna Seghers, Der gerechte Richter. In: LiLi 26 (1996), S. 148–159.

Mast, Thomas: Representing the Colonized / Understanding the Other? A Re-reading of Anna Seghers' *Karibische Geschichten*. In: Colloquia Germanica 30 (1997), S. 25–45.

Bernard von Brentanos ›Berliner Novellen‹ (1934) stehen bislang in keiner Gattungsgeschichte der Novelle; das fällt um so mehr auf, als Blunck oder Kolbenheyer sehr wohl darin vertreten sind. Brentanos Novellen sind ein herausragendes und frühes Beispiel für die Entwicklung des novellistischen Erzählens im Exil. Sie entwerfen ein soziales Panorama der zeitgenössischen Gegenwart. Sie geben Neuigkeiten des Alltags, suchen ihre dingsymbolischen Requisiten im Naheliegenden, pointieren das Unerhörte nach Maßgabe dessen, was sich faschistisch anbahnt. ›Rudi‹, die erste der drei Novellen, ist eine Kinder- und Jugendgeschichte im Vorfeld der nationalsozialistischen Diktatur. Sie verläuft biographisch, setzt aber ›mit vollem Akkord‹ an und entwickelt anläßlich einer Zeitungsmeldung den merkwürdige Fall. Frei vom Pathos der Sternstunde und fern vom Mythos der Natur formt das Verhältnis wechselseitiger Zerfleischung in der Großstadt das aktuelle Profil der Novelle. Wenn es auf einen Falken ankommt, so wird er hier ahnbar in der Praxis der Konzentrationslager. Brentanos ›Berliner Novellen‹, so unterschiedlich sie auch ausfallen, bringen ›Neuigkeiten‹ im alten Sinn; sie sind ›Stadtgeschichten‹, deren unerhörte Fälle den Standard der sich ausbildenden faschistischen Zuchtform anzeigen. Sie exponieren einen Katastrophen-Rahmen, an dem der neue Zeitgeist arbeitet, indem er ihn ausdrücklich bestreitet. Brentanos Geschichten sind Gegenwartskunst, die nicht heroisch ablenkt, sondern realistisch konzentriert.

Die Institution novellistischer Preisausschreiben gewährt einen bislang wenig ausgewerteten Einblick in den gattungsgeschichtlichen Erwartungshorizont (vgl. a. das Nachwort zu den ›Bibliophilen Novellen‹ 1934; s. Ritchie 1986, 260). Ein erster Novellen-Preisträger ist z. B. die von der ›Sammlung‹-Redaktion im Verein mit Heinrich Mann und Bruno Frank ausgezeichnete Novelle ›Ein Mädchen mordet‹ (1935) von *Alexander Moritz Frey*. Das ›Unerhörte‹ (90) betrifft den ›Doppelmord‹ an einer älteren Putzfrau, die das Mädchen Thekla wegen ihrer heimlichen Liebe zu einem verheirateten Arzt erpreßt und deshalb – nach dem ersten mißglückten Mordversuch – ein ›zweites Mal‹ ermordet wird; das ›Grauenhafte‹ (95) erwächst aus der Wendung zur Erkenntnis, daß gerade die erpresserische »Bestie« in ihrem eigenen Familienkreis eine liebe Mutter und Ehefrau war und so zum Mitleid bewegt (»Ach, ich liebe diese Frau Kollo«, 97); und das Schicksalhafte liegt in der tragischen Umkehrung der Folgen ihrer Tat, in der Vereinsamung der Liebenden, die erfahren muß, daß ihr ›Opfer‹ dem Geliebten nichts sagt, ihm vielmehr den Grund zur gänzlichen Trennung in die Hand spielt. Das Schicksal der armen Mörderin mündet – perspektivewechselnd – im Rettungsbericht des Arztes, der sich angesichts des Bekenntnisses – »Wenn ich sterbe, so sterbe ich für Dich.« (99) – nur wenige Tränen erlaubt, um im Ganzen froh zu sein über den für ihn glimpflich verlaufenden Abschluß. Was so als ausgezeichnete ›Novelle‹ erscheint, ist abermals das Interesse an den »Verirrungen« des Menschen und der »Leichenöffnung seines Lasters« (Schiller). In der Mitte des Geschehens einsetzend, wird die Geschichte atemlos erzählt und an Höhepunkten durch inneren Monolog dramatisch vergegenwärtigt.

Daß man *Joseph Roth* vergeblich in Novellengeschichten sucht, ist ein Zeichen gattungswissenschaftlicher Fehleinschätzung. Unübersehbar erschien ›Stationschef Fallmerayer‹ in Kestens Novellensammlung (1933). Die ›Strenge‹ der Form ließe sich hier ebenso belegen (Einbruch des Außerordentlichen, der Leidenschaft in den Alltag, lebensentscheidende Wende, Verdichtung, Verwirklichung des pointierenden Stils bis in die funktionale Satzperspektive) wie die Originalität der Neugestaltung (insbesondere die Behandlung des Schicksalsthemas unter der Doppelperspektive von Überwältigung und Tat). Auch ›Triumph der Schönheit‹ (1935) gibt der ›exemplarischen‹ Erzähltradition eine neue Richtung: Allgemeiner Sentenzenstil und Exempelhaftigkeit, These und narratives Argument gewinnen in diesem medizinischen Fall-Beispiel ein eigenartiges, autobiographisch gefärbtes Profil (Bronsen 1981, 434). Die »besondere Geschichte«, die der Freund (Frauenarzt) dem Freund (Schriftsteller) von seinem Freund (Diplomat) erzählt, handelt von einem gleichermaßen ›inneren‹ wie ›äußeren‹ Bandwurm (Lakatos-Syndrom), unter dem die schöne, aber dumme Diplomatenfrau ›leidet‹ und dessen ›anhaltenden Genuß‹ sie sich durch Hysterie – selbst über die Leiche ihres Mannes hinweg – zu erkämpfen weiß. Die halb barock (vgl. Schlußabsatz), halb im Stil frühaufklärerischer Lustspiele klingende Frauendiagnose des Erzählers zeugt nicht – wie sich Roth gegenüber seiner Übersetzerin Blanche Gidon verteidigt – von Weiberhaß, vielmehr: »c'est simplement ma conviction que la femme trouvante un homme incapable de l'aimer à sa façon devient un jour l'object du Diable.« (Brief v. 14.6.1934).

Bronsen, David: Joseph Roth. Eine Biographie. München 1981 (dtv-Ausg.).
Pikulik, Lothar: Joseph Roths Traum von Wiedergeburt und Tod: Über die Legende vom heiligen Trinker. In: Euphorion 83 (1989), S. 214–225.
Schroeder, Irene: Experimente des Erzählens. Joseph Roths frühe Prosa 1916–1925. Bern 1998.

Stefan Zweigs markante Erzählgebärde des Erlebens, des merkwürdigen Falls (Leidenschaft, Verwirrung, Grenzsituation) und Drehpunktes (»jener geheimnisvolle vulkanische Kern alles Irdischen«; ›Phantastische Nacht‹), der Sternstunde und des ›Verkettens‹ läßt auf ein gattungspoetisch gefestigtes Novellenbewußtsein schließen (vgl. ›Amok‹ 1922); dennoch entstehen auf Grund solcher Pointierungen des Schicksalhaften nicht nur Novellen, sondern auch Legenden und Miniaturen, ja sogar Romane und Biographien. Ausgerechnet hier also, wo die Novellenstruktur als Lebens- und Geschichtsanschauung nahezu schulisch greifbar in den Vordergrund drängt, zeigt sie, wie wenig sie eine Klassifikation meint. Zweig liebt es, vom Erzählen zu erzählen (zuweilen sogar vom Zwanghaften des Erzählens, das sich dann zur Beichte konvertiert); indem das Erzählte zum Zeitpunkt des Erzählens noch nicht abgeschlossen ist, gerät das Erzählen auch zu einem richtenden Prozeß.

David, Donald G. u. Dunkle, Harvey, I.: Stefan Zweig's ›Schachnovelle‹. In: Monatshefte 65 (1973), S. 370–384.
Turner, David: The Function of the Narrative Frame in the ›Novellen‹ of Stefan Zweig. In: The Modern Language Review 76 (1981), S. 116–128.
Turner, David: The Choice and Function of Setting in the Novellen of Stefan Zweig. In: Neophilologus 66 (1982), S. 574–588.
Stefan Zweig heute. Hrsg.v. Mark H. Gelber. New York 1987.
Turner, David: Moral values and the human zoo. The *Novellen* of Stefan Zweig. Hull 1988.
Unseld, Siegfried: Das Spiel vom Schach. Stefan Zweig: *Schachnovelle* (1941/42). In: Deutsche Novellen, 1993, S. 249–263.
Meisenburg, Egbert: Ein Buch! Ein Buch! Ein BUCH! Zu Stefan Zweigs ›Schachnovelle‹. In: Aus dem Antiquariat 1995, S. A 121 – A 124.
Landthaler, Bruno, Liss, Hanna: Der Konflikt des Bileam. Irreführungen in der ›Schachnovelle‹ von Stefan Zweig. In: Zeitschrift für Germanistik N.F. 6 (1996), S. 384–398.

4.8 Spät- und Nachmoderne

Nach 1945 kommt die Novellenbezeichnung relativ selten vor; »Erzählung«, »Geschichte« oder auch nur »Prosa« (und vor allem »Roman«) sind geläufiger (vgl. Herzog anläßlich von Walsers ›Ein fliehendes Pferd‹ 1978, 492: »Heute eine Novelle zu schreiben, ist an sich schon eine unerhörte Begebenheit, wo jeder Halbwegsschriftsteller auch das dünnste Produkt immer gleich als Roman verkauft.«) Dennoch ist es falsch, zu behaupten, die Novelle sei »unserem Zustande nicht mehr angemessen« (Silz 1959, 100); und wenn es sich (statistisch oder sonstwie) bestätigen sollte, daß »[b]edeutende Novellendichtungen [...] in dem Zeitraum zwischen den vierziger Jahren und der unmittelbaren Gegenwart nur in geringem Umfang geschaffen worden« sind (Kunz 1977, 225), so liegt darin kein hinreichender Grund, den ›Tod‹ der Novelle (Erné, Himmel, 491) zu befürchten. Im Gegenteil gibt es nach 45 und erst recht nach 78 genügend Anlässe, die sogar das Bedürfnis nach der »Novelle großen Stils« (Erné 1956, 117) befriedigen könnten (Grass, Walser, Wellershoff, Lange, Hürlimann). Weder hat die Krise der Individualität (Himmel) noch das ungesellige Klima (Erné 1956) und ebensowenig das vermeintliche (welches?) »Chaos der Zeit« (Gross 1953, 300) die Novellenform zerstört (wenn sie je an solchen billigen Klischees gehangen haben sollte); auch trifft nicht zu, daß sie von der Kurzgeschichte abgelöst bzw. aufgesogen wurde; und schon gar nicht mangelt es an Frauen, »die über die schönen Künste regieren« (Erné 1956, 119), oder gar an »schönen Frauen«, die »dankbar lächeln, wenn der Novellist eine Novelle erzählt hat« (Engelhardt 1948, 100).

Die Situation der unmittelbaren Nachkriegszeit weist novellengeschichtlich gesehen ein überaus diffuses Bild auf: Hauptmanns magische Gespensternovelle ›Mignon‹, 1944 vollendet, steht im Zeichen einer »Flucht aus der Zeit«, Benn veröffentlicht seinen ›Ptolemäer‹ (1949), das Werk le Forts und Bergengruens setzt die christliche Erzähltradition fort, Hans Franck produziert ununterbrochen Novellen, Hans Weigel ›phantasiert‹ sein Ja zum himmlischen Leben auf Erden (1946), Leonhard Frank erzählt, wie man auf typisch deutsche Weise sein Leben versäumt bzw. selbst verdirbt (›Deutsche Novelle‹ 1954). Marlen Haushofer entlarvt in ihrer Novelle ›Wir töten Stella‹ (1958) die mörderische Gesinnung hinter der sich neu formierenden Wohlanständigkeit der Nachkriegszeit. Existentialistisch beeinflußte Autoren entfalten ›zeitenthobene‹ Probleme (Thies 1947), und Hillard (1948) zeigt »die letzthinnige Sinnerfüllung eines Menschen in der Stunde, da der Engel der Vernichtung darüber hinfährt« (130). Es erscheinen aber auch Aufklärungen über die Entstehung des Nationalsozialismus (Plievier: ›Eine deutsche Novelle‹ 1947); Ulrich Becher malt genrebildartig und mit bizarrem Sarkasmus die Hitlerwirkungen »in der von mondänem Nihilismus beschwingten Gesellschaft« New Yorks aus (›Der schwarze Hut‹, 146) und versucht, die moderne Bestialität mit einem Mangel an »Phantasie zum Guten« (ebd., 196) zu erklären (s. a. das Hiroschima-Thema in ›Die Frau und der Tod‹). Friedrich Franz von Unruh, Vermittler einer erweiterten gefaßten Falkentheorie (1965, 68 f.), propagiert eine entschieden konservative Novellenkunst, die in hochgepflegtem Stil Urprobleme – mit Vorliebe ›positiv‹ – bewältigt. Festzuhalten verdient, daß nach Grass und vor Walser kaum ein Werk den Novellen-Titel trägt. Hinzuweisen wäre allenfalls auf Ernés ›Monolog des Froschkönigs‹, ein Experiment, in dem die »Große Novelle [...] auf den Kopf« gestellt wird, »so nämlich, daß es darauf ankommt, Wer Wem Was erzählt, auf die Therapie des Erzählens, das Erzählen als Therapie.« (Erné: Weiße, schwarzgemusterte Flügel. Aus den Tagebüchern. Bramsche 1986, 80).

Auch in den achtziger und neunziger Jahren hinterläßt Goethes »sich ereignete unerhörte Begebenheit« (Köpf 1991, 71) ihre Spur; aber ihr Sinn scheint sich zu wandeln und einer Entmythisierung bzw. Demokratisierung des Außergewöhnlichen Platz zu machen (Harig, Schneider). Novellistisch interessant bleibt die Biographie des Kohlhaas als Modell für individuelle Verstrickungen mit Lawineneffekt, in die ein Einzelner geraten kann, wenn er als ehemaliger Achtundsechziger plötzlich in das zwar notwendige, aber im gegebenen Fall fehlgreifende Räderwerk der »Barmännerpolizeiansautoverhöre« gerät (Eue: ›Ein Mann namens Kohlhaas‹). Anknüpfend an den vertrauten Stil der Begegnungs- und Erinnerungsnovelle weitet Uwe Timm seinen Bericht über die ›Entdeckung der Currywurst‹ zu einem Genrebild der letzten Kriegstage und beginnenden Nachkriegszeit aus und reklamiert für diese »unglaubliche Geschichte« (216), die den Sinn für einen neuen Geschmack mit der Erinnerung an »Trümmer und Neubeginn, süßlich scharfe Anarchie« (216) assoziiert, den Novellen-Titel, »auch wenn es mir niemand glauben wird« (221). ›Begegnungen‹ werden zum schicksalhaften Prüfstein für Lebenswillen und geselliges Vermögen (Hofmann, Kirchhoff, Trummer, Affholderbach, Ebner, Loschütz). Weltgeschichtlich entscheidende ›Fügungen‹ entlarven sich als Drahtzüge der Großen (nicht der ›Masse‹, sondern der wirtschaftlichen und politischen ›Höchstleister‹), denen es im Augenblick der Wahrheit selber schon ekelt vor der inszenierten schönen Form der ›Begegnung‹ (Stern). Auffallend ist der wiederholte Rückgriff auf mythische und biblische Erzählmuster (Aust 1997).

Novellen

Friedell, Egon: Die Reise mit der Zeitmaschine. Phantastische Novelle [entst. ≈ 1935]. München 1946. Neudr. u.d.T.: Die Rückkehr der Zeitmaschine. Phantastische Novelle. Zürich 1974.
Weigel, Hans: Das himmlische Leben. Novella quasi una fantasia. Wien [1946].
Wolf, Friedrich: Lucie und der Angler von Paris. Novellen. Berlin (Ost) 1946.
Fürnberg, Louis: Mozartnovelle. Wien 1947.
Hartlaub, Geno: Die Kindsräuberin. Novelle. Hamburg 1947.
Hauptmann, Gerhart: Mignon. Novelle. Berlin 1947.
Langer, Ilse: Rodica. Eine Pariser Novelle. Hamburg 1947.
Plievier, Theodor: Eine deutsche Novelle. Weimar 1947.
Thies, Rolf: Die verlorene Ehre des Ignaz Held. Novelle. Stuttgart 1947.
Torberg, Friedrich: Mein ist die Rache. Novelle. Wien 1947 (zuerst 1943).
Hillard, Gustav: Der Smaragd. Novelle [zuerst 1948]. Neudr. Hamburg 1980.
Risse, Heinz: Irrfahrer. Novelle. Hamburg 1948.

Alt, Helmut: Wiedersehen auf Jalomiza. Novelle. München 1949.
Benn, Gottfried: Der Ptolemäer. Berliner Novelle 1947. Wiesbaden 1949.
Seghers, Anna: Die Hochzeit von Haiti. Zwei Novellen. Berlin (Ost) 1949.
Wittstock, Erwin: Die Schiffbrüchigen. Novelle. Hamburg 1949.
Becher, Ulrich: Nachtigall will zum Vater fliegen. Ein Zyklus Newyorker Novellen in vier Nächten. Wien 1950; Ausz. u. d. T.: New Yorker Novellen. Ein Zyklus in drei Nächten. Zürich 1974; Berlin (Ost) 1969.
Zweig, Arnold: Über den Nebeln. Eine Tatra-Novelle. Halle 1950.
Seghers, Anna: Crisanta. Mexikanische Novelle. Leipzig 1951.
Edschmid, Kasimir: Der Bauchtanz. Exotische Novellen. Hamburg 1952.
Zweig, Arnold: Ausgewählte Novellen. 2 Bde., Berlin (Ost) 1952/55.
Blunck, Hans Friedrich: Novellen. 3 Bde., Graz 1953–54.
Frank, Leonhard: Deutsche Novelle. München 1954.
Fühmann, Franz: Kameraden. Novelle. Berlin (Ost) 1955.
Mann, Thomas: Das Eisenbahnunglück. Novellen. München 1955.
Reger, Eric: Raub der Tugend. Novelle. Berlin 1955.
Le Fort, Gertrud von: Die Frau des Pilatus. Novelle. Wiesbaden 1956.
Altendorf, Wolfgang: Landhausnovelle. Gütersloh 1957.
Bergengruen, Werner: Suati. Novelle. Flensburg 1957.
Gaiser, Gerd: Gianna aus dem Schatten. Novelle. München 1957.
Haushofer, Marlen: Wir töten Stella. Novelle. Wien 1958, Nachdr. 1991.
Unruh, Friedrich Franz von: Sechs Novellen. Karlsruhe 1958.
Bauer, Josef Martin: Die barocke Kerze. Novelle. München ²1959.
Fühmann, Franz: Stürzende Schatten. Novellen. Berlin (Ost) 1959.
Grass, Günter: Katz und Maus. Eine Novelle. Neuwied 1961.
Steiniger, Kurt: Glücksnovelle. In: An den Tag gebracht. Prosa junger Menschen. Hrsg. v. Heinz Sachs, Halle 1961.
Wolf, Christa: Moskauer Novelle. In: An den Tag gebracht. Prosa junger Menschen. Hrsg. v. Heinz Sachs, Halle 1961.
Schaper, Edzard: Dragonergeschichte. Novelle. Köln 1963.
Unruh, Friedrich Franz von: Die Schulstunde. Novelle. Eßlingen 1963.
Erné, Nino: Monolog des Froschkönigs. Novelle. Wiesbaden 1966.
David, Kurt: Die Überlebende. Novelle. Berlin: Neues Leben 1972.
Schmidt, Arno: Die Schule der Atheisten. Novellen-Comödie in 6 Aufzügen. Frankfurt/M. 1972.
Schulz, Max Walter: Der Soldat und die Frau. Novelle. Halle ²1978.
Walser, Martin: Ein fliehendes Pferd. Novelle. Frankfurt/M. 1978.
Bartus, Jutta: Ruth-Novellen. Berlin 1979.
Hofmann, Gert: Die Denunziation. Novelle. Salzburg 1979.
Kirchhoff, Bodo: Ohne Eifer, ohne Zorn. Novelle. Frankfurt/M. 1979.
Neutsch, Erik: Zwei leere Stühle. Novelle. Halle 1979.
Harig, Ludwig: Der kleine Brixius. Eine Novelle. München 1980.
Schneider, Michael: Das Spiegelkabinett. Novelle. München 1980.
Wellershoff, Dieter: Die Sirene. Eine Novelle. Köln 1980.
Hofmann, Gert: Gespräch über Balzacs Pferd. Vier Novellen. Salzburg 1981.
Schulz, Max Walter: Die Fliegerin oder Aufhebung einer stummen Legende. Novelle. Halle 1981.
Trummer, Hans: Luises Auffahrt. Novelle. Hamburg 1981.
Zies, Gisela: Siebenjahr. Novelle. Münster 1981.
Affholderbach, Gunter: Zur Schwelle Zum Traum. Novelle. Siegen 1982.

Hein, Christoph: Der fremde Freund. Novelle. Berlin u. Weimar 1982; u. d. T. Drachenblut. Novelle. Darmstadt 1983.
Pausch, Birgit: Die Schiffschaukel. Novelle. Darmstadt 1982.
Vasovec, Ernst: Über den Rand hinaus. Erzählungen Novellen. München 1982.
Eue, Dieter: Ein Mann namens Kohlhaas. Novelle. Hamburg 1983.
Beheim-Schwarzbach, Martin: Soso, spricht der liebe Gott. Novellen. Hamburg 1983.
Ebner, Jeannie: Aktäon. Novelle. Graz 1983.
Bachmann, Guido: Die Kriminalnovellen. Basel 1984.
Kirchhoff, Bodo: Mexikanische Novelle. Frankfurt/M. 1984.
Lange, Hartmut: Die Waldsteinsonate. Fünf Novellen. Zürich 1984.
Loschütz, Gert: Eine wahnsinnige Liebe. Novelle. Darmstadt 1984.
Beyse, Jochen: Der Aufklärungsmacher. Novelle. München 1985.
Haslinger, Josef: Der Tod des Kleinhäuslers Ignaz Hajek. Novelle. Darmstadt 1985.
Klein, Pit: Boxkampf. Eine Novelle. Bühl-Moos 1985.
Vilar, Esther: Die Mathematik der Nina Gluckstein. Novelle. Bern 1985.
Dürrenmatt, Friedrich: Der Auftrag oder Vom Beobachten des Beobachters der Beobachter. Novelle in vierundzwanzig Sätzen. Zürich 1986.
Hochhuth, Rolf: Atlantik-Novelle. Erzählungen. Reinbek 1986.
Heiduczek, Werner: Reise nach Beirut. Verfehlung. Zwei Novellen. Halle 1986.
Lange, Hartmut: Das Konzert. Novelle. Zürich 1986.
Neumann, Margarete: Der Geistkämpfer. 2 Novellen um Barlach. Berlin u. Weimar 1986.
Erné, Nino: Kinder des Saturn. Drei Novellen. Stuttgart 1987.
Gerlach, Harald: Jungfernhaut. Novelle. 1987 (auch Köln 1988).
Gruber, Reinhard P.: Vom Dach der Welt. Schicksalsnovellen. Wien 1987.
Lewin, Waldtraut, Margraf, Miriam: Die Zaubermenagerie. Ein Novellenkranz. Berlin: Verlag neues Leben 1987, ²1988.
Schneider, Michael: Die Traumfalle. Künstlernovellen. Köln 1987.
Walser, Martin: Dorle und Wolf. Eine Novelle. Frankfurt/M 1987.
Gerlach, Harald: Abschied von Arkadien. Novelle. Berlin u. Weimar 1988.
Kümhof, Horst: Die schönen Gärten. Novelle. Düsseldorf 1988.
Saeger, Uwe: Das Überschreiten einer Grenze bei Nacht. Aus einem Herbst jagdbaren Wildes. Zwei Novellen. München 1988.
Zeller, Eva: Heidelberger Novelle. Stuttgart 1988.
Hürlimann, Thomas: Das Gartenhaus. Novelle. Zürich 1989.
Pilgrim, Volker Elis: Der Vampirmann. Über Schlaf, Depression und die Weiblichkeit. Eine Forschungsnovelle. Düsseldorf 1989.
Stern, Horst: Jagdnovelle. München 1989.
Mensching, Gerhard: Die violetten Briefe. Drei kriminelle Novellen. Zürich 1989.
Krüger, Michael: Das Ende des Romans. Eine Novelle. Salzburg 1990.
Böni, Franz: Der Hausierer. Eine Novelle. Bern 1991.
Cramer, Friedrich: Amazonas. Novelle. Frankfurt/M. 1991.
Köpf, Gerhard: Borges gibt es nicht. Eine Novelle. Frankfurt/M. 1991.
Lange, Hartmut: Die Reise nach Triest. Novelle. Zürich 1991.
Roth, Patrick: Riverside. Christusnovelle. Frankfurt/M. 1991.
Harig, Ludwig: Die Hortensien der Frau von Roselius. Novelle. München 1992.
Gstrein, Norbert: O$_2$. Novelle. Frankfurt/M. 1993.
Kirchhoff, Bodo: Gegen die Laufrichtung. Novelle. Frankfurt/M. 1993.

Kühn, Dieter: Das Heu, die Frau, das Messer. Novelle. Frankfurt/M. 1993.
Lange, Hartmut: Die Stechpalme. Novelle. Zürich 1993.
Timm, Uwe: Die Entdeckung der Currywurst. Novelle. Köln 1993.
Altenburg, Matthias: Die Toten von Laroque. Novelle. Frankfurt/M. 1994.
Kinder, Hermann: Alma. Phantasien zur Zeit. Kriminalnovelle. Zürich 1994.
Schrott, Raoul: Ludwig Höhnel Totenheft. Novelle. Innsbruck 1994.
Härtling, Peter: Božena. Eine Novelle. Köln 1994.
Johansen, Hanna: Kurnovelle. München 1994.
Haslinger, Josef: Der Tod des Kleinhäuslers Ignaz Hajek. Die mittleren Jahre. Zwei Novellen. Frankfurt/M. 1995.
Kleeberg, Michael: Barfuß. Novelle. Köln 1995.
Lange, Hartmut: Schnitzlers Würgeengel. Novellen. Zürich 1995.
Muschg, Adolf: Nur ausziehen wollt sie nicht. Eine Novelle. Die Blüte und ihr Schatten auf einem entfernten Gesicht. Frankfurt/M. 1995.
Wellershoff, Dieter: Zikadengeschrei. Novelle. Köln 1995.
Dieckmann, Dorothea: Die schwere und die leichte Liebe. Novelle. Berlin 1996.
Herbst, Alban N.: Der Arndt-Komplex. Novellen. Reinbek 1997.
Meyer, E.Y.: Venezianisches Zwischenspiel. Eine Novelle. Zürich 1997.
Wissler, Wolfgang: Flüchtige Begegnung. Novelle. Egelsbach 1997.
Hohler, Franz: Die Steinflut. Eine Novelle. München 1998.
Lange, Hartmut: Italienische Novellen. Frankfurt/M. 1998.
Post, Michael: Die Einbildung der sieben Tage. Novelle. Berlin 1998.
Turrini, Peter: Die Verhaftung des Johann Nepomuk Nestroy. München 1998.
Boetius, Henning: Tod in Weimar. Eine Novelle mit Lithographien von Johannes Grützke. Gifkendorf 1999.
Fussenegger, Gertrud: Shakespeares Töchter. Drei Novellen. München 1999.
Lange, Hartmut: Eine andere Form des Glücks. Novelle. Zürich 1999.

Fachliteratur

Baum, Werner: »Bedeutung und Gestalt«. Über die sozialistische Novelle. Halle/S. 1968.
Blauhut, Robert: Neueste Novellistik in Österreich. In: Das Erscheinungsbild der österreichischen Gegenwartsdichtung. Red. v. Leo Kober, Wien 1969, S. 31–50.
Vormweg, Heinrich: Prosa in der Bundesrepublik seit 1945. In: Die Literatur der Bundesrepublik Deutschland. Hrsg. v. Dieter Lattmann, München 1973, S. 141–343 (aktualisierte Ausgabe 1980, S. 167–420).
Kruntorad, Paul: Prosa in Österreich seit 1945. In: Die zeitgenössische Literatur Österreichs. Hrsg. v. Hilde Spiel, Zürich 1976, S. 126–289 (erw. Neuausg. Frankfurt/M. 1980).
Hensing, Dieter: Die Erzählung von 1945 bis zu den späten fünfziger Jahren. In: Handbuch, 1981, S. 508–527, 615–620.
Hensing, Dieter: Die Erzählung der sechziger Jahre und der ersten Hälfte der siebziger Jahre. In: Handbuch, 1981, S. 528–551, 620–624.
Von der Novelle zur Kurzgeschichte. Beiträge zur Geschichte der deutschen Erzählliteratur. Hrsg. v. Dominique Iehl, Horst Hombourg. Frankfurt/M. 1990.
Ankum, Katharina von: Die Rezeption von Christa Wolf in Ost und West. Von Moskauer Novelle bis »Selbstversuch«. Amsterdam 1992.

Thunecke, Jörg: »Man wird nicht Jude, man ist es«: Funktion der jüdischen Moral in Friedrich Torbergs Novelle *Mein ist die Rache*. In: MAL 27 (1994), S. 19–36.

Voss, Thomas: Die Novelle in der deutschen Gegenwartsliteratur: Eine Untersuchung des modernen novellistischen Erzählens anhand der Novellen ›Katz und Maus‹ von Günter Grass, ›Ein fliehendes Pferd‹ von Martin Walser, ›Die Denunziation‹ von Gert Hofmann, und ›Die Sirene‹ von Dieter Wellershoff. University of Toronto 1994.

Freund, Winfried: Die unerhörte Begebenheit Tod. Novellistisches Erzählen der achtziger Jahre. In: die horen 41 (1996), S. 151–164.

Aust, Hugo: Zur Entwicklung der Novelle in der Gegenwart. In: Deutschsprachige Gegenwartsliteratur. Hrsg. von Hans-Jörg Knobloch und Helmut Koopmann, Tübingen 1997, S. 81–95.

Schlaffer, Hannelore: Novellenleser lesen spannender. In: Frankfurter Allgemeine Zeitung vom 21. 1. 2003.

4.8.1 Dürrenmatt

Novellengeschichtlich könnte Friedrich Dürrenmatt eigentlich schon seit der Prosafassung seiner »noch möglichen Geschichte« ›Die Panne‹ (1956) präsent sein. Ausschnitt, Konzentration, Wende, ja Falke im Heyseschen Sinn lassen sich nachweisen, vermochten aber bislang noch nicht, die Geschichte aus dem Bann der Groteske zu befreien und sie mit dem Novellentitel auszuzeichnen; dabei gilt sie als »eine der großen Prosageschichten unseres Jahrhunderts« (H. Mayer) und gehört zu den »besten deutschen Erzählungen nach 1945. Ein Meisterwerk sondergleichen« (M. Reich-Ranicki, TB-Werkausgabe Bd. 20, Umschlagrückseite). Widerfährt ›der Novelle‹ nach Dürrenmatts Willen etwas Ähnliches wie der Komödie? Am Rande des Möglichen wird die Typik des Wirklichen erkundet und auf die Spitze getrieben. Die Novelle erfüllt ihre alte Aufgabe, im Rücken des Alltags das ›Wunderbare‹ aufscheinen zu lassen, das – unter abgewandelter Beleuchtung – dann doch wieder nur das Alltägliche darstellt. Im privaten Bezirk abseits des Lebens, wo man nur wegen einer banalen Panne halt macht, werden Grundlagen des Öffentlichen, hier der Justiz, sichtbar, und in eine fast zwickmühlenartige Konstellation getrieben: Weder befriedigt der Eifer der Gesetzeshüter, noch versöhnt das Schuldbekenntnis des Unschuldigen, denn dessen Redensarten verraten die latente Tötungsbereitschaft, wie die Handlungen der Rechtsagenten ihre bloße Spielfreude, ihr juristisches l'art pour l'art anzeigen.

Die charakteristische ›Silhouette‹ in Dürrenmatts »Novelle in vierundzwanzig Sätzen« ›Der Auftrag‹ (1986) ergibt sich aus der Darstellung eines weltweit praktizierten und zunehmend sich verselbständigenden Systems des wechselseitigen Beobachtens. Die Handlung entwickelt sich in der Art eines Agententhrillers: Die Filmporträtistin F. erhält von einem Psychiater und Fachmann für Terrorismusfragen den Auftrag, den Mord an seiner Frau vor Ort, also »am Fuße der Al-Hakim-Ruine«, zu rekonstruieren. Photos und Filme spielen hier eine Schlüsselrolle. Sie sind realistische Abbilder und zugleich absurde Verdinglichung der gebilligten Machtpolitik und des einträglichen Kriegsspiels. Sie machen die Blindheit der Beobachter aller Instanzen, bis hinauf zu Gott, sichtbar. Aus der »Konsequenz« (s. Kierkegaard-Motto und 75), die sich in der Bewegung vom »festen Punkt« zum »leeren Raum« ausdrückt, entsteht Angst, das Bewußtsein, daß dieses Leben »verkehrt«, »rätselhaft«, »grauenhaft« und »nicht auszuhalten« sei. Wer dennoch überlebt, hat einfach »Glück gehabt« (133).

Haffter, Peter: Transcodification in Dürrenmatt: The Example of *Die Panne*. In: Journal of Literary Studies 1 (1985), S. 64–76.
Helbling, Robert E.: »I Am a Camera«: Friedrich Dürrenmatt's *Der Auftrag*. In: Seminar 24 (1988), S. 178–181.
Michaels, Jennifer E.: Through the Camera's Eye: An Analysis of Dürrenmatt's *Der Auftrag...* In: International Fiction Review 15 (1988), S. 141–147.
Scanlan, Margaret: Terror as Usual in Friedrich Dürrenmatt's *The Assignment*. In: Modern Language Quarterly 52 (1991). S. 86–99.

4.8.2 Grass

Die Novellenforschung hat es versäumt, zur Zeit ihrer Hochblüte in ›Katz und Maus‹ (1961) von Günter Grass ihren eigenen ›Wendepunkt‹ wahrzunehmen. Unwillig, zögernd oder überhaupt nicht registrierte sie einen Titel, der ihr als ›Klassiker‹ und Muster einer neuen moralischen Erzählung auch die Zukunft geöffnet hätte. So aber lief die Werkgeschichte den Gattungshütern davon; und es spiegelt den Grad des gattungsgeschichtlichen Interesses, wenn das *Handbuch* versichern kann, »die Bezeichnung« ›eine Novelle‹ bleibe auf sich beruhen« (533).

Etwas engagierter äußerte sich da schon die Tageskritik, sofern sie sich überhaupt mit solchen Quisquilien angesichts bewegenderer Tabu-Themen befaßte: »Grass hat, laut Untertitel, eine Novelle schreiben wollen, die Darstellung einer ›unerhörten Begebenheit‹, wie Goethe diese Form genannt hat, und soweit der Verlag die Definition im Klappentext anführt, trifft sie auf ›Katz und Maus‹ auch zu; eine Novelle ist trotzdem nicht entstanden, denn dazu gehört noch anderes: ein geschlossener Bau und ein nahezu objektiver Berichtstil, aus dem sich der Erzähler heraushält

(Nolte 1961, zit. n. ED 1977, 96). Auf dem Klappentext stand: »Günter Grass nennt sein neuestes Buch [...] eine Novelle; dieser Rückgriff auf eine wichtige, lange Zeit vernachlässigte epische Form geschah bewußt und – auf den gegenwärtigen Zustand der deutschen Literatur bezogen – in provozierender Absicht. Novelle heißt Neuigkeit; Goethe definierte sie als Beschreibung und Darstellung einer ›unerhörten Begebenheit‹. Um nichts Geringeres geht es Grass«.

Als ein gattungsgeschichtlicher Wendepunkt erlaubt Grass' Novelle sowohl die Frage, was sie mit ihrer Tradition verbindet (z. B. lineare Handlung, Wendepunkt, Falke; Höllerer 1962 in ED 8; Leitmotivtechnik, Himmel, 488 f.; Konzentration, Finalität, Dingsymbol, Kunz 1977, 266 ff.; Psychologie der Repräsentanz i.S.v. Th. Mann; Realismus; Erzählerproblem in der Nachfolge von Musils ›Tonka‹), als auch, welchen weiteren Verlauf sie bewirkt. Die Wahl der Novellenbezeichnung hängt wohl unmittelbar mit dem Traditionsbewußtsein des Autors zusammen (vgl. ED 1977, 85, 142); und die bis in die Gegenwart wirkenden Namen dieser Tradition sind: Rabelais, Grimmelshausen, Sterne, Goethe, Jean Paul, Joyce, Döblin und auch Boccaccio, mithin Klassiker, die sich nicht ›festschrieben‹, sondern ›freischrieben‹. Die sich hierbei ergebenden Interferenzen zwischen Novelle und Roman sind nicht etwa typologisch aufzulösen, sondern gehören zum besonderen gattungsgeschichtlichen Sinn der Novelle, die ihre zukunftsweisende ›Strenge‹ (Enzensberger in ED 1977, 136) genau so verwirklicht.

Als moralische Erzählung zeugt Grass' Novelle von einem Umbruch, dessen Ausmaß sich mit der ›wahren Geschichte‹ Schillers vergleichen läßt; auch jetzt geht es um einen ›Paradigma-Wechsel‹ in der Erklärung von ›Straftaten‹ nach der reformierten Frage ›wie kam es?‹ (Ottinger in ED 1977). Nach Durzak (1993, 268 ff.) steckt im Novellen-Anspruch eine »subversive Kontrafaktur«, eine »kritische Gegenschrift« zur ideologischen Zementierung dieser Erzählgattung »in der Gründerzeit-Literatur« mit ihrer Heroen-Fassade.

Als ›exemplarische‹ Erzählung und »einmaliges Ereignis« in der Nachfolge des Cervantes präsentiert sich auch die zweite »Novelle« von Günter Grass ›Im Krebsgang‹ (2002). Das geschieht zwar nicht auf dem Klappentext, der im Gegensatz zur ersten Novelle fehlt, dafür um so deutlicher im Innern der Erzählung. Im Gespräch mit dem ›alten Jemand‹, als den sich Grass selber in die Novelle einschreibt, erhält der Ich-Erzähler eine Rechtfertigung für sein Projekt, über Vorgeschichte, Fahrt und Untergang eines Schiffes, des ehemaligen KdF- und später umfunktionierten Flüchtlingsschiffs »Gustloff«, zu berichten und die Nachwirkungen dieser nicht oder falsch erzählten Geschichte aufzuzeichnen: »Nun aber hat er [der alte Jemand] mich doch aus der Versenkung geholt: das Herkommen meiner verkorksten Existenz sei ein einmaliges Ereignis, exemplarisch und deshalb erzählenswert« (30). Abermals – wie in ›Katz und Maus‹ und überhaupt seit Boccaccio – werden Tabus berührt. Das Brechen des Schweigens über einen Vorgang aus der Endzeit des Nationalsozialismus und die aneignende Aufnahme eines Themas, das sich bislang ausschließlich die politische Rechte zu eigen gemacht hat – beides ergibt eine analytische Erzählung, die sich romanhaft über drei Generationen erstreckt und doch novellistisch zuspitzt.

Die Versenkung des Schiffs, bei der Tausende deutscher Flüchtlinge ums Leben kommen, wird zum Thema dreier Erzählinstanzen: Die Großmutter Tulla Pokriefke erlebte und überlebte die Katastrophe und sucht seitdem – unter wechselnden politischen Bedingungen bedenkenlos mitlaufend – nach ihrem idealen Erzähler. Sie und der »Jemand« gehören jener Generation an, deren »Aufgabe« es eigentlich gewesen wäre, »dem Elend der ostpreußischen Flüchtlinge Ausdruck zu geben« (99). Ihr Sohn Paul, im Augenblick der Katastrophe geboren, von Beruf Journalist und Ich-Erzähler der Novelle, wird dieser Legenden-Erwartung, die zwischen nationalsozialistischer und stalinistischer Mentalität changiert, nicht gerecht. Erst der Enkel Konrad erfüllt mit der neuen Waffe des Internets und einer herkömmlichen Schußwaffe die Erwartungen dieser »schrecklichen« Frau (Grass, zit. nach Sbarra 2005, 385). So entsteht ein Bericht über konkurrierende Erzählungen. Das Schiff wird zum mehrdeutigen Symbol für politische Systeme und gesellschaftliche Utopien; es bezeichnet den »Knackpunkt« (70) des Lebens. Es fungiert als Thema unterschiedlicher, propagandistischer wie aufklärerischer ›Informationstechniken‹ (mündlich, schriftlich, vernetzt). Seine Bewegung korrespondiert im Element des Wassers mit dem ›Krebsgang‹, jener markant rückwärtsgewandten Gangart, die ein Erinnern (»in memoriam« lautet das Motto) im Labyrinth herkömmlicher (analoger) Zettelkästen wie moderner (digitaler) Dateien hervorruft. Das ist die Silhouette einer Geschichte, die »das Zeug zur Novelle« hat, auch wenn sich ihr Bearbeiter um eine »literarische Einschätzung [...] nicht kümmern« (123) mag.

Kaiser, Gerhard: Günter Grass. Katz und Maus. München 1971.
Tiesler, Ingrid: Günter Grass. Katz und Maus. Interpretation. München 1971.
Erläuterungen und Dokumente: Günter Grass. Katz und Maus. Hrsg. v. Alexander Ritter. Stuttgart 1977.
Neuhaus, Volker: Günter Grass. Stuttgart 1979 (= SM 179).

Durzak, Manfred: Entzauberung des Helden. Günter Grass: *Katz und Maus* (1961). In: Deutsche Novellen, 1993, S. 265–277.

Ritter, Alexander: Günter Grass: »Katz und Maus«. In: Erzählungen des 20. Jahrhunderts. Stuttgart 1996, S. 117–133.

Sbarra, Stefanie: Die Entkonkretisierung der Zeitgeschichte im Familienalbum. Günter Grass' »Im Krebsgang«. In: WB 51 (2005), S. 376–390.

4.8.3 Walser

Insbesondere Martin Walsers erste Novelle ›Ein fliehendes Pferd‹ (1978) – weniger dann die zweite ›Dorle und Wolf‹ (1987; vgl. Manthey 1987) – gab der Gegenwart Anlaß, über die Bedeutung der »ziemlich aus der Mode gekommen[en]« und deshalb vielleicht auch schon wieder »nostalgisch« reizvollen (Herzog 1978, 492) Novelle nachzudenken. Routiniert wußte die Kritik an Goethes, F. Schlegels, Tiecks und Heyses Grundbegriffe anzuknüpfen und somit ›Klassisches‹ auch in der Jetztzeit zu entdecken (höchste Konzentration durch Leitmotivik, Vorausdeutungstechnik, Rundung und Symbolik). Mit Recht wies aber Weber (1980, 294) darauf hin, daß es hierbei nicht darum gehen könne zu fragen, »ob, sondern warum heute noch oder wieder Novellen möglich sind.« Allerdings führt seine eigene Antwort, Walsers »Näherung zum Marxismus« erlaube es ihm, die von der Novelle vorausgesetzte »geschlossene Gesellschaft« einzulösen, wieder zurück in die Sackgasse nicht bewährbarer Begriffsfestlegungen (vgl. zum Dogma des »geschlossene[n] Weltbilds einer großen Gemeinschaft« Braem 1954, 574 ff.; es bleibt unklar, ob der Begriff der geschlossenen Gesellschaft einen geschichtlichen Zustand, eine individuelle Absicht oder kollektive Idee, eine Illusion oder Sehnsucht meinen soll). Wegweisender ist da schon Wiethölters (1983) Ansatz, die Walsers Geschichte als »Novellierung« (240) der ›Wahlverwandtschaften‹ versteht; auf Grund ihrer ziselierten Auswertung mannigfacher Entsprechungen kommt sie zu dem Schluß, daß das »Erzählbare überhaupt«, das »Abenteuer einer anderen Erzählung« (259) in den thematischen Mittelpunkt rückt. Das Erzählen erweise sich als ein Wiederlesen, das seinerseits nicht nur das endgültig Festgelegte reproduziert, sondern eigenwillig ›parodiert‹ und somit neue Bedeutungen des Wiedererzählten hervorbringt.

Reich-Ranicki, Marcel: Walsers Glanzstück. In: FAZ 24. 1. 1978, S. 19.

Baumgart, Reinhart: Überlebensspiel mit zwei Opfern. In: Der Spiegel 27. 2. 1978.

Herzog, Sigrid: Über den grünen Klee gelobt. Walsers ›Das [!] fliehende Pferd‹ und die Kritik. In: Neue Rundschau 1978, S. 492–495.

Kaiser, Joachim: Martin Walsers blindes Glanzstück. Funktion und Funktionieren der Novelle ›Ein fliehendes Pferd‹. In: Merkur 1978, S. 828–838.
Manthey, Jürgen: Ehebruch mit Deutschland-Kummer. Martin Walsers Novelle zum Thema Wiedervereinigung ›Dorle und Wolf‹. In: Frankfurter Rundschau 11.4.1987.
Knorr, Herbert: Gezähmter Löwe – fliehendes Pferd. Zu Novellen von Goethe und Martin Walser. In: LfL 1979, S. 139–157.
Weber, Albrecht: Martin Walser: Ein fliehendes Pferd. In: Deutsche Novellen, 1980, Bd. 2, S. 281–299.
Bohn, Volker: Ein genau geschlagener Zirkel. Über *Ein fliehendes Pferd*. In: Martin Walser. Hrsg. v. Klaus Siblewski, Frankfurt/M. 1981, S. 150–168.
Wiethölter, Waltraud: ›Otto‹ – oder Sind Goethes *Wahlverwandtschaften* auf den Hund gekommen? Anmerkungen zu Martin Walsers Novelle *Ein fliehendes Pferd*. In: ZfdPh 102 (1983), S. 240–259.
Dierks, Manfred: »Nur durch Zustimmung kommst du weg«. Martin Walsers Ironie-Konzept und ›Ein fliehendes Pferd‹. In: LfL 1984, S. 44–53.
Struck, Hans-Erich: Martin Walser *Ein fliehendes Pferd*. Interpretation. München 1988.
Schote, Joachim: Martin Walsers Novelle ›Ein fliehendes Pferd‹. In: Orbis litterarum 46 (1991), S. 52–63.
Wagener, Hans: Die Sekunde durchschauten Scheins. Martin Walser: *Ein fliehendes Pferd* (1978). In: Deutsche Novellen, 1993, S. 279–289.
Poser, Therese: Martin Walser: Ein fliehendes Pferd. In: Erzählen, Erinnern: Deutsche Prosa der Gegenwart – Interpretationen. Hrsg. von Herbert Kaiser, Frankfurt/M. 1992, S. 172–187.
Weing, Siegfried: Kierkegaardian Reflections in Martin Walser's *Ein fliehendes Pferd*. In: Colloquia Germanica 25 (1992), S. 275–288.
Mathäs, Alexander: *Dorle und Wolf* diesseits und jenseits des Atlantik. Zur Rezeption der deutsch-deutschen Novelle in den Vereinigten Staaten und der Bundesrepublik. In: Colloquia Germanica 26 (1993), S. 337–355.

4.8.4 Hein

In Christoph Heins ›Drachenblut‹ (1982/83) rückt abermals das Gesamtbiographische in den Vordergrund, auch wenn es analytisch um die konkrete Situation eines Begräbnisses gerafft ist. Der Erzählerin »weniger freundlich gesonnene« (171) Novelleninterpreten könnten in ihr vielleicht eine moderne ›Rabiate‹ in der Nachfolge Heyses entdecken, erklärt sich doch auch das Schicksal seiner berühmten Titelheldin als Folge früher Verletzungen, die erst ein Falken-Motiv heilen konnte. Doch gerade solche (klischeehaften) Wendungen versagt sich die moderne Novelle; eher träfe für sie der – nun wieder auch bei Heyse vorkommende – Begriff des Gefängnisses (›Zwei Gefangene‹) zu. Das zugrundeliegende Thema ist das Problem der brüchigen Brücke (vgl. den kursiv gesetzten Vorspann), und die Novelle entfaltet im nüchtern lapidaren

Ich-Bericht der Ärztin, wodurch es zu solchen Beziehungsruinen kommen konnte, welche Erlebnisse sie überhaupt noch tragen können und wie sie in der Bewertung zwischen Ich-Schutz und sozialer Sterilität oszillieren. ›Verschobene‹ Produktivität (Landschaftsphotographie), gegenkonventionelle Selbstbehauptung (Kritik an allen ›Ersatz‹-Handlungen) und Abrede der Beziehungen charakterisieren das Bild eines krisenlosen (d. h. krisenbewältigenden, krisenleeren und krisenverdrängenden) weiblichen Lebens, dem nichts mehr widerfahren (»umwerfen«) kann und das deshalb auch das »Ende« der Novelle selbst ausspricht.

Bernhardt, Rüdiger u.a.: Für und Wider: ›Der fremde Freund‹ von Christoph Hein. In: WB 29 (1983), S. 1635–1655.
Fischer, Bernd: Drachenblut. Christoph Heins ›Fremde Freundin‹. In: Colloquia Germanica 21 (1988), S. 46–57.
Lücke, Bärbel: Christoph Hein. *Drachenblut*. München 1989.
Fischer, Bernd: Christoph Hein. Drama und Prosa im letzten Jahrzehnt der DDR. Heidelberg 1990.
Dwars, Jens-F.: Hoffnung auf ein Ende. Allegorien kultureller Erfahrung in Christoph Heins Novelle ›Der fremde Freund‹. In: Text & Kontext 111(1991), S. 6–15.
Freund-Spork, Walburga: Jeder für sich. Christoph Hein: *Drachenblut* (1982). In: Deutsche Novellen, 1993, S. 291–300.
Vancea, Georgeta: Der narrative Diskurs in Christoph Heins ›Der fremde Freund‹: How to Do Thoughts and Persons with Words. Uppsala 1993.
Bauer Pickar, Gertrud: Christoph Hein's Drachenblut: An Internalized Novella. In: Neues zu Altem: Novellen der Vergangenheit und der Gegenwart. Hrsg. von Sabine Cramer, München 1996, S. 251–278.

4.8.5 Beyse

In Jochen Beyses ›Der Aufklärungsmacher‹ (1985) gewinnt der Novellenbegriff auf dem Hintergrund von »Parodie« und »Posse« einen eigenartigen Schlüsselwert. Auch hier bedeutet ›Novelle‹ »eine auf wahren Begebenheiten fußende Geschichte« (110), erhält aber dadurch ein neues Profil, daß der Erzähler Moritz Nicolai das Werk seines Vaters, die ›Beschreibung einer Reise durch Deutschland und die Schweiz im Jahre 1781‹, aus der bislang verschwiegenen Diener- bzw. Schüler-Perspektive richtigstellen möchte. Diese Erzählabsicht, die den Zeit-Raum der Beyseschen Novelle in ein »damals« im »Wagen« und ein »heute« am »Schreibtisch« polarisiert, gerät gegen Novellenende innerhalb knapper Erzählzeit in den Hintergrund angesichts der Erinnerung an eine nicht ausgeführte Lenz-Novelle und insbesondere unter dem Eindruck einer soeben begonnenen Aufklärungsmacher-Novelle, in deren Zentrum sozusagen als »Aufführung des letzten Aktes deiner Posse« (118) die Rückkehr des Sohns zum Vater stehen soll. Die Verschränkung der Zeitebenen, die den Erzählfluß der Novelle bestimmt, erreicht hier ein Höchstmaß an Verschachtelung und Komplexität, indem novellistisch als vergangenes und scheiterndes Geschehen (mitsamt den darin vorgestellten zukünftigen Möglichkeiten) erzählt wird, was sich auf der Ebene des sich »heute« besinnenden Erzählers erst »morgen« ereignen wird. Das wirkt sich unmittelbar auf die thematisch bedeutsame Frage nach der Identität des erzählerischen, erlebenden bzw. reflektierenden Ichs aus und zeigt den Konflikt, der Moritz angesichts eigener Notizen bewußt wird (vgl. 109). Wenn die Novelle Zeugnis ablegen wollte vom Aufbruch zur Selbstfindung, so besiegelt sie um so lapidarer das Fragmentarische ihrer Gestalt und den Ich-Verlust ihres Autors im Wechsel zur pronominalen Form des Zitats »So lebte er dahin . . .«

4.8.6 Zeller

Daß man auch in den achtziger Jahren ein schematisiertes Gebilde zu individuellen und aktuellen Zwecken benutzen kann, zeigt besonders eindringlich Eva Zellers ›Heidelberger Novelle‹ (1988) bereits im Erzähleingang. Die Anfangsworte muten auktorial an in der Art der Romane im 18. Jahrhundert, die ihre Figuren schieben, wohin sie wollen (Sterne); allerdings setzt sich diese Perspektive gegenüber der Hauptfigur nicht fort, so daß am Ende statt Allmacht und Allwissenheit im Gegenteil Ungewißheit bleibt, auch wenn die Indizien klar zu sprechen scheinen. Noch im selben Satz klingt das Leitmotiv ›am Fenster sitzen‹ an; es wird sich dramatisch entfalten im Requisitenspiel mit Häkelarbeit, Vokabelpauken und Feldstecherblick. Motiviert und kontrastierend grundiert wird solches Verhalten durch das gleichfalls leitmotivische ›lyrische‹ Tourismus-Klischee (»der Städte ländlich Schönste«), das den merkwürdigen Fall (»den haarsträubenden Verdacht«) umklingt und mit symbolischer Topik (»schicksalskundige Burg«) gewichtet. Die »Leser«-Anrede und insbesondere die Einladung, in die Welt des Erzählens so einzutreten, wie es die leidige Konvention des Erzählten verlangen wird (»ah und oh wird er rufen«), konstituieren eine Situation, die nicht nur den Rahmen der Novelle begründet, sondern auch ein Syndrom des Heidelberger ›Wunders‹ (eben seiner »Novelle«) darstellt.

4.8.7 Wellershoff

Die Ausschnitte, die Dieter Wellershoff wählt, um den Novellenraum einzugrenzen, gehören dem gutbürgerlichen Alltag an: In der ›Sirene‹ (1980) ist es das Forschungsfreisemester des Pädagogikprofessors, im ›Zikadengeschrei‹ (1995) der übliche Familienurlaub im Süden. In beiden Geschichten geht es um eine »begrenzte, extreme Erfahrung« (Wellershoff: Roman 1988, 489), meldet sich etwas an, was ›Schicksal‹ heißen kann, aber auch ganz gewöhnlich ›altern‹ bedeuten mag und insbesondere den Mann betrifft. ›Plötzlich‹ tritt da etwas ein und gibt dem vertrauten Leben eine andere Wendung; das heißt, was in dieser Plötzlichkeit hier und jetzt begegnet und wie ein entscheidender Drehpunkt wirkt, mag auch schon geraume Zeit zurückliegen und – wie im ›Zikadengeschrei‹ – den Ausbruch jener panischen Angst meinen, die den sonst so Sportlichen in der Weite des freien Schwimmens überfiel und seitdem jede seiner Bewegungen an das nahe Ufer bindet. Was dann bei dieser gefährlichen Vorsicht aus Unsicherheit irgendwann einmal begegnet, mag durchaus »Zufall« sein, wirkt aber auch wie »etwas von langer Hand Vorbereitetes« (Zikadengeschrei, 106). In der ›Sirene‹ ist es ein Anruf, im ›Zikadengeschrei‹ ein Anblick. Aus beiden Begebenheiten entsteht ein Bann, ein »Sog«, der dort zur »Demütigung« (Sirene, 150), hier zum Gefühl des Besiegtseins (vgl. Zikadengeschrei, 123) führt. Nahe liegt es, von einem »Kampf« zu sprechen (so heißt der Schlußteil der ›Sirene‹), von einer Agonie, in der die ›Gegner‹ in »Wut« und unter »Fauchen« aufeinander stoßen (so der Eindruck des Mannes beim ersten Blickkontakt mit der Fremden im ›Zikadengeschrei‹, 68). In Wirklichkeit aber begegnen sich wohl ›Gegenspieler‹, die gleichermaßen unter »Mangel« (so schon im Motto zur ›Sirene‹) und Leere leiden, ›Partner‹, die bereits gelähmt sind – sie infolge einer unglücklichen Operation, er seit dem ›Absturz‹ seines Selbstvertrauens; vielleicht treffen sich sogar wechselseitige Spiegelbilder der Not ihres angestrengten Überlebenskampfes. »Willst du es wagen? Kann ich hoffen, daß du furchtlos bist? Daß du niemandem außer dir selber glaubst? Also komm und zeig dich mir. Dann wirst du erfahren, wer du bist.« (Zikadengeschrei, 84). So spricht und lockt ein »inneres Flüstern«, das »von einem fremden Willen« auszugehen scheint und doch nur im Manne selbst ertönt, mithin »Elemente einer zerstörten Sprache« (Wellershoff: Gesang, 145), die eigentlich unsagbar sind und sich wohl nur im Rahmen der Novelle zeigen. Nach dem ehernen Gesetz der angstgeborenen Egozentrik wird die dritte, entscheidende Begegnung keine ›Aufklärung‹ bringen, sondern bloß eine erneute ›Lektüre‹ der sagenhaften Worte: »Wenn du dort stehenbleibst, wirst du versteinern, wenn du näherkommst, wirst du zersprengt werden.« (Zikadengeschrei, 123). Die hier erreichte novellistische ›Situation‹ bleibt mehrdeutig. Im Hintergrund erhält sich das Szenarium der erotischen Novelle: ein Mann allein mit einer verlockend nackten Frau, die wie im Halbschlaf ruht. Zugleich schwingt ein Ton aus den ›Unterhaltungen‹ mit, insofern es dem ›Aufgeregten‹ nicht gelingt, trotz bereits geleisteter Hilfe die eigentliche ›Anrede‹ über die Lippen zu bringen, er vielmehr nur fürchtet, als »Marionette liebenswürdiger Konventionalität« (118) zu erstarren. Vielleicht setzt sich in den Figuren, die dem Gesang der Sirenen und dem Geräusch der Zikaden lauschen, etwas fort, was schon Aschenbach und Spinell erfahren mußten; und gewiß wird – vor allem im ›Zikadengeschrei‹ – das Verrinnen der Zeit vernehmbar, eine eher stumme Sprache, die ihr »Memento mori« (Wellershoff: Roman, 172) fast schon nach barocker Manier ins Gesicht schreibt.

Doch weder Boccaccios noch Goethes und Thomas Manns Novellen, auch nicht Prousts Roman sind die letzten Bezugspunkte für Wellershoffs außerordentliche Mitteilungen. Denn seine ›neuen‹ Geschichten verschwistern sich ausdrücklich mit den alten Erzählungen über Sirenen und Gorgonen; sie setzen Archaisches fort und vergewissern sich bei ihrem Bericht über vielleicht auch absonderliche Konflikte an dem, was von Anfang an am Lebensende allen widerfährt und sich fortwährend wiederholt. Daß die Gefahr des Einbruchs gerade von weiblichen Rollen ausgeht, kommt nicht von ungefähr, bleibt doch der schreckliche Gesang der Sirene auch etwas verlockend Süßes (Wellershoff: Gesang, 142) und heißt der Sohn der Medusa vielversprechend Pegasus. So erweisen sich Wellershoffs Novellen gerade unter dem Aspekt der Wiederholung alter Muster als erneute Hals- und Kragen-Erzählungen, bei denen – wie bekannt – die guten Geschichten den schlimmen Tod, und wenn auch nur für eine kleine Weile, zu bannen suchen.

Dieter Wellershoff: Der Gesang der Sirenen. In: D.W., Literatur und Lustprinzip. Essays. Köln 1973, S. 142–154.
Dieter Wellershoff: Der Roman und die Erfahrbarkeit der Welt. Köln 1988.
Allkemper, Alo: »An den Rändern des Bewußtseins«. Zu Dieter Wellershoffs Sirene. In: Dieter Wellershoff: Studien zu seinem Werk. Hrsg. von Manfred Durzak u.a., Köln 1990, S. 129–144.
Winter, Hans-Gerd: »Ergib dich mir; und ich werde dir alles geben.« Dieter Wellershoffs Aktualisierung des Mythos in seiner Novelle Die Sirene. In: Juni 20 (1994), S. 163–173.
Schneider, Gerd K.: Dieter Wellershoff's Novella *Die Sirene:* Calling Hours from Anywhere, at Anytime, for Anyone. In: Neues zu Altem: Novellen der Ver-

gangenheit und der Gegenwart. Hrsg. von Sabine Cramer, München 1996, S. 235–250.

4.8.8 Lange

»Seine künstlerische Leistung und der poetische Rang seines epischen Werkes bestehen in der Rückeroberung der Novelle als moderner literarischer Gattung, in der Grunderfahrungen und Bewußtseinskrisen des Menschen von heute Ausdruck finden.« So steht es geschrieben in der Urkunde zur Verleihung des Literaturpreises der Konrad-Adenauer-Stiftung an Hartmut Lange im Jahr 1998. Ihm mögen in der ›Rückeroberung‹ – chronologisch gesehen – Martin Walser mit ›Ein fliehendes Pferd‹ (1978) und Dieter Wellershof mit ›Die Sirene‹ (1980) vorausgegangen sein, dennoch trägt Langes umfassendes Novellenwerk seit den frühen 1980er Jahren zur Präsenz der Gattung wesentlich bei. Die ›Gespenster-Novelle‹ ›Das Konzert‹ (1986) gehört zum Besten, was die Gattungsgeschichte im 20. Jahrhundert hervorgebracht hat. Von der frühen Sammlung ›Die Waldsteinsonate‹ (1984) spannt sich bis zu ›Leptis Magna‹ (2003) und ›Der Wanderer‹ (2005) die nicht abreißende Kette vielbeachteter Novellen. Sie lassen sich thematisch zu Untergruppen vereinen: zum Beispiel die ›Berliner Trilogie‹ (›Die Ermüdung‹, ›Die Wattwanderung‹, ›Die Reise nach Triest‹) oder die ›Italienischen Novellen‹ (›Die Reise nach Triest‹, Die Bildungsreise‹, ›Leptis Magna‹), alsdann die Künstler- und Musikernovellen (›Das Konzert‹, ›Die Bildungsreise‹, ›Das Streichquartett‹), ja auch von Psychokrimi (›Das Streichquartett‹) oder Thriller (›Die Bildungsreise‹) ist in der Feuilletonkritik die Rede gewesen.

Die Literaturkritik hat Langes Novellenstil mit dem Erzählstil Kleists, Büchners, Fontanes, Tschechows, Conrads, Kafkas und Thomas Manns verglichen. Wie die Novellisten des 19. Jahrhunderts (vor allem C.F. Meyer) geht auch Lange den »Weg vom Drama zur Novelle« (Marquard 1998, 9). Das Heidegger-Motiv, das die Novellensammlung ›Schnitzlers Würgengel‹ (1995) einleitet – »In der Unheimlichkeit steht das Dasein ursprünglich mit sich selbst zusammen« – kann auf Langes Novellistik überhaupt einstimmen: Immer geht es um ein »unaufgelöstes Geheimnis« (Schlaffer in FAZ v. 21.1.2003), um Verwischen und Aufheben der vermeintlich sicheren Grenzen zwischen Wirklichkeit und Wahn. Das hebt alles Eindeutige auf. Jede Kunst, die Novelle zumal, wirkt »wie ein Brennglas, das die Wahrheit bündelt, um sie gleich wieder als Fata Morgana aufscheinen zu lassen« (Lange:

Dankesrede, 18). Lange strebt mit seiner Novellenkunst eine Wirkung an, die er »metamorphos« nennt, »weil sie umfassend bleibt und nicht darauf aus ist, das Wirkliche aus dem Unwirklichen auszugrenzen«. Alle seine Novellen konzentrieren sich auf jenen ›Punkt‹, an dem der Tod ins Leben greift. Merkwürdig dabei ist, daß nie klar wird, wann genau und warum dieses Ereignis stattfindet. Oft löst eine – wenn auch noch so geringe – Verletzung den Vorgang der Entrückung aus dem Leben aus; ob diese Beeinträchtigung schon eine Verursachung oder bloß eine Vorausdeutung darstellt, bleibt unentschieden. Die Novellen beginnen meistens mit einer Absonderung des Protagonisten aus seinem alltäglichen Leben, und der Endpunkt dieses Ausscherens ist der Tod. Vieles geschieht ›plötzlich‹ (vgl. Stadelmaier in FAZ v. 25.3.2004, 40), aber das Plötzliche wiederholt sich, so auch das Merkwürdige oder Unerwartete.

Als Muster für eine gelungene Synthese von traditioneller Formensprache und unerhörter Neubesinnung kann Langes erste einzeln veröffentlichte Novelle ›Das Konzert‹ (1986) gelten. Wie in ›Katz und Maus‹ zwingt auch hier die herausfordernde Gestaltung eines noch immer gegenwärtigen, weil ›unvergänglichen‹ Geschehens zur Auseinandersetzung mit der nationalsozialistischen Epoche Deutschlands. Die Unwiderrufbarkeit des verfügten Terrors und Mords wird mit den Mitteln des phantastischen Erzählens erneut zur Diskussion gestellt, auf die Spitze eines Klavier-»Konzertes« getrieben, auf dem die Täter durch ihr Opfer erlöst werden sollen, und tragisch bestätigt. Erneut – wie schon bei Boccaccio oder Goethe – dient ›Unterhaltung‹ als fragile Perspektive für das ›Überleben‹ in Zeiten der Katastrophe.

›Die Wattwanderung‹ (1990) – als ›Novelle‹ weist sich die Erzählung erst in der zweibändigen Sammlung aus – rückt das letzte Lebensjahr eines Buchhändlers in den Mittelpunkt. Der hier geschilderte Verlust, das allmähliche Abhanden-Kommen der Welt (vgl. 114), reicht bis in die Kindheit zurück. Dennoch fokussiert die Novelle nicht eigentlich einen Verfall, sondern eher – nach dem Muster von Thomas Manns ›Der Wille zum Glück‹ – die individuellen Glücksbedingungen (vgl. 102). Der Wunsch, eine Wattwanderung zu unternehmen, wirkt als Impuls für diesen ›Ausgang‹ aus dem Leben; das »Erlebnis« (50) mit einem Kohlenträger und das ungelüftete »Geheimnis« (63) – der Novellenprotagonist wird brutal zusammengeschlagen – sind weitere Motive für die merkwürdige Absonderung. Wie in einer Musilschen Novelle geht es um eine ›andere‹ Erfahrung, die zwar in den Verdacht einer Zerrüttung geraten kann, nicht aber als blanker Wahn demontiert wird. »Wovon ich nichts wissen kann, aber doch etwas wissen will, dies ist durch mich schon in der Welt« (95).

»Die Wahrheit liegt im Verschwinden«, lautet der Schlüsselsatz in ›Eine andere Form des Glücks‹ (1999). Rätselhaft ist hier das Verhalten einer Frau, die wiederholt verschwindet und doch bei ihrem Auftritt eine merkwürdige Anziehungskraft ausübt. Das erfahren zwei befreundete Männer, zwar nicht gleichzeitig, aber nacheinander, so daß man den Eindruck erhält, als ob sich die Faszination übertrüge. Am Ende der Geschichte wird sich der banale Sinn im Verhalten der Frau herausstellen; und doch beharrt ihr Opfer auf dem besonderen Wert dieser Begegnung, in deren Folge er an einem bestimmten Ort den Mond seitenverkehrt aufleuchten sieht.

›Die Bildungsreise‹ (2000) beginnt als touristisches Unternehmen, das sich zum Ziel setzt, den Spuren J.J. Winkelmanns auf seinen letzten Wegen zu folgen. Ein »Wanderfalke« spielt bei dem Vorgang, der wieder zur Absonderung und Entrückung des Novellenprotagonisten führt, eine leitende Rolle. Vergleichbar mit ›Tod in Venedig‹ entwickelt sich eine Folge von Begegnung, Verstrikkung, Irritation und Katastrophe. Zufällig sich begegnende Figuren werden nach dem literarischen Verfahren der Postfiguration zu Führern, Verführern und Todesboten. Am Bild der zerfließenden Schönheit wird der untergründig wirkende Auflösungsprozeß sinnfällig, den Symptome der Ermüdung schon früh begleiten.

Von einem Zerrüttungsvorgang mit mörderischen Folgen erzählt ›Das Streichquartett‹ (2001). Die Impulse zu dieser Wirklichkeitsabsonderung, die dem ersten Violinisten eines erfolgreichen Streichquartetts widerfährt, gehen von Schönbergs viertem Streichquartett, genauer von einer technisch nicht ganz perfekten, historischen Einspielung aus; später übt eine wertvolle Geige, die der Violinist von unbekannter Hand geschenkt bekommt, eine ähnlich verstörende Wirkung aus. Die Novelle setzt eine »Verunsicherung« in Gang, die am Ende in einen »Überraschungscoup« umschlägt (H.L. Arnold in FAZ v. 2.11.2001, 50). Das novellistische Spiel der Verrätselung und Enthüllung entfaltet sich im Medium einer auktorialen Erzählhaltung, die eigentlich von Anfang an alles durchschauen könnte und doch erst am Ende die detektivisch interessante Auskunft erteilt.

Bernhard, Rüdiger: Die Sühne nach dem Tod. Hartmut Lange: »Das Konzert«. In: Deutsche Novellen. Hrsg. von W. Freund. München 1993, S. 313–322.
Hertling, Ralf: Das literarische Werk Hartmut Langes: Hoffnung auf Geschichte und Glaube an die Kunst. Dramatik und Prosa zwischen 1960 und 1992. Frankfurt/M. 1994.

Marquard, Odo: Novellist der Melancholie. Laudatio auf Hartmut Lange. In: Dokumentation des Literaturpreises der Konrad-Adenauer-Stiftung 1998 an Hartmut Lange. Hrsg. von Günther Rüther. Wesseling 1998, S. 8–13. Gekürzte Fassung in FAZ vom 6.6.1999 und in: Der Dramatiker u. Erzähler, 2003, S. 12–15.

Hoffmann, Werner: Müller-Lengsfeldts letzte Reise: Zur Interpretation von Hartmut Langes Novelle ›Die Bildungsreise‹. In: WW 51 (2001), S. 420–434.

Der Dramatiker und Erzähler Hartmut Lange. Hrsg. von Manfred Durzak. Würzburg 2003.

4.8.9 Hürlimann

Thomas Hürlimanns erste Novelle ›Das Gartenhaus‹ (1989) wurde von der Literaturkritik sogleich als ›Meisternovelle‹ begrüßt. Sie erzählt von einem gespenstischen Ehekrieg, den der Tod des Sohnes auslöst: »Jung war der Sohn gestorben, noch vor der Rekrutenschule. Ein Rosenstrauch, meinte der Oberst, würde schön und bescheiden an das früh verblühte Leben erinnern. Lucienne jedoch, seine Gattin, wollte von einem Strauch nichts wissen – ein Stein mußte her, ein Granit. Er schrie, sie schluchzte« – so mit ›vollem Akkord‹ (N. Erné) der markante Auftakt der Novelle. Ein verhängnisvolles Spiel des wechselseitigen Aufreibens beginnt, das erst mit der Entrückung in Wahn und Tod endet, ohne daß der eigentliche Beginn des Verhängnisses greifbar würde. Der Auftritt einer Katze spielt eine wesentliche Rolle. Dann aber verschiebt sich das Geschehen in ein Gartenhaus. Dort hat sich – »als sei ein ewiger Winter ausgebrochen« (123) – eine Modell-Welt in verkleinertem Maßstab erhalten, die an den toten Sohn erinnert. Nur in dieser erstarrten Totenstadt beginnt eine erneute Annäherung der Eheleute unter geradezu märchenhaften Bedingungen.

Als »Entwicklungsroman in Kleinformat« wurde Hürlimanns zweite Novelle ›Fräulein Stark‹ (2001) wahrgenommen (Reinacher in FAZ v. 28.07.01, Beilage V). Die Einordnung bezieht sich auf die Geschichte eines Knaben, der kraft seines neuen Amtes, allen Besucherinnen einer Stiftsbibliothek Filzpantoffeln zum Schutz des kostbaren Bodens anzubieten, das Geschlecht der Damen von Grund auf erkennt und so die Fesseln einer triebunterdrückenden Pseudofrömmigkeit abwirft. Novellistisch ist dieser komödiantische Befreiungsvorgang, weil er ein allgemeines, weltliches und weltweites Geschehen auf den ›Punkt‹ bringt und die sich vollziehende heikle Initiation in eine katastrophensichere »Bücherarche« verlagert, die »schlicht und einfach alles« (7) enthält. Auch dieses Erzählen gewährt sinnfällige, augen- und nasenunterstützte

Aufklärungen über das eigene jüdische wie das fremde weibliche Geschlecht unter dem Deckmantel des Verschwiegenen und Umkleideten. Der eigentümliche Andeutungsstil der Novelle bewirkte einen – in der Gattungsgeschichte nicht ganz unvertrauten, hier jedoch unnötigen Skandal: Einerseits empörte sich ein Leser, der sich im novellistisch Berichteten wiedererkannte, andererseits empörte sich ein Kritiker über die ausbleibende Erkenntnis dessen, was er für eine unterschwellige Fortsetzung antisemitisch konnotierter Stereotype hielt.

Kaiser, Gunnar: Nomina ante res. Das Stigma des Namens in Thomas Hürlimanns Novelle ›Fräulein Stark‹. In: Deutsche Bücher 32 (2002), S. 18–28.

Braun, Michael: »Gebt mir den Mensch zu lesen, wenn ihr Menschen lesen wollt«. Zur Renaissance biblischer Figuren bei Patrick Roth und Thomas Hürlimann. In: WW 54 (2004), S. 435–448.

4.9 Gegenwart

Angesichts der kontinuierlichen Bewegung im literaturgeschichtlichen Verlauf muß von Tag zu Tag deutlicher werden, daß nunmehr nur dieses Kapitel ›Gegenwart‹ heißen sollte, denn die »Gegenwart« des vergangenen Kapitels – seine ›Literatur ab 45‹ – ist bereits ›Vergangenheit‹. Welche Namen diese Vergangenheit aus heutiger Sicht tragen könnte – Moderne II, Spät- und Nachmoderne, Literatur des Kalten Krieges, Postmoderne – ist literaturgeschichtlich noch nicht entschieden. Da hätte es die ›neue Gegenwart‹ wohl leichter, bieten sich ihr doch die Etiketten Medienkultur, Informations- oder Wissensgesellschaft, Globalisierung, Vernetzung und – natürlich – Jahrtausendwende an.

Was die Gattungsgeschichte der Novelle betrifft, so gleitet sie – ab 1978, da Walser das Etikett wirkungsvoll aufgriff – kontinuierlich über die Jahrtausendschwelle hinweg. Eine »schwere Krise« (Himmel, 342), wie zur vergangenen Jahrhundertwende, zeichnet sich derzeit in der Novelle noch nicht ab, es sei denn, daß Globalisierung und Digitalisierung des Lebens Eingriffe darstellten, deren katastrophale Folgen jetzt schon oder bald die krisenvollen Umbrüchen der nunmehr vorletzten Jahrhundertwende in den Schatten stellten und die erneuerte ›traditionelle Form‹ endgültig zerbrächen. Eine bloße Bestandsaufnahme ergibt noch kein eindeutiges Bild. ›Novelle‹ signalisiert nach wie vor eine nicht- oder gegen-avantgardistische Form. Die Rückbezüge – konzeptuelle wie persönliche – fallen demnach zuerst ins Auge. Am beeindruckendsten ist der Bogen, den Günter Grass mit ›Im Krebsgang‹ zur eigenen Frühgeschichte schlägt. Erneut kommt Verdrängtes, Nicht-Verarbeitetes, Unterschwelliges im Zeitalter der Netzbildung zur Sprache. In kürzerer Spanne, aber um so gedrängter, folgen die Novellen Hartmut Langes aufeinander. Auch Thomas Hürlimann überbrückt novellengeschichtlich die Wende.

Die Last der nationalsozialistischen Vergangenheit bleibt präsent (Grass, Lehr, Streeruwitz); hinzu kommen andere alte Schulden (Schertenleib). Die Irritation im vermeintlich abgesicherten Alltag nimmt zu (Lange, Krausser, Bärfus, Krüger, Haring). Grenzsituationen fordern heraus und kehren das Erwartete um (Zielke). Begegnungen verlaufen schicksalsbildend (Helfer). Das Motiv des Todes wiederholt sich (Winkler, Zielke). Reisen spielen eine wichtige Rolle (Schrott, Lange). Landschaftliches rückt in den Vordergrund (Schrott, Zielke, Streeruwitz).

Novellen

Lange, Hartmut: Die Bildungsreise. Novelle. Zürich 2000.
Schrott, Raoul: Die Wüste Lop Nor. Novelle. München 2000.
Hürlimann, Thomas: Fräulein Stark. Novelle. Zürich 2001.
Krausser, Helmut: Schmerznovelletten. Reinbek 2001.
Kurbjuweit, Dirk: Zweier ohne. Novelle. Zürich 2001.
Lange, Hartmut: Das Streichquartett. Novelle. Zürich 2001.
Lehr, Thomas: Frühling. Eine Novelle. Berlin 2001.
Sulzer, Alain Claude: Annas Maske. Novelle. Zürich 2001.
Winkler, Josef: Natura morta. Eine römische Novelle. Frankfurt/M. 2001.
Bärfuss, Lukas: Die toten Männer. Novelle. Frankfurt/M. 2002.
Grass, Günter: Im Krebsgang. Eine Novelle. Göttingen 2002.
Klein, Georg: Spree Novelle. Eine Erzählung. In: FAZ vom 3.8.2002, 35.
Krüger, Michael: Das falsche Haus. Eine Novelle. Frankfurt/M. 2002.
Haring, Roswitha: Ein Bett aus Schnee. Novelle. Zürich 2003.
Lange, Hartmut: Leptis Magna. Zwei Novellen. Zürich 2003.
Zielke, Anne: Arraia. Novelle. Vorabdruck in: FAZ vom 11.–30.9.2004. München 2004.
Streeruwitz, Marlene: Morire in levitate. Novelle. Frankfurt/M. 2004.
Helfer, Joachim: Nicht zu zweit. Drei Novellen. Frankfurt/M. 2005.
Schertenleib, Hansjörg: Der Glückliche. Novelle. Berlin 2005.
Lange, Hartmut: Der Wanderer. Novelle. Zürich 2005.

Zu den ersten Novellen im neuen Jahrtausend gehört *Raoul Schrotts* lyrische Erzählung ›Die Wüste Lop Nor‹ (2000). In 101 Kapiteln von strophenartiger Prägung (das kürzeste anderthalb Zeilen lang) erzählt ein anonymes Erzähler-Ich von den drei Lieben seines Bekannten Raoul Louper, eines dreiundvierzigjährigen Halbjuden, der wie ein Einsiedler in einem Dorf unweit von Alexandria bzw.

Kairo lebt. Zur Zeit der Erzählgegenwart liegt alles Erlebte schon zurück und nur drei Requisiten, ein Pinienzapfen, ein ›Cri-Cri‹ und ein Stein, erinnern an die drei Frauen, an das Befremdliche ihrer je eigentümlichen Welten, an die Reisen zu ihnen, mit ihnen und von ihnen weg. »Mit jedem Namen verbindet Raoul eine Heimat« (78). Wesentliche Erinnerungen haften an landschaftlichen Höreindrücken (»Summen, Heulen und Stöhnen«, 16). Eine besondere Rolle spielen das Rauschen des Sandes und das Phänomen der ›singenden Dünen‹. Sandbewegung und Dünenbildung sind von Anfang an mit verrinnender Zeit assoziiert und rahmen die teils märchenhaften, teils anekdotischen Schilderungen von Reise, Landschaft und Begegnung ein. Die Sandgeräusche lassen einer Äolsharfe gleich »die Welt hörbar« (20) und die Zeit sichtbar werden. Diese Vernehmbarkeit ist auch dem Erzählvorgang eigen. So verdichtet sich die novellistische Schilderung einzelner Erlebnisse zu einer Erzählung über das Erzählen und darüber, was Düne wie Erzählung den Liebenden insbesondere mitzuteilen vermögen. Die titelgebende Wüste Lop Nor gilt als »unberührte Mitte der Erde« (94) und doch weist auch sie schon längst Spuren der Umweltvernichtung auf.

Als »das beste Krimipornomelodram aller Zeiten« gilt laut Tom Tykwer (s. Schutzumschlag) *Helmut Kraussers* ›Schmerznovelle‹ (2001). Sie folgt dem Muster der Begegnungsnovelle. Der Ich-Erzähler, ein vierzigjähriger Psychoanalytiker und Spezialist »auf dem Gebiet sexueller Aberration« (11), wird auf ein merkwürdiges Ehepaar hingewiesen. Doch bei seinem Besuch und auch später begegnet er immer nur der Ehefrau, die, wie sich bald herausstellt, allein lebt, verstört ist und unter Persönlichkeitsspaltung leidet. Die Begegnung des scheinbar überlegenen Analytikers mit einem interessanten pathologischen Fall nimmt bald Züge einer obsessiven Beziehung an, in der Aufhellung und Verrätselung zusammenwirken und sich dank der streng gewahrten Ich-Perspektive kaum auflösen. Sichtbar wird allmählich, daß die Frau unter dem Jahre zurückliegenden Freitod ihres Mannes, eines exzentrischen Künstlers aus der borderline-Szene, leidet (er hat sich in ihrer Anwesenheit selbst verbrannt) und wiederholt in die Rolle ihres toten Mannes schlüpft. Der im Novellentitel exponierte Schmerz meint also zunächst diese zurückliegende, nicht verkraftete Verletzung.

Hinzu kommen aber weitere Schmerzmomente. Der Ich-Erzähler selbst gerät ja in den erotischen Bann dieser Frau, erfährt das Perverse und Zerstörerische als etwas Lebendiges. Alle »selbstgezimmerten Konstrukte der Selbstbehütung« (23) fallen zusammen, das Überlegenheitsverhältnis zwischen Arzt und Patientin kehrt sich um, die Analyse eines Falls, motiviert durch »Ehrgeiz und Eitelkeit«, verkehrt sich unter dem Einfluß von »Eifersucht und Besitzgier« (127) in den eigenen Absturz. »Was ich an ihr heilen wollte, bewunderte und beneidete ich auch« (56). Daraus entsteht »Zerstörungslust« (58), ein obsessiver Traum »von dem einen gemeinsamen Höhepunkt, der alle Knoten löst« (114f.). Was als analytischer Prozeß mit kathartischer Wirkung angelegt sein könnte, mündet in ein Blutbad, dessen strafrechtliche Auswirkung nur angedeutet wird. – Damit ist die Schmerzzone der Novelle jedoch noch nicht ausgemessen. Ein letzter Novellenabschnitt läßt ahnen, daß es von Anfang an, also mit Beginn einer nicht erzählten Vorgeschichte, um einen primären Schmerz geht, ausgelöst von einer Kränkung, die der Novellenanfang auf die mehrdeutige Formel bringt: »Eine Frau, die nicht da ist«.

In der Tradition der Monolognovelle, wie sie mit Schnitzlers ›Lieutenant Gustl‹ begann, steht *Thomas Lehrs* ›Frühling‹ (2001). Der »Frühling«, den das Novellenmotto als danteske Vision identifiziert und der zugleich das letzte Wort des monologisierenden Ichs ist, meint den Beginn einer ›Sicht‹, die seit der Kindheit verstellt war und erst im Augenblick des Todes freigerückt wird. So handelt die Novelle von einem Anfang, der im Ende liegt: Nach dem Erzählverfahren des inneren Monologs und Bewußtseinsstroms laufen – eingeteilt in neununddreißig Kapitel – die letzten neununddreißig Sekunden im Leben eines Mannes ab, der – wie Kleist am Wannsee – mit einer Geliebten in den Tod geht, weil er die lang verschwiegene und spät entdeckte nationalsozialistische Vergangenheit seines Vaters nicht verkraften kann. Eindrücke des Sterbenden mischen sich mit Erinnerungsbildern und profilieren einen analytischen Prozeß der klärenden und doch tötenden Erkenntnis.

Josef Winklers »römische Novelle« ›Natura morta‹ (2001) wurde mit Kafkas Erzählung ›Der Jäger Gracchus‹ verglichen: die gleiche Folge der registrierenden Sätze, die gleiche Wirkung dieser stilistischen Starrheit, die »entschieden etwas Unheilstarrendes hat« (Wackwitz in FAZ v. 29.09.2001, Beilage, V). So entsteht in der Gegenwart ohne bildungsgeschichtlichen Anspruch eine »neue Klassizität« (ebd.). Ihr Gegenstand sind – auf sechs Kapitel verteilt – ein alltägliches Markttreiben auf der Piazza Vittorio Emanuele in Rom, der plötzliche Unfalltod des Piccoletto, eines schwarzhaarigen sechzehnjährigen Jungen mit langen Wimpern und die nachklingende Verstörung seines »Principe« und ›Freundes‹ Frocio. Ihre Methode ist die Beschreibung nach der Maltechnik des Stillebens und der Studien, aufgelockert durch lyrische Einlagen, die wie ein

Rahmen wirken. Ihr Leitmotiv ist der Tod, der Tod eines einzelnen und der ganzen Natur, die – wiederum auf den lebendigen Markt gebracht – als üppige Schlachtplatte den Menschen ernährt und ergötzt. Wie bei Benn werden Hirnschalen aufgespalten, Bauchdecken aufgeschlitzt und Gehirne sowie andere Eingeweide freigelegt: »Eine an einem Draht befestigte Kunststoffsonne stak in den Augenhöhlen eines Schafkopfes, der auf einem Haufen gelber, neben- und übereinandergestapelter, mit Rosmarinzweigen verzierter Hühnerbeine lag« (12). Das ist der Ton dieser ›Alltagsliturgie‹, deren Verlauf kein minder köstliches Mahl verspricht: »Durchstochen am Unterkiefer, hing neben einem Wohnungsschlüssel ein blutiger, schwarzer Ziegenkopf mit gebogenen, schwarzen Hörnern.« Diese Novelle reiht im Tonfall katholischer Litaneien Lob- und Geld-Preise für die Waren des Lebens und des Todes. Ihr marktgerechtes Nebeneinander gipfelt in der sinnfälligen Koinzidenz, daß ausgerechnet ein Einsatzwagen der Feuerwehr den Tod des Jungen verursacht.

In *Michael Krügers* Novelle ›Das falsche Haus‹ (2002) erfährt ein Ich-Erzähler die »dramatischen Veränderungen« (10) der Welt, »wenn man sie herausfordert« (15). Das auslösende Moment auf dem Irrweg des Erzählers durch eine vorstädtische »Todeszone der Wohlanständigkeit« (14) ist ein Fußball, der einen Fleck auf dem weißen Hemd zurückläßt. Der Erzähler gerät in »Atemnot« bzw. fühlt sich »wie einer, der mitten im Leben die Orientierung verloren hat«. So gerät er in den Bann eines geheimnisvollen Hauses und seiner Bewohnerin. Eintritt, Aufenthalt und Ausgang werden eine Wende markieren, die einem abenteuerlichen Initiationsgeschehen gleicht: Der Erzähler legt seine eigenen Sachen ab, zieht die Kleider eines anderen an, erlebt in der neuen Rolle befremdliche und bedrohliche Vorfälle und wird am Novellen-Ende die ›Grauzone‹ so verlassen, »als hätte ich das Gehen gerade gelernt« (174).

In *Roswitha Harings* Novellendebut ›Ein Bett aus Schnee‹ (2003) erweist sich eine Kindheitsidylle als »perfekt geschminkte Maske über den Narben des Verdrängten« (Reinacher in FAZ v. 12.4.2003, 46). Wie in Heins ›Der fremde Freund‹ weist eine vorangestellte Szene auf die Wirkung von Verletzungen hin. Das »Bett aus Schnee« macht den eindringenden Frost in die häusliche Geborgenheit spürbar, eine Erkaltung, die ab einem bestimmten Moment, einem alles verändernden »Wendepunkt« (52), die familiäre Wärme erstarren läßt. Ein Onkel hatte sich an seiner Nichte vergriffen; seitdem wird einiges Schweigen gewahrt. So entstehen frostige, paradoxe Verhaltensweisen, die aus der konsequent gewahrten Kinderperspektive bemerkt werden. »Sie lächelt, als wolle sie etwas sagen und doch darüber schweigen« (104). Die Wirkungen dieser kalten Schneedecke strahlen auf das ganze Leben über, halten selbst die erwachsene Erzählerin, die sich in einer Nachschrift zu Worte meldet, im Bann ihrer kindlichen ›Unterkühlung‹. »Ich stehe auf einem Sprungturm und soll in das Bassin springen. Man verbietet mir hinunterzusehen, wie hoch ich stehe und ob überhaupt Wasser darin ist«, lauten die letzten beiden Sätze.

›Morire in levitate‹ (2004), die erste »Novelle« von *Marlene Streeruwitz*, exponiert in personaler Erzählhaltung und erlebter Rede eine alternde Frau auf ihrem Gang zu einem See. Es ist Winter, und die Frau, die unter einer nicht vernarbenden Wunde leidet, scheint auf ihrem Weg das »Sterben. In Leichtigkeit« zu suchen. Verursacht wird der Schmerz vom Bewußtsein erster Anzeichen für das Altern. Dahinter aber wird eine eigentümliche Krankengeschichte sichtbar, die Weigerung, den erlernten Sängerberuf auszuüben. Die Verweigerung steht im Zusammenhang mit der Erinnerung an den Großvater und seine Verwicklung in den nationalsozialistischen Holocaust (»Er hatte nicht einmal Spinat essen können, ohne ein Nazi zu sein«, 26). Bilder der vergangenen und gegenwärtigen Folterungen lassen die Frau verstummen, weil sich für sie im Gesang die Stimmen der (männlichen) Folterknechte mit denen der (weiblichen) Opfer mischen. Sie empfindet darin eine Verfolgungsjagd zwischen Männerbaß und Frauensopran, die auf ein gewaltsames Ineinander zielt und im Jubel der Opfer gipfelt. Hier liegt der Grund für die quälende und zum Verstummen führende Erfahrung: »Es gab Folter, weil es die Oper gab [...]. Mit jedem ersten Takt der Ouvertüre schlüpften diese Männergesichter hervor [...] Die sie singen sehen wollten« (13). Gerade die vom Titel beschworene »Leichtigkeit« als Ausdruck der Unverwundbarkeit ist im zunehmenden Alter und den in »Tätergemeinschaft« aufwachsenden »Täterkindern« (19) nicht beschieden.

›Arraja‹ (2004), *Anne Zielkes* erste Novelle, erzählt in fünf Abschnitten die Geschichte zweier befreundeter Theologiestudenten. Ihre gemeinsame Bootsfahrt durch den Urwald Brasiliens wird zu einer Todesreise, die alle bislang geltenden Grundsätze, Schranken, Verhältnisse und Unterscheidungen zwischen lockerer und starrer Lebensform in Frage stellt. Der »vermeintlich sichere Boden des Endlichen, Sinnhaften und Verständlichen« erweist sich als »dünne, gefrorene Schicht auf etwas Anderem, Unsagbarem« (31). Es geht um Verwandlungen auf einem Außenposten, der paradiesische Züge trägt und doch tödlich wirkt. Aus Freunden werden Feinde, und erst die Feindschaft öffnet den Sinn für etwas Verbor-

Gegenwart 209

genes, als »unauffindbar Geglaubtes« (50) und für etwas, das am Ende sogar »Glück« heißt. Die »selten bedachte Möglichkeit des Todes« verwandelt sich schon zu Beginn »in eine bewußt erlebte Dauergegenwart« (8). Das flößt im Urwald nicht nur Angst ein, denn: »Das Sterben war nicht wichtig. Hier lebte alles« bzw. »auch Angst war etwas Lebendiges« (59).

Von ›Glück‹ handelt auch *Hansjörg Schertenleibs* Novelle ›Der Glückliche‹ (2005). Ein charismatischer Jazz-Trompeter wird in Amsterdam angesichts eines verkommenen Hundes, dem er wiederholt begegnet, an eine frühe eigene Schuld erinnert. Die (Ab-)Wendung der Aufmerksamkeit wird ihn das Leben kosten; doch sein Tod entspricht mehr einer Ankunft als einem Ende. »Lassen wir ihn gehen, wir können nichts mehr für ihn tun«, lautet der Schlußsatz des auktorialen Erzählers.

Register

(Das Register verzeichnet nur die Namen im fortlaufenden Text und die jeweilige Stelle, wo sich die dazugehörende bibliographische Angabe befindet.)

Abraham, U. 79, 83
Adel, K. 61f.
Affolderbach, G. 185f.
Alexis, W. 20, 29f., 92, 94, 98
Albertsen, L.L. 59
Alverdes, P. 175
Andres, St. 47, 177–179
Anton, H. 121f.
Arigo 60
Aristoteles 52
Arnim, A.v. 44, 61, 8790
Arnold, H.L. 201
Arx, B.v. 8, 20, 42, 75
Aust, H. 185, 189

Bab, J. 144
Bärfuss, L. 10, 204
Bahr, H. 153
Bassompierre, F. de 48, 163
Becher, U. 184, 186
Beethoven, L.v. 37
Benn, G. 159f., 184, 207
Bennett, E.K. IX, 3, 6, 14, 44, 49
Benz, R. 61
Bergengruen, W. 177, 184
Beumelburg, W. 175f.
Beyse, J. 5, 195f.
Binding, R.G. 162f.
Binneberg, K. 160f.
Bloch, E. 10
Blunck, H.F. 175, 180
Boccaccio, G. 5f., 11, 16, 19, 26, 28, 35f., 49f., 57, 59–61, 69, 71, 80, 98, 100, 103, 119, 121, 128, 148f., 157, 191f., 198, 200
Boehme, J. 52
Böll, H. 47, 49

Borcherdt, H.H. 60f.
Borchmeyer, U. 63f.
Bormann, A.v. 95–97
Bosse, H. 19
Braem, H.M. 25, 193
Brecht, B. 47
Brentano, B.v. 180f.
Brentano, C.c. 56, 86–88
Broch, H. 31, 164–166
Brockmeier, P. 46, 58
Brod, M. 156, 180
Bronnen, A. 161f.
Bronsen, D. 182
Bruch, B. 42, 44, 52
Buber, M. 179
Büchner, G. 134, 140, 199
Büsching, G. 61
Burger, H.O. 41, 43, 78
Burke, E. 52
Burns, L.C. 40

Calderon de la Barca, P. 98
Carpenter, V.W. 134, 138
Cersowsky, P. 157
Cervantes, M. de 4, 10, 16, 19, 28, 30, 57f., 62, 71, 78–80, 98, 142, 191
Chamisso, A.v. 152
Chaucer, G. 58
Coghlan, B. 124, 127
Cohn, D. 79, 82
Conrad, J. 199
Conrad, M.G. 140
Cooper, J.F. 75
Coseriu, E. 2
Cowen, R. 113–115, 117, 140f.
Croissant-Rust, A. 134
Cysarz, H. 141

Register

Dauthendey, M. 153
Dehmel, R. 153
Dickens, Ch. 99
Diederichs, E. 61
Diersch, M. 138, 142
Dilthey, W. 79
Dischner, G. 90f.
Dittmann, U. 146, 149
Döblin, A. 160f., 180, 191
Droste-Hülshoff, A.v. 56, 140
Dünnhaupt, G. 79, 82
Düsing, W. 15, 165
Durzak, M. 191, 193

Ebner, J. 185, 187
Eckermann, J.P. 9, 74
Eckert, H.R. 45f., 53
Eckstein, E. 24, 124
Edschmid, K. 159, 165
Eibl, K. 166f.
Eichendorff, J.v. 6, 12, 20, 58, 74, 83, 93–97, 123, 129, 159
Eisenbeiß, U. 51, 99, 101
Ellis, J.M. 45f., 53
Eloesser, A. 147
Engel, J.J. 52
Engelhardt, R. 25, 184
Enzensberger, H.M. 19, 191
Enzinger, M. 111–113
Erné, N. 25, 38, 81, 183f., 202
Ernst, P. 13, 25, 35f., 38, 89, 147, 154
Eue, D. 185, 187
Eyb, A.v. 61

Falk, J. 73
Feuchtersleben, E.v. 81
Fischer, B. 79, 82
Fischer, H. 59f.
Fischer, N. 166f.
Fontane, Th. 20, 35, 98f., 114f., 124, 134, 199
Fouqué, F. de la Motte 90f.
Franck, H. 163, 177, 184
Frank, B. 147, 172f., 180f.
Frank, L. 184
François, L.v. 128f.
Freud, S. 157
Freund, W. IX, 40, 42, 49–52, 133, 175

Frey, A.M. 181
Freytag, G. 148
Frischauer, P. 180
Frühwald, W. 88f.
Fürst, R. 6, 63f.

Gaudy, F.v. 107
Gerlach, H. 13, 124, 175
Gervinus, G.G. 31
Geßner, S. 67
Gidon, B. 182
Gillespie, G. 19, 21
Görres, J. 61, 96
Goethe, J.W.v. 2–4, 6, 9–11, 13, 16, 20f., 28, 30, 36f., 44, 46, 48, 50, 59f., 69, 71–80, 87, 96, 98, 114, 120, 123, 129, 139, 156, 171, 190f., 193, 198, 200
Goldammer, P. 125f.
Gotthelf, J. 56
Grabbe, Ch.D. 9
Grass, G. 39, 47, 183f., 190 193, 200, 203f.
Grimm, H. 175
Grimm, J. 89
Grimm, W. 81
Grimmelshausen, H.J.Ch.v. 191
Grolman, A.v. 11, 42, 44, 80, 146f.
Gross, E. 25, 184
Grosse, K. 67f.
Grosz, E. 10
Gühring, A. 40
Günderode, K.v. 88f.
Gundolf, F. 75
Guthke, K.S. 140f.
Gutzkow, K. 110f.

Haar, C. ter 93–97
Hagen, F.H.v. der 61
Hammer, F. 25, 133
Hansen, V. 147, 150
Harig, L. 185–187
Haring, R. 204, 207f.
Harsdörffer, G.Ph. 2, 61f.
Hauff, W. 13, 97f.
Haupt, J. 144–146
Hauptmann, G. 139–141, 178, 184
Haushofer, M. 184
Hebbel, F. 140
Heidegger, M. 199

Heilborn, E. 148
Heimburg, W. 114
Hein, Ch. 5, 11, 194f., 207
Heinichen, J. 27
Heinroth, J.Ch. 75
Helfer, J. 204
Herbst, H. 63f.
Herder, J.G. 39
Hermann, G. 180
Hermann, H.G. 40
Herrand v. Wildonie 60
Herzog, S. 183, 193
Hettner, H. 32
Heym, G. 154f.
Heyse, P. 17, 21, 33–35, 47, 50, 75, 92, 118, 139, 177, 189, 193f.
Hilard, G. 184f.
Hille, P. 24, 124
Himmel, H. IX, 8, 13, 40, 44f., 52, 60, 78, 84, 94, 111, 133, 153, 159, 172, 180, 183f., 191, 203
Hirsch, A. IX, 19, 21, 42, 62
Hitler, A. 37
Hölderlin, F. 35
Höllerer, W. 191
Hoffmann, E.T.A. 21, 31, 67, 89, 91–93
Hoffmann, V. 87, 89
Hofmann, G. 3, 185f.
Hofmannsthal, H.v. 35, 48, 56
Hohlbaum, R. 175
Hollaender, F. 139f.
Horkheimer, M. 159
Huch, R. 177
Hürlimann, Th 183, 202–204
Humm, R.J. 3, 11, 25
Husserl, E. 52

Immermann, K. 106f.
Irmscher, H.D. 33, 119, 121f.

Jackson, D.A. 130f.
Jacob, H.E. 180
Jacobs, J. 63f.
Jacobsen, J.P. 134
Jacobsen, R. 65f.
James, H. 46
Jean Paul 191
Jellinek, O. 38, 45
Jolles, A. 20, 33

Jonas, I. 149
Joyce, J. 191
Juan Manuel 58
Jungk, P. 171f.

Kafka, F. 45, 47, 156–158, 199, 206
Kaiser, G. 65, 120, 122, 125f.
Kanzog, K. 14f.
Karthaus, U. IX, 21, 49
Kayser, R. 12
Keil, E. 114
Keiter, H. 24, 124
Keller, G. 11, 13, 16f., 20, 56, 118–123, 134, 140, 146, 161, 167
Keller, W. 71, 75f.
Kern, E. 21, 99
Kesten, H. 179f., 182
Keyserling, E.v. 152
Kirchhoff, B. 185–187
Kittler, F.A. 129, 131f.
Klein, J. IX, 34, 38, 40, 42, 44, 48, 78, 144–146, 179
Kleist, H.v. 16, 38, 45, 56, 68, 71, 78–83, 152, 176, 199, 206
Knapp, G.P. 128, 132
Köpf, G. 185, 187
Kolbenheyer, E.G. 164, 180
Koopmann, H. 48, 99, 147f., 150
Kracauer, S. 173
Krämer, H. 21, 24
Krauss, W. 20f.
Krausser, H. 204–206
Krebs, J.-D. 61f.
Kreft, J. 79, 83
Kreutzer, H.J. 61, 79, 82
Krüger, M. 204, 207
Kuh, A. 148
Kunz, J. IX, 9, 21, 24, 35, 40, 42–44, 79, 119, 147, 154f., 159, 179, 183, 191
Kurth, L. 6, 15
Kurz, H. 17

Laage, K.E. 124, 126
Lange, A. de 179
Lange, H. 10, 183, 199–202, 204
Lange, O. 75
Langenbeck, C. 176
Langer, N. 175–177
Laufhütte, H. 120, 122

Register

Le Fort, G.v. 52, 177, 184
Lehmann, J. IX, 40, 47
Lehnert, H. 147, 149
Lehr, Th. 204, 206
Leibowitz, J. 13, 22, 46, 54
Leitner, K.G.v. 124
Lenz, J.M.R. 170
Lessing, G.E. 19, 31, 39
LoCicero, D. 25, 75
Lockemann, F. IX, 6, 9, 14f., 40, 42, 44
Löffler, F.A. 67
Löhn, A. 20
Lope de Vega 98
Loschütz, G. 185, 187
Luck, R. 121f.
Lukács, G. 44, 46, 118, 122, 124, 126

Maack, M. 40
Malmede, H.H. 10, 12, 42f.
Mann, H. 20, 144–146, 148, 165, 179, 181
Mann, K. 171
Mann, Th. 11, 35, 45, 49, 125, 146–150, 155, 163, 172f., 191, 198–201
Manthey, J. 193f.
Marbach, G.O. 61
Margarete v. Navarra 57f., 69, 71
Margetts, J. 162f.
Marlitt, E. 114
Marmontel, J.-F. 80
Marquard, O. 199, 202
Martini, F. 33, 46, 48, 114f., 140f., 161
Matt, P.v. 130, 132
Maupassant, G. de 57, 134, 147
Mauthner, F. 8, 115
Mayer, H. 189
Mayne, H. 108–110
McCarthey, J.A. 65
Meid, V. 62
Meißner, A.G. 67f., 80, 96
Mell, M. 152
Melville, H. 48
Mérimée, P. 48
Meyer, B. 128–131
Meyer, C.F. 35, 46, 112, 125, 128–134, 147, 157, 199

Meyer, H. 108, 110
Meyer, R. 8f., 20
Meyer-Eckhardt, V. 147, 164
Migge, W. 88f.
Miller, N. 11
Mitchell, R.M. 25, 34, 75
Moeller-Bruck, A. 24, 134
Mörike, E. 108–110
Montaigne, M.E. 81, 108, 145, 148
Müller, H. 151
Müller, J. 48, 53
Mundt, Th. 32, 44, 81, 99, 123, 179
Musil, R. 6, 22, 37, 166–168, 191, 200

Nabl, F. 174
Neuhaus, V. 140f.
Neumann, B. 120, 123
Neumann, G. 156f.
Neumann, R. 180
Neuschäfer, H.-J. 11, 35, 57f., 159
Nicolai, F. 99
Nolte, J. 191

Oesterle, I. 104, 106
Oettinger, K. 65
Ottinger, E. 191

Pabst, W. 3f., 6, 41, 43, 45, 48f., 58, 71, 112
Paulin, R. IX, 9, 28, 45, 48, 70, 72, 78–81, 102–104, 106
Perutz, L. 173f.
Petronius 59
Petsch, R. 3, 16, 42, 53
Piccolomini, E.S. 61
Pikulik, L. 91, 93
Pilgrim, V.E. 10f.
Pirandello, L. 57
Platon 52
Plievier, Th. 184
Poe, E.A. 10, 48, 134
Pötters, W. 43, 49, 54
Polheim, K.K. IX, 1, 21, 26, 36, 41–44, 47, 71
Politzer, H. 49
Pongs, H. 13, 34, 38f., 42, 44, 53, 78
Ponten, J. 163

Porzig, W. 45
Post, K.D. 140f.
Prang, H. 44
Proust, M. 198
Pseudo-Longinus 52
Puschkin, A. 48

Raabe, W. 35, 100, 114, 134
Rabelais, F. 191
Rasch, W. 3, 89
Rath, W. IX, 52
Reed, T.J. 147, 150
Reich-Ranicki, M. 189
Reinacher, P. 202, 207
Reinbeck, G. 3, 8, 31f., 124
Remak, H.H.H. IX, 13–15, 48, 51, 54
Renaudot, Th. 62
Riedel, V. 145f.
Riehl, W.H. 100
Rilke, R.M. 151
Ritchie, J.M. 37, 133, 139, 181
Ritter-Santini, L. 144–146
Rotermund, E. 138, 163, 174
Roth, J. 179f., 182
Roth, M.-L. 167
Rüttgers, S. 61
Rumohr, C.F.v. 29f.

Saar, F.v. 148
Sbarra, St. 192f.
Salten, F. 151f., 180
Salus, H. 151
Samuel, R. 79f., 82
Schäfer, H.D. 37
Schäfer, W. 25, 134, 163f., 173, 175
Schaukal, R. 147, 152f.
Scheerbart, P. 20
Schelle, H. 69f.
Scherr, J. 114
Schertenleib, H. 10, 204, 209
Schiller, F. 27, 64–66, 74, 81, 143, 181, 191
Schirges, G. 112
Schlaffer, Hannelore IX, 16, 50, 199
Schlaffer, Heinz 102, 106
Schlegel, A.W. 26f., 50, 68, 119, 140
Schlegel, F. 4, 6, 11, 26, 64, 70, 88, 119, 140, 193
Schmidt, E. 25, 38

Schneider, K.L. 155
Schneider, M. 39, 185f.
Schnell, R. 179
Schnitzler, A. 6, 20, 75, 111, 141–145, 206
Schönberg, A. 201
Schönhaar, R. 9, 40
Schrader, H.-J. 79, 82
Schrimpf, H.J. 141, 143
Schröder, R. 19f., 67, 99, 101, 103
Schrott, R. 204f.
Schücking, L. 112
Schunicht, M. 16, 25f., 28, 48, 50
Schwab, G. 61
Schwarz, E. 97f.
Scott, W. 92, 98
Segebrecht, W. 14f., 88f.
Seghers, A. 180
Seidel, C.A. 67f.
Seidler, H. 111, 113
Seidlin, O. 142f.
Sengle, F. 87, 101
Shakespeare, W. 32
Silz, W. 11, 13, 44, 49, 53, 71, 130f., 183
Simrock, K. 61
Solger, K.W.F. 28f., 31, 81, 104
Soltau, D.W. 80
Sonnleitner, J. 175, 177
Soret, F.J. 74
Spielhagen, F. 33, 50, 114
Stadelmaier, G. 200
Staiger, E. 9, 49
Stehr, H. 134, 147
Stein, Ch.v. 71
Steinhauer, H. 7f., 53, 70
Steinhöwel, H. 61
Stern, H. 9, 185, 187
Sterne, L. 191, 196
Sternheim, C. 158f., 165
Stifter, A. 56, 111–113, 140
Storm, Th. 5f., 31, 115, 118, 123–128, 144, 147
Straub, Ph. 10
Streeruwitz, M. 204, 208
Strauß, E. 163, 175
Strube, W. 48, 54
Stuckert, F. 123, 126
Süßkind, W.E. 177
Swales, M. IX, 14, 23, 26, 45–48, 74

Taine, H. 80
Thackeray, W.M. 99
Thieberger, R. IX, 10, 44f., 133
Thies, R. 184f.
Tieck, L. 2f., 9, 13, 16, 18, 21, 27–32, 44, 50, 67f., 75, 88, 92, 98, 102–106, 111, 141, 145, 163, 193
Timm, U. 185, 188
Timms, E. 13, 139, 142
Trier, J. 45
Trummer, H. 185f.
Tschechow, A. 57, 147, 199
Turgenjew, I. 147
Tykwer, T. 205

Unruh, F.F.v. 22, 25, 38f., 184

Vaget, H.R. 147–150
Viebig, C. 134
Vischer, F.Th. 8, 31f., 123, 128
Voltaire, F. 80

Wackenroder, W.H. 102
Wackwitz, St. 206
Walser, M. 5, 47, 183f., 193f., 199, 203
Walser, R. 170
Walzel, O. 3, 21, 42, 44
Wassermann, J. 152, 180
Weber, A. 193f.
Wedekind, F. 165
Weidenheim, J. 20
Weigel, H. 184
Weing, S. IX, 43
Weinrich, H. 8f., 14f., 44

Weiß, E. 180
Weiße, Ch.F. 96
Wellershoff, D. 10, 183, 197–199
Wells, L.D. 140f.
Werfel, F. 171f., 180
Westenfelder, F. 175, 177
Wetzel, H.H. 14, 57, 59, 81, 108, 145, 157
Wichmann, Th. 78f., 82
Wiechert, E. 171, 177f.
Wieland, Ch.M. 8, 11f., 16, 22, 44, 65, 67–70, 72f., 79, 114, 165
Wierlacher, A. 31f., 124
Wiese, B.v. IX, 9, 13, 19, 26, 40–45, 59f., 65, 78, 96, 106f., 139, 156, 179
Wiethölter, W. 193f.
Wilpert, G.v. 40, 133, 139
Winckelmann, J.J. 163f., 201
Winkler, J. 204, 206f.
Wittgenstein, L. 48, 112, 122
Wittstock, E. 175
Wolf, Ch. 49
Wolff, K. 144
Wyle, N.v. 61
Wysling, H. 147, 149

Zayas y Sotomayor, M. de 86
Zeller, E. 49, 196
Zeller, H. 79, 83
Zielke, A. 10, 204, 208f.
Zies, G. 123
Zillich, H. 175
Zincke, P. 12, 22, 34
Zweig, A. 168–170, 179, 180
Zweig, St. 180, 182f.

Sammlung Metzler

Einführungen, Methodenlehre
SM   1 Raabe: Einführung in die Bücherkunde zur dt. Literaturwissenschaft
SM   13 Bangen: Die schriftliche Form germanistischer Arbeiten
SM   79 Weber-Kellermann/Bimmer/Becker: Einf. in die Volkskunde/Europ. Ethnologie
SM 148 Grimm u.a.: Einf. in die französische Literaturwissenschaft
SM 188 Asmuth: Einführung in die Dramenanalyse
SM 206 Apel/Kopetzki: Literarische Übersetzung
SM 217 Schutte: Einführung in die Literaturinterpretation
SM 235 Paech: Literatur und Film
SM 246 Eagleton: Einführung in die Literaturtheorie
SM 259 Schönau/Pfeiffer: Einf. i. d. psychoanalytische Literaturwissenschaft
SM 263 Sowinski: Stilistik
SM 277 Hickethier: Film- und Fernsehanalyse
SM 283 Ottmers: Rhetorik
SM 284 Burdorf: Einführung in die Gedichtanalyse
SM 285 Lindhoff: Feministische Literaturtheorie
SM 287 Eggert/Garbe: Literarische Sozialisation
SM 317 Paefgen: Einführung in die Literaturdidaktik
SM 320 Gfrereis (Hrsg.): Grundbegriffe der Literaturwissenschaft
SM 324 Bossinade: Poststrukturalistische Literaturtheorie
SM 337 Lorenz: Journalismus
SM 338 Albrecht: Literaturkritik
SM 344 Nünning/Nünning (Hrsg.): Erzähltextanalyse und Gender Studies
SM 347 Nünning (Hrsg.): Grundbegriffe der Literaturtheorie
SM 351 Nünning (Hrsg.): Grundbegriffe der Kulturtheorie und Kulturwissenschaften

Deutsche Literaturgeschichte
SM   75 Hoefert: Das Drama des Naturalismus
SM 157 Aust: Literatur des Realismus
SM 170 Hoffmeister: Deutsche und europäische Romantik
SM 227 Meid: Barocklyrik
SM 290 Lorenz: Wiener Moderne
SM 298 Kremer: Prosa der Romantik
SM 329 Anz: Literatur des Expressionismus
SM 331 Schärf: Der Roman im 20. Jahrhundert

Gattungen
SM   16 Lüthi: Märchen
SM 116 Guthke: Das deutsche bürgerliche Trauerspiel
SM 155 Mayer/Tismar: Kunstmärchen
SM 191 Nusser: Der Kriminalroman
SM 192 Weißert: Ballade
SM 216 Marx: Die deutsche Kurzgeschichte
SM 232 Barton: Das Dokumentartheater
SM 256 Aust: Novelle
SM 260 Nikisch: Brief
SM 262 Nusser: Trivialliteratur
SM 278 Aust: Der historische Roman
SM 282 Bauer: Der Schelmenroman
SM 323 Wagner-Egelhaaf: Autobiographie

Autorinnen und Autoren
SM 114 Jolles: Theodor Fontane
SM 159 Knapp: Georg Büchner
SM 173 Petersen: Max Frisch
SM 179 Neuhaus: Günter Grass
SM 185 Paulin: Ludwig Tieck
SM 196 Knapp: Friedrich Dürrenmatt
SM 197 Schulz: Heiner Müller
SM 211 Hansen: Thomas Mann
SM 215 Wackwitz: Friedrich Hölderlin
SM 239 Perlmann: Arthur Schnitzler
SM 242 Bartsch: Ingeborg Bachmann
SM 255 Bäumer/Schultz: Bettina von Arnim
SM 261 Sammons: Heinrich Heine
SM 273 Mayer: Hugo von Hofmannsthal
SM 286 Janz: Elfriede Jelinek
SM 288 Jeßing: Johann Wolfgang Goethe
SM 289 Luserke: Robert Musil
SM 291 Mittermayer: Thomas Bernhard
SM 295 Schaefer: Christoph Martin Wieland
SM 297 Albrecht: Gotthold Ephraim Lessing
SM 304 Fasold: Theodor Storm
SM 310 Berg/Jeske: Bertolt Brecht
SM 312 Albrecht: Arno Schmidt
SM 318 Prill: Dante
SM 320 Darsow: Friedrich Schiller
SM 325 Kohl: Friedrich Gottlieb Klopstock
SM 326 Bartsch: Ödön von Horváth
SM 327 Strosetzki: Calderón
SM 328 Harzer: Ovid
SM 332 Brockmeier: Samuel Beckett
SM 333 Martus: Ernst Jünger

SM 336 Mahoney: Novalis
SM 340 Stein: Heinrich Mann
SM 350 Steiner: Walter Benjamin

Mediävistik
SM   7 Hoffmann: Nibelungenlied
SM 36 Bumke: Wolfram von Eschenbach
SM 72 Düwel: Einführung in die Runenkunde
SM 244 Schweikle: Minnesang
SM 249 Gottzmann: Artusdichtung
SM 253 Schweikle: Neidhart
SM 293 Tervooren: Sangspruchdichtung
SM 316 Scholz: Walther von der Vogelweide

Philosophie
SM 266 Horster: Jürgen Habermas
SM 268 Vattimo: Friedrich Nietzsche
SM 271 Scherer: Philosophie des Mittelalters
SM 276 Gil: Ethik
SM 281 Kögler: Michel Foucault
SM 303 Seibert: Existenzphilosophie
SM 308 Retlich: Bücher für das Philosophiestudium
SM 311 Sandkühler (Hrsg): F.W.J. Schelling
SM 314 Wiegerling: Medienethik
SM 322 Münker/Roesler: Poststrukturalismus
SM 334 Arlt: Philosophische Anthropologie
SM 341 Nitschke: Politische Philosophie
SM 345 Prechtl (Hrsg.): Grundbegriffe der analytischen Philosophie

Romanistik und andere Philologien
SM 148 Grimm u.a.: Einf. in die französische Literaturwissenschaft
SM 170 Hoffmeister: Deutsche und europäische Romantik
SM 212 Grimm: Molière
SM 234 Hoffmeister: Deutsche und europäische Barockliteratur
SM 296 Coenen-Mennemeier: Nouveau Roman
SM 306 Dethloff: Französischer Realismus
SM 307 Stein: Einf. in die französische Sprachwissenschaft
SM 315 Lüsebrink: Einführung in die französische Landeskunde
SM 318 Prill: Dante
SM 327 Strosetzki: Calderón
SM 332 Brockmeier: Samuel Beckett